新 坐 标 法 学 教 科 书

刑法犯罪论核心知识与阶层式案例分析

王钢 著

北京大学出版社
PEKING UNIVERSITY PRESS

图书在版编目(CIP)数据

刑法犯罪论核心知识与阶层式案例分析／王钢著. --北京：北京大学出版社, 2025. 1. -- ISBN 978-7-301-35733-0

Ⅰ. D924.115

中国国家版本馆 CIP 数据核字第 2024A24Q14 号

书　　　名	刑法犯罪论核心知识与阶层式案例分析 XINGFA FANZUILUN HEXIN ZHISHI YU JIECENGSHI ANLI FENXI
著作责任者	王　钢　著
责 任 编 辑	方尔埼
标 准 书 号	ISBN 978-7-301-35733-0
出 版 发 行	北京大学出版社
地　　　址	北京市海淀区成府路 205 号　100871
网　　　址	http://www.pup.cn　http://www.yandayuanzhao.com
电 子 邮 箱	编辑部 yandayuanzhao@pup.cn　总编室 zpup@pup.cn
新 浪 微 博	@北京大学出版社 @北大出版社燕大元照法律图书
电　　　话	邮购部 010-62752015　发行部 010-62750672 编辑部 010-62117788
印 　刷　 者	大厂回族自治县彩虹印刷有限公司
经 　销　 者	新华书店
	650 毫米×980 毫米　16 开本　30.75 印张　471 千字 2025 年 1 月第 1 版　2025 年 3 月第 2 次印刷
定　　　价	89.00 元

未经许可，不得以任何方式复制或抄袭本书之部分或全部内容。
版权所有，侵权必究
举报电话: 010-62752024　电子邮箱: fd@pup.cn
图书如有印装质量问题，请与出版部联系，电话: 010-62756370

编委会

新坐标法学教科书

主 编

李昊　江溯

编委会成员

陈　璇　　崔国斌　　丁晓东

董　坤　　巩　固　　何志鹏

雷　磊　　刘　斌　　任　重

宋华琳　　杨代雄　　尤陈俊

张凌寒　　张　翔　　朱晓喆

序　言

刑法学科具有极强的实践属性，刑法理论研究的核心目标之一就是妥善解决各类实务案件，为司法审判活动提供参考。因此，案例分析对于刑法学科而言具有极为重要的意义。事实上，案例分析对于刑法学科的意义远不止于处理具体案件，其也是刑法理论得以形成和演化的基石。众所周知，诸多刑法理论都是在一些疑难案件的推动下才形成的。这些案件对当时的刑法理论提出了挑战，为了妥善处理这些案件，刑法理论才获得了进一步的发展。然而，这种理论上的变化必然以案例分析为前提。只有首先全面深入地分析相关案件，才能确定其理论上的疑难之处，也才能促进理论研究的发展进步。因此，不论在何种意义上，案例分析都是刑法理论研究和刑事司法实务的根基所在，理当成为刑法研习和教学的重要内容。

然而，在我国的刑法教学体系中，案例分析长期未受到应有的重视。在我于清华大学法学院学习期间，学院甚至都没有开设案例分析课程。所幸在硕士学习阶段跟随张明楷教授每周参加刑法私塾（虽然当时尚无刑法私塾之名），在张教授指导下分析各种疑难案例，才得以初窥案例分析之精妙。相反，德国法学教育极其重视案例分析教学，重点培养学生结合刑法理论处理案件的技能。德国国家司法考试主要考查的就是学生的案例分析能力。以巴符州为例，该州司法考试的笔试环节由六篇案例分析组成，每篇案例分析用时5个小时。考生每天在考场独立完成一篇案例分析，整个笔试环节持续一周多的时间（周末休息）。在司法考试的引导下，案例分析也成为德国法学院教学的核心内容。例如，弗赖堡大学法学院的学生在参加国家司法考试之前，至少需要学习四个学期的刑法案例分析课程：大一年级要参加案例分析入门课程，学习阶层式案例分析的基础知识；大二年级要参加案例分析初阶课程，学习使用阶层式的分析方法处理相对较为简单的案件；大三年级则要学习案例分析进阶课程，使用阶层式分析方法解决较为复杂的案件;在最终参加国家司法考试之前,学生们至少还会参加一个学期的模拟考试和提升课程。当然,这还只是刑法学科的学习内容。除此之外,学生还须在民法和公法学科完成相同的案例分析课程。只有在各个学科都能熟练进行案例分析的学生,才可能在德国国家司法考试中取得优秀的成绩,也才有资格在德国成为法官、检察官或者攻读博士学位。可以说,正是这种对案例分析技能的严格要求从根本上保障了德国法学理论研究人员和司法工作人员普遍具有较高的专业素质。

我在德国留学期间最大的收获之一就是学习刑法的阶层式案例分析方法并参与了相关的教学工作。2007年,我前往德国弗赖堡大学学习,也初次接触到了阶层式的案例分析方法。还记得开学前夕的一天早上,我前往弗赖堡大学法学院图书馆自习,发现图书馆外的长桌上摆了很多张空白的报名表,一些德国学生围在桌子前,在报名表上填写着自己的姓名、学号等信息。在好奇心的驱使下,我向德国学生们请教,这是什么活动的报名。德国学生们七嘴八舌地向我这个"老外"解释说这是某种练习课的报名表。刚到德国的我完全不知道德国学生们口中的练习课是种什么样的课程,但是,抱着"来都来了,那就都学学"的心态,也在报名表上写下了自己的名字。正式开学后才发现,所谓练习课,其实就是前文提及的案例分析入门课程。这是与教授讲授的大课(Vorlesung)相配套的小型辅导课,主要的教学任务是随着学期中大课的进度,一方面帮助学生复习和巩固在大课上学习的内容,另一方面则使学生初步掌握阶层式案例分析的基本方法。在这个学期的练习课上,我完成了与阶层式案例分析方法的"第一次亲密接触"。这种案例分析方法对于当年的我而言是完全新颖的,虽然新生课程重在培养学生严格按照步骤分析案例的习惯,分析过程显得较为呆板和僵化,但却使人切实体会到案例分析过程中抽丝剥茧、有条不紊、稳步推进的扎实和精细。新生学期的学习让我对阶层式案例分析产生了浓厚的兴趣,于是,我在接下来的学期中接续完成了案例分析的初阶和进阶课程,还参加了弗赖堡大学法学院的模拟司法考试,亲身体会到了连续撰写案例分析5个小时之后的手臂酸麻和饥肠辘辘之感。

留德期间,我有幸在弗赖堡大学法学院刑法与刑事诉讼法研究所瓦特·佩龙（Walter Perron）教授的教席担任教研助理，也因此获得了参与阶层式案例分析教学的宝贵机会。在几年时间里，佩龙教授每次讲授案例分析初阶和进阶课程时，都让我担任课程助教，委托我每周为德国学生准备课程案例分析的参考答案并给德国学生课后答疑。这是一项颇为繁重的任务。阶层式案例分析的参考答案不仅经常长达数十页，要交上一份让佩龙教授满意的参考答案，更需要娴熟掌握刑法基础理论知识和阶层式案例分析方法。数个学期坚持下来，确实是对自己极大的锻炼，也使我更为深刻地领会到了阶层式案例分析的要旨。同时，在为德国学生答疑、批改试卷的过程中，我也从教学者的角度对学生在学习阶层式案例分析时容易出现的问题和困惑有了初步的了解。

回国任教以来，清华法学院刑法学科组委任我讲授全院唯一的一门刑法案例分析课程"刑法研讨与案例分析"。这是门面向本科大三学生的选修课，选课学生的人数并不多。考虑到清华学子大多敏而好学，我便试着在这门课上讲授阶层式的案例分析方法。坦言之，最初做出这一决定，心中难免忐忑不安。阶层式案例分析在形式上与我国传统的案例分析方法大相径庭，在我国当前的各类法学考试中，考生也不可能像参加德国国家司法考试一样花费5个小时的时间按照阶层式体系撰写一篇案例分析。因此，对于是否应当在我国引入阶层式案例分析方法，自己其实不是十分确信。然而，经过多年的教学检验，该门课程总体上还比较受清华法学院的学生们欢迎，除本科生之外，每年都能吸引众多硕士生和博士生旁听。从同学们的反馈来看，阶层式案例分析方法在我国绝非没有用武之地。很多参加课程学习的同学都表示，很喜欢案例分析课上的"烧脑"体验。还有同学提及，之前见到复杂一点的案例就不知从何下手，掌握阶层式案例分析方法后，至少能确定案例中的问题所在，"总算知道了自己到底是哪里不懂"。不仅如此，阶层式案例分析方法也被证明是与我国的司法实务相容的。在我的案例分析课堂上，每年都有来自全国各地检察院的公诉人同学参与。数年来，很多公诉人同学都认为，阶层式案例分析方法使他们在办案时的思路更为清晰。他们当中的部分同学甚至还在全国优秀公诉人业务竞赛中斩获佳绩。这些对阶层式案例分析方法的肯定使我备受鼓舞，也使我确信在我国推广和普及阶层式案例分析方法是一项有益的工作。虽然我国当前的法学考试还不允许考生按照阶层式案例分析的形式答题,司法工作人员也没有必要严格按照阶层式体系撰写起诉书和判决书,但是,阶层式案例分析方法的体系性和精致性仍然有助于法学学生和司法工作人员对案件各个方面的问题进行全面检视。这种体系化、精细化的思维方式无疑是法律人所应当掌握的。

  我从2014年开始在清华大学法学院讲授案例分析课程,迄今已持续10年。若算上在弗赖堡大学法学院参与案例分析课程的经历,不知不觉间,自己已经从事阶层式案例分析教学将近15年之久。"愚者千虑,必有一得"。虽然才智驽钝,但经历15年的积累与沉淀,多少对刑法阶层式案例分析有了些许心得和感悟。因此,当北京大学出版社的杨玉洁编辑邀请我撰写一本关于案例分析的教材时,我也欣然允诺,于是便有了此书的诞生。本书的写作初衷是为法学专业的高年级学生(包括大三及以上的本科生和硕士、博士研究生)以及对刑法案例分析感兴趣的研究者和实务工作者提供一本刑法阶层式案例分析的方法论教程。原本的写作计划是,以一篇简短的导论说明阶层式案例分析的基本方法,再以10则左右的案例展示阶层式案例分析方法的具体适用。但是,在写作过程中却感觉到,若不对犯罪成立要件加以阐释,读者恐怕难以理解阶层式案例分析的内在逻辑,也无法真正以阶层式的分析方法处理案件。因此,本书的导论部分根据故意的作为犯、过失的作为犯、不作为犯、共同犯罪、犯罪未完成形态、罪数理论等主题,对刑法犯罪论的核心知识进行了较为系统但简明扼要的阐释,方便读者便捷地理解阶层式案例分析对不同类型犯罪行为的分析逻辑,同时也体系性地掌握刑法犯罪论中可能是最为重要的理论知识。这部分的篇幅达到了20余万字,读者完全可以将之作为高度精练的刑法犯罪论教科书来使用。本书第二部分通过6则实例演习将阶层式案例分析方法应用于对具体案件的处理,便于读者了解阶层式案例分析的全貌并掌握在阶层式体系下条理有序地展开案例分析的基本方法。本书的案例分析部分还特别设置了思维导引,方便读者理解案例分析过程中各个考察要点之间的衔接关系,体会案例分析的内在思维逻辑。该部分入选的案例均来自我在清华法学院讲授的案例分析课程,案例素材基本上来自我国和德国的真实案件,案例考察重点大体在于因果关系、认识错误、正当防卫、不作为犯、共同犯罪、犯罪形态和财产犯罪等领域。其中,案例1(受虐姐妹案)相对简单,其难度大致相当于弗赖堡大学的案例分析初阶课程(大二课程);其他几则案例则均达到或超过了弗赖堡大学案例分析进阶课程的难度。

近年来,我国也引入了部分德国学者关于阶层式案例分析的优秀作品,例如,维尔茨堡大学埃里克·希尔根多夫(Eric Hilgendorf)教授的《德国大学刑法案例辅导》就很好地展示了德国法学院的案例分析教学体系。但美中不足的是,该书完全基于德国刑法理论与刑事立法,对于我国读者而言,其中部分内容可能显得陌生。特别是较为复杂的案例分析必然涉及德国刑法中的一些特殊罪名,我国读者缺乏相关的背景知识,就难以把握这些案例分析背后的思维脉络。本书源自我在德国的留学经历,自然也难免有些"德味",但本书的特色在于,将德国的案例分析方法与我国的刑法理论和司法实务相结合,对阶层式案例分析方法进行了体系性的本土化改造,以便我国读者能够更为便捷地理解和掌握阶层式的案例分析方法并将之适用于理论研习与司法实务。例如,本书没有直接采用德国的客观归责理论,而是结合我国的理论实际,倡导将客观归责的下属问题分别作为构成要件行为(实行行为)的问题和因果关系的问题处理。又如,法定符合说在德国是个别说,案例分析时无须对之特别加以考察;但在我国,法定符合说和具体符合说存在巨大争议,故本书也发展出了在法定符合说下分析打击错误的方法和步骤。再如,德国刑法原则上承认不能犯的可罚性,故在案例分析中不必考察未遂犯与不能犯的区分;但我国诸多论者主张区分未遂犯和不能犯,故本书将该问题作为实质客观说下的着手认定问题整合在阶层式分析体系之中,使分析者在判断行为人的行为是否具有实质的危险性、是否构成着手的同时就可以完成对未遂犯和不能犯的界分。还如,本书结合我国刑法关于财产犯罪的规定,提出了分析财产犯罪的基本思路,在防卫限度的认定等众多理论问题上,本书也并非片面宣扬德国学说,而是充分考虑了我国刑法理论和司法实务的立场,等等。相信这些本土化改造能够降低我国读者对阶层式案例分析方法的陌生感。

本书的诞生是多位学界同仁和青年学子共同努力的结果。除北大出版社杨玉洁编辑的策划之外,中国政法大学的康子豪讲师、中国人民大学的林嘉珩博士后以及清华大学法学院的博士生罗雨荔、孙鹏、万均扬等同学都在本书的撰写和校对过程中起到了重要作用,堪称创作本书的"共同正犯"。还有很多参与我案例分析课程和读书会的同学对本书的修改提出了很好的意见和建议,发挥了显著的心理性和物理性的帮助作用。在此一并向各位致以诚挚的谢意。当然,本人才疏学浅,尽管书稿在付梓之前经过了多轮校改,但其中错谬恐也难免,不当之处还请方家不吝赐教。

王 钢
2024 年 8 月 12 日
于清华法学院法律图书馆楼

目 录

导论篇：犯罪论核心知识与案例分析的基本方法

一、行为无价值论的阶层式犯罪构成体系 ·············· 003
  （一）我国传统四要件体系及其不足 ·············· 003
  （二）结果无价值论与行为无价值论 ·············· 007
二、犯罪论核心知识（案例分析检视清单） ·············· 012
  （一）故意的作为犯 ·············· 012
    1. 构成要件符合性阶层：客观构成要件 ·············· 013
      （1）行为主体 ·············· 013
      （2）构成要件行为 ·············· 014
      （3）行为对象 ·············· 017
      （4）构成要件结果 ·············· 017
      （5）因果关系 ·············· 018
    2. 构成要件符合性阶层：主观构成要件 ·············· 030
      （1）犯罪故意：认识因素 ·············· 030
      （2）犯罪故意：意志因素 ·············· 041
      （3）非法目的 ·············· 044
    3. 违法性阶层 ·············· 047
      （1）违法阻却事由概述 ·············· 047
      （2）正当防卫 ·············· 048
      （3）紧急避险 ·············· 058
      （4）被害人承诺与同意 ·············· 066
      （5）法令行为 ·············· 075

4. 责任阶层 ·· 075
　(1) 责任概述 ·· 075
　(2) 责任能力 ·· 076
　(3) 违法性认识 ······································ 081
　(4) 期待可能性 ······································ 084
　(5) 责任故意与容许构成要件错误 ············ 085
　(6) 假想防卫过当的处理 ························ 090
5. 其他犯罪要件 ······································ 091
　(1) 客观处罚条件 ·································· 091
　(2) 刑罚解除事由 ·································· 093

(二) 过失的作为犯 ·· 094
1. 过失的定义及其构造 ··························· 095
2. 注意义务的体系安排 ··························· 097
3. 注意义务的具体认定 ··························· 101
4. 过失犯中的因果关系 ··························· 103
　(1) 规范保护目的 ·································· 103
　(2) 义务违反的关联性 ·························· 105
5. 过失犯中的违法阻却事由 ··················· 107

(三) 不作为犯 ·· 108
1. 作为与不作为的区分 ··························· 109
　(1) 主流理论 ·· 109
　(2) 主要类型 ·· 112
2. 真正的与不真正的不作为犯 ················ 114
3. 作为义务的认定 ·································· 115
　(1) 理论概述 ·· 115
　(2) 保护义务 ·· 117
　(3) 监管义务 ·· 119
4. 其他犯罪成立要件 ······························ 125
　(1) 作为可能性 ···································· 125
　(2) 近似因果关系 ································ 126

　　　　（3）等置性 ･････････････････････････････････ 126
　　　　（4）犯罪故意 ･･･････････････････････････････ 127
　　　　（5）违法阻却事由：义务冲突 ･････････････････ 127
　　　　（6）责任：期待可能性 ･･･････････････････････ 128
　（四）共同犯罪 ･･････････････････････････････････････ 129
　　1. 共同犯罪概述 ････････････････････････････････････ 129
　　　　（1）共同犯罪的概念与本质 ･･･････････････････ 129
　　　　（2）共同犯罪的二元参与体系 ･････････････････ 129
　　　　（3）正犯与共犯的区分 ･･･････････････････････ 134
　　　　（4）共同犯罪与犯罪构成 ･････････････････････ 140
　　　　（5）任意的共犯与必要的共犯 ･････････････････ 142
　　2. 共同正犯 ･･ 143
　　　　（1）共同正犯的概念与原则 ･･･････････････････ 143
　　　　（2）共同正犯的成立要件 ･････････････････････ 145
　　　　（3）过失共同正犯？ ･････････････････････････ 154
　　3. 间接正犯 ･･ 155
　　　　（1）间接正犯的概念与原则 ･･･････････････････ 155
　　　　（2）间接正犯的成立条件 ･････････････････････ 156
　　4. 共犯的处罚根据及其从属性 ････････････････････････ 168
　　5. 教唆犯 ･･ 171
　　　　（1）正犯主行为 ･････････････････････････････ 172
　　　　（2）教唆行为 ･･･････････････････････････････ 175
　　　　（3）教唆故意 ･･･････････････････････････････ 180
　　6. 帮助犯 ･･ 183
　　　　（1）帮助行为 ･･･････････････････････････････ 184
　　　　（2）帮助故意 ･･･････････････････････････････ 190
　（五）未遂犯、中止犯与预备犯 ････････････････････････ 191
　　1. 犯罪形态概述 ････････････････････････････････････ 191
　　2. 未遂与中止的体系处理 ････････････････････････････ 192
　　3. 未遂犯的构成要件 ････････････････････････････････ 194

              (1) 前提要件：未得逞 ·· 194
              (2) 犯罪决意 ·· 194
              (3) 着手的认定 ·· 196
              (4) 未遂犯的其他问题 ·· 207
         4. 中止犯的成立条件 ··· 210
              (1) 在犯罪过程中 ··· 210
              (2) 中止行为 ··· 214
              (3) 中止的自动性 ··· 221
              (4) 共犯的中止 ·· 223
              (5) 造成损害 ··· 225
         5. 预备犯的成立要件 ··· 226

    (六) 罪数 ··· 228
         1. 罪数概述 ··· 228
         2. 行为单数 ··· 229
              (1) 自然意义上的单一行为 ··· 229
              (2) 法律意义上的单一行为 ··· 229
         3. 法条单数 ··· 231
              (1) 特别法条（法条竞合） ·· 231
              (2) 吸收关系 ··· 232
              (3) 补充关系 ··· 233
              (4) 同种数罪 ··· 233
              (5) 选择性罪名 ·· 234
              (6) 共罚的事后行为 ·· 235

三、案例分析的基本技巧 ·· 236
    (一) 准确理解案件事实 ··· 236
    (二) 确定合适的分析次序 ·· 239
         1. 以行为为单位，依次全面考察 ··· 239
         2. 以正犯为中心，从正犯到共犯 ··· 243
         3. 坚持重罪优先，从重罪到轻罪 ··· 246
    (三) 妥善处理观点分歧 ··· 247

实战篇：阶层式案例分析的实例演习

案例1　受虐姐妹案 ·· 251
　案件事实 ·· 251
　参考答案 ·· 257

案例2　错上加错案 ·· 277
　案件事实 ·· 277
　参考答案 ·· 283

案例3　乡间小屋案 ·· 319
　案件事实 ·· 319
　参考答案 ·· 325

案例4　夺命连环案 ·· 354
　案件事实 ·· 354
　参考答案 ·· 360

案例5　浪子回头案 ·· 393
　案件事实 ·· 393
　参考答案 ·· 398

案例6　多行不义案 ·· 423
　案件事实 ·· 423
　参考答案 ·· 431

导 论 篇

犯罪论核心知识
与案例分析的基本方法

一、行为无价值论的阶层式犯罪构成体系

所谓案例分析,一言以蔽之,就是以犯罪构成体系为逻辑主线,逐步检验相关行为是否符合了某个罪名的全部成立要件。案例分析之所以应当以犯罪构成体系为逻辑主线,其原因在于,犯罪构成体系本就是对犯罪成立条件的综合和整理,并以此彰显不同犯罪成立条件相互之间的关联。既然犯罪构成体系完整呈现了犯罪的成立要件,以其为引导展开对行为的可罚性分析就顺理成章。因此,可以认为犯罪构成体系构成了刑法案例分析的基本指引,其在案例分析中扮演着"检视清单"的角色。鉴于我国目前的刑事司法实务和刑法理论均面临多种犯罪构成体系并存的局面,为明确本书案例分析的基本逻辑,有必要先对犯罪构成体系的选择予以明确。

(一)我国传统四要件体系及其不足

众所周知,我国传统刑法理论采用四要件体系,认为犯罪是符合客体要件、客观要件、主体要件、主观要件的行为。其中,犯罪客体即行为的社会危害性、法益侵害性或者刑法所保护的社会关系。不同学说见解对其内涵的界定存在一定的差异。客观要件包括实行行为、危害结果和因果关系等犯罪成立要素。主体要件主要包括刑事责任能力、身份犯中的特殊身份等自然人在构成犯罪时应当具备的资质条件,根据刑法的相关规定,单位在特定情形下也可以构成犯罪主体。主观要件则包括故意、过失、非法目的等与行为主体主观心态相关的犯罪成立条件。①

---

① 参见高铭暄、马克昌主编:《刑法学》(第10版),北京大学出版社、高等教育出版社2022年版,第48页。

> **四要件体系概览**
> 客体要件:社会危害性(法益侵害性)
> 客观要件:行为、结果、因果关系
> 主体要件:特殊身份、责任能力
> 主观要件:故意、过失、非法目的

无可否认,四要件体系在我国刑法发展过程中起到了极为重要的作用,现今也仍然在我国司法实务中居于通说的地位。但是,进入21世纪以来,随着我国刑法知识体系的转型,诸多学者开始主张阶层式的犯罪构成体系。其中有部分论者主张两阶层犯罪构成体系,多数阶层论的主张者支持三阶层犯罪构成体系。此外,结果无价值论者与行为无价值论(二元论)者所主张的阶层式体系也有所不同。本书侧重于阐释阶层式案例分析的方法论,无法对相关理论争议展开论述,此处仅简要说明以下两点:

首先,就理论研究而言,犯罪构成体系的差别无疑具有极为重要的学术意义。不同的犯罪构成体系按照各自的基本逻辑梳理各个犯罪成立要件,故不同的犯罪构成体系绝非刑法学者们对犯罪成立要件无聊的排列组合游戏,而是彰显着对刑法的各种基本立场和基本理解。但是,从案例分析的角度来看,真正决定特定案例的分析结果的,却往往不是犯罪构成体系本身,而是对诸犯罪成立要件的解释和适用。其原因在于,不论采取何种犯罪构成体系,认定犯罪所应具备的犯罪成立要件本就是大致相同的。即便是一些在传统四要件体系中没有获得重视的犯罪成立要件(例如:违法性认识、期待可能性等),也并不难将之补入四要件体系之中。因此,若对各个犯罪成立要件采取完全相同的理解,犯罪构成体系本身的差异原则上不足以造成案例分析结论的不同。四要件体系和阶层式体系可能导致不同结论的场合主要集中在共同犯罪领域,但即便在共同犯罪的案件中,共犯成立条件上的见解分歧相较于犯罪构成体系而言也对案例分析的结论具有更为直接的影响。因此,在本书看来,在案例分析中完全不必过度夸张犯罪构成体系的影响力。既不应当将阶层式犯罪构成体系视为扰乱我国刑事司法实务的"洪水猛兽",也不必过于贬低四要件体系。

对于案例分析而言,更为重要的是,不论采取何种犯罪构成体系,都应当在个案分析中扎实地逐一检验犯罪构成要件是否切实具备。

其次,在逻辑的完备性和自洽性方面,阶层式犯罪构成体系相较于四要件体系具有优势。四要件体系存在几个较为明显的缺陷:

四要件体系难以妥当安置违法阻却事由。① 传统的四要件体系虽然认为具备客体要件、客观要件、主体要件和主观要件就构成犯罪,但却也承认正当防卫、紧急避险等阻却犯罪成立的正当化事由。这就导致"四要件"不能构成对犯罪成立条件的周延表述,而更多地只是代表着入罪要件。虽然有学者创造性地提出,符合正当防卫或紧急避险的行为就不具有社会危害性,因不符合客体要件而不构成犯罪。② 然而,这种将违法阻却事由整合入客体要件的解决方案也仍然存在诸多问题。一方面,这种方案只有在基于功利主义的优越利益原则理解正当防卫、紧急避险等众多违法阻却事由的前提下才能成立,也即必须将所有的违法阻却事由均视为避免更大社会危害或法益损害的行为。但是,将正当防卫、紧急避险等众多违法阻却事由均回溯至功利权衡的方案忽视了不同违法阻却事由之间的根本差别,也必然背负与功利主义思想相伴而生的诸多缺陷,难以令人满意。③ 若在社会共同体成员的理性共识中寻求正当防卫与紧急避险的正当性根据,则正当防卫和紧急避险的正当性主要并不在于相关行为欠缺社会危害性或法益侵害性,而是在于,其体现了理性主体基于维护自身权利的考量而能予以普遍认同的相互关系。据此,就难以再将二者视为对客体要件的排除。另一方面,这种解决方案也会导致在根据四要件体系进行案例分析时,难以确定究竟应当何时考虑客体要件。我国传统刑法理论将客体要件置于四要件之首,其在判断次序中当属第一顺位。与此相应,若将正当防卫、紧急避险等违法阻却事由视为客体要件的内容,就会导致在案例分析中一开始就要考虑行为人是否构成正当防卫或

---

① 参见彭文华:《犯罪构成论体系的逻辑构造》,载《法制与社会发展》2014 年第 4 期,第 122 页。
② 参见黎宏:《我国犯罪构成体系不必重构》,载《法学研究》2006 年第 1 期,第 33 页。
③ 参见王钢:《对生命的紧急避险新论——生命数量权衡之否定》,载《政治与法律》2016 年第 10 期,第 98 页以下。

紧急避险。然而,在尚未确定行为人的行为可能符合刑法某个具体罪名的罪状描述之前就考察其构成正当防卫或紧急避险的可能性,在思考逻辑上显得极不自然。例如,在行为人违反交通运输管理法规驾驶机动车造成重大事故的场合,几乎不可能先考虑行为人是否构成紧急避险,之后才考察其行为是否因违反交通运输管理法规而导致发生重大事故、造成重大损失。

四要件体系难以妥善解释对各个犯罪成立要件的分类标准。四要件体系将犯罪成立条件分别划归于客体要件、客观要件、主体要件、主观要件之下,但这四个要件之间的彼此界分却并不清晰。既然采用主客观二分法,则主客观的区分就应当能够含括所有的犯罪成立条件。换言之,在主客观的二元对立视野下,犯罪成立条件要么属于主观要件,要么属于客观要件,不应当再有第三种可能。而在四要件体系中,除了主观要件、客观要件之外,却还存在主体要件和客体要件。其中的主体要件所涉及的其实也都是与行为主体相关的客观情势,恐怕将其归入客观要件更为妥当。为何四要件体系在采纳主客观二分的观察视角下又同时将主体要件并列于主观要件与客观要件之外,对此也无法给出合理解释。

四要件体系难以确定对各个犯罪成立要件的考察次序。我国学者早已指出,四要件体系是耦合式的平面体系,故对四个要件之间的判断并无固定的先后次序。① 由此,在对个案的考察中,不同的分析者完全可以分别从不同的要件切入,根据完全不同的次序进行分析,这就导致难以在案例分析方法上取得共识,也极大限制了对具体案件中疑难问题和争议焦点的提炼,不利于分析者之间就具体案件和问题展开充分探讨。相较之下,阶层式犯罪构成体系则具备较为固定的分析逻辑,分析者不能随意对之加以更改。虽然如后所述,阶层式犯罪构成体系也存在多种类型,阶层式的案例分析也并不排除分析者具有一定的个人风格,但总体而言,在阶层式犯罪构成体系之下,对案例的分析框架较为确定。例如,不论如何理解构成要件符合性,分析者在依据阶层式犯罪构成体系展开案例分析时,

---

① 参见陈兴良:《犯罪构成论:从四要件到三阶层——一个学术史的考察》,载《中外法学》2010年第1期,第56页以下。

都不能越过构成要件阶层的判断而径直考察行为的违法性或行为人的责任。这就为分析者遵循大致相同的案例分析逻辑提供了保障,也为案例分析方法论的形成和发展提供了基础。

基于上述四要件体系的缺陷,未来可能还需要进一步的研究和实践才能立足于四要件体系发展出较为完备的案例分析方法论。因此,本书的案例分析将采用阶层式犯罪构成体系进行。

(二) 结果无价值论与行为无价值论

在阶层式犯罪构成体系中也存在行为无价值论(二元论)体系与结果无价值论体系之间的差异。行为无价值论(二元论)和结果无价值论是两种界定刑事不法之本质的基础理论。所谓结果无价值,是指行为人的行为在个案中对法益造成的实害或危险。结果无价值论认为刑事不法仅由结果无价值构成,刑事不法就是指对法益的现实侵害。[①]

对于行为无价值和行为无价值论,学术史上则存在着不同的理解。早期的行为无价值论者认为行为无价值是指行为对社会伦理规范的违反。[②] 当今的行为无价值论者一般不再将行为无价值建基于与社会伦理规范的关系之上。其中部分论者强调刑事不法行为的规范违反性,将行为无价值等同于对法律规范的违反。[③] 更多的行为无价值论者则认同刑法负有保护法益的任务,将行为无价值界定为行为自身对于法益的威胁性。[④] 这种见解认为,立法者为实现保护法益的目的而在刑法中设置了诸多行为规范,行为人的行为则因违反了旨在保护法益的行为规范而具有威胁法益的性质,从而构成行为无价值。据此,行为无价值直接体现为对旨在保护法益的行为规范的违反,或者说,行为无价值就是通过规范违反

---

① 参见[日]山口厚:《刑法总论(第3版)》,付立庆译,中国人民大学出版社2018年版,第103页。
② 参见张明楷:《行为无价值论与结果无价值论》,北京大学出版社2012年版,第6页。
③ Vgl. Jakobs, Strafrecht, Allgemeiner Teil, 2. Aufl., 1991, 2. Abschn. Rn. 1 f.
④ Vgl. Sternberg‑Lieben/Schuster, in: Schönke/Schröder Kommentar, StGB, 30. Aufl., 2019, §15 Rn. 121.

而表现出来的行为对法益的危害性。①

行为无价值论均强调行为无价值在建构刑事不法方面的核心作用,但根据对这种核心作用的不同理解,也存在行为无价值的一元论(纯粹的行为无价值论)和行为无价值的二元论(当今经常被简称为行为无价值论)之间的区别。行为无价值的一元论认为,刑事不法就是对社会伦理规范或旨在保护法益之规范的违反,至于对法益的实害结果或具体危险是否出现,则至多只是确证相关规范是否被违反的要素,并不属于刑事不法的内涵。② 行为无价值的二元论则认为,刑事不法原则上由行为无价值和结果无价值共同构成。特别是在实害犯的场合,缺乏结果无价值的行为不能构成犯罪既遂,在过失犯的场合,未造成结果无价值的过失行为不构成犯罪。当然,刑事不法的具体内容取决于各个罪名或不同构成要件的要求。在纯粹的行为犯的场合,行为无价值就已经体现出了刑事不法的全部内涵。在未遂犯的场合,也可能并不具备结果无价值。③ 当前在我国和德国、日本的行为无价值论均以行为无价值的二元论为主流。

结果无价值论与行为无价值论(二元论)在刑法基本理念和诸多具体刑法教义学问题上均存在见解的分歧,这些分歧也导致二者所采用的阶层式犯罪构成体系并不相同。

结果无价值论遵循古典自由主义的立场。其认为,只要行为人的行为未对他人或社会造成损害,刑法就不应当对之加以禁止(损害原则),从而在社会利益与行为人的个人自由权利之间寻求平衡。因此,结果无价值论强调刑法的法益保护功能,原则上将刑法规定视为裁判规范,在个案中侧重考察行为人的行为是否实际造成了法益损害或者造成了对法益的紧迫危险。与此相应,在对于损害和危险的判断上,结果无价值论也主张,在个案中应当立足于事后的视角,根据客观科学法则认定行为是否确实造成了法益侵害,因此,在结果无价值论看来,对刑事不法应当是一种事后的、客观的判断。由于刑事不法在阶层式犯罪构成体系中体现为构

---

① 参见周光权:《刑法学的向度:行为无价值论的深层追问》(第3版),中国人民大学出版社2023年版,第169页。
② Vgl. Jakobs, Strafrecht, Allgemeiner Teil, 2. Aufl., 1991, 2. Abschn. Rn. 25a.
③ Vgl. Roxin/Greco, Strafrecht Allgemeiner Teil, Bd. 1, 5. Aufl., 2020, § 10 Rn. 88.

成要件符合性和违法性的判断,故在结果无价值论的犯罪构成体系中,构成要件和违法性原则上也应当是纯客观的判断,行为人的犯罪故意、非法目的等主观要素则被视为责任阶层的内容。

行为无价值论则强调刑法的社会整合功能,提倡对刑法的功能性、规范论的理解。其认为,刑法作为法律体系的一环,在整体法秩序中负担着社会整合的根本任务,故刑法应当确证行为规范的效力,维持社会共同体成员相互间的反事实性的规范期待,从而为社会共同生活提供行为指引。因此,行为无价值论原则上将刑法规定理解为行为规范,并将行为对这种行为规范的违反视为刑事不法的核心。行为无价值的一元论显然只能将行为无价值置于刑事不法的中心。行为无价值的二元论虽然承认结果无价值原则上属于刑事不法的内容,但其也认为,在刑事不法的建构中,行为无价值相对于结果无价值居于优先地位:结果无价值以行为无价值为前提,只有违反行为规范的行为所导致的对法益的现实损害或威胁才构成结果无价值。若行为人的行为符合行为规范的要求,则没有行为无价值,更不可能具有结果无价值。刑法正是通过对违反行为规范的不法行为加以制裁,促成社会共同体成员依规范要求行事,从而维持社会秩序。当然,在行为无价值的二元论看来,行为规范也并非自我目的,究竟哪些规范应当成为刑法保护的行为规范,又取决于相应利益是否具有重要的社会意义,能否获得社会共同体成员的普遍认同,是否应当被认定为刑法意义上的法益。只有旨在保护法益的行为规范,才能够成为判定刑事不法的基准。

需要注意的是,行为无价值的二元论虽然也承认刑法应当保护法益,但其与结果无价值论之间还是存在显著的差异。这尤其表现在,行为无价值的二元论并不是基于客观上已经出现的法益损害结果或对法益的实际危险推断行为具有违反行为规范、威胁法益的性质,而是根据相关行为对于旨在保护法益之行为规范的违反认定其法益侵害性。由于其将行为的法益侵害性与规范违反性相结合,而行为是否违反行为规范的判断又必然要基于行为时的情境进行,故行为无价值的二元论要求从行为时的角度认定相关行为是否可能侵害法益,也即对于行为危险性的判断须立足于事前的视角,结合行为对法律规范的违反来加以认定。同时,在行为无价值论的立场下,由于对行为是否违反规范要求的判断以及行为对法益之危险性的判断都与行为的主观方面相关(例如,立足于行为时的视角,根据生活经验,故意行为造成法益损害结果的可能性一般会高于过失行为),故主观要素也成为了行为无价值不可或缺的组成部分。简言之,依据行为无价值论,对行为无价值应当是事前(行为时)的、结合规范要求和主观要素进行的判断。与之相应,构成要件符合性阶层就在客观构成要件之外还须包含犯罪的主观构成要件,在违法性阶层也同样应当将主观违法阻却要素(如防卫意思等)纳入考察范围。

上述在基本理念和犯罪构成体系方面的差异也导致了结果无价值论与行为无价值论(二元论)在诸如偶然防卫、着手认定等诸多刑法教义学具体问题上的不同结论。本书后续的阐释也将涉及其中的部分问题,此处暂不展开。就阶层式犯罪构成体系的选择而言,本书采用行为无价值论(二元论)的阶层式体系。作为刑法中的两种基本立场,行为无价值的二元论与结果无价值论各自发展出了较为完备的刑法教义学体系,不能简单认为某一方的观点是"正确"或者"错误"的。对两种立场的选择更多地取决于论者对于刑法的基本理念,特别是取决于对"为何要有刑法""刑法的根本任务是什么"这些基础问题的回答。本书认为,刑法固然应当保护法益,但刑法保护法益的目的仍然在于创设并维持社会共同体成员能够普遍认同的社会共同生活秩序。不论是人身权利、财产利益等个人法益还是诸如职务行为不可收买性等公共法益,都是因其对于维系自由、平和、高效的社会共同生活具有普遍意义才得以成为法益。① 不仅如此,从实现法益保护的途径来看,刑法其实也无法通过事后施加制裁来达到保护法益的效果。在诸多案件中,不论事后如何处罚行为人,都无法挽回其已经造成的法益损失。刑法实际上也只能通过设置行为规范并以刑罚确证相关行为规范的有效性,通过要求国民普遍遵守相应的行为规范,从而实现保护法益的目标。② 因此,对于刑事不法的认定应当体现出相关

---

① 参见王钢:《法益与社会危害性之关系辩证》,载《浙江社会科学》2020年第4期,第43页。

② 参见[德]乌尔斯·金德霍伊泽尔:《法益保护与规范效力的保障:论刑法的目的》,陈璇译,载《中外法学》2015年第2期,第558页。

行为违反行为规范的性质,发挥刑法确立行为规范的功能。相反,结果无价值论原则上仅将刑事不法视为对行为人发动刑事制裁的前提条件,侧重于对裁判规范的应用而忽视了刑事不法的行为指引功能。例如,在结果无价值论下,拍死一只苍蝇和出于正当防卫杀死不法侵害人两个行为在不法评价上没有不同,因为两个行为都不应受到刑事制裁。但在行为无价值论(二元论)的视角下,两者却存在本质的差异。前者完全不具有违反行为规范的性质,自始为刑法所允许,而后者则已触及"不得杀人"的行为规范,只在特殊限定条件下才为刑法所接纳。总而言之,本书认为,结果无价值论忽视了刑法规定中的行为规范本质,也难以与刑法为国民提供行为指引、维系社会共同生活的根本目的直接结合,故不为本书所采。

二、犯罪论核心知识(案例分析检视清单)

根据行为无价值论的立场,在分析具体案件时应当以三阶层犯罪构成体系为导引,对诸多犯罪成立要件逐一加以检视。只有在所有的犯罪成立条件均具备的情况下,才能肯定相应行为构成犯罪。但需要注意的是,在涉及不同的犯罪类型和犯罪形态时,须于三个阶层之下加以考察的犯罪成立要件也有些许差异。下文将首先以故意的作为犯为模板简要阐释行为无价值论三阶层体系中的犯罪成立要件,而后再对其他犯罪类型和特殊犯罪形态下的考察清单进行梳理。

(一)故意的作为犯

故意的作为犯是所有犯罪类型和形态中的"基本型"。在行为无价值论体系下,对故意作为犯的检视清单大致如下:

三阶层体系:故意的作为犯(既遂)
1. 构成要件符合性
   (1)客观构成要件:
       a. 主体　　　　　　b. 构成要件行为
       c. 行为对象　　　　d. 构成要件结果
       e. 因果关系(归因+归责)
   (2)主观构成要件:
       a. 故意　　　　　　b. 非法目的
2. 违法性:正当防卫、紧急避险等
3. 责任
   (1)责任能力
   (2)违法性认识
   (3)期待可能性
   (4)责任故意(争议)
4. 其他犯罪要件:客观处罚条件/刑罚解除事由

所谓构成要件,就是指刑法(主要是分则条文)对于可罚行为的描述,其内容大致相当于我国传统刑法理论中所说的"罪状"。前文已经提及,根据结果无价值论,构成要件阶层仅具有客观构成要件,主观构成要件的相关内容应当在责任阶层再予检视。但在行为无价值论的体系下,构成要件由客观构成要件与主观构成要件共同构成。

1. 构成要件符合性阶层:客观构成要件

在故意的作为犯中,客观构成要件方面须加以检视的要素主要有行为主体、构成要件行为、行为对象、构成要件结果和因果关系等。由于这些构成要件要素均属于客观构成要件,对其的考察顺序原则上没有固定的先后次序。例如,在考察个案中的行为是否构成故意杀人罪时,分析者可以先检验构成要件结果(死亡结果)是否具备,也可以先考察相应的行为是否能够构成故意杀人的实行行为。同样,何时考察行为主体和行为对象,一般也可以由分析者自行决定。但是,刑法上的因果关系是指构成要件行为与构成要件结果之间的关联,故应当先确定存在着构成要件行为和结果之后再对因果关系加以考察,如此方能契合思考逻辑。对各个客观构成要件要素的基本考察内容简述如下:

(1)行为主体

所谓行为主体,就是刑法规定的实施犯罪行为的主体。我国刑法中的主体有自然人和单位两类。

a. **自然人主体**:在刑法没有特别作出规定时,自然人是行为主体。至于行为人是否达到了法定责任年龄,是否具有责任能力,则不是构成要件层面的问题,而是责任阶层的问题。刑法中的部分构成要件要求行为人具有特殊身份或者根据行为人是否具有特殊身份设置了不同的法定刑,这些构成要件就是身份犯。其中,**真正的身份犯**是指以特殊身份作为构成要件要素的犯罪。行为人不具有特殊身份的,不能构成相应犯罪的正犯,最多只能构成狭义共犯(教唆犯或帮助犯)。[①] 例如刑讯逼供罪(第

---

① 参见林维:《真正身份犯之共犯问题展开——实行行为决定论的贯彻》,载《法学家》2013年第6期,第133页。

247条)等。**不真正的身份犯**则是指在相应罪名中,特殊身份不影响定罪,但是影响对行为人的量刑。行为人不具有特殊身份的,也可以成立不真正的身份犯,但是,若行为人具有特殊身份,则对之从重或者从轻处罚。例如诬告陷害罪(第243条第2款)等。身份犯中的特殊身份可以有多种来源,其中最重要的特殊身份是"国家工作人员"。对之应结合《刑法》第93条和全国人大常委会《关于〈中华人民共和国刑法〉第九十三条第二款的解释》的规定加以认定。行为人是否属于国家工作人员,存在着身份论与公务论之间的争论。前者以行为人是否具有国家工作人员资格为准,后者以行为人是否实际从事公务为准。公务论是较为妥当的立场。

b. **单位主体**:《刑法》第30条规定,公司、企业、事业单位、机关、团体实施的危害社会的行为,法律规定为单位犯罪的,应当负刑事责任。单位犯罪的主要特点是:单位犯罪的主体是单位,即公司、企业、事业单位、机关或团体;单位犯罪应体现单位意志,也即必须由单位的决策机构按照单位的决策程序决定,由直接责任人员实施;单位犯罪一般表现为为本单位谋取非法利益或者以单位名义为本单位全体人员或多数成员谋取非法利益;单位犯罪以刑法明文规定为前提,在相应行为不构成单位犯罪时,应当追究直接负责的主管人员以及其他直接责任人员的责任;对单位犯罪原则上实行双罚制,不仅对单位处以罚金,而且还对直接负责的主管人员和其他直接责任人员判处刑罚(《刑法》第31条)。①

(2)构成要件行为

对于构成要件行为的判断是案例分析中相对较为复杂的问题。在案例分析中,对构成要件行为的判断一般应当分三步进行。首先须确定行为人的身体动静属于刑法意义上的行为,其次应考察行为人的行为是否符合相关构成要件所要求的实行行为,最后还要注意的是,行为人的身体动静应当被评价为作为还是不作为。具体而言:

---

① 参见喻海松编著:《实务刑法评注》(第2版),北京大学出版社2024年版,第116页以下。

> **构成要件行为的判断步骤**
> 1. 是否是刑法意义上的行为:行为人的身体动静是否受意志支配?
> 2. 是否是实行行为:
>   (1)是否符合构成要件所要求的行为定型性?
>   (2)是否具有对法益的类型性危险?
>   (注意:被容许的危险、风险降低等情形)
> 3. 是作为还是不作为:作为与不作为的界分标准?

a. 刑法意义上的行为

分析者首先应当考察,在具体案件中,行为人的身体动静可以被认定为刑法意义上的行为。所谓**刑法意义上的行为**,并不是指相关行为符合刑法的构成要件,而仅是指相关的身体动静可以被纳入刑法的考察范围。当今刑法理论对于刑法意义上的行为采用较为宽泛的理解,认为人的意志支配下的身体动静都属于刑法意义上的行为。换言之,只有不受意志支配的举动才因其不属于刑法意义上的行为而被自始排除出刑法的管辖领域。例如膝跳反射、梦游中的举止、疾病发作时的抽搐、被他人或者自然界所强迫的无从选择的举动等,都不是刑法意义上的行为。

b. 实行行为

在肯定行为人的身体动静属于刑法意义上的行为之后,就须进而考察其是否属于符合相关构成要件的**实行行为**。对于实行行为的判断,应当注意区别两类不同的构成要件。

第一类可以称为**定型性较强的构成要件**。这类构成要件根据刑法规定或刑法理论具有较强的定型性,其对实行行为提出了详细的要求。较为典型的是财产犯罪中的构成要件。例如,所谓盗窃行为,是指行为人在未取得权利人同意的情况下破除他人对财物的占有,建立起自己或者其他第三人对于财物的新的占有。由此可见,盗窃行为具有"破除占有—建立占有",或者简称为"占有转移"的明确结构。在这类构成要件中,应当严格按照对实行行为的定型性要求判断个案中行为人的行为是否符合构成要件。例如在盗窃罪中,就应当结合占有的认定详细考察行为人的行为是否确实导致了对财物的占有转移,从而判断行为人是否实施了盗窃罪的实行行为。

第二类构成要件则是**定型性较弱的构成要件**。这类构成要件并未对实行行为本身提出详细的要求,例如,故意杀人、故意伤害等实害犯均是如此。在这类构成要件中,刑事立法者关注的是行为人的行为是否可能造成损害结果,而并不关心行为人造成损害结果的具体行为方式,故刑法没有对相关的实行行为加以进一步的限定。这就导致在这类构成要件中只能根据行为对法益的危险性,以实质的标准确定实行行为。据此,这类构成要件中的实行行为即按照各犯罪类型所规定的、具有导致法益损害结果的**类型性危险**的行为。所谓"类型性的危险",是指根据人们的生活经验,从事前的角度看来,相应行为往往可能造成构成要件所要求的损害结果。例如,以尖刀捅刺被害人头部、胸部的行为经常会造成被害人死亡的结果,这类行为就具有造成他人死亡的类型性的危险,属于故意杀人罪的实行行为。由于这类构成要件中的实行行为限于对法益具有类型性危险的行为,在案例分析中就只能将确实创设或提升了对法益之危险的行为认定为实行行为。若在个案中,行为人的行为所创设的危险没有超出日常生活风险的范畴,或者其所创设的危险属于**被容许的危险**,则不属于实行行为。至于何种危险属于被容许的危险,则主要由法律法规和相应的行业标准确定。违反法律法规和行业标准的行为,原则上创设了不被容许的危险。在欠缺明确的法律法规和相应行业标准的场合,则应当基于在行为人处境中的一般理性第三人在行为时所能认识和预见到的事实,综合考察行为人的特殊认知,从事前的视角判断是否存在着不被容许的危险。同理,若行为人的行为只是降低了他人法益所面临的风险,则刑法也不应当加以禁止。这种**降低风险**的行为不是实行行为,不符合客观构成要件。但需要注意的是,对于因降低风险而阻却实行行为的情形应当严格加以限制,只有在行为人于已经发生的因果流程中进行干预,由此降低了法益所面临的损害,并且没有同时创设新的危险时,才能以降低风险为由否定其实施了实行行为。例如,甲看到工地上一块钢筋坠落,眼见要砸中乙的头部,情急之下,甲推了乙一把,使得钢筋砸中乙的手臂,致乙受伤。在该例中,甲是在已经发生的因果流程中(钢筋坠落砸向乙)降低了对乙的损害,也没有创造新的危险(乙还是因被钢筋砸中而负伤),故应当否定甲对乙实施了伤害行为。相反,若行为人的行为虽然避免了对被害人更为严重的损害,但却创设了对被害人法益的新的风险,则不能否定其实施了实行行为。例如,楼房着火,甲为救助被困的婴儿逃离火海,不得已将其从二楼抛向楼底的消防队员,导致婴儿摔伤。此时甲虽然以造成婴儿受伤为代价挽救了婴儿的生命,但婴儿之前所面临的是被烧死的危险,而甲将婴儿从楼上抛下的行为开创了一个新的因果流程,由此创设了对婴儿身体法益的新的危险(即摔伤的危险),故不能以风险降低为由否定其对婴儿实施了伤害行为。当然,即便认为甲的行为符合构成要件,其行为也可以通过紧急避险、被害人承诺或者推定的承诺合法化。

c. 作为与不作为

在案例分析中还需要特别注意的问题是,行为人在个案中的身体动静应当被评价为**作为还是不作为**。在作为犯与不作为犯的场合,须检视的构成要件要素并不相同(例如,在不作为犯中要考虑作为义务的问题),因此,在个案中,将行为人的行为认定为作为还是不作为,将决定后续的考察要素和分析路径,也经常会影响最终的案例分析结论,可谓是案例分析中至关重要的"岔路口"。刑法理论关于作为与不作为的区分存在较大的意见分歧,本书在不作为犯的检视清单中再对此予以概述。

(3)行为对象

行为对象也被称为犯罪对象或行为客体,其是指实行行为所作用的人、物或机构。在刑法中,行为对象经常被明文规定为构成要件要素,并且起到区分不同犯罪类型的作用。总体而言,对于行为对象的判断在案例分析中相对简单,在绝大部分案件中并不会造成太大的困难。所须注意的,只是不能将行为对象等同于法益或组成犯罪行为之物。

(4)构成要件结果

构成要件结果一般是指危害结果,也即对刑法所保护的法益造成的现实侵害或具体的危险。对于既遂的结果犯而言,构成要件结果是不可或缺的构成要件要素。但需要指出的是,构成要件结果并非只在实害犯中才是构成要件要素,不仅具体危险犯同样以出现结果(对法益的具体危险)作为既遂的前提要件,甚至部分抽象危险犯也可能将特定结果规定为构成要件要素。因此,部分抽象危险犯的既遂也以发生特定构成要件结果为前提。当然,抽象危险犯中的构成要件结果并非法益实害结果,否则就会导致将抽象危险犯转化成了实害犯。例如,贩卖毒品罪既是抽象危险犯又是结果犯。一方面,该罪的保护法益是国民健康,但该罪的既遂并不以贩卖毒品的行为对国民健康造成了现实损害或者导致了对国民健康的紧迫危险为前提,故该罪属于抽象危险犯。另一方面,贩卖毒品罪只有在行为人造成了毒品的占有转移时才达于既遂,换言之,对毒品的占有变动这一结果(而非国民健康遭受实害或紧迫威胁的结果)是该罪的构成要件要素,故贩卖毒品罪又是结果犯。

在结果加重犯中,加重结果也是特别应当予以检视的构成要件结果。所谓结果加重犯,是指刑法规定了一个基本的犯罪行为(基本要件),并进而规定在该行为造成了严重结果时加重其法定刑的情况。在结果加重犯中,必须是符合基本构成要件的行为导致了加重结果,且符合基本构成要件的行为与加重结果之间必须存在直接性关联(直接的风险关联),也即符合基本构成要件的行为本身必须具有导致加重结果的高度风险,并且正是由于这种风险造成了加重结果。此外,在结果加重犯中,行为人对于加重结果还必须至少具有过失。

(5)因果关系

a. 因果关系概说

刑法因果关系的判断也是案例分析中经常造成重大争议的难题。众所周知,刑法理论中存在多种不同的因果关系认定学说。其中较为常见的有诸如条件说、合法则的条件说、相当因果关系说等。德国通说则将因果关系的认定问题与客观归责的判断区分开来考察,其在因果关系的判断中采用不加修正的条件说,侧重于从事实层面确定行为人的行为与构成要件结果之间的关联性。在肯定存在条件关系的前提下,再在客观归责的层面通过规范性、价值性的标准判断,是否应当将构成要件结果归责(归属)于行为人的行为,也即是否能够在规范的意义上要求行为人对构成要件结果负责。与此相似,在英美刑法中,对于刑法因果关系的判断也区分为事实因果关系和法律因果关系两个步骤进行。在事实因果关系判断中同样采用不加修正的条件说,在肯定事实因果关系之后再考察行为与结果之间是否具有规范性的法律因果关系。①

由此不难发现,对于刑法上行为与结果之间的关联性,其实总是存在归因和归责两个层面的限定。上述德国将因果关系和客观归责区分判断的基本思路明显体现了这一点。在德国刑法理论中,因果关系主要解决事实归因的问题,而客观归责则解决规范归责的问题。英美刑法将事实因果关系和法律因果关系区分开来的做法也如出一辙,分别从归因和归责两个层面来确定刑法中行为与结果的联系。条件说、合法则的条件说与相当因果关系说虽然没有明确将对行为与结果之关联性的判断区分为两个部分来进行,但其思考过程其实也同样可以由归因和归责两个层面构成。例如,条件说的主张者往往需要在根据条件公式肯定因果关系之后,又在个案中考虑这种条件因果关系是否可能由于特殊因素的影响而中断。然而,从事实层面来看,条件因果关系实际上只有可能存在或者不存在,不可能先存在而后再中断。因此,所谓条件关系的中断,其实同样是在肯定事实性条件关系的基础上对刑法上行为与结果之关联性的规范性修正。换言之,条件说也同样是在肯定了事实归因的基础上再对刑法因果关系进行规范判断,仍然是归因加归责的判断模式。同理,相当因果关系说也是首先确定行为和结果之间是否具有基本的条件关系,而后再判断这种条件关系是否具有相当性,其同样是历经了归因和归责的两个判断层次。

既然刑法中的主流学说其实都需要从归因和归责两个层面来认定行为与结果之间的关联性,本书建议不必在刑法因果关系的认定上太过拘泥于具体的学说,而是根据**事实归因**与**规范归责**两个步骤来考察行为人的行为与构成要件结果之间是否具有刑法意义上的因果关系。其中,在事实归因部分主要应用条件公式加以判断。原则上,符合条件公式的行为与构成要件结果之间均具有事实意义上的关联性。在肯定条件关系的基础上,再在归责层面结合规范标准判断,是否在个案中应当基于特殊的因素否定因果关系,或者说是否应当否定行为人的行为与构成要件结果

---

① 参见[英]丹尼斯·贝克:《格兰维尔·威廉姆斯刑法学教科书Ⅰ:犯罪论编》,李立丰译,法律出版社2023年版,第303页、第312页。

之间具有规范意义上的关联性。此处特别应当注意考察的因素有:行为造成的损害结果及其造成损害结果的方式是否符合规范的保护目的(见下文过失犯的因果关系),行为与结果之间是否具有义务违反的关联性(见下文过失犯的因果关系),被害人是否构成自我答责,是否应由后介入的第三者对构成要件结果负责,是否因其他异常因素的介入导致因果关系的否定,等等。

> **因果关系的判断步骤**
> 1. *事实归因*:条件因果关系
> 2. *规范归责*:重点考察规范保护目的、义务违反的关联性、被害人自我答责、第三者介入、异常因果流程等情形

我国刑法学界和实务界尚未全面接受客观归责理论,故本书也不直接采用客观归责理论来进行案例分析。客观归责理论当然具有非常重要的理论意义,我国是否应当采纳客观归责理论是学术研究上值得长期深入探讨的问题。但是,就案例分析而言,是否直接采用客观归责理论并不会明显影响案例分析的结论。客观归责理论所处理的议题,例如事关风险创设或风险实现的诸多问题,固然需要在案例分析中有所体现,但这并不意味着必须像德国刑法理论一样,在因果关系判断之外再将客观归责承认为客观构成要件要素。相反,在我国理论框架之下,将德国在客观归责理论下处理的问题分别拆解至实行行为与因果关系两个客观构成要件要素中予以探讨,也同样可以实现案例检视的完备性。如前所述,如果对我国刑法理论中的实行行为进行实质性的把握,就应当仅将创设或者提升了对法益之危险的行为认定为实行行为,由此便可以将德国客观归责理论中有关风险创设的问题融入对实行行为的探讨之中。同时,既然我国对刑法因果关系的考察本就应当包含规范归责的内容,那么,客观归责理论中关于风险实现的部分自然也可以被纳入规范归责的层级加以检视。

b. 事实归因

如前文所述,在事实归因层面,主要是通过条件说判断行为人的行为与损害结果之间是否具有事实上的条件关系。条件说的判断公式是:若

没有 A 就没有 B,则 A 是 B 的原因。或者说,若没有行为人的行为,危害结果就不会发生,则行为人的行为就是危害结果发生的原因。根据条件说的立场,所有符合这一公式的条件都是结果发生的原因,这些原因对于结果的发生具有相同的影响力,他们之间的价值也完全相等。因此条件说又被称为等价性说。换言之,在条件说之下,并不存在所谓主要原因与次要原因、直接原因与间接原因之间的差异,所有满足条件公式的因素皆为对结果发生同等重要的原因。在理解和适用条件说时要注意以下几点:

首先,条件说所判断的是行为与具体的危害结果之间的因果关系。所谓具体的危害结果是指在特定的时间以特定方式出现的危害结果。只有当即便没有行为人的行为,危害结果也会以相同的形式(在同样的时间,以同样的方式)出现时,才能认为行为人的行为与危害结果之间欠缺因果关系。若没有行为人的行为则危害结果不会出现或者只会以其他形式出现,便应当肯定条件关系的成立。例如,在执刑人员依法对甲执行死刑时,乙抢先几秒对甲开枪射击导致甲死亡的,乙的行为与甲提前数秒的具体死亡结果具有条件关系。

其次,使用条件说判断因果关系时不能考虑假想的因果关系(假设的因果关系)。析言之,判断者只能在现实的事实基础上消极地去除作为考察对象的条件,然后考虑是否在消除该条件后危害结果仍然会发生。若得出肯定结论,则该条件并非导致危害结果的原因。要特别注意的是,在进行条件关系的考察时不能积极地往案件事实中添加没有真实发生的替代条件,更不能根据这种替代条件可能对因果进程造成的影响否定现实发生的因果关系。例如,乙在大雾天驾车追尾甲的车辆,甲、乙两人下车后,乙停留于自己车辆前方 1 米处。此时,丙超速驾车驶来,撞上乙车,导致乙车向前移动 10 米并致使乙车与乙发生碰撞,从而造成乙受伤。就在丙车撞上乙车之时,丁也高速驾车驶来撞上丙车,但没有再度伤及乙。后查明,若丙不超速行驶,则丙车不会撞上乙车,但丁车仍然会撞击丙车,导致丙车撞击乙车并推动乙车前移 5 米,对乙造成同样的伤害。① 在该案

---

① Vgl. BGHSt 30, 228 f.

中,若不是丙车撞击乙车,乙就不会受伤,故应当肯定丙的超速驾驶行为与乙的伤害结果之间具有因果关系。虽然即便丙车不撞击乙车,丁车也会撞击丙车并造成乙车位移,同样会致使乙受伤,但在该案中却不能据此否定丙的行为与损害结果之间的条件关系。因为,"丁也会造成乙受伤"在现实的因果流程中并未真实发生,其只是一起假想的交通事故,也即只是假想的替代条件。

再次,在**并合因果关系**(累积因果关系)的场合下,条件说可以完全适用。例如,甲、乙两人互不知情,分别向被害人饮料中投入50%剂量的毒药,造成被害人死亡。此时去除甲或乙的行为都会导致被害人的死亡结果不发生,故甲、乙两人的行为与被害人的死亡结果之间均具有条件关系。在**择一因果关系**(双重因果关系)的场合,条件说也例外地承认因果关系。例如,甲、乙两人互不知情,分别向被害人饮料中投入100%剂量的毒药,造成被害人死亡(被害人服用200%剂量的毒药造成的死亡结果与服用100%剂量毒药造成的死亡结果相同)。此时若严格适用条件公式,则应当得出甲、乙两人的行为均与死亡结果不具有条件关系的结论。但在择一因果关系的场合,条件说对自身立场有所修正,认为若去除任意一个条件仍然会发生结果,但是去除全部条件则结果不发生,则所有的条件都是结果发生的原因。根据这种修正的立场,在上例中就仍然应当肯定甲、乙的行为与被害人的死亡结果之间具有条件关系。

复次,只有当相关条件持续作用至结果发生时,才能将其认定为导致危害结果的原因。若在相关条件导致结果之前即有其他条件介入并独自造成结果,则属于因果关系的断绝,前条件不再是结果的原因。譬如,甲在被害人饮料中投毒,在毒性发作之前,乙将被害人枪杀的,甲与被害人的死亡结果之间没有因果关系。当然,若被害人是因中毒导致行动迟缓,无法有效躲避乙的杀害行为而死亡,则仍应肯定甲的行为是造成被害人死亡的原因。

最后,在危害结果是由于被害人特殊体质或者由于其他异常因果流程所导致时,并不阻却条件关系的成立。此时条件公式仍然适用。例如:行为人击打被害人鼻子,不料被害人是血友病人,流血不止死亡。此时应肯定行为人的击打行为与被害人的死亡结果之间存在条件关系。

c. 规范归责

在确定行为人的行为与危害结果之间存在条件关系的基础上,还应当在归责层面考察,是否能在规范的意义上将危害结果视为行为人的"作品",从而要求行为人对危害结果的发生负责。在归责层面主要须考察规范保护目的、义务违反的关联性、被害人自我答责、第三者介入、异常因果流程等情形,其中,规范保护目的、义务违反的关联性与过失犯的联系更为紧密,下文在过失犯的因果关系认定中再予详述。此处主要略述被害人自我答责、第三者介入和异常因果流程三种情形。

(a)被害人自我答责

康德的法权哲学正确地指出,法律是那些使任何人的自由意志按照一条普遍的自由法则可以与其他人自由意志相协调的条件的总合。① 法律应当严格界分和保障国民的权利领域,并且在国民的权利领域内保障其自由。侵入他人权利领域的,即为不法。与此相应,对于自己权利领域内的事务,每个人都应当自负其责,不能将责任转嫁给他人。当被害人自负其责地实施自我损害或者导致自己陷入风险时,便不能要求其他行为人承担责任。因此,刑法理论认为,被害人自我答责地造成自身损害时,应当否定行为人的行为与被害人的损害之间的因果关系。

认定被害人自我答责并因此否定因果关系须具备两个前提条件:首先,在主观方面,被害人必须认识到了相应行为的危险性并自主决定地追求或者容忍这种危险。换言之,被害人必须是自愿地接受了相应的危险或损害结果。其次,在客观方面,被害人必须是自己实际控制和支配着导致损害或者危险的行为。

就主观方面的要求而言,关键是要确定被害人是否确实系自主决定地自愿接受了相应的危险。对于个案中应当以何种标准认定被害人是否自愿接受了危险,存在责任排除说和承诺说的争议。责任排除说认为,原则上应当认定被害人是自主决定地实施自我损害或者自陷风险,只有当被害人所受到的影响达到了足以排除其刑事责任的程度(例如,导致其陷

---

① 参见[德]康德:《法的形而上学原理——权利的科学》,沈叔平译,商务印书馆1991年版,第40页。

入无刑事责任能力状态或者导致其欠缺期待可能性)时,才能认为被害人并非自愿接受危险。[①] 承诺说则认为,只有当被害人自我损害或者自陷风险的意志决定能够符合有效承诺的主观要件时,才能认为其自主决定地实施了相应行为。换言之,被害人必须是在有能力充分评价自我损害或自陷风险行为的后果和影响的基础上,自愿实施相应的行为,而且其选择相应行为的意志决定不能存有重大意思瑕疵。[②] 承诺说要求根据具体案件的情形考察被害人是否自愿放弃法益,更有利于保护被害人的法益,故而是更为有力的见解。

就**客观方面的要求**而言,关键是要考察被害人是否确实是自己实施了导致损害结果的行为。在个案中认定究竟是被害人自己还是由其他行为人招致了相应的损害或风险时,应当适用类似于对正犯与共犯的判断标准,也即应当考察是否是被害人自己掌控着整个事态,是否是被害人自己支配着导致损害结果的行为。若能得出肯定结论,则应认定被害人属于自我损害或自招风险。例如,甲从乙处购得毒品后,虽明知吸毒风险,但仍然给自己注射毒品,导致自己死亡。此时应当肯定甲构成自我答责,其死亡结果与乙的行为之间不具有因果关系。因为,甲客观上以自己的行为支配了整个情势,正是其自身的注射行为才直接导致了死亡结果。相反,若甲是让乙给自己注射毒品,并由此导致自身死亡,则甲不成立自我答责。此时是乙控制着造成死亡结果的行为,故乙应当对甲的死亡结果负责,构成过失致人死亡罪。在部分案件中,被害人与行为人也可能是以类似共同正犯的关系共同支配了造成损害结果的行为。此时,被害人自己的参与对于损害结果的发生仍然起到了不可或缺的重要作用,若其在主观方面符合自我答责的要求,仍然应当肯定被害人自负其责。例如:甲知道自己是艾滋病患者,乙在知情的情况下仍然与甲发生性关系,导致自己也感染了艾滋病。在该例中,甲、乙两人的行为共同导致乙感染艾滋病,但若没有乙的参与,就不会发生相应的损害结果,故还是应该肯定乙对整个事态的支配性,要求其自我答责。

---

① Vgl. Roxin/Greco, Strafrecht Allgemeiner Teil, Bd. 1, 5. Aufl., 2020, §11 Rn. 108, 114.
② 参见王钢:《自杀的认定及其相关行为的刑法评价》,载《法学研究》2012年第4期,第157页以下。

营救者的损害是否应当由其自我答责,也即当被害人为了救助被行为人的行为所威胁的他人法益而导致自身法益遭受损失时,行为人是否应当对被害人所遭受的损害负责,是具有较大争议的问题。例如:行为人放火企图烧毁甲的房屋,尽管火势凶猛,路人乙仍然冲进火海救助被困在屋内的儿童,但却不幸被严重烧伤身亡。问题是,此时行为人是否应当对乙的死亡结果负责。有见解认为,在营救者损害的场合,被害人总是自主决定地将自己置于危险之中,故应肯定其自我答责,行为人不对被害人的法益损害负担刑事责任。① 有见解认为,在被害人基于法定作为义务进行救援时(例如,消防队员遂行灭火任务),不能认为被害人自我答责,由此导致的法益损失应当由行为人负责。除此之外,救助行为属于被害人的个人事务,应当认定其自我答责,不能归责于行为人。② 更为有力的见解认为,在营救者损害的场合,是行为人的行为造成了被害人实施救援的必要性,因此,若被害人的救援行为从事前来看是理性的、可以被理解的选择,行为人就应当对被害人在救援活动中所遭受的损害负责。相反,若被害人的救援行为只是毫无意义的鲁莽举动,则行为人不承担责任。③

(b)第三者介入

在行为人实施行为之后,又介入了第三者的行为并因此导致危害结果的,往往不能将危害结果再归责于前行为人。问题是,究竟应当以何种标准判断第三者行为是否阻却危害结果与前行为人之行为的因果关系。例如:甲刺伤乙,致使乙住院治疗。在治疗过程中,医生丙诊断失误,造成乙因伤口感染而死亡。甲是否应当对乙的死亡结果负责,就成为问题。对此,刑法理论中存在多种不同的见解。

回溯禁止理论主张以第三者的主观心态作为判断标准。根据该说,当后介入的第三者是故意或者重大过失地实施行为时,前行为人就失去

---

① Vgl. Roxin/Greco, Strafrecht Allgemeiner Teil, Bd. 1, 5. Aufl., 2020, §11 Rn. 115.
② 参见[德]乌尔斯·金德霍伊泽尔:《刑法总论教科书(第六版)》,蔡桂生译,北京大学出版社2015年版,第114页。
③ 参见王钢(署名王刚):《营救者的损害与自我答责原则》,载《法学研究》2010年第3期,第40页以下。不同的见解,参见高巍:《救援者损害之客观归责》,载《法商研究》2023年第4期,第122页以下。

了对事态发展的控制,此时第三者的行为阻却危害结果和前行为人的行为之间的因果关系。① 该说虽然在部分场合下也能得出较为妥当的结论,但其原初只是为了在共同犯罪的场合对过于宽泛的条件说加以限制,已经无法满足当今刑法理论对于规范归责的要求。此外,根据第三者的主观心态界定行为人的责任范围,也缺乏有力的理论依据。

日本学者前田雅英教授主张,在判断介入因素(包括第三者的介入)是否导致前行为人的行为与危害结果的因果关系中断时,应当主要考虑三个方面的要素:其一,前行为人的行为导致结果发生的危险性大小。前行为人的行为造成危害结果的可能性越大,介入因素越不能中断因果关系。其二,介入因素异常性的大小。介入因素越不异常,越不能中断因果关系。其三,介入因素对于发生危害结果的影响。介入因素对危害结果发生的作用越小,越不能中断因果关系。② 需要注意的是,根据该说在个案中判断因果关系是否中断时,应当结合以上三个方面对全案事实进行综合考察从而得出结论,不能简单将这三个方面的要素理解为少数服从多数的关系。换言之,即便其中两个因素表明介入因素应当中断因果关系,但若有一个因素强烈显示不能中断因果关系,则仍然可能要得出因果关系不中断、前行为人须对危害结果负责的结论。例如,甲教唆乙杀害丙,乙遂将丙杀死。此时甲的教唆行为不能直接造成丙的死亡结果,对危害结果发生的影响较小,根据要素一应当认为甲不对丙的死亡结果负责。乙直接造成丙的死亡,对死亡结果的发生具有最直接的巨大影响,根据要素三也应当认为甲不对丙的死亡结果负责。但是,乙的杀人行为系由甲引起,其在甲的教唆下实施杀人行为并不异常,故根据要素二,甲应当对丙的死亡结果负责。此时,虽然有两个要素倾向于否定甲需要对危害结果负责,但通过综合权衡,还是应当肯定甲的教唆行为与丙的死亡结果之间具有因果关系。然而,也正是由于该说总是要求对案件的情节进行综合考察,故其在部分案件中的判断结论并不明晰。

本书认为,在涉及第三者介入的场合,应当谨慎界定前行为人与第三

---

① Vgl. John, Das erlaubte Kausieren verbotener Taten – Regressverbot, 2007, S. 28.
② 参见[日]前田雅英:《刑法总论讲义(第7版)》,曾文科译,北京大学出版社2024年版,第121页。

者的责任范围,从而确定前行为人是否应当对损害结果负责。析言之,应当考察导致结果的风险是与前行为相联系的类型性的风险,还是由第三者所创设的新的风险。若为前一种情形,则前行为人仍须对危害结果负责,若为后一种情形,则危害结果不能再被归责于前行为人。总体来说应当注意以下几点:

首先,当第三者故意或者是出于重大过失导致结果时,原则上可以认为其创设了新的风险,从而否定危害结果与前行为人之行为的因果关系。例外在于,若前行为人所违反的恰好就是防止第三人故意或过失地介入实施行为的义务,或者第三者的行为与前行为人所创设的危险存在着类型性的关联,则仍然应当将危害结果归责于前行为人。例如:甲、乙为夫妻,育有一幼儿丙。甲、乙两人感情不和,甲欲离家出走,乙威胁说,若甲出走就杀死丙。甲未对丙加以保护便离家,乙果然将丙杀死。在该案中,虽然乙是故意杀害丙,但甲对丙所负有的保护义务正是要求甲采取措施防止丙遭受乙的侵害,甲未履行该义务而导致丙遇害,应当对丙的死亡结果负责。当然,甲对丙的死亡缺乏故意,仅构成过失致人死亡。又如,甲、乙两人发生争吵,甲将乙打倒在地连捅数刀,以为乙已经死亡,便离开现场并叫朋友丙来处理"尸体"。丙来到现场之后发现乙还有一丝气息,遂用水瓶继续砸击乙头部致乙死亡。① 在该案中,虽然丙故意对乙实施了杀害行为,但正是甲将丙引入了整个事态并为丙创设了实施杀害行为的条件,故丙的杀害行为与甲所创设的危险之间存在紧密关联,甲仍然应当对乙的死亡结果负责,构成故意杀人既遂。根据这些判断准则,在上述甲刺伤乙、医生丙诊断失误造成乙伤口感染身亡的案例中,就需要考察医生丙的过错是否与甲所创设的风险仍然存在关联。若乙的病情并不紧急,医生丙却误诊造成乙死亡,则应当由医生丙对乙的死亡结果负责,甲与乙的死亡结果之间不存在因果关系。相反,若甲造成乙重伤,导致医生丙不得不对乙进行紧急抢救,忙乱之中发生诊断失误致乙死亡,则医生丙的误诊与甲之前所创设的风险相关,甲应当对乙的死亡结果负责。

---

① Vgl. BGH NStZ 2001, 29. 原案中无法查明被害人究竟是死于流血过多,还是死于由水瓶的重击所导致的颅脑损伤。

其次,在界定前行为人与后介入的第三者的责任范围时应当考虑信赖原则的影响。当前行为人可以合理信赖他人不会故意实施犯罪行为时,其无须对第三者故意的犯罪行为所造成的损害结果负责。① 但是,"人非圣贤,孰能无过",行为人在日常交往中一般不能信赖他人不会过失地造成危害结果。因此,行为人往往要对他人过失行为造成的损害结果负责。例如,甲在房屋装修的过程中没有及时处理装修废料,乙借机点燃废料纵火的,甲不对乙造成的火灾负责。② 但医生疏于管理药品,护士也过失地拿错药给患者使用导致患者身亡的,医生和护士都对死亡结果负责。

最后,当第三者只是不作为地没有阻止前行为人的行为导致危害结果时,是否能肯定其不作为足以阻却前行为人的行为与危害结果之间的因果关系,是存在争议的问题。例如,甲故意伤害乙,导致乙被送往医院救治,医生丙严重不负责任没有及时对乙加以救治,导致乙死亡。有见解认为,不作为本身并不改变因果进程的发展,不作为的第三者根本没有"介入"到案件之中,故第三者的不作为不能中断因果关系。然而,既然刑法理论承认不作为可以与作为相等置,就不应一概否定第三者的不作为排除前行为人责任的可能性。③ 在上例中,医生丙严重不负责任导致乙死亡的,还是应该认为丙创设了新的、导致乙死亡的风险,应当对乙的死亡结果负责,其不作为阻却甲的伤害行为与乙的死亡结果之间的因果关系。

(c)异常的因果流程

所谓异常的因果流程,是指危害结果的发生完全处于人们根据一般的日常生活经验所能预料的范围之外。在这类案件中,行为人之前虽然创设了不被容许的风险,但是最终在危害结果中实现的却不是行为人所创设的风险,而是其他风险,故不能认定行为人的行为与结果之间存在因果关系。例如,甲出于杀害故意开枪射伤乙,乙在住院治疗的过程中,医院突发火灾,乙在火灾中丧生。在该例中,乙的死亡结果不是甲的"作

---

① 参见[德]英格博格·普珀:《德国刑法总论:以判例为鉴(第四版)》,徐凌波、喻浩东译,北京大学出版社2023年版,第74页。
② Vgl. OLG Stuttgart, JR 1997, 517 (518).
③ Vgl. Rengier, Strafrecht Allgemeiner Teil, 13. Aufl., 2021, §13 Rn. 96.

品",而是意外事件。故甲无须对乙的死亡结果负责,其仅成立故意杀人未遂。

当然,在个案中究竟何时可以认定是由异常的因果流程导致了损害结果,往往并不容易。在案例分析中要重点注意以下几点:

首先,需要仔细考察行为人的行为是否提升了结果发生的危险,以及在危害结果中实现的究竟是什么样的危险。若在危害结果中实现的危险就是行为人所创设的危险,或者与行为人所创设的危险存在紧密的关联,则一般不能将之视为异常的因果流程。例如,甲将乙打成重伤,救护车为了急救必须超速行驶,但却因此造成交通事故,导致乙在事故中身亡。在该例中,虽然是救护车超速行驶造成了乙的死亡结果,但救护车之所以必须超速行驶,又是由于甲对乙造成了较为严重的伤害所致,因此,应当肯定事故的发生与甲所创设的风险之间存在紧密关联,故甲须对乙的死亡结果负责。

其次,因果流程是否异常,原则上应当以一般理性人事前所能认识到的事实为基础进行判断,但是同时也要考虑行为人特别认识到的事实(特殊认知)。① 例如,妻子知道丈夫患有糖尿病,为了造成后者死亡领取保险金,遂做了一个含糖量普通的蛋糕给丈夫吃,丈夫吃后死亡。又如,生物系的学生在餐馆当服务员,负责给客人上菜。其偶然发现菜品中有一种罕见的毒蘑菇,却仍然将菜品端给客人,客人食用后身亡。在这两例中,应当将行为人特别认识到的事实(丈夫患有糖尿病、菜品中有毒蘑菇)作为判断其行为危险性的资料纳入考察,故其行为造成损害结果并不异常。须注意的是,在考虑行为人的主观认知时,不是在考察行为人内心的观念或想法,而只是以行为人认识到的事实为基础判断其行为的危险性(详见下文对具体危险说的阐释)。②

最后,行为人是否需要对因被害人特殊体质造成的损害结果负责,存有争议。例如,甲丢石块砸乙,虽然仅对乙头部造成了较小的伤口,但不

---

① Vgl. Roxin/Greco, Strafrecht Allgemeiner Teil, Bd. 1, 5. Aufl., 2020, §11 Rn. 57.
② 参见欧阳本祺:《论特别认知的刑法意义》,载《法律科学(西北政法大学学报)》2016年第6期,第47页以下。

料乙却因其血友病的特殊体质而身亡。① 多数德国学者认为,在类似案件中,被害人的特殊体质是引起死亡结果的因果流程中极为重要的部分,而其在事前难以为人们根据日常生活经验所预见,故应当认定此时行为人由于因果流程的高度异常性而不对死亡结果负责。② 相反,我国学界则大多肯定行为人的行为与死亡结果之间的因果关系。③ 此外,在并合因果关系的场合,多数德国学者也否定行为人的行为与危害结果之间的归责关系。在其看来,在行为人于被害人的饮食中投放了50%剂量的毒药的场合,刚好还有他人也投放了50%剂量的毒药,这是极为异常和罕见的情形,故行为人不对死亡结果负责,仅构成故意杀人未遂。④ 我国学者则经常在并合因果关系的场合肯定行为人的行为与死亡结果之间的因果关系,从而肯定行为人构成故意杀人既遂。

2. 构成要件符合性阶层:主观构成要件

在故意的作为犯中,对主观构成要件的考察主要集中在犯罪故意(构成要件故意)和非法目的两方面的内容。

(1)犯罪故意:认识因素

在构成要件阶层予以考察的犯罪故意也被称为构成要件故意。其是指行为人对于客观构成要件之实现的认识与意欲,也即行为人在认识到了与客观构成要件要素相关的事实和意义内涵的基础上,仍然希望或者放任客观构成要件的实现。据此,犯罪故意由认识因素和意志因素两部分内容构成。根据我国《刑法》第14条的规定,"明知自己的行为会发生危害社会的结果"而实施犯罪的,才构成故意犯罪。据此,故意的认识因素既要求行为人认识到与客观构成要件要素相关的事实(即要认识到符合构成要件的行为及其结果,以及行为与结果间的因果关系等),也要求行为人在外行人领域平行评价的意义上认识到相关事实的法律意义和社

---

① Vgl. RGSt 54, 349.
② Vgl. Rengier, Strafrecht Allgemeiner Teil, 13. Aufl., 2021, § 13 Rn. 71.
③ 参见钱叶六:《刑法因果关系理论的重要发展与立场选择》,载《中国刑事法杂志》2022年第4期,第111页。
④ Vgl. Satzger, Kausalität und Gremienentscheidungen, Jura 2014, S. 190.

会意义,或者说认识到构成要件要素中奠定不法的消极意义内涵(即要认识到自己的行为所导致的是"危害社会"的结果)。据此,故意的认识因素也包含对符合构成要件的事实和行为的消极社会意义内涵的认识两方面的内容,只有当行为人在行为时同时具有对该两方面的认识时,才可能认定其具备故意的认识要素,也才可能肯定其构成犯罪故意。

a. 对客观构成要件事实的认识

故意认识因素中对事实的认识要求行为人在行为时认识到与客观构成要件要素相关的事实。认识因素所指向的是客观构成要件,故不属于客观构成要件的要素就不是犯罪故意的认识对象。例如,行为的违法性和客观处罚条件等均非犯罪故意的认识内容。

若行为人在个案中没有正确认识到与客观构成要件要素相关的事实,其就陷入了**事实认识错误**(构成要件错误),在案例分析中应当在考察故意的认识因素时对此加以检视。对构成要件事实的认识错误可以被区分为具体事实认识错误和抽象事实认识错误两种类型。

(a)**具体的事实认识错误**,是指行为人虽然未能正确认识到与构成要件要素相关的事实,但其认识错误尚未超出同一构成要件的范围。换言之,行为人主观上企图实现的构成要件与其客观上实际实现的构成要件仍然属于同一个构成要件的范畴。具体的事实认识错误又可因其发生的原因被细分为三种类型:对象错误、打击错误(方法错误)、因果关系错误。

其中,**对象错误**,是指行为人实际侵害的对象与其设想中所侵害的对象并不相同,但二者仍然属于同一构成要件的范围内。例如,行为人想杀害甲,却将乙误认为甲而将乙杀死。此时行为人实际侵害的对象(乙)并非其所设想杀害的对象(甲),但由于甲和乙均属于故意杀人罪客观构成要件意义上的行为对象("人"),行为人客观上所实现的构成要件与其主观上所设想实现的构成要件没有差别(均为故意杀人罪的构成要件)。行为人虽然对被害人的身份存在认识错误,但其仍然认识到自己实际杀害的对象(乙)是刑法意义上的"人",故应肯定行为人正确认识到了与故意杀人罪客观要件相关的事实,从而肯定其具有杀人的犯罪故意。须注意的是,在处理具体事实认识错误的对象错误(同一构成要件范围内的对象错误)时,并不存在法定符合说与具体符合说的争议。

打击错误又称为方法错误,其是指,行为人在行为时并未误认行为对象,但在实施侵害行为的过程中,由于打击手段或侵害方法上的偏差而损害了其本不欲侵害的对象。例如,行为人企图杀害甲,出于杀害故意向甲开枪射击,但却因为枪法失准而击中了路人乙,导致乙身亡。在处理这类案件时须首先确定,当前案件是否确实构成打击错误。只有当行为人不欲侵害其实际损害的对象,或者在行为时对其实际损害的对象确实没有认识时,才可能肯定其构成打击错误。相反,若行为人在实施侵害行为时就已经认识到自己的行为有损害其他对象的可能,则其就相关对象遭受的损害结果至少具有间接故意,此时并无认识错误的问题。[①] 例如,在上例中,若行为人欲杀害甲,眼见甲与乙结伴同行,虽知可能会击中乙却仍然向甲开枪射击,结果射偏导致乙死亡,则行为人对乙构成故意杀人罪。此时行为人对乙的死亡结果具有间接故意,主观上并未陷入认识错误。在确实构成打击错误的案件中,就存在法定符合说与具体符合说的激烈争论。

法定符合说认为,具体事实认识错误中的打击错误不阻却犯罪故意,因为行为人对于其实际侵害的行为对象仍然具有认识。例如,在行为人欲射杀甲却由于射击偏差而造成路人乙死亡的场合,行为人客观上造成了"人"(乙)的死亡,其主观上也认识到自己行为所侵害的对象是"人"(甲),故应肯定行为人认识到了客观上实现的危害结果,从而肯定其具有杀人的犯罪故意。法定符合说的优势在于,对相关案件的处理相比具体符合说更为简单,特别是在隔隙犯的认识错误和共犯的认识错误等场合,法定符合说的结论明显更为简明。但法定符合说也存在着部分疑问。法定符合说中的**一故意说**认为,既然行为人主观上只有一个犯罪故意,在对其行为进行刑法评价时就也应当仅能进行一次故意犯罪的认定。因此,在行为人欲射杀甲,但因射击偏差仅造成甲重伤,却击中路人乙造成其死亡的场合,就只能认定行为人对其本不欲侵害的乙构成故意杀人既遂。由于行为人主观上仅有的一个杀人故意被用在了对乙死亡结果的评价上,行为人对甲就不能再构成故意犯罪,故该说认为行为人对其本欲杀害

---

① Vgl. Joecks/Kulhanek, in: Münchener Kommentar, StGB, 4. Aufl., 2020, § 16 Rn. 100.

的甲反而只能构成过失致人重伤。这种结论恐怕令人难以接受。因此，法定符合说中的**数故意说**认为，在处理具体事实认识错误中的打击错误时，应当肯定行为人对于其客观上实际侵害的对象和其主观上意欲侵害的对象均具有犯罪故意。因此，在行为人意图杀害甲，但开枪射击仅造成甲重伤却造成路人乙死亡的场合，应当认定行为人同时对乙构成故意杀人既遂、对甲构成故意杀人未遂（以及故意伤害致人重伤），按照想象竞合处理。数故意说可以避免出现上述一故意说下有失妥当的结论，但其在行为人主观上仅具有一个犯罪故意的情形中却承认行为人可能同时构成多个故意犯罪，难免有拟制故意的嫌疑。①

具体符合说认为，行为人仅对其现实认识到的行为对象具有犯罪故意，故在具体事实认识错误的打击错误中，行为人仅对其意欲侵害的行为对象具有故意，对之构成故意犯罪未遂，对于其实际侵害的对象则缺乏犯罪故意，对之至多构成过失犯罪。在同时构成故意犯罪未遂和过失犯罪的场合，依想象竞合原则处理。据此，在行为人意图杀害甲，向甲开枪射击却未能击中甲（或者仅造成甲的身体伤害），但射中乙致其死亡的场合，应认定行为人对甲构成故意杀人未遂，对乙构成过失致人死亡，二者构成想象竞合，对行为人应以故意杀人未遂论处。

具体符合说较为契合惯常的思考逻辑，但也并非没有缺陷。

首先，该说在行为人意图造成损害结果，也确实造成了损害结果时却仅能认定行为人构成故意犯罪未遂。例如，在上例中，行为人想杀人（甲）也确实杀了人（乙），但具体符合说仅认定行为人构成故意杀人未遂，部分论者认为这种结论并不妥当。特别是，在行为人对选择性构成要件要素发生认识错误，也即当行为人仅对同一构成要件的不同行为方式产生认识错误时，具体符合说也只能肯定行为人构成故意犯罪未遂，显得多少存在疑问。② 例如，行为人欲冒用甲的信用卡实施诈骗，但其不知所使用的信用卡实际上系甲伪造的信用卡。若依具体符合说，即便行为人通过使

---

① 参见［日］西田典之：《日本刑法总论》（第2版），王昭武、刘明祥译，法律出版社2013年版，第192—194页。
② 参见张明楷：《再论具体的方法错误》，载《中外法学》2018年第4期，第929—932页。

用甲伪造的信用卡骗取数额较大的财物,也只能认定其构成信用卡诈骗罪未遂。因为其对自己客观上实施的信用卡诈骗行为(使用伪造的信用卡)并无认识,而其主观上意图实施的信用卡诈骗行为(冒用他人信用卡)又没有实现。

其次,在隔隙犯与共犯的场合,具体符合说的主张者往往会就行为人认识错误的类型和处理方式产生见解分歧。当然,当今的具体符合说基本上都认为,在隔隙犯的情形中,应当以行为人设置的行为模式是否实现为标准,判定行为人认识错误的类型,从而就这类案件的处理大体达成了共识。例如,行为人欲杀害甲,遂连夜在甲的私家车中安装炸弹,按其计划第二日清晨甲驾车上班时发动汽车就会引发爆炸身亡。不料次日清晨甲将车借给邻居乙使用,乙发动车辆引起爆炸遇难。众多支持具体符合说的论者将这类案件视为对象错误而非打击错误,因为行为人通过其所设置的杀害模式将行为对象限定为"第一个发动汽车的人",而乙也确实是第一个发动汽车的人,故行为人对于自己行为的打击对象并未发生误认。行为人所误认的只是其打击对象(第一个发动汽车的人)的具体身份,其误以为此人会是甲,但实际上是乙。这种对被害人身份的误认属于同一构成要件范围内的对象错误,不阻却犯罪故意。① 然而,并非所有支持具体符合说的论者都认同这种解决方案,也有见解坚持认为这种情形属于打击错误,应认定行为人构成故意杀人未遂。在涉及共犯的认识错误时,具体符合说的主张者之间就更是存在严重的见解分歧。例如,行为人教唆甲去杀害乙,甲在实施杀害行为时却将丙误认作乙,从而将丙杀害的,行为人就丙的死亡结果构成对象错误还是打击错误?持具体符合说的论者对此远无共识。本书将在后文论及教唆故意(教唆犯中的正犯认识错误)时再对该问题进行阐述。

总而言之,在打击错误的情形下存在着法定符合说和具体符合说的见解分歧。当今德国学界和司法实务几乎全部采用了具体符合说的立场,仅有个别论者支持法定符合说。相反,在日本学界和司法实务中,法定符合说则是相对更为优势的见解。两种观点各有利弊,案例分析者应当对两种见解的基本立场和具体适用都予以熟练掌握。

---

① 参见刘明祥:《论具体的打击错误》,载《中外法学》2014年第2期,第392页。

具体事实认识错误的第三种类型是**因果关系错误**,也即个案中因果流程的客观发展偏离了行为人的主观想象。由于行为人在个案中原本就很难认识到因果流程的具体细节,故刑法理论在认定故意犯罪时也只要求行为人认识到大致的因果流程。与此相应,若行为人关于因果流程的设想虽然与实际的因果流程发展并不相符,但却仍然大体相当,或者说,只要客观的因果偏离仍然处于人们根据日常生活经验所能预见的范围之内,就应当肯定行为人对现实的因果流程具有正确的认识。此时客观因果流程与行为人主观设想之间的偏差并不阻却行为人的犯罪故意。① 例如,行为人欲杀害甲,将甲推入河中企图将其淹死,但甲实际上是落水后被河流推向桥墩,因头部撞击桥墩而亡。此时仍然应当肯定行为人认识到了导致甲死亡的因果流程。因为,根据人们的生活经验,甲落水后会面临各种危及其生命的危险,撞击桥墩身亡也是其中之一,故本例中客观因果流程的偏离并未超出日常生活经验所能预见的范围。相反,若客观的因果流程偏离已经超出了人们根据日常生活经验所能预见的范围,则应当肯定其已经严重偏离了行为人的主观设想,不能认定行为人对客观现实发生的因果流程具有认识,从而应否定其犯罪故意。当然,在案例分析时需要注意的是,在这种情形下,极为异常的因果流程可能已经在客观方面就阻却了因果关系的认定,从而不必再进行主观方面的考察。

刑法学理在对因果流程的认识方面没有提出严格的要求,因此,在案例分析中由于因果流程的认识错误而阻却犯罪故意的情形其实较为少见。较为具有实务意义的情形主要集中在**构成要件提前实现**(危害结果提前发生)和**构成要件推迟实现**(危害结果推迟发生)两种场合。

在构成要件提前实现的案件中,行为人企图通过后续行为造成损害结果,但其前行为其实就已经造成了损害结果。此时应以前行为是否造成了对法益的紧迫危险、是否已经构成犯罪着手作为判断标准。② 若得出肯定结论,则因果流程的偏离没有超出日常生活经验所能预见的范围,应认定行为人对提前发生的危害结果具有犯罪故意,否则便应当否定行为

---

① Vgl. Rengier, Strafrecht Allgemeiner Teil, 13. Aufl., 2021, §15 Rn. 11.
② 参见[德]英格博格·普珀:《德国刑法总论:以判例为鉴(第四版)》,徐凌波、喻浩东译,北京大学出版社2023年版,第153页。

人对危害结果的故意。例如,行为人企图在海边以迷药迷昏被害人后将其抛入海中淹死,不料却因迷药产生的损害直接造成被害人死亡。在该例中,行为人将被害人迷昏后就导致被害人难以幸免于难,故其迷昏被害人的行为已经应当被认定为杀人行为的着手。因此,在该行为造成被害人死亡时,不影响认定行为人具有犯罪故意。

在构成要件推迟实现的案件中,行为人误以为自己实施的前行为已经造成了损害结果,实际上则是其后续实施的行为才造成了构成要件结果。此时要注意审查,行为人前后两个行为之间是否存在紧密的时空关联。若前后两个行为在紧密的时空关联中接续发生,则应将其作为整体上的一个行为加以考察,据此判断因果流程的发展是否超出了日常生活经验所能预见的范围。① 例如,在德国著名的"粪坑案"②中,行为人出于杀害的故意向被害人口鼻中塞入沙子,企图致使被害人窒息而死。虽然该行为仅导致被害人昏迷,行为人却误以为被害人已经死亡,随即出于藏匿尸体的意图将被害人抛入粪坑中,造成被害人最终在粪坑中窒息身亡。在该案中,由于行为人造成被害人昏迷的行为与其将被害人抛入粪坑的行为系在紧密的时空联系中接续发生,应当将之作为整体上的一个行为加以考察。虽然该整体行为造成损害结果的因果流程与行为人的主观设想有所偏差,但这种偏离并未超出日常生活经验所能预见的范围(根据人们的日常生活经验,完全可能认识到被害人并非因沙子窒息,而是在粪坑中才窒息),故应当肯定行为人对被害人的现实死亡结果与死亡原因具有认识,构成故意杀人既遂。相反,若行为人前后实施的行为之间存在显著的时间或空间间隔,则不能再将其视为整体上的一个行为,也不能将其作为因果关系认识错误的问题来处理,而应当对两个行为分别定性再予以并罚。例如,在粪坑案中,若行为人造成被害人昏迷后,以为被害人已经死亡便逃离现场,半天后才想起来应该处理"尸体",再返回现场将被害人抛入粪坑导致被害人在粪坑中窒息身亡的,就不能再将其前后行为视为一体加以评价,而应当肯定行为人的前行为构成故意杀人未遂,后行为构

---

① Vgl. Maiwald, Der „dolus generalis", Ein Beitrag zur Lehre von der Zurechnung, ZStW 78 (1966), S. 31 f.

② Vgl. BGHSt 14, 193.

成过失致人死亡,二者数罪并罚。①

(b)抽象的事实认识错误,是指行为人主观上所欲实现的构成要件与其客观上所实现的构成要件已经不再是同一个构成要件,也即行为人的认识错误跨越了不同的构成要件。虽然对于抽象的事实认识错误也同样可以根据其发生原因区分为对象错误、打击错误和因果关系错误等类型,但这种区分没有实际意义。因为,不论抽象的事实认识错误究竟因何发生,对其的处理原则是相同的:若行为人主观上所欲实现的构成要件与其客观上所实现的构成要件之间存在罪质的重合,则在重合范围内肯定行为人具有犯罪故意,否则就只能否定行为人对于其所实现的构成要件具有认识。例如,行为人企图盗窃普通财物但却窃得枪支的,虽然其主观上所欲实现的构成要件(盗窃罪)与客观上实际实现的构成要件(盗窃枪支罪)并不相同,但二者之间存在重合(因为枪支也可以被评价为财物),故应肯定行为人构成盗窃既遂。②

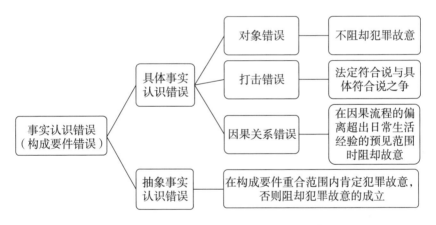

图1 事实认识错误的类型和处理原则概览

b. 对行为消极社会意义内涵的认识

犯罪故意的认识因素不仅要求行为人认识到与客观构成要件要素相

---

① 也有论者反对单一的整体行为考察说,主张应当一律肯定行为人构成故意杀人未遂与过失致人死亡,对之数罪并罚。参见柏浪涛:《错误论的新视角》,中国民主法制出版社2020年版,第175页以下。

② 参见张明楷:《刑法学》(第6版),法律出版社2021年版,第365页。

关的事实,还要求行为人在"**外行人领域的平行评价**"的意义上认识到自身行为的消极社会意义内涵。只有当行为人能够认识到在自身行为及其造成的结果中所蕴含的、被立法者给予否定评价的消极社会意义内涵时,才能肯定行为人认识到了自己的行为会导致"危害社会"的结果,从而肯定其具有犯罪故意。① 对于这种外行人领域平行评价意义上对消极社会意义内涵的认识,需要注意以下几点:

首先,对行为和结果消极社会意义内涵的认识不是对违法性的认识。在三阶层犯罪构成体系中,违法性认识是责任要素,应当在责任阶层再予以考虑。如后文所述,违法性认识包含潜在的违法性认识,即:行为人在个案中只要具有认识到自己行为违法性的可能性,即便其并未现实认识到自己行为为法律所禁止的性质,也还是应当肯定其具有违法性认识。相反,对行为和结果消极社会意义内涵的认识则属于故意的认识内容,行为人必须在个案中对此具有现实的认知,才可能认定行为人具有犯罪故意。若行为人仅具有对行为和结果消极社会意义内涵的认识可能性,而非现实地认识到相关内容,则不能肯定行为人具有犯罪故意。

其次,所谓行为和结果的消极社会意义内涵,是指立法者以构成要件禁止相关行为和结果的实质理由,或者说立法者对相应行为和结果给予否定性价值评价的理由。当然,行为人无须从法学专业人士的视角精准确定自己行为及其结果违反法律规定的原因,而只要作为法学外行人大致地认识到自己行为和结果的消极社会意义内涵即可。行为人也无须认识到自己的行为和结果应当被涵摄至哪个构成要件之下、究竟触犯了刑法中的哪个具体罪名。例如,行为人在荒郊野外将他人卡车轮胎的气放空,但认为自己只是给轮胎放气,没有对卡车轮胎造成物理毁损,从而不构成财物"毁坏"的,同样具有毁坏财物的故意。因为,立法者以故意毁坏财物罪禁止国民毁坏公私财物的原因正是在于,财物毁坏行为造成了他人财物的效用减损。换言之,财物毁坏行为的消极社会意义内涵就在于导致权利人难以对财物加以使用。前例中的行为人当然无法从法学专业角度准确认定故意毁坏财物行为的规范意义(造成财物的效用减损),但

---

① 参见王钢:《非法持有枪支罪的司法认定》,载《中国法学》2017年第4期,第78页。

其作为法学外行人也明显可以认识到,自己的行为导致权利人难以再对卡车加以使用。因此,应当肯定其仍然在外行人领域平行评价的意义上认识到了自己行为中所蕴含的、立法者通过故意毁坏财物罪所予否定的消极社会意义内涵,从而具有毁坏财物的犯罪故意。当然,举轻以明重,若个案中的行为人能够基于法学专业知识准确认定自身行为及其结果为法律所禁止的原因,甚至能够准确认定自己行为和结果所违反的具体构成要件,自然就更应当肯定其具有对自身行为和结果的消极社会意义内涵的认识,符合了故意认识因素的要求。

再次,所谓行为和结果的消极社会意义内涵,仅限于立法者通过设置构成要件所体现出来的对相应行为和结果的否定性评价,而不涉及违法性阶层的判断。其仅关乎立法者设置初显性(prima facie)行为规范的理由,与个案中综合违法阻却事由的考量之后对行为进行的全虑性评价无关。例如,故意伤害行为的消极社会意义内涵是损害他人生理机能的健全性,以法学外行人的话语来表述也就是造成他人身体的损伤。防卫人为制止不法侵害而实行正当防卫,刺伤不法侵害人的,当然也能在外行人领域平行评价的意义上认识到自己的防卫行为造成了他人(不法侵害人)的身体损伤,故同样应当肯定其具有伤害故意。至于其行为是否能通过正当防卫合法化,则是在违法性阶层再加以考察的问题。

复次,不论个案中涉及的是规范性构成要件要素还是记述性构成要件要素,均要求行为人对行为和结果的消极社会意义内涵具有认识。换言之,并非仅在涉及规范性构成要件要素时,才要求行为人在外行人领域平行评价的意义上认识到行为和结果的消极社会意义内涵,而是在对所有构成要件要素的认识中都应当适用同样的标准。二者的区别仅在于,所谓记述性构成要件要素原本就是指那些行为人单纯根据客观事实即能理解其内容的构成要件要素。因此,在具体案件中,只要行为人具有了对客观构成要件事实的认识,就可以肯定其也认识到了行为和结果的消极社会意义内涵,从而在案例分析时原则上无须对此特别加以考察。例如,故意杀人行为的消极社会意义内涵是缩短他人生命,当行为人认识到自己所实施的行为具有结束他人生命的危险性,也知晓自己行为所作用的对象是刑法意义上的"人"时,其当然就认识到了自己行为缩短他人生命的意义内涵,从而不仅对客观构成要件事实,同时也对行为和结果的社会意义具有了认识。相反,在涉及规范性构成要件要素的场合,即便行为人认识到了与客观构成要件相关的全部事实,也可能尚未认识到自己行为和结果的消极社会意义内涵,故在案例分析时须对社会意义认知的问题特别予以检视。例如,对于危害珍贵、濒危野生动物的行为而言,其消极社会意义内涵在于,相关行为损害了稀有、罕见的野生动物资源。故认定该罪的犯罪故意要求行为人必须在外行人领域平行评价的意义上认识到自己所猎捕、杀害的是具有珍稀性的野生动物,如此才能肯定行为人认识到了该罪行为的消极社会意义内涵。若行为人虽然知道自己猎捕的是虎纹蛙,但因其长期在虎纹蛙栖息繁衍地区生活,没有认识到虎纹蛙是具有珍稀性的野生动物,则不能认定行为人具有危害珍贵、濒危野生动物的犯罪故意。

最后,当行为人未能在外行人领域平行评价的意义上认识到行为和结果的消极社会意义内涵时,其就不具备故意的认识因素,也不能认定其具有相应的犯罪故意。在案例分析中需要注意的是,在个案中应当谨慎判断行为人的认识错误究竟是与行为或结果的社会意义相关,还是与其他犯罪成立条件相关,从而准确地认定行为人认识错误的类型及其法律后果。特别是在涉及规范性构成要件要素的场合,应当将对行为社会意义产生错误认识(或缺乏相关认识)的情形与违法性认识错误的情形区分开来。例如,在上述猎捕虎纹蛙的例子中,若行为人认识到自己所猎捕的是虎纹蛙,也知晓虎纹蛙具有珍稀性,但却认为虎纹蛙不属于法律保护的野生动物,则其认识到了危害珍贵、濒危野生动物罪的相关客观事实,也在外行人领域平行评价的意义上认识到了自己行为的消极社会意义,具有危害珍贵、濒危野生动物罪的犯罪故意。其认为虎纹蛙不受法律保护,则属于违法性认识错误,应在责任阶层加以考察。当然,在个案中也不能将所有有关法律规定的认识错误都认定为违法性认识错误。若行为人关于违法性的错误认识导致其无法在外行人领域平行评价的意义上认识到自己行为和结果的消极社会意义内涵,则应当认定行为人缺乏构成要件故意,其认识错误在构成要件阶层即阻却故意犯罪的成立。例如,甲向乙购买某辆特定的自行车,在甲向乙支付货款后,乙却迟迟未按约定时间将自行车交付给甲。甲认为自己已经付款,该自行车就是自己的财物,遂擅自到乙住宅楼下将车取走。在该例中,乙尚未向甲交付自行车,也即在民法上还未将自己自行车的所有权转移给甲,故自行车的所有权归于乙,甲客观上窃取了"他人"财物。但是,甲由于误以为付款后该自行车就是其自己的财物,未能认识到自己行为的消极社会意义内涵(将他人的财物转为自己占有),从而导致其缺乏故意的认识因素,不能认定其具有盗窃故意。换言之,在该例中,应当在主观构成要件层面否定盗窃罪的成立。虽然甲是因为误认了民事法律规范关于所有权转移的规定而陷入认识错误,但其认识错误并非违法性认识错误,而是导致构成要件认识错误,即导致其未能认识到自己行为的社会意义。

(2)犯罪故意:意志因素

故意的意志因素,是指行为人希望或放任危害社会的结果发生,或者说希望或放任客观构成要件的实现。刑法理论将故意区分为直接故意与间接故意两种类型。前者是指行为人希望危害结果发生,后者是指行为人放任危害结果发生。虽然两者在认识因素上也存在些许不同,但两者的主要差异体现在意志因素方面。认识到自己行为必然造成危害结果而实施的,在意志因素上也只能是"希望"危害结果发生而不可能是"放任"危害结果发生,故应构成直接故意而非间接故意。直接故意与间接故意只是刑法理论对于故意类型的界分,刑法对两种故意类型的评价没有区别。在个案中,直接故意与间接故意的区别虽然可能影响量刑,但原则上并不影响犯罪成立的认定。换言之,除非存在特殊的理由,否则不应认为某个罪名或某种犯罪只能出于直接故意实施。① 例如,不能认为只有出于直接故意实施犯罪的行为人才能构成犯罪未遂。间接故意也完全可以构成未遂犯。只有在极少数故意犯罪中,出于刑事政策的考虑,才可能将犯罪的成立限定为直接故意的情形。例如,为了确保国民享有检举揭发的权利,应当对诬告陷害罪进行限缩解释,认为只有当行为人基于直接故意而实施行为,即明知所控告的事实系虚假事实却仍然诬告陷害他人的,才能构成诬告陷害罪。若行为人主观上仅具有间接故意,即容忍、放任其所控告的事实并不属实的可能性,则不宜认定其构成该罪。

---

① 参见张明楷:《刑法学》(第6版),法律出版社2021年版,第345页。

表 1　故意过失形态概览

	直接故意	间接故意	有认识的过失（过于自信的过失）	无认识的过失（疏忽大意的过失）
认识因素	危害结果必然或者可能发生	危害结果可能发生	危害结果可能发生	无认识
意志因素	希望、刻意追求危害结果发生	容忍、放任危害结果发生	相信危害结果不会发生	无意识

在案例分析中考察构成要件故意时，争议最大的问题是，如何将犯罪故意与有认识的过失（过于自信的过失）区分开来。对此，我国和德日刑法理论均存在巨大的见解分歧，其中的主要见解可以大致分为以下三大流派：

第一派见解即当今的通说，其主张应当从意志因素的内容上区分间接故意与有认识的过失。其中最为主流的见解是**容任说**。该说认为，行为人在认识到自己的行为可能会造成危害结果时却仍然容忍、放任危害结果发生的，是间接故意。相反，若行为人真挚地相信危害结果不会发生，则其仅对危害结果的发生具有过失。① 须注意的是，该说意义上的"容任"不能从日常语义上加以理解，其是指法律意义上的容任。特别是，所谓容任并不意味着行为人必须对危害结果的发生或者对构成要件的实现持积极的肯定态度。在行为人只能通过某种特定的手段实现自己的目标，而该手段又极可能造成某种损害结果的场合，若行为人仍然以该手段追求目标的实现，则即便其对因此造成的损害结果深感遗憾，也应当肯定行为人容任了相应损害结果的发生，对之具有间接故意。例如：甲、乙欲抢劫丙，两人起先计划用皮带将丙勒昏，但考虑到用皮带勒丙颈部可能导致丙死亡，为避免丙的死亡结果，两人遂决定改为用沙袋砸昏丙后劫取丙财物。然而，在实施抢劫行为时，沙袋意外破裂，为压制丙反抗，甲、乙不得不尝试以皮带勒丙颈部，希望将丙勒昏，但却在混乱中导致丙窒息身

---

① Vgl. Rengier, Strafrecht Allgemeiner Teil, 13. Aufl., 2021, § 14 Rn. 27.

亡。在该案中,虽然甲、乙并不希望造成丙死亡,但二人为实现抢劫目标而使用具有致死危险的手段压制丙反抗,仍然应当肯定其容任了丙死亡结果的发生,对此具有间接故意。① 与容任说的立场类似,**认真看待说**认为,行为人认真地认识到了自己行为可能导致危害结果的危险性,却仍然对之予以接受而实施行为的,就是放任危害结果发生,构成间接故意。② 此外,**漠然性说**也主张基于意志因素的内容区分间接故意与有认识的过失。依该说,若行为人对于危害结果的发生或构成要件的实现持漠不关心的心态(换言之,不论危害结果是否发生、构成要件是否实现,行为人均对之无所谓),就应当肯定其具有间接故意。③

第二派见解则尝试从认识因素的角度区分间接故意与有认识的过失。其中,**盖然性说**认为,若行为人认识到了自己行为造成危害结果的盖然性,却仍然实施该行为的,其就对危害结果具有间接故意。④ 所谓"盖然性",是指较高的、但又不到近似必然的可能性。析言之,一方面,这里的盖然性限于高度的可能性,一般的可能性不足以被认定为盖然性;但是,另一方面,若发生危害结果的可能性已经高到近似必然的程度,行为人仍然实施行为的,就构成直接故意。因此,所谓的盖然性又不能是过高的可能性。显而易见,究竟什么样的可能性才属于该说意义上的盖然性,在个案中无从判断。**可能性说**也认为,间接故意与有认识的过失的区别在于认识因素方面。早期的可能性说认为,只要行为人认识到发生危害结果的可能性而实施行为的,就构成间接故意。但如此就会导致将有认识的过失全部评价为间接故意。故今天主张可能性说的论者大多限缩了该说的范围,要求行为人认识到发生危害结果的具体可能性。⑤ 即:只有当行为人在具体情境中认识到,有事实表明其行为可能造成危害结果,但

---

① Vgl. BGHSt 7, 363 (269).
② Vgl. Küpper, Zum Verhältnis von dolus eventualis, Gefährdungsvorsatz und bewußter Fahrlässigkeit, ZStW 100 (1988), S. 766.
③ Vgl. Engisch, Untersuchungen über Vorsatz und Fahrlässigkeit im Strafrecht, 1930, S. 186 ff.
④ Vgl. H. Mayer, Strafrecht Allgemeiner Teil, 1953, S. 250 f.
⑤ Vgl. Schladitz, Begriffliche Klarstellungen zum Vorsatz, ZStW 134 (2022), S. 148.

却仍然实施该行为时,才能肯定行为人具有间接故意。①

第三派见解则认为,不应当基于行为人的心理事实区分间接故意与有认识的过失,而应当通过设置相对客观、规范的标准将二者区分开来。至于应当以何种客观标准为据,则又呈现众说纷纭之势。例如,**避免意思表现说**认为,只有当行为人通过采取某种措施降低了自己行为的危险性,据此表现了其避免危害结果发生的意志时,才能肯定其构成有认识的过失。没有采取控制行为危险性的措施就实施危险行为的,对危害结果的发生至少具有间接故意。② **故意危险说**则主张,若理性思考和行事的第三人不愿接受相应的危害结果就不会实施相关的危险行为,而行为人却实施该危险行为的,就应认定其具有(间接)故意。③

总体而言,对间接故意与有认识的过失的区分是当今刑法理论和司法实务远未达成共识的疑难问题,任何学说都无法在各类案件中均给出完全令人满意的解决方案。因此,在案例分析时也不宜简单根据某一种学说得出结论。本书建议,若在案例分析的过程中遇到该问题,可以以容任说为基础,同时参考其他主要学说展开分析,以求得出相对较有共识的结论。

(3)非法目的

刑法中的部分罪名以行为人具有非法目的为成立前提,如财产犯罪中的"非法占有目的",走私淫秽物品罪中的"牟利或者传播"目的等。基于行为无价值论(二元论)的立场,这些非法目的不仅是使相关构成要件得以类型化的要素,其同时也决定着行为的不法程度,故在案例分析中应当将之作为主观构成要件加以考察。同时,这些非法目的都不需要在个案中存在与之相对应的客观事实,而只要行为人在实施行为时确实存在相应的目的即可。换言之,这些非法目的不需要在个案中被实现出来,而只须行为人主观上存在相应的意图即可。例如,对于走私淫秽物品罪而言,行为人只需要主观上具有传播淫秽物品或者通过走私牟利的目的即

---

① Vgl. Frister, Strafrecht Allgemeiner Teil. 8. Aufl., 2018, 11. Kap. Rn. 21 ff.
② Vgl. Armin Kaufmann, Der dolus eventualis im Deliktsaufbau, ZStW 70 (1958), S. 64 ff.
③ 参见[德]英格博格·普珀:《德国刑法总论:以判例为鉴(第四版)》,徐凌波、喻浩东译,北京大学出版社 2023 年版,第 125 页。

可,不论其客观上是否实现了这些目的,均不影响其犯罪的成立。由于这些作为主观要件的非法目的不需要有客观事实与之对应,其超出了客观构成要件所要求的客观事实的范围,故其在刑法理论中也被称为**主观的超过要素**。①

在各类目的犯中,最具有实务意义的是财产犯罪中的"**非法占有目的**"。虽然相关刑法条文大多并未明确规定,但我国刑法理论认为,取得型财产犯罪原则上均要求行为人主观上具有非法占有目的。对于非法占有目的的审查,须注意以下几个要点:

首先,在内容上,非法占有目的由利用意思与排除意思构成。**利用意思**,是指行为人意图按照财物可能的用途对之加以使用。在我国刑法中,不能对非法占有目的进行过于严格的限制,故行为人意图对财物加以使用的方式并不局限于财物原本的用途,行为人也不必意图以所有权人自居,基于所有权人的地位对财物加以利用。同时,非法占有目的也只须行为人具有对相关财物的短暂使用意图即可,并不要求行为人具有长期使用相关财物的目的。**排除意思**,是指行为人企图在较长一段时间内排除权利人对相关财物的控制与支配。若行为人仅企图在短期内排除权利人对财物的支配,则还不足以认定其具有排除意思。因此,短时间偷开他人机动车后又将车辆送还的,不能认定行为人对机动车具有非法占有目的。在案例分析中判断行为人是否具有非法占有目的时,须注意从利用意思和排除意思两个方面检视,以免发生疏漏。个案中经常需要对行为人的非法占有目的进行非常细致的判断。例如,行为人意图窃取易拉罐贩卖,夜间潜入某饮料生产厂大量盗窃听装饮料运回家中,之后再将饮料倒掉,将剩余的易拉罐贩卖。虽然在该例中,饮料的价值远大于易拉罐的价值,但不能认定行为人对饮料构成盗窃罪。因为,行为人虽然客观上对饮料实施了盗窃行为,但其主观上却对饮料不具有利用意思,不能认定其对饮料具有非法占有目的。故在该例中,只能肯定行为人对易拉罐构成盗窃罪,对饮料则可能构成故意毁坏财物罪或破坏生产经营罪。相反,若行为人意图窃取饮料,夜间潜入饮料生产厂大量盗窃听装饮料运回家中,之后

---

① 参见张明楷:《刑法学》(第6版),法律出版社2021年版,第392页。

再将饮料贩卖,将装饮料的易拉罐抛弃,则行为人对饮料和易拉罐均构成盗窃罪,二者的数额应当累加记为盗窃数额。因为,在后例中,虽然行为人最终将易拉罐抛弃,但其在实施盗窃行为时却仍然意图将易拉罐短暂地作为运输饮料的容器加以使用,故应肯定行为人对易拉罐也同样具有非法占有目的。

其次,行为人对相关财物的占有目的必须是"非法"的。虽然非法占有目的是主观构成要件,但对于占有目的之"非法"性的判断,却是结合法律规范(特别是民事法律规范)进行的客观判断。我国财产犯罪中的"非法"占有目的,是指行为人已经造成的或者其意欲造成的财产状态实质上不符合法律(特别是民事法律)所确定的财产秩序。若行为人对相关财物不具有相应的民事权利却企图将之据为己有,当然应当肯定其具有"非法"占有目的。相反,若行为人对相关财物的取得享有相应的民事权利或者其他法律权利,就无法认定行为人对之具有"非法"占有目的。即便此时行为人获取相关财物的手段行为违反法律法规,也同样如此。换言之,财产犯罪中的"非法"占有目的并不是指行为人取得相关财物的手段或程序违反了法律法规,而是指其对所获取或企图获取的财物实质上缺乏相应的(民事)法律权利。例如,债权人使用暴力、胁迫等手段迫使债务人偿还到期欠款的,由于债权人对财物本身不具有"非法"占有目的,不能认定其构成财产犯罪。若债权人强取欠款的手段行为符合其他罪名的构成要件,则可以对其手段行为加以处罚。

再次,非法占有目的的对象也不一定与盗窃行为的对象完全相同。非法占有目的所指向的对象当然可以是财物本身,但也可以只是相关财物所承载的经济价值。例如,行为人的机动车被交警合法扣留,须缴纳罚款后才能将车取回。行为人不服交警判罚,遂乘夜间私自将机动车开回。在该例中,行为人擅自破除交警对车辆的占有,客观上对车辆实施了盗窃行为。但其作为车辆的所有权人,主观上对车辆本身并无非法占有目的(涉案车辆由行为人所有,最终也会归还给行为人),其非法占有目的所指向的只是车辆所承载的相对于交警的经济价值,即罚款。故在该例中,行为人的盗窃对象虽然是涉案车辆,但其盗窃数额却仅为其非法占有目的所指向的罚款数额。

最后,认定非法占有目的时还应当注意,非法占有目的既包括行为人使自己占有财物的情形,也包括行为人使其他第三人占有财物的情形。换言之,所谓非法占有目的,不必是行为人使自己占有财物。在使其他第三人非法占有的场合,是否应当对第三人的范围加以限制,刑法学界存在不同的见解。日本刑法理论经常认为,财产犯罪中的使其他第三人非法占有,仅限于与行为人具有相对密切关系的第三人占有财物。德国刑法理论则认为,在使其他第三人非法占有的场合,对其他第三人的身份没有特殊限制。两种见解在个案中可能导致不同的结论。例如,甲偶然获悉了乙的股票账户信息,遂擅自登录乙的股票账户,将乙持有的股票低价抛售。由于在股票交易中,出售股票总是以存在买家购买相应的股票为前提,故甲实际上是将乙持有的股票低价卖与他人。若不对第三人非法占有中的第三人身份进行限制,就应当认定甲对乙的股票构成盗窃罪。若认为第三人非法占有中的第三人限于与甲具有相对密切关系的人员,则因甲与收购股票的买家之间不具有密切关系,不能肯定甲对乙的股票具有非法占有目的。如此便不能认定甲就乙的股票构成盗窃罪,而只能认定甲构成故意毁坏财物罪。

3. 违法性阶层

(1)违法阻却事由概述

在三阶层犯罪构成体系中,构成要件符合性表征违法性。符合构成要件的行为原则上为法律所禁止,被推定具有违法性。但是在例外的场合,符合构成要件的行为也可能基于特殊的原因不具有违法性。这些特殊的原因就是违法阻却事由。违法阻却事由属于容许规范,例外地允许为构成要件所禁止的行为。与构成要件符合性阶层不同,违法性阶层是消极的判断:由于构成要件符合性表征违法性,故在案例分析中原则上无须积极论证一个符合构成要件的行为为什么违法,而只需要确定不存在违法阻却事由就可以认定符合构成要件的行为具有违法性。因此,在违法性阶层进行案例分析时的主要任务就是审查在个案中是否存在违法阻却事由。

违法阻却事由并非不法降低事由,而是正当化事由。其并非单纯降低行为的不法程度,导致相关行为因不法程度较低而不值得被科处刑罚,而是使符合违法阻却事由的行为正当化。换言之,符合违法阻却事由的行为是"正当"的行为,而不是"错误程度较低"的行为。基于行为无价值论的立场,由于构成要件可以区分为主观与客观两大部分,所以违法阻却事由也必须是由主客观两部分组成,也即认为存在着客观的与主观的违法阻却要素(即违法阻却事由的客观要件与主观要件)。符合构成要件的行为唯有在同时具备客观违法阻却要素与主观违法阻却要素时,才能同时抵消通过构成要件符合性所表征的客观不法与主观不法,从而使自身彻底得以正当化。例如,成立正当防卫应以行为人具有防卫意思为前提,成立紧急避险要求行为人主观上具有救助法益的意思。若行为人主观上缺乏主观违法阻却要素(例如缺乏防卫意思),那么,即便其行为所导致的结果符合违法阻却事由的客观要件,也只能否定其行为造成了结果无价值。由于其行为依然具有行为无价值,故行为人仍构成故意犯罪未遂。这就是行为无价值论认为偶然防卫构成故意犯罪未遂的原因。

在案例分析中,行为人的行为往往可能同时符合多个违法阻却事由,部分违法阻却事由之间本身也存在类似特别法条和普通法条之间的竞合关系(例如,除了造成死亡结果的情形之外,构成正当防卫的行为原则上也符合防御性紧急避险的要求)。在个案中,行为人的行为只要符合任何一个违法阻却事由,其行为即得以正当化,故无须每次都逐一检视所有的违法阻却事由。只要能确定行为人的行为符合了某一个违法阻却事由,违法性阶层的判断(乃至对相关罪名的考察)即告终止。在行为人的行为可能符合多个违法阻却事由的场合,对各个违法阻却事由的考察没有严格的先后次序。一般而言,推荐分析者首先考察行为人的行为成立正当防卫的可能性。因为,正当防卫是赋予行为人最大行为权限,从而也是对行为人最为有利的违法阻却事由。

(2)正当防卫

根据我国《刑法》第 20 条的规定,正当防卫是指为了保护国家、公共利益、本人或者他人的人身、财产和其他权利免受正在进行的不法侵害,采取对不法侵害人造成或者可能造成损害的方法,制止不法侵害的行为。正当防卫的特点是"正对不正"。其一方面保护了受威胁的法益,另一方面也同时维护了法秩序。因此,正当防卫的权限远大于其他的违法阻却

事由。① 正当防卫是司法实务中最为重要的违法阻却事由,其具体成立条件有以下几个方面:

a. 防卫势态

认定正当防卫首先要求防卫人是在防卫势态之中实施防卫行为,即其必须是面对正在进行的不法侵害实行防卫。

(a)起因条件:不法侵害

所谓不法"侵害",是指通过人的行为损害或者威胁法律所保护的利益。防卫势态中的侵害不必是刻意而为,但是必须是人的意志支配下的身体动静。野生动物对人的攻击不是正当防卫意义上的侵害行为,故对野生动物的反击不能成立正当防卫(但可能构成防御性紧急避险)。但是,不法侵害人唆使自己饲养的恶犬攻击他人的,恶犬系不法侵害人的肢体延伸,故构成正当防卫意义上的侵害,对之可以进行正当防卫。须要注意的是,此时防卫行为虽然直接作用于恶犬,但正当防卫的针对对象其实是不法侵害人。杀死恶犬的行为实际上是通过损害不法侵害人的财产法益对之进行正当防卫。不作为能否构成不法侵害,刑法学界存在见解的分歧,本书采用肯定说,认为真正的不作为也可以被认定为正当防卫中的侵害行为。② 与德国不同,由于我国《刑法》第 20 条明确将国家、公共利益规定为防卫对象,故应认为我国的正当防卫不仅可以被适用于保护个人利益的场合,防卫公共利益的也可以构成正当防卫。③

所谓"不法"侵害,是指可以对之进行正当防卫的侵害行为必须是违法的,也即必须客观上违反法秩序并且不具有违法阻却事由。侵害行为不需要符合刑法构成要件,对于违反其他部门法或者其他法律规范的违法行为,同样可以进行正当防卫。认定正当防卫不要求不法侵害人具有刑事责任能力,对无刑事责任能力者实施的不法侵害也可以进行正当防

---

① 参见王钢:《正当防卫的正当性依据及其限度》,载《中外法学》2018 年第 6 期,第 1603—1606 页。
② 参见王钢:《论正当防卫中不作为的不法侵害》,载《法学》2020 年第 2 期,第 6—16 页。
③ 参见王钢:《法秩序维护说之思辨——兼论正当防卫的正当性依据》,载《比较法研究》2018 年第 6 期,第 105 页。

卫,只是防卫限度有所限制,即防卫人原则上须首先尝试退避不法侵害,无法退避时才能实施防卫。

(b)时间条件:正在进行

所谓"正在进行"的不法侵害,是指侵害行为迫在眉睫、已经发生或者仍在持续。当不法侵害人已经开始着手实施犯罪行为时,应当认定存在着正在进行的不法侵害。但是,认定不法侵害"正在进行"并不必然以行为人已经开始着手实施犯罪为前提。即便行为人对法益的威胁尚未达至着手实施阶段,若根据个案情形,可以认为行为人已经对法益造成迫在眉睫的危险,也同样可以对之进行正当防卫。在状态犯的场合,若法益已经终局性地受到了损害,就不再存在"正在进行"的侵害行为。例外在于,在财产犯罪中,若侵害行为虽已既遂,但尚未实质性地完结,仍然应当认为存在正在进行的侵害。例如,甲盗窃被害人的钱包之后逃跑,被害人立刻发现并尾随追赶。此时甲已经取得了对被害人钱包的占有,其盗窃行为已经既遂。但由于被害人立刻发现并尾随追赶,甲对被害人的钱包尚未形成稳定的占有关系,其盗窃行为尚未完结。在这种情形下,应当认为甲的盗窃行为仍在持续,可以对之实行正当防卫。在持续犯的场合,只要行为人所造成的不法状态仍然在持续,就可以认定侵害行为一直都"正在进行",被害人或者他人可以随时进行正当防卫。须注意的是,设置防卫装置预防不法侵害的,仍然可能符合正当防卫的时间条件。例如,甲要出国旅行,为了防止家里被盗,在门口设置电线,一旦有人破门而入就会触电。日后,乙果然为窃取甲财物破门而入,触电受伤。在这种情形中,虽然甲在设置防卫装置时尚不存在正在进行的不法侵害,但在防卫装置发生作用时,却刚好存在正在进行的侵害行为(乙的盗窃行为),故甲的行为仍然满足正当防卫的时间条件。若其对不法侵害人造成的损害没有超出必要限度,则可能构成正当防卫。

(c)防卫势态的认定视角

我国刑法理论和司法实务较少探讨的问题是,究竟应当立足于何种时点、以何种标准判断,在防卫行为实施时是否存在正在进行的不法侵害。传统的见解认为,应当基于纯客观的立场判断不法侵害是否正在进行,只有当侵害人客观上确实开始实施不法侵害且其侵害行为仍在持续时,才能对之实行正当防卫。相反,2020年8月28日最高法、最高检、公安部《关于依法适用正当防卫制度的指导意见》第6条则指出,"对于不法侵害是否已经开始或者结束,应当立足防卫人在防卫时所处情境,按照社会公众的一般认知,依法作出合乎情理的判断,不能苛求防卫人"。该条规定具有一定的合理性,但其一概要求立足于防卫时的情境、基于社会公众的一般认知判断不法侵害是否开始或结束,这种解决方案失之片面。本书认为,对于正当防卫中侵害行为的认定,应当区分以下两种情形分别予以判断:

首先,对于不法侵害是否确已开始,或者说侵害人是否确实实施了不法侵害,应当采用事后的视角进行判断。只有在根据裁判时所能查明的全部事实,可以认定客观上确实存在着不法侵害,才可能肯定相应的防卫行为构成正当防卫。若实际上不存在已经开始的不法侵害,则防卫人没有成立正当防卫的可能性。即便根据个案的情形,社会一般公众均会误以为在防卫行为实施时存在着已经开始的不法侵害,也同样如此。

这种限制是由我国正当防卫的性质所决定的。其原因在于,一方面,如前所述,在我国法秩序中,正当防卫不是刑事不法降低事由或纯粹的辩护事由,而是合法化事由。符合正当防卫的行为之所以不构成犯罪,其原因并不在于,这些行为仅具有较低的社会危害性、没有达到应以刑罚制裁的不法程度,而是在于,这些行为根本上就是正确的行为,其完全不具有违法性。既然如此,就必须要求防卫人只有在对客观上确实存在的不法侵害加以反击时,才能肯定其行为具有正当性,从而认定其构成正当防卫。若立足于行为时、根据社会公众的视角来判断不法侵害,便可能不得不将相互冲突的行为均认定为正当防卫,从而导致"正当防卫对正当防卫"的情形,殊为不当。例如,便衣警察甲、乙在秘密执行对犯罪嫌疑人丙的抓捕任务时遭遇丙反抗,与丙扭打在一起。路人丁误以为甲、乙是街头流氓在欺负无辜的丙,便出于救助丙的意图而殴打甲、乙。而甲、乙遭遇丁的袭击,又误以为丁是丙的同伙,遂与丁发生打斗。在该案中,若立足于行为时的情境,根据社会公众所能认识到的事实,丁完全有理由认为甲、乙是在侵害丙的正当权利,而甲、乙也完全可以合理认为丁是丙的同伙,如此就无从肯定究竟哪一方才构成正当防卫。简言之,我国法律体系将正当防卫视为正当的合法行为,而相互冲突的行为不可能均合法,否则就会导致行为规范上的自相矛盾。因此,在我国必须基于事后立场,客观判断侵害人是否确实实施了不法侵害。另一方面,基于事后的客观视角认定不法侵害,才能避免被误认为是侵害人的公民被不当科以法律义务、遭受过于严重的损失。在刑法体系中,正当防卫是赋予行为人(防卫人)最大行为权限的违法阻却事由。不仅如此,由于正当防卫本身是合法行为,这就还导致防卫行为的相对方负有容忍义务,不得对防卫人的正当防卫再进行反击。正当防卫的这些特质都决定了,其是一项极为"凌厉"的权利。与此相应,就应当只有在侵害人确实实施了不法侵害的场合,才能允许对之进行正当防卫。若立足于行为时的视角,基于社会公众的认识来判断是否存在不法侵害,便会导致可以对被公众误认为是不法侵害人的无辜公民进行正当防卫,并因此对其法益造成严重损害,显失公允。

其次,若不法侵害人确实实施了不法侵害,则应当基于行为时的视角、根据社会公众的观念判断其不法侵害是否已经结束。在正当防卫的情形中,不法侵害人通过实施侵害行为损害了其与被侵害人之间的平等法律关系,企图使其自身利益凌驾于被侵害人利益之上,从而造成了双方之间的利益冲突。在这种紧急情况下,法秩序允许防卫人通过损害不法侵害人利益的方式解决由后者引起的利益冲突,并要求不法侵害人对防卫行为及其造成的损害结果负责。此时防卫人只须尽到一般人的审慎义务,按照社会公众在行为时的认知和判断实行防卫即可,没有理由要求其以高出一般人的辨识能力和谨慎态度维护不法侵害人的利益。换言之,既然侵害人确实实施了侵害行为,那么,只要防卫人面对不法侵害的反应是可以体谅的、合理的举动,就应当由不法侵害人对防卫行为及其所造成的损害承担责任。因此,在判断不法侵害是否结束时,不应采取客观的事后视角,而应当立足于行为时的视角、结合社会一般人的观念加以认定。

b. 防卫行为

(a)对象条件:针对不法侵害人

正当防卫行为必须是针对不法侵害人实施,也即通过损害不法侵害人的法益来反抗、制止其侵害行为。如果是通过损害与不法侵害人无关的法益抵御侵害行为,当然不能成立正当防卫,最多成立紧急避险。在案例分析中需要注意考察,防卫人的行为是否确实对不法侵害人造成了损害,从而构成正当防卫。若防卫行为并未损害不法侵害人的利益,就无须(也不能)将其认定为正当防卫。例如:甲在酒吧持刀攻击乙,乙无路可逃,被迫夺过酒吧店主丙的珍贵红酒抵挡甲的不法侵害,打斗中,红酒被毁。在该例中,乙的行为未对不法侵害人甲构成任何损害,在与甲的关系上,乙的行为不符合构成要件,故不存在对甲进行正当防卫的问题。真正遭受了损失的是店主丙。但丙并非不法侵害人,故乙损坏丙红酒的行为不能构成正当防卫,而只能通过紧急避险合法化。同理,在防卫人的防卫行为因打击错误伤及无辜第三人的场合,也不能认定防卫人对无辜第三人构成正当防卫。例如,乙对甲实施不法侵害,甲为自保,出于伤害乙制止其侵害行为的意思向乙开枪射击,但是子弹没有击中乙,却击中了偶然路过的丙,导致丙重伤。在该例中,甲对乙的伤害未遂可以通过正当防卫合法化,但甲对丙不能构成正当防卫。部分论者认为,此时甲因打击错误对丙造成损害,按法定符合说应当认为甲具有对丙造成伤害的意思,但丙系无辜第三人,故此情形实际上与假想防卫的情形相同,应认定甲对丙构成假想防卫。① 相反,若采具体符合说,则应肯定甲对丙符合过失致人重伤的构成要件,而后考察其行为能否通过紧急避险合法化。还有见解则主张,应当考察甲对丙是否构成假想避险。②

(b)限度条件:防卫行为的必要性

正当防卫不能超过必要限度,我国《刑法》第20条规定,正当防卫"明显超过必要限度造成重大损害"的,属于防卫过当。防卫过当的行为不能构成正当防卫,不能通过正当防卫合法化。如何确定防卫行为的必要性,是正当防卫理论中最为核心的议题,也是在案例分析中要谨慎考察的问题。本书认为,防卫行为的必要性意味着,相关行为必须适于制止不法侵害并且没有明显超过必要限度。

首先,可以确定的是,只有**适于制止不法侵害**的行为才可能是必要的防

---

① 参见[日]前田雅英:《刑法总论讲义(第7版)》,曾文科译,北京大学出版社2024年版,第232页、第275页。
② 参见黎宏:《刑法学总论》(第2版),法律出版社2016年版,第139页;相关讨论亦可参见刘艳红主编:《刑法学(上)》(第3版),北京大学出版社2023年版,第198页。

卫行为。防卫行为的适于性,是指防卫人所采取的措施要么能够立即、确定并且终局性地完全终止侵害行为,要么至少能够在一定程度上阻碍侵害行为的实施。防卫行为的适于性并不要求防卫行为必须可以确定地抵御不法侵害,而只要防卫行为从事前的角度看来有可能增加实施侵害行为的难度即可。相反,若"防卫"行为根据其自身性质,从事前的角度看来完全不可能制止不法侵害或者增加不法侵害的实施难度,则其不可能构成必要的防卫行为。为确保防卫人的正当权利,个案分析中不能对防卫行为的适于性提出过高的要求。只要相关防卫行为从事前看来有些许阻扰不法侵害实施的可能性,即便这种可能性非常小,也应当肯定其是适于制止不法侵害的防卫行为。

其次,在肯定相关防卫行为的适于性之后,要重点考察相关行为是否超出了必要限度。关于**防卫行为必要限度**的认定,在我国刑法理论和司法实务中存在较大的见解分歧。我国传统刑法理论采用基本相适应说,认为只有当防卫行为造成的损害结果与不法侵害的危害性大致相当时,才能认定防卫行为未超过必要限度。该说要求防卫行为与不法侵害"对等",严重限缩了正当防卫的成立范围。① 修正的基本相适应说同样要求在防卫行为所避免的损害和其所造成的损害之间进行权衡,但认为防卫行为是向不法侵害的反击,具有维护法秩序的一面,故在权衡中应当倾向于保护防卫人的利益。除非造成不法侵害人重伤以上的损害结果,否则不可能构成防卫过当。② 必需说则原则上反对在正当防卫的场合进行利益权衡,主张以制止不法侵害的事实必要性作为认定防卫行为必要限度的标准。③ 只要是事实上制止不法侵害所必需的行为,不论其对不法侵害人造成了何种损害,均未超出防卫限度。④ 最高法、最高检、公安部联合发布的《关于依法适用正当防卫制度的指导意见》则主张双重过当说。该意见第 11 条规定,认定防卫过当应当同时具备"明显超过必要限度"和"造

---

① 参见高铭暄、马克昌主编:《刑法学》(第 10 版),北京大学出版社、高等教育出版社 2022 年版,第 132 页。
② 参见张明楷:《刑法学》(第 6 版),法律出版社 2021 年版,第 257 页。
③ 参见王钢:《正当防卫的正当性依据及其限度》,载《中外法学》2018 年第 6 期,第 1606 页。
④ 参见劳东燕:《防卫过当的认定与结果无价值论的不足》,载《中外法学》2015 年第 5 期,第 1341 页。

成重大损害"两个条件,缺一不可。换言之,防卫行为超过所必需的限度,并且造成了不法侵害人重伤以上结果的,才可能构成防卫过当。

总体而言,对于防卫行为的必要限度,只能在个案中综合考察全案事实认定。应当考虑的因素主要有:不法侵害行为的危险程度,双方人员的数量、强弱和装备,防卫人可选择的防卫方式,防卫行为所保护的和所损害法益的对比等。当不同的防卫行为防卫效果相同时,防卫人原则上应当采取对侵害人造成较少损害的防卫方法。当不同的防卫行为防卫效果不同时,不能强求防卫人冒着防卫失败的风险选择最轻微、但却不能确定地制止不法侵害的防卫手段。此时防卫人可以选择能较为确定地制止不法侵害的防卫方式,即便因此对不法侵害人造成更大的损害,也非防卫过当。简言之,防卫人只有在能确定制止不法侵害的前提下,才有义务选择相对轻微的防卫手段。在使用枪支进行防卫时,鉴于枪支固有的巨大杀伤力,必须严格考察防卫行为的必要性。原则上,使用枪支的防卫人必须首先对不法侵害人进行口头警告,然后再鸣枪示警,在这些措施都无效时,才能对不法侵害人进行射击。射击时也要尽量选择瞄准不法侵害人的手、脚等非致命部位。当然,如上所述,认定防卫限度时不能要求防卫人承担防卫失败的风险。因此,若根据个案的具体情形,口头警告或者鸣枪示警可能明显提升防卫失败的风险,则防卫人可以选择直接射击。在防卫人基于同一个防卫意思于紧密的时空联系中连续实施多个防卫行为,其中仅部分行为符合正当防卫时,应将防卫人的多个防卫举动整体上评价为一个防卫行为,判断其是否超出必要限度。

需要注意的是,在认定防卫限度时,应当立足防卫人在防卫时所处情境,不能苛求防卫人。换言之,与前述对于不法侵害是否结束的判断相同,若不法侵害人确实实施了不法侵害,则应当基于行为时的视角、根据社会公众的观念判断其不法侵害的程度,并据此确定防卫行为是否超出了必要限度。① 若要求防卫人在遭遇不法侵害的紧急时刻还客观、精准地辨认不法侵害的类型和强度,甚至要求其准确把握对不法侵害的反击力

---

① 参见梁根林:《防卫过当不法判断的立场、标准与逻辑》,载《法学》2019年第2期,第16页。

度,就显然不当扩张了防卫人的责任领域。例如,甲持没有杀伤力的仿真枪抢劫运钞车,武装押运人员乙误以为甲所持为真枪,为有效制止甲的抢劫行为而开枪将其击毙,只要社会一般公众基于行为时的情境同样会认为甲所持的是真枪,就应当肯定乙构成正当防卫。虽然从裁判时的事后视角来看,由于甲所持仅为仿真枪,乙或许简单通过鸣枪示警就可以制止甲的不法侵害。但是,既然甲客观上确实实施了抢劫行为(即便其所持的仅为仿真枪),就应当要求其自行承担乙合理的防卫行为所造成的损失。

我国《刑法》第 20 条第 3 款规定,对正在进行行凶、杀人、抢劫、强奸、绑架以及其他严重危及人身安全的暴力犯罪,采取防卫行为的,即便造成了不法侵害人死亡,也仍然属于正当防卫。这款规定又被学界称为"特殊正当防卫"或"无过当防卫"。这些称谓并不准确。《刑法》第 20 条第 3 款只是对防卫限度的注意规定,其并未更改认定防卫限度的基本原则。换言之,在该款规定的情形中,原本就可以通过造成不法侵害人伤亡的方式实行防卫,故该款规定既不"特殊",也不排除防卫过当的可能性。同理,对该款规定也应当结合认定防卫限度的基本原则加以把握:一方面,该款规定的适用范围不限于行凶、杀人、抢劫、强奸、绑架等罪行,对严重危及人身安全的其他暴力犯罪,同样可以通过造成不法侵害人伤亡的方式实行正当防卫;另一方面,也并非对所有的行凶、杀人、抢劫、强奸、绑架行为都可以适用该款规定,只有当相关不法侵害确实严重危及他人人身安全时,造成不法侵害人伤亡的必要防卫措施才能通过正当防卫合法化。

c. 意图条件:防卫意思

基于行为无价值二元论的立场,成立正当防卫要求防卫人主观上具有主观违法阻却要素即防卫意思。所谓防卫意思,是指防卫人不仅应当认识到与正当防卫相关的客观事实(防卫认识),还应当是出于进行防卫、保护法益的意思实施行为(防卫意志)。若防卫人虽然认识到正当防卫的相关情势,但却出于与法秩序相敌对的心态实施"防卫"行为,则其行为也不能构成正当防卫。当然,成立正当防卫并不要求防卫意思是行为人实施行为的唯一动机。在实施防卫行为时内心同时存在其他动机(譬如报仇、雪耻等)的,不影响正当防卫的成立。

d. 其他问题

在正当防卫的认定中还存在一些常见的、需要特别注意的问题，此处简略提及以下几项：

首先，对**防卫挑拨**的处理。所谓防卫挑拨，是指行为人为了侵害对方，故意引起对方对自己进行侵害，然后再以正当防卫为借口，对对方造成侵害的情形。例如：甲想伤害乙，知道乙脾气暴躁，于是对乙冷嘲热讽。乙愤怒之下扑过来殴打甲，甲顺势用早就准备好的小刀将乙扎伤。我国通说认为，防卫挑拨不能成立正当防卫。① 因为，挑拨之后的"防卫"行为本身就是行为人所计划的不法侵害的一部分，客观上不能被认定为正当防卫行为。此外，在防卫挑拨的场合，行为人主观上也欠缺保护法益的防卫意思。例外在于，若行为人所挑拨的攻击强度远远超过其之前的预想，刑法理论还是承认行为人可以进行防卫。但此时行为人的防卫权限受到限制，其必须先尝试退避不法侵害，在无法退避时乃得实行防卫。同理，行为人过错地引起了他人对自己的不法侵害的，也不当然丧失防卫权。此时行为人仍然须首先尝试通过退避或使用其他手段避免遭受侵害，在无法退避时，可以在必要限度内进行正当防卫。

其次，对**相互斗殴**的处理。所谓相互斗殴，是指双方行为人各自以侵害对方身体的意图进行相互攻击的行为。我国通说认为，相互斗殴的，原则上不能成立正当防卫。因为，参与斗殴的行为人客观上实施的都不是制止不法侵害、保护法益的防卫行为，且双方行为人主观上都有加害对方的意图，从而欠缺防卫意思。② 例外在于，在一些特殊情况下，相互斗殴的场合也可能认定一方构成正当防卫。例如，对方违反约定使用超出预期的武力或武器的，或者在一方已经通过逃走等方式尝试放弃、撤出斗殴时，对方却依然继续侵害的，均可对对方进行正当防卫。

最后，对**防卫过当**的处理。根据我国《刑法》第 20 条第 2 款的规定，防卫过当的，应当负刑事责任，但应当减轻或免除处罚。须注意的是，防

---

① 参见高铭暄、马克昌主编：《刑法学》（第 10 版），北京大学出版社、高等教育出版社 2022 年版，第 127 页。
② 参见高铭暄、马克昌主编：《刑法学》（第 10 版），北京大学出版社、高等教育出版社 2022 年版，第 127 页以下。

卫过当不是独立的罪名,基于行为无价值论(二元论)的立场,在个案分析中,行为人防卫过当时究竟触犯何种罪名,应当在构成要件符合性阶层加以判断。换言之,行为人在防卫过当时究竟是构成故意犯罪还是过失犯罪,取决于其实施过当行为的具体原因。若行为人明知使用较为缓和的手段就可以有效制止不法侵害,却故意对不法侵害人造成重大损害,则其符合故意犯罪的构成要件,若无其他出罪事由,则应肯定其构成故意犯罪。相反,若行为人是在慌乱之中不慎对不法侵害人造成了过度的损害,则其仅符合过失犯的构成要件,至多构成过失犯罪。

(3) 紧急避险

《刑法》第 21 条规定,为了使国家、公共利益、本人或者他人的人身、财产和其他权利免受正在发生的危险,不得已采取的紧急避险行为,构成紧急避险。与正当防卫不同,紧急避险原则上是一种"正对正"的关系(防御性紧急避险的场合可能有所不同),因此,关于紧急避险的法律性质,国内外学界均曾存在较大的见解分歧。但今日的通说认为,紧急避险也属于违法阻却事由。其中,功利主义立场基于优越利益原则认为,紧急避险之所以合法,是因为其保全了更为重要的利益,使社会免受更大的损失,因而客观上是有利于社会的行为。[①] 社会连带责任说(社会团结义务说)则认为,紧急避险之所以合法,是因为社会成员相互之间负有一定程度的连带责任或者说团结义务,与这种义务相应,紧急避险就成为正当行为。[②] 在案例分析中判断行为人的行为是否构成紧急避险时,须注意以下要点:

a. 避险势态

成立紧急避险要求存在着紧急势态,也即某种合法权益面临正在发生的、无法以其他方式避免的危险。任何为法秩序所认可的、值得保护以及应当保护的正当利益陷入危险时,都可以通过紧急避险加以救助。所谓"**正在发生的危险**"也即"现实的危险",其是指,若不立即加以制止、放任其继续发展就极可能导致或者扩大损害的状态。相比正当防卫中"正

---

① 参见高铭暄、马克昌主编:《刑法学》(第 10 版),北京大学出版社、高等教育出版社 2022 年版,第 136 页。
② 参见王钢:《紧急避险中无辜第三人的容忍义务及其限度——兼论紧急避险的正当化依据》,载《中外法学》2011 年第 3 期,第 618 页以下。

在进行"的不法侵害而言,紧急避险中"正在发生"的危险在时间维度的要求更为宽松。即便造成损害的危险并非极为紧迫,但是如果不立即采取行动便难以制止将来发生损害结果,就仍然应当认定存在着"正在发生的危险"。紧急避险对危险的来源原则上也没有限制。对于来自自然界或野生动物的危险,同样可以实行紧急避险。

关于**避险势态的认定视角**问题,刑法理论也存在一定的见解分歧。例如,甲看到乙倒在路边,身边有一摊血迹,以为乙失血过多生命垂危,遂闯入路边民宅打电话叫救护车。医生到达现场之后使用仪器检测,认定乙虽然有一定程度出血,但并无大碍,完全无须被送往医院治疗。在该例中,甲的行为能否构成紧急避险,就取决于对避险势态的认定时点和认定标准的选择。

事后标准说认为,紧急避险行为毕竟损害了其他的正当权益,故对其成立范围应当严格加以限制,因此,对于是否存在正在发生的危险,应当进行事后的客观判断。在个案中,只有当事后能够查明,在实施避险行为时客观上确实存在着对合法权益的正在发生的危险,才能肯定行为人的行为构成紧急避险。[1] 依该说,上例中甲的行为不能通过紧急避险合法化。该说的缺陷在于,一方面,要求避险行为人在紧急状态中清楚查明客观上是否确实存在对合法权益的危险,明显对避险行为人提出了过高的要求。另一方面,"危险"概念本就是指将来发生危害结果的可能性,其不可避免地带有对事态将来发展的预测,因此,在方法论上就不可能纯粹从事后的客观角度确定正在发生的危险。

事前标准说认为,是否存在紧急避险中正在发生的危险,应当是事前的判断。即:应当以行为时理性一般人所能认识到的事实以及行为人特殊认识到的事实为基础,站在实施避险行为时的视角判断是否存在着正在发生的危险。若根据行为时的情境,一般社会公众会认为存在着正在发生的危险,就可能肯定紧急避险的成立。即便事后查明,客观上并无危险,也同样如此。[2] 依该说,上例中的甲是否构成紧急避险,就取决于一般人在行为时是否也会认为乙面临着生命危险。若能得出肯定结论,甲的

---

[1] Vgl. Zieschang, in: Leipziger Kommentar, StGB, 13. Aufl., 2019, § 34 Rn. 65.
[2] Vgl. Roxin/Greco, Strafrecht Allgemeiner Teil, Bd. 1, 5. Aufl., 2020, § 16 Rn. 15.

行为即通过紧急避险合法化。事前标准说是德国学界的通说。

折中说认为,事后标准过于严格,而事前标准又失之过宽。该说主张,应当将奠定危险的事实和对事态将来发展的预测区分开来,并分别适用不同的判断标准。对于个案中是否确实存在奠定危险的基础事实,应当采取事后的客观判断,对于事态发展的预测,则只能采用事前视角。[①] 换言之,在该说看来,认定紧急避险中正在发生的危险须满足两个条件:其一,客观上确实存在导致合法权益陷于危险之中的基础事实(例如在上例中,客观上必须存在乙受伤流血的事实);其二,在实施避险行为时,一般人能够基于这种基础事实推断,若放任事态发展就会造成损害结果(例如在上例中,一般人要能在行为时得出乙面临生命危险的结论,即若不对乙加以救助,乙就会死亡)。依该说,在上例中,因乙确实受伤流血,故只要一般人在行为时也会认为乙面临生命危险,就应当肯定甲的行为构成紧急避险。相反,若乙并未受伤流血(例如,乙身边的血迹是他人留下的),则在该说看来,客观上不存在奠定危险的基础事实,故即便一般社会公众还是会误以为乙处于生命危险之中,也不能肯定甲构成紧急避险。

b. 避险行为

避险行为必须是为了拯救一个法益而损害另一个法益,其必须是规避危险的必要行为,而且要满足利益权衡的要求。

(a)损害其他利益保护法益

紧急避险的基本特征是通过损害一个合法权益去保护另外一个合法利益。有争议的问题是,在**被害人自身利益冲突**的场合,也即当行为人为了保全被害人自身的法益而损害被害人的其他法益时,是否也能够成立紧急避险。例如,被害人重伤昏迷,生命垂危,为保全其生命,医生为其实施截肢手术。此种情形下是否能构成紧急避险,取决于对紧急避险正当性根据的理解。若认为紧急避险系基于优越利益原则而阻却违法,则在被害人自身利益冲突的场合,只要能认为行为人保全了被害人更为重要的利益,仍然应肯定其行为构成紧急避险。相反,若认为紧急避险的正当性根据

---

① Vgl. Perron, in: Schönke/Schröder Kommentar, StGB, 30. Aufl., 2019, § 34 Rn. 13; Erb, in: Münchener Kommentar, StGB, 4. Aufl., 2020, § 34 Rn. 79.

在于理性人自愿负担的社会连带责任(社会团结义务),则在被害人自身利益冲突的场合就不能适用紧急避险。因为,社会连带责任和社会团结义务仅在不同的社会成员之间成立,任何人都不可能对自己负有社会连带责任或社会团结义务,故不可能通过紧急避险解决被害人自身的利益冲突问题。被害人自身利益冲突的解决,应当遵从被害人自己的意志,故此时行为人的行为只能通过被害人承诺或者被害人推定的承诺合法化。

(b)避险行为的必要性

避险行为的必要性意味着,避险行为必须适于规避危险,而且在行为时是规避危险的最轻微手段。避险行为必须从事前的角度看来具有规避危险、保护法益的可能性。对于这种可能性不应当设置过高的要求。但是,如果相应的行为根据日常生活经验从事前看来根本没有可能挽救法益,则不能成立紧急避险。此外,避险行为还必须是规避危险、保全法益的相对最缓和的手段。换言之,避险行为必须是"不得已"而为。如果可以及时寻求国家机关或第三人的帮助、通过逃跑或者其他造成更低损失的方式挽救法益,则不能成立紧急避险。

(c)利益权衡

成立合法的紧急避险要求避险行为所保护的利益大于或者至少等于所损害的利益。我国通说认为,只有在行为所保护的法益大于其所损害的利益时,才能构成紧急避险。[1] 相反,部分结果无价值论者则主张,在行为所保护的利益与所损害的利益相当时,也可以通过紧急避险合法化。[2] 紧急避险中的利益权衡是一种**综合性权衡**,并非单纯的法益判断,故其是一种"利益"权衡而非"法益"权衡。在进行利益权衡时应当首先仔细分析个案中所涉及的利益冲突,清楚地界定相互冲突的法益的性质、类别和数量。其次应当综合考虑影响价值判断的各种权衡因素(例如法益所面临的危险程度和危险的来源等),确定哪方的利益更为优越,应该受到法律的优先保护。相互冲突的哪方利益更为优越,必须根据社会一般价值观念进行判断,行为

---

[1] 参见高铭暄、马克昌主编:《刑法学》(第10版),北京大学出版社、高等教育出版社2022年版,第138页。

[2] 参见[日]西田典之:《日本刑法总论》(第2版),王昭武、刘明祥译,法律出版社2013年版,第125页。

人自身的价值观念在所不问。由于生活事实千变万化,影响利益权衡的因素也不胜枚举,并没有固定的公式可以笼统地决定何种利益更为优越,应当优先受到法律保护。个案中需要考虑的因素主要有例如法益的级别与范围、危险的程度及来源等。概略而言,需要注意的要点如下:

法益级别:紧急避险中的利益权衡虽然并非单纯的法益级别比较,但是法益级别却是利益权衡的出发点,级别更高的法益原则上应当受到优先保护。法益级别往往可以通过刑法分则法定刑的幅度确定,分则条文法定刑幅度越高,其所保护的法益的级别往往也越高,但这并非绝对的准则。一般而言,人身法益高于财产法益,在人身法益中,生命法益高于身体法益,身体法益又高于人身自由法益。

法益的范围与程度:相互冲突的法益级别相同时,应当优先保护数量占优或可能受到较大程度损害的法益。特别有争议的问题是,**对生命的紧急避险**是否能够合法化。我国通说对此持否定说。其认为,对生命的紧急避险不能合法化。① 因为生命无价,是人格的根本要素,其根本不可衡量,也不应允许将人的生命作为实现任何目的的手段。若从社会连带责任或社会团结义务的角度理解紧急避险的正当性根据,原则上也会得出与通说相似的结论。因为,原则上不能认为社会连带责任或社会团结义务包含要求无辜者自我牺牲的内容。② 肯定说则认为,在牺牲少数人或者同等数量的生命挽救其他生命时,行为总体上来看并没有产生负面结果,故可以合法化。③ 折中说主张,对生命的紧急避险原则上不能合法化,但是,在单方危险共同体的场合,也即当被牺牲者已经特定化而且必然牺牲时,例外地允许提前牺牲该特定人保全多数人的生命。例如,在类似"9·11"恐怖袭击的情形中,可以击落被劫持的客机挽救地面人员生命。④

危险程度:作为紧急避险中利益衡量因素的还有危险的程度,也即所

---

① 参见高铭暄、马克昌主编:《刑法学》(第10版),北京大学出版社、高等教育出版社2022年版,第138页。
② 参见王钢:《对生命的紧急避险新论——生命数量权衡之否定》,载《政治与法律》2016年第10期,第102页。
③ 参见[日]西田典之:《日本刑法总论》(第2版),王昭武、刘明祥译,法律出版社2013年版,第121页。
④ 参见张明楷:《刑法学》(第6版),法律出版社2021年版,第294页以下。

保护的法益和所损害的法益在多大程度上遭遇了危险。危险程度的比较在利益权衡中具有重要意义,在同级别的法益之间,危险的程度往往可以决定利益权衡的结果。若级别较低的法益所遭遇的危险在程度上明显高于级别较高之法益遭遇的危险,甚至有可能允许优先保护级别较低的法益。

自招危险:避险行为人故意或者过失地使法益陷入危险,而后又为了保护该法益而损害其他法益的,是否能够成立紧急避险,需要分情况考察。若行为人为了达到某种不法目的故意招致危险,并借口实施紧急避险损害第三人合法权益,则其构成**避险挑拨**,其行为不能通过紧急避险合法化。相反,若行为人出于其他原因过错地造成了紧急态势,则其仍然有成立紧急避险的可能。① 此时行为人并不当然丧失紧急避险权,其自招风险的事实将在利益权衡中被视为不利于行为人的因素加以考虑。假若此时行为人所损害的法益相对轻微,而其所保护的法益极为重要,则即便综合考量其过错引起危险的情节,也还是可能肯定其总体上维护了更为重要的利益,从而构成紧急避险。

防御性紧急避险:紧急避险一般表现为攻击性紧急避险,即通过损害无辜第三人的法益保护其他利益。在这种场合下,无辜第三人原本置身于事态之外,正是行为人积极地攻击了无辜第三人的利益,才导致无辜第三人被卷入事态之中,故其被称为攻击性紧急避险。相反,防御性紧急避险则是针对危险源本身进行避险,此时欲规避的危险来自所损害的法益自身或者其权利人。简言之:A 造成对 B 的危险,通过损害 A 保护 B。防御性紧急避险在价值结构上类似正当防卫,只是由于不能符合正当防卫的成立要件而无法通过正当防卫合法化(例如,并非针对人的意志支配下的行为进行反击,并非制止正在进行的不法侵害等)。由于在防御性紧急避险的场合,避险行为针对危险源本身,故此时利益权衡的结果往往有利于避险行为人(防御者),从而导致防御性紧急避险的行为权限远大于攻击性紧急避险而近似于正当防卫。例如:行为人甲发现身份不明的陌生人乙时常在夜间非法侵入自己住宅,虽然采取了报警、安装防盗装置等措施,依然无法阻止乙侵入。为求自保,甲把枪藏在枕边。案发当晚,甲睡

---

① 参见王政勋:《正当行为论》,法律出版社 2000 年版,第 243 页以下。

眼蒙眬中又看见乙出现在自己屋内,惊恐之中拔枪自卫。乙转身快速逃跑,甲追赶不及,眼见乙就要逃出自家庭院,遂持枪向其射击,致乙重伤。①在该例中,由于甲向乙开枪射击时,乙已经处在逃跑途中,甲的射击举动对于制止乙当前的非法侵入住宅行为而言并不属于必要的防卫措施,故其行为不能构成正当防卫。但是,鉴于甲当时不采取措施就难以制止乙将来再度非法侵入自己住宅,故可以认为甲的行为系使自身权利免受"正在发生的危险",从而符合紧急避险的前提条件。在利益权衡方面,虽然甲的行为仅保护了自身较为轻微的权利(居住安宁)却严重损害了乙级别明显更高的法益(身体权利),但考虑到甲的行为是针对危险源的反击,此时利益衡量的结果仍然应当有利于甲,故应肯定甲整体上保全了更为重要的利益,其行为通过(防御性)紧急避险合法化。当然,防御性紧急避险尽管在价值结构上与正当防卫非常相似,但其毕竟不是正当防卫,其所能赋予行为人的行为权限还是低于正当防卫。特别是,与攻击性紧急避险相似,防御性紧急避险不能造成他人死亡的结果。若从社会连带责任或社会团结义务的角度理解紧急避险的正当性根据,就必然得出这一结论。因为,没有任何社会成员负有牺牲自我的社会连带责任或社会团结义务。② 因此,在上述非法侵入住宅的例子中,若甲开枪射击的行为造成了乙死亡,则其行为也不能构成(防御性)紧急避险。

风险负担义务:《刑法》第 21 条第 3 款规定,职务上、业务上负有特定责任的人员不得为避免本人危险进行紧急避险。因此,基于职责有义务负担风险的消防队员、警察等原则上不得为保护自身法益损害他人合法权益。对该款规定的理解和适用应当注意两方面的问题。首先,职务上、业务上负有特定责任的人员仅有义务负担与自己职务和业务相关的风险,例如消防队员虽有义务负担与火灾救援相关的风险,却无义务负担感染传染病的风险。面对与自己职务、业务无关的风险时,相关人员可以与普通国民一样实行紧急避险。其次,风险负担义务并非自我牺牲义务,在面临紧迫的生命危险或者遭受严重身体伤害的危险时,负有特定责任的

---

① Vgl. BGH, NJW 1979, S. 2053 f.
② 认为基于防御性紧急避险而造成危险来源者死亡的情况下,仍可能合法化的观点,参见陈璇:《紧急权:体系建构与基本原理》,北京大学出版社 2021 年版,第 168 页以下。

人员也仍然存在实行紧急避险的可能性。例如,当火势已经难以控制、严重威胁到消防队员人身安全时,消防队员可以(甚至应当)撤离火场。

受强制的紧急避险:所谓受强制的紧急避险也即强制性紧急避险,其是指,行为人由于受到他人暴力或胁迫的强制而实施避险行为。例如:乙绑架了甲的儿子,要求甲去银行盗取巨额现金,否则杀害其子。为了挽救儿子的生命,甲被迫实施盗窃行为。单纯从法益权衡来看,甲的行为损害了银行的财产法益,但是却挽救了自己儿子的生命,应当认定其保护了明显更为重大的利益。但是,是否能就此认定甲的行为通过紧急避险合法化,却存在争议。通说认为,在受强制的紧急避险中,行为人客观上帮助强制者实现了犯罪计划,加入了不法的一方,故应当认定其行为不能成立合法的紧急避险。若认为此时行为人成立合法的紧急避险,则受侵犯的无辜第三人无法对行为人进行正当防卫,显失妥当。[①] 但也有论者主张,受强制的紧急避险并非一概不能成立紧急避险,在个案中,应当将行为人客观上帮助强制者实现犯罪计划的事实在利益权衡中作为不利于行为人的因素加以考量,再根据利益权衡的结果确定行为人是否构成紧急避险。因为,刑法并未明文禁止受强制的紧急避险,此外,从紧急避险的正当性根据考量,在行为人为避免遭受严重侵犯而损害他人轻微法益的场合,不论是从功利主义原则还是从社会团结义务出发,都有认定行为人构成紧急避险的可能性。[②] 例如,在上例中,若乙仅强制甲窃取富商丙价值3000元的财物,则从功利权衡的角度,应当认定甲保全了更为重要的利益,基于社会连带责任或社会团结义务的立场,也完全可以要求丙以牺牲自己微小财产利益为代价维护甲及其儿子的利益。

c. 避险意思(救助意思)

从行为无价值论(二元论)的立场出发,只有当行为人主观上出于救助法益的意思实施避险行为时,才能成立紧急避险。当然,对这种救助意思不能提出过高的要求,行为人只要主观上具有救助意思就足够,并不要求救助意思是行为人实施行为的唯一动机。

---

① Vgl. Perron, in: Schönke/Schröder Kommentar, StGB, 30. Aufl., 2019, § 34 Rn. 41b.
② Vgl. Roxin/Greco, Strafrecht Allgemeiner Teil, Bd. 1, 5. Aufl., 2020, § 16 Rn. 68.

(4) 被害人承诺与同意

a. 被害人意志的体系定位

虽然刑法学界普遍认为,基于被害人意志而实施的行为原则上不构成犯罪,但是,对于此时被害人意志所导致的具体法律后果,却存在着严重的见解分歧。其中,**区分说**认为应当根据构成要件的不同性质将被害人的意思区分为被害人承诺和被害人同意两种类型,前者是违法阻却事由,后者则阻却构成要件。① 析言之,部分构成要件的实现以违反被害人意志为前提(例如盗窃罪、强奸罪等),在这些构成要件中,若被害人允许行为人实施相关行为,则行为人的行为自始不可能被视为符合构成要件的实行行为。例如,获得被害人许可取走其财物的,不可能被认定为实施了盗窃行为。相反,部分构成要件的实现不以违反被害人意志为前提(例如故意伤害罪),在这些构成要件中,即便行为人系根据被害人的意志实施行为,其行为还是可能导致构成要件的实现。例如,行为人基于被害人真挚的请求将其砍成轻伤的,依然对被害人的身体机能造成了损害,符合故意伤害罪的主客观要件。此时被害人的意志不能阻却构成要件的成立,而只能阻却行为的违法性。由于区分说将被害人意志的法律效果分别定位为构成要件阶层和违法性阶层,也就导致被害人承诺和被害人同意在有效要件、认识错误的处理等诸多教义学问题上的差异。二者差异的概览如下:

表 2 被害人同意与被害人承诺的区分概览

	被害人同意	被害人承诺
法律效力	阻却构成要件符合性	阻却违法性
有效要件	以被害人的内心意志为准	被害人必须对外表达自身意志
	被害人具有自然的意思能力即可	被害人必须具备承诺能力
	基于错误的同意原则上有效	基于错误的承诺往往无效(争议巨大)
认识错误	误认为存在被害人同意的,是构成要件错误	误认为存在被害人承诺的,是容许构成要件错误

---

① Vgl. Rengier, Strafrecht Allgemeiner Teil, 13. Aufl., 2021, § 23 Rn. 1 ff.

与此相反,一元论则认为,在刑法中不应当区分被害人同意与被害人承诺,而应对被害人意志赋予统一的法律后果。其中,阻却构成要件的一元论认为,被害人意志均阻却构成要件的成立。① 阻却违法的一元论则认为,被害人意志均阻却违法性。② 本书认为,阻却构成要件的一元论是较为有力的见解。但考虑到当前我国较多数的论者将被害人承诺视为违法阻却事由,本书暂且也在违法性阶层考察被害人承诺的问题。

b. 被害人承诺的成立要件

有效的被害人承诺必须满足以下几项条件:所涉及的法益必须可以为被害人所处分,作出承诺的必须是有权处分法益的人,被害人必须有承诺能力,承诺必须在行为人实施行为前作出且没有重大意思瑕疵,最后,行为人必须是在知道存在被害人承诺的基础上实施行为。只有在满足这些条件的前提下,被害人承诺才能阻却犯罪成立。

(a)可处分的法益

被害人只有权承诺放弃个人法益,对于超个人的集体法益,自然不存在成立被害人承诺的可能性。因此,损害集体法益或者超个人的公共法益的行为,不可能通过被害人承诺合法化。即便是个人法益,也有例外的不能自由处分的场合。通说认为,放弃生命的承诺原则上无效,故积极的直接安乐死(即积极缩短患者生命的安乐死)即便完全符合患者的真实意志,也不能通过被害人承诺合法化。此外,被害人对于自身重伤结果的承诺,也只有在具有正当理由时才有效。例如,患者为保全性命同意医生实施截肢手术的,其承诺有效。相反,被害人为加入黑社会性质组织而自愿接受该组织的"勇气考验",被组织成员打成重伤的,因其进行承诺的理由不具有正当性,其承诺无效。

(b)有权处分法益

被害人只能在自身权限范围内放弃法益。有权处分法益的人一般是法益主体自己。当法益主体由于某种原因不具备承诺能力时,有权处分法益的是其监护人或代理人。对于法人而言,有权处分其法益的是法人代表。

---

① 参见王钢:《被害人承诺的体系定位》,载《比较法研究》2019 年第 4 期,第 42 页。
② 参见[日]山口厚:《刑法总论(第 3 版)》,付立庆译,中国人民大学出版社 2018 年版,第 162 页。

(c)承诺能力

只有当被害人根据其心智成熟程度能够充分认识、正确评价放弃法益的范围、程度和意义时,其承诺才属有效。有见解认为,承诺能力以民事行为能力为基础,只有具有相应民事行为能力的,才能作出有效的承诺。但当今通说认为,刑法上的承诺能力不以被害人具有民事行为能力为前提。重要的是被害人事实上是否有能力认识、判断法益处分的范围和意义。是否具有相应的民事行为能力,只是认定被害人是否具有承诺能力的参照依据之一,并非决定性标准。对于成年人而言,除非有特别的事由表明其精神、智力异常,心智成熟程度弱于常人,否则原则上应当认定其具有承诺能力。14周岁以下的儿童则因其心智尚不成熟,无法认识到放弃法益的意义,原则上不具备承诺能力。对于14至18周岁的青少年则需要在个案中具体判断其是否具有相应的承诺能力。一般而言,所处分的法益越轻微、被害人越接近成年,就越可能认定其具有承诺能力。

(d)作出承诺(承诺表达)

对于被害人承诺是否只有在被表达于外时才具有阻却犯罪的效力,学界也存在见解分歧。意思方向说认为,被害人承诺即使没有被表示于外部,也属有效。① 相反,意思表示说则主张,被害人承诺必须通过语言、举动等方式明示或默示地向外界表示出来方为有效,仅仅存在于被害人内心而不为外界所知的承诺无效。② 若认为被害人承诺系因体现了被害人的自治而阻却犯罪成立,则意思方向说是更为有力的见解。③ 没有争议的是,被害人在作出承诺之后,可以无理由地随时撤回承诺。一旦被害人撤回承诺,行为人必须立即停止实施侵害行为。

(e)意思瑕疵

当被害人基于重大的意思瑕疵作出承诺时,应当认为该承诺并非其意志自由的体现,因而无效。然而,何时才能认定被害人的承诺存在重大的意思瑕

---

① Vgl. Jakobs, Strafrecht, Allgemeiner Teil, 2. Aufl., 1991, 7. Abschn. Rn. 115.
② 参见[德]乌韦·穆尔曼:《德国刑法基础课(第7版)》,周子实译,北京大学出版社2023年版,第419页。
③ 参见王钢:《被害人自治视阈下的承诺有效性——兼论三角关系中的判断》,载《政法论丛》2019年第5期,第60页以下。

疵,在学界却是极具争议的问题。较为具有共识的是,当被害人由于受到暴力和胁迫作出承诺时,只要其所遭受的暴力或胁迫已经达到了影响其意志自由的程度(例如达到了足以构成敲诈勒索罪的程度),被害人承诺即属无效。

在被害人因受欺骗而陷入认识错误时,其基于认识错误作出的承诺是否有效,则是争议巨大的难题。对此,学界主要存在法益错误说和全面无效说之间的分歧,在两说之间还存在众多的折中说。**法益错误说(法益关系错误说)** 认为,只有导致被害人无法正确认识到所处分法益之范围和程度的认识错误才导致其承诺无效,若被害人仅陷入了对法益处分之目的与意义的动机错误,则其承诺仍然有效。在该说看来,刑法原则上仅保护法益的客观存续而不保护对法益的交换自由。动机错误只是权利人对于自己通过法益处分所能获得的物质性或者非物质性对价发生的认识错误,其本质上是一种对交换价值的认识错误。这种认识错误与法益无关,应当肯定陷于动机错误的被害人仍然是基于自身的意愿进行了法益处分,故其承诺仍属有效。① 相反,**全面无效说(主观真意说)** 认为,被害人的法益处分自由原本就是法益的内容。既然被害人承诺阻却犯罪的原因在于其实现了被害人的自治,是被害人自主决定的体现,那么,在行为人干扰被害人进行自治的信息基础、致使被害人陷入了动机错误时,就不能再认为相应的承诺是被害人自治的体现,故应认定其承诺无效。换言之,若在没有产生动机错误时被害人就不会决定放弃法益,那么就应当认为相应的动机错误足以损害被害人的意志决定自由,其承诺并非其内心真实意思的体现,故而无效。② 站在妥善保护被害人意思自治和意志自由的立场上,本书认为全面无效说是更为有力的见解。

(f)对承诺的认识

行为无价值论要求违法阻却事由必须具备主观违法阻却要素,故在被害人承诺的场合,行为人也只有在认识到被害人承诺的基础上基于该承诺实施行为时,其行为才不构成犯罪。若行为人没有认识到被害人的承诺而实施行为,则即便其造成的损害结果符合被害人的真实意思,从而

---

① Vgl. Arzt, Willensmängel bei der Einwilligung, 1970, S. 17 ff.
② 参见王钢:《动机错误下的承诺有效性问题研究》,载《中外法学》2020年第1期,第178页。

不具有结果无价值,但从事前的角度来看,其行为依然违反了行为规范,创设了行为无价值,故应构成故意犯罪未遂。

c. 被害人同意

若采用区分说,被害人同意的法律效力不同于被害人承诺,其直接阻却构成要件符合性。就成立条件而言,区分说认为被害人同意与被害人承诺主要在以下几点存在差别:首先,在同意能力方面,区分说认为被害人同意只须事实上存在即可,因此,被害人只要有自然意义上的意思能力就可以作出有效的同意,不需要其心智成熟到可以正确评价相应行为的性质与影响的程度。即便是儿童和精神病患者,也可以作出有效的同意。其次,被害人同意不需要被明示或者默示地表达出来,只要被害人内心存在着相应的意思就足够。最后,在意思瑕疵的影响方面,区分说认为,被害人因受到暴力或胁迫而作出同意的,若相应的暴力或胁迫达到了足以影响被害人意思决定自由的程度,则其同意无效。但与被害人承诺不同,被害人因受欺骗而作出的同意原则上有效。例如,欺骗他人交付财物的,因被害人转移财物的同意有效,行为人不能构成盗窃罪,仅成立诈骗罪。

d. 被害人风险接受

在刑法理论中,被害人承诺、被害人自我答责与基于合意的他者危险化均属于**被害人风险接受**的情形,三者具有一定的相似性,但也在成立要件和法律后果方面存在不容忽视的差异。在案例分析的时候需要将三种情形谨慎区分开来。

表3 被害人风险接受的情形概览

	客观要件	主观要件	法律效果
被害人自我答责(自己危险化的参与)	被害人支配导致损害的行为,或与行为人共同支配行为	被害人意愿接受危害结果,或者仅意愿接受危险	阻却因果关系
被害人承诺	行为人支配导致损害的行为	被害人意愿接受危害结果	阻却违法性(依阻却构成要件的一元论则阻却构成要件)
基于合意的他者危险化(对危险的承诺)	行为人支配导致损害的行为	被害人仅意愿接受危险,不接受危害结果	理论争议

被害人自我答责的特点是,在客观方面,是被害人自己控制、支配着导致损害结果的行为,或者其与行为人以类似共同正犯的方式共同支配着导致危害结果的行为。在主观方面,被害人则是自愿接受相关行为造成法益损害结果的危险,也即自愿接受了相关行为的危险性。其可能同时也自愿接受了危害结果,但并不必然如此。例如,瘾君子甲向毒贩乙购买毒品吸食,乙详细告知了甲毒品的种类和吸食的安全上限,并将毒品交给甲。甲回家过量吸食毒品而亡。在该例中,客观上是甲自己控制了导致损害结果的行为(甲自己吸食毒品),主观上甲则接受了吸毒行为的风险。虽然其并不意愿接受吸毒行为的损害结果(不愿造成自身死亡),但其行为仍然构成自我答责。乙的行为与甲的死亡之间不具有刑法上的因果关系,其不对甲的死亡负责。此时可以认为行为人(乙)间接参与了被害人(甲)实施的自我危险行为,故这种情形又被称为自己危险化的参与。

被害人承诺的特点是,在客观方面,必须是行为人控制、支配着导致被害人损害的行为,被害人自身则对损害行为没有直接的控制或支配。在主观方面,被害人自愿接受损害结果。既然被害人自愿接受损害结果,其自然也就接受了行为人所实施之行为的危险性。由于依据被害人承诺实施的行为体现了被害人的意思自治,故被害人承诺阻却犯罪成立。如前所述,根据阻却构成要件的一元论,被害人承诺阻却构成要件的成立,根据区分说和阻却违法的一元论,被害人承诺则阻却行为的违法性。

基于合意的他者危险化的特点是,在客观方面,必须是行为人控制、支配着导致被害人损害的行为,被害人并未直接支配损害行为。在主观方面,被害人仅自愿接受行为的危险性,而并不意愿接受行为导致的损害结果。例如,在德国的梅梅尔河案中,在狂风暴雨之际,乘客不顾船工警告,执意要求船工运送其过河。船工在运送乘客过河时,渡船翻沉导致乘客死亡。① 在该案中,正是船工驾船运送乘客的行为才导致乘客身陷险境并最终遇难,故应认定是船工实际控制着造成乘客死亡

---

① Vgl. RGSt 57, 172 f.

结果的行为。乘客虽然执意要求船工运送自己,但乘客对导致死亡结果的行为缺乏直接的控制和支配。在主观方面,乘客虽然明知渡河有危险且自愿承担这种风险,但其显然不愿导致自身死亡,并未接受相应的损害结果。也正是因为在基于合意的他者危险化的场合,被害人仅承诺接受行为的危险性而不承诺接受损害结果,故基于合意的他者危险化又被称为对危险的承诺。

由此可见,基于合意的他者危险化的成立要件其实介于被害人自我答责与被害人承诺之间:在客观方面,基于合意的他者危险化要求是行为人支配、控制导致损害结果的行为,故其与被害人承诺的情形相同而不同于被害人自我答责的情形。在主观方面,基于合意的他者危险化又以被害人仅接受行为的危险性为特点,这与被害人自我答责的情形相似(当然,在被害人自我答责的情形中,被害人可能也愿意接受危害结果),但明显不同于被害人承诺。由于基于合意的他者危险化既不同于被害人自我答责,也不同于被害人承诺,对其法律效力的认定就存在着见解分歧。有观点认为,既然基于合意的他者危险化既非被害人自我答责又非被害人承诺,其就不应具有影响犯罪成立的效力,只能被作为有利于行为人的从轻量刑要素予以考虑。[1] 有观点认为,若被害人明知并自愿接受行为的危险性,且被害人与行为人对于行为的危险性具有同等程度的认知(即行为人不具有优势认知),则应当肯定是被害人自己引起了损害结果。此时基于合意的他者危险化实质上与被害人自我答责的情形相同,从而阻却行为人的行为与危害结果之间的因果关系。[2] 也有观点认为,若被害人明确认识到相关的风险却仍然要求或许可行为人实施具有危险性的行为,就应当肯定被害人变更了自己与行为人之间权利领域的边界,限缩了自身的权利范围而扩张了行为人的行为权限,导致行为人的行为并不违反行为规范,从而也不能创设行为无价值。由于行为人的行为欠缺行为无价值,其造成的损害结果也不能被认定为结果无价值,故不能认定行为人构成犯罪。因此,基于合意的他者危险化实际上

---

[1] 参见张明楷:《刑法学》(第6版),法律出版社2021年版,第306页。
[2] Vgl. Roxin/Greco, Strafrecht Allgemeiner Teil, Bd. 1, 5. Aufl., 2020, §11 Rn. 124.

与被害人承诺并无不同,若被害人对于自己与行为人之间权利界限的变更为法秩序所允许,就应当肯定其与被害人承诺一样阻却犯罪成立。①

e.推定的承诺

推定的承诺,是指行为人在事实上无法取得或无法及时取得被害人承诺的情况下,根据被害人被推定的意志实施行为。虽然被害人此时由于客观原因(例如被害人不在场或者陷入昏迷等)无法现实地作出承诺,但根据其自身的价值观念,可以推定被害人会在行为人实施行为时作出承诺。基于被害人这种被推定的意志而实施的行为,因符合推定的承诺而合法化。推定承诺的成立条件与被害人承诺基本相同,唯一的区别仅在于,在推定的承诺的场合,行为人事实上无法及时获得被害人的承诺,或者说被害人事实上无法及时作出承诺。因此,推定的承诺也只有在涉及被害人可以处分的法益且被害人具有相应的承诺能力时,才能得以适用。能够适用推定承诺的案件,一般表现为两种类型:其一,行为人纯粹为维护被害人的利益实施行为。例如,当外出的被害人家中失火时,邻居在无法联系上被害人的情况下,闯入被害人家中救火。邻居的行为基于被害人推定的承诺合法化。其二,所损害的被害人利益非常轻微,原则上无须以刑法加以保护。例如,甲在过年时为了封红包急需大量面值50元的纸币,看到自己朋友乙的钱包里有20张面值50元的人民币,等不及询问乙的意见便全部拿走,并将10张面值100元的人民币放进乙的钱包。由于盗窃罪是针对个别财产的犯罪,甲将乙的20张纸币取走,就已经符合了盗窃罪的构成要件。但在该例中,甲与乙是朋友关系,且乙的"损失"仅限于纸币形式的变换,故完全可以推定乙若在场也会同意与甲进行纸币交换。因此,可以认为甲的盗窃行为基于被害人推定的承诺合法化。

在适用被害人推定的承诺时特别需要注意两点:首先,在个案中,必须根据被害人自身的价值观念确定其推定的意志。这里起决定性作用的是被害人自身的价值观念,而不是社会一般观念。当然,在没有事实依据

---

① 参见[德]乌韦·穆尔曼:《德国刑法基础课(第7版)》,周子实译,北京大学出版社2023年版,第428页。

表明被害人自身的价值观念不同于社会一般观念时,可以基于社会一般观念推定被害人的意志。但是,当个案中有事实依据表明被害人自身的价值观念不同于社会一般观念时,则必须根据被害人自身的价值观念推定其意志,不能凭借社会一般观念损害被害人的自主决定权。其次,行为人的行为是否通过推定的承诺合法化,最根本的是要考察其行为是否符合被害人被推定的意志。若行为人的行为符合被害人被推定的意志,则其即便在个案中违背了被害人的真实意志,也同样基于推定的承诺合法化。例如,甲生性古怪,无论如何都不允许他人进入自家庭院,但因甲长期独居不与街坊邻里来往,从未将自己的这种价值观念表达于外。一日,甲外出时家中失火,路人乙遂闯入甲家中灭火。在该例中,尽管甲具有独特的价值倾向,但因其从未将之对外表达,故仍然应当基于社会一般观念推定甲的意思,即认定甲会允许他人进入家中救火。因此,乙的行为虽然违反甲的真实意愿,但符合甲被推定的意思,仍然通过推定的承诺合法化。与此不同的情形是:甲曾将自己的这种特殊价值倾向告知街坊邻里,但路人乙并不知情,故其见甲房屋失火即闯入救火。在这种情形中,由于甲已经将自己的价值倾向表达于外,就必须基于甲的价值观念推断其意思,即认为甲会拒绝他人入户救火,故乙的行为不符合甲被推定的意思,不能通过推定的承诺合法化。乙不知甲曾表达过特殊的价值观念,误认了推断被害人意思的事实基础,其因陷入容许构成要件错误而不构成故意犯罪。又由于过失侵入他人住宅的行为不构成犯罪,故乙最终仍不受刑事处罚。

f. 假想承诺

与推定的承诺不同的是假想承诺(假设的承诺)的情形。在这种情形中,行为人并非事实上不能及时取得被害人的承诺,而是在可以事先征求被害人意见的情况下却违反义务没有去取得被害人的承诺,但是事后查明,假如行为人事前征求被害人意见,被害人也会予以承诺。① 关于假想承诺的法律效力,也存在不同的观点。有见解认为,刑法只能根据行为时

---

① 参见[德]亨宁·罗泽瑙:《假设承诺:一个新的法律概念》,蔡桂生译,载《东方法学》2014年第4期,第144页。

的情状和损害结果认定行为人的刑事责任,不能在犯罪行为实施完毕之后再根据被害人的态度确定行为人的罪责,故假想承诺不应被考虑。① 本书倾向于认为,在假想承诺的场合,既然可以确定若事先征求被害人的意见其就会作出承诺,那么就应该认为行为人所造成的损害结果实质上并不违背被害人的意志,不构成结果无价值。但是,从事前的角度来看,行为人未征求被害人意思便实施行为,存在违背被害人意志损害被害人法益的危险,故其行为仍然具有行为无价值。因此,认定行为人此时构成故意犯罪未遂是更为妥当的见解。

(5)法令行为

法令行为,是指基于成文法律、法令、法规的规定,作为行使权利或者承担义务所实施的行为。基于法秩序统一性原则,各个部门法向国民提供的行为指引不得相互矛盾,故在其他部门法中被视为合法的行为在刑法中必然属于合法行为,这也就是为何法令行为在刑法中也阻却行为违法性的原因。一般认为,法令行为包括四类行为:法律基于政策理由阻却违法的行为,例如发行彩票;法律有意明示了合法性条件的行为;国家公职人员根据法律行使职务或者履行职责的职务行为;法律规定作为公民权利的行为,例如扭送等。

4. 责任阶层

(1)责任概述

"责任"概念在刑法理论中具有多种不同的含义。三阶层犯罪构成体系中的第三个阶层是责任阶层,也可以被称为有责性阶层。其是指行为人必须是有责地实施了符合构成要件并且违法的行为。这种犯罪构成意义上的责任,也叫作"**奠定刑罚的责任**"。当今的通说采用**规范责任论**,认为责任(有责性)就是对行为人实施不法行为的可谴责性或者说非难可能性。既然有责性涉及的是对行为人的可谴责性,在责任阶层意义上的责任就只有有无的问题而没有程度上的差异。换言之,就其实施的不法行

---

① Vgl. Otto/Albrecht, Die Bedeutung der hypothetischen Einwilligung für den ärztlichen Heileingriff, Jura 2010, S. 264 ff.

为,行为人要么是可以被谴责的,要么不能被谴责,或者说,其要么可以受到非难,要么不能受到非难,没有居中的第三种可能。故三阶层犯罪构成体系意义上的责任(奠定刑罚的责任)没有程度上的区别。实际上,在责任阶层检视的责任要素均是刑法对行为人发动谴责的前提条件。符合这些责任要素时,行为人具有有责性,应当就其实施的不法行为遭受谴责,若欠缺其中任何一个责任要素,则行为人欠缺非难可能性。例如,对于限定责任能力(责任能力减弱)的行为人,须结合个案具体情况判定其是否还具有必要的责任能力。若得出肯定结论,则其依然符合责任阶层的犯罪成立要件,构成犯罪。与此相反,行为人所应当负担的具体刑事责任意义上的"责任",则存在程度上的差异。这种责任被称为"**量刑的责任**",其构成个案中对行为人进行量刑的基础。量刑的责任所考察的是在行为时和行为前后存在的诸多影响量刑的要素,例如行为人所实施之行为的不法程度,行为人事后是否采取措施加以补救、降低损害等。量刑的责任与刑罚裁量直接相关,而案例分析的主要任务在于确定犯罪是否成立,故无须对这种量刑的责任加以考察。案例分析中所关注的是作为犯罪成立条件的、有责性阶层意义上的责任,即奠定刑罚的责任,其所考察的是,行为人在实施行为时是否具备了全部的责任要素。因此,在案例分析中,重要的仍然是逐一检视相关的责任要素是否在个案中均已齐备。对于故意犯罪而言,最主要的责任要素有责任能力、违法性认识、期待可能性、责任故意等。

(2)**责任能力**

具有责任能力,是指行为人具有对不法行为的辨认能力和控制能力。也即行为人达到了刑事责任年龄且不因精神障碍而丧失相应辨认、控制能力。在案例分析中,应先对责任年龄加以考察,在肯定行为人达到了刑事责任年龄之后,再考察行为人是否因精神障碍等特殊因素的影响而不具有辨认、控制能力。

a.责任年龄

我国《刑法》第17条对刑事责任年龄进行了规定,将责任年龄划分为以下四个阶段:(a)**16周岁以上**为完全负刑事责任年龄阶段。已满16周岁的人犯罪,应当负刑事责任。(b)**已满14周岁、不满16周岁**为相对负刑事责任年龄阶段。这个年龄段的行为人只对八种犯罪行为负担刑事责任。这八种犯罪行为是:故意杀人、故意伤害致人重伤或死亡、强奸、抢劫、贩卖毒品、放火、爆炸、投放危险物质。需要注意的是,这里所指的是八种犯罪行为,并不意味着行为人必须构成这八种罪名。行为人实施这八种行为但未能得逞的,也同样要负未遂犯的责任。(c)**已满12周岁、不满14周岁**,犯故意杀人、故意伤害罪,致人死亡或者以特别残忍手段致人重伤造成严重残疾,情节恶劣,经最高检核准追诉的,应当负刑事责任。(d)12周岁以下不负刑事责任。

此外,《刑法》第17条第4款还规定,不满18周岁的人犯罪,应当从轻或者减轻处罚。该条第5款规定,因不满16周岁不予刑事处罚的,责令其父母或者其他监护人加以管教,必要时依法进行专门矫治教育。根据《刑法》第17条之一的规定,年满75周岁的人故意犯罪的,可以从轻或减轻处罚,过失犯罪的,应当从轻或减轻处罚。

刑法对刑事责任年龄的规定是不可反证的推定,不考虑行为人实际上对自己的行为是否具有辨认控制能力。① 刑法中所规定的责任年龄,都是指实足年龄,不包括虚岁。实足年龄自出生之日起按照公历的年月日计算。例如,行为人过完14岁生日的第二天,才年满14周岁。

案例分析中需要注意的是,应当以行为实施时的年龄作为判断标准。在行为实施和结果发生之间具有较长时间间隔的场合尤其如此。例如:甲在12周岁生日当天晚上捅伤乙,乙被送往医院抢救,第二天凌晨在医院抢救无效死亡的,不能认定甲构成犯罪。但是,若行为人在达到刑事责任年龄之后未履行避免危害结果发生的作为义务,则其仍然可以构成不作为犯罪。例如:甲在14周岁生日当天晚上在某地埋下一颗定时炸弹,零点过后,甲虽可以拆除炸弹但却未予处理,炸弹爆炸造成重大损失。甲可以构成不作为的爆炸罪。

b. 精神障碍

即便是达到责任年龄的行为人,也可能由于精神障碍无法认识到自己行为的性质(欠缺辨认能力)或者无法根据这种认识实施行为(欠缺控

---

① 参见姚建龙:《不教而刑:下调刑事责任年龄的立法反思》,载《中外法学》2023年第5期,第1219页。

制能力)。《刑法》第 18 条规定,精神病人在欠缺责任能力时造成危害结果的,不负刑事责任。对于精神病人是否具有责任能力的判断,应遵循混合标准,即首先应当判明行为人是否患有精神疾病,其次再判断行为人是否因为患有精神疾病而欠缺辨认或控制能力。前者由精神疾病领域的医学专家鉴定,后者则由司法工作人员判断。

精神障碍可能导致部分责任能力,即行为人仅对某一类犯罪欠缺辨认控制能力,但是对其他犯罪却具有责任能力,也可能只导致行为人间歇性地不具有责任能力(间歇性精神病)。间歇性精神病人在精神正常时犯罪的,仍须负刑事责任。如前所述,有责性阶层的责任只有有无的问题,没有程度上的差异。故尚未完全丧失责任能力的精神病人犯罪的,同样应当负刑事责任。当然在量刑时,可以对之从轻或减轻处罚。

根据《刑法》第 18 条第 4 款的规定,醉酒的人犯罪,也应当负刑事责任。该款规定所指的是生理性醉酒,也即普通醉酒的场合。病理性醉酒则属于精神障碍,导致行为人丧失责任能力。在我国司法实务中,吸毒的人犯罪的,原则上也须承担刑事责任。只有在吸毒导致行为人陷于精神障碍时,才否定其责任能力。

c. 原因自由行为

所谓原因自由行为,是指具有责任能力的行为人,故意或者过失致使自己陷入丧失责任能力状态,并在这种状态下实施了符合构成要件的违法行为。其中,使自己陷入丧失责任能力状态的行为是原因行为,在该状态下实施的违法行为则被称为结果行为。为了避免出现难以容忍的处罚漏洞,刑法理论一般认为原因自由行为也具有可罚性。但是,根据责任原则,行为人只须对在具有责任能力的状态下所实施的行为及其结果承担责任(行为与责任同在),故处罚原因自由行为就面临着与责任原则的冲突。为了调和处罚原因自由行为与责任原则之间的矛盾,学理上出现了众多主张,但各说均存在缺陷。其中,有见解(**例外模式**)认为,对原因自由行为的处罚根本就是责任原则的例外。[①] 然而,为何此时可以存在这种

---

① Vgl. Hruschka, Strafrecht nach logisch-analytischer Methode, Systematisch entwickelte Fälle mit Lösungen zum Allgemeinen Teil, 2. Aufl., 1988, S. 294.

例外,该说却未能提供有力的论证,显然无法令人满意。有见解(**着手模式**)认为,行为人在实施导致无责任能力的原因行为时,就已经属于开始着手实施构成要件行为,此时行为人尚具有责任能力,故应对之加以处罚。① 该说对着手的认定太早,导致行为人陷入无责任能力状态后未实施结果行为的,也须负刑事责任,颇为不当。有见解(**间接正犯模式**)认为,原因自由行为是行为人将自己当作无责任能力的工具加以使用,故行为人因成立间接正犯而承担刑事责任。换言之,行为人在具有责任能力时实施原因行为导致自己陷入无责任能力状态,就是制造了无责任能力的工具,而其在无责任能力状态下实施结果行为,则是被利用的工具在实施犯罪,应当由幕后支配者即有责任能力时的行为人对之负责。② 该说的问题在于,部分犯罪(例如亲手犯)不存在成立间接正犯的可能性,故无法以间接正犯的结构解释这些犯罪中原因自由行为的可罚性问题。有见解(**扩张模式**)认为,应当扩张地理解"行为与责任同在"原则中的"行为",认定其不仅包括着手行为,而且还包括与结果发生具有因果关系的其他行为。故在原因自由行为的场合,只须行为人在实施原因行为时具有责任能力就可以对之加以处罚。③ 该说实际上是为处罚原因自由行为而对责任原则进行了过于宽松的理解。

为尽量避免与责任原则的冲突,本书建议将原因自由行为区分为故意的原因自由行为和过失的原因自由行为两种类型分别处理。

所谓**故意的原因自由行为**,是指行为人故意实施原因行为和结果行为。若原因行为和结果行为系出于同一故意,则认定行为人构成故意犯罪,此时原则上可以通过间接正犯的结构说明其可罚性。若原因行为和结果行为的故意内容不同,即行为人在实施原因行为、招致自身无责任能力状态时意图使自己实施某种犯罪,而其在无责任能力状态中却故意实施了其他类型的犯罪时,则可认定行为人因实施原因行为构成犯罪预备。

---

① 对该见解及以下几种见解的详细评述可参见 Streng, in: Münchener Kommentar, StGB, 4. Aufl., 2020, §20 Rn. 119 ff.

② Vgl. Roxin/Greco, Strafrecht Allgemeiner Teil, Bd. 1, 5. Aufl., 2020, §20 Rn. 61 f.

③ Vgl. Streng, Actio libera in causa und verminderte Schuldfähigkeit, JuS 2001, 542 ff.;张明楷:《刑法学》(第6版),法律出版社2021年版,第405页。

例如,甲为了抢劫乙而使自己陷于无责任能力状态,但却在无责任能力状态中转而强奸了乙。此时可认定甲构成抢劫预备。当然,在结果行为造成损害结果且刑法对该损害结果规定了过失犯时,行为人的原因行为还可能符合过失犯的成立要件(如下所述,可将原因行为的故意降格评价为过失),从而与犯罪预备形成想象竞合。

所谓**过失的原因自由行为**,是指行为人过失地实施了原因行为或结果行为,或者对原因行为和结果行为均系过失。在过失原因自由行为的场合,均可将损害结果归责于原因行为,从而认定行为人构成过失犯。例如,原因行为为过失、结果行为为过失或故意的情形:甲过失地导致自己陷入病理性醉酒的状态,丧失刑事责任能力,而后在无责任能力状态中醉驾造成交通事故导致路人乙死亡,或者在无责任能力状态中遇见仇人丙,起意将丙杀害。此时只要甲的原因行为与结果行为之间具有条件关联,即可将其结果行为造成的损害结果归责于原因行为。由于甲在过错地实施原因行为时具有刑事责任能力,故可以以过失犯追究甲的刑事责任,从而肯定其在上例中构成过失致人死亡。又如,原因行为为故意、结果行为为过失的情形:甲意图在无刑事责任能力状态下杀害乙,遂故意使自己陷入病理性醉酒,但在其驾车前往乙家途中却因醉驾造成交通事故,导致路人丙死亡。在这种情形中,由于故意与过失之间是规范的层级关系而非互斥关系,故可以将行为人故意的原因行为降格评价为过失行为,从而同样将损害结果归责于其原因行为,肯定其成立过失犯。若行为人同时还构成故意犯罪的预备,则与过失犯构成想象竞合。因此,在上例中,甲构成过失致人死亡与故意杀人预备的想象竞合犯。由此可见,在过失原因自由行为的场合,以过失犯追究行为人的刑事责任完全符合刑法学理,并不存在与责任原则的矛盾冲突。通过这种处理方式,原因自由行为与责任原则的紧张关系就只存在于故意原因自由行为的场合,而且仅在于极少数亲手犯的领域(因为此时无法通过间接正犯的结构解释原因自由行为的可罚性)。如此虽然不能完全消解原因自由行为与责任原则的矛盾,但也可以在极大程度上解决原因自由行为的可罚性问题。

表4　原因自由行为处理原则概览

	原因行为	结果行为	法律评价
故意的原因自由行为	故意	故意(与原因行为的故意相同)	故意犯
	故意	故意(与原因行为的故意不同)	犯罪预备(可能与过失犯想象竞合)
过失的原因自由行为	故意	过失	过失犯(可能与犯罪预备想象竞合)
	过失	故意	过失犯
	过失	过失	过失犯

(3)违法性认识

a. 违法性认识概述

违法性认识是指行为人认识到或者应当认识到自身行为不为法律所允许的性质。我国传统刑法理论采取知法推定的立场,认为不知法不免责,故长期未将违法性认识视为犯罪成立要件。进入21世纪以来,我国学界和司法实务界才逐渐承认违法性认识具有影响犯罪成立的法律效力。但是,对于违法性认识的体系地位,我国学界目前还存在较大的理论争议。故意说认为,违法性认识是犯罪故意的组成部分,行为人在欠缺违法性认识时就不具有犯罪故意。① 责任说认为,违法性认识是不同于犯罪故意的、独立的犯罪成立条件,其是责任要素,应在责任阶层予以考察。②

本书采用责任说的立场。违法性认识与犯罪故意存在诸多方面的不同,难以将其视为犯罪故意的内容。首先,二者要求认识的内容并不相同:构成要件故意所指向的是客观构成要件,要求行为人认识到与客观构成要件要素相关的事实和自己行为的消极社会意义内涵;违法性认识则考察行为人是否认识到自己的行为被法律所禁止。其次,二者对于认识程度的要求也不相同:构成要件故意要求行为人现实地认识到客观构成要件的相关事实和行为的社会意义;违法性认识则既包括现实的违法性

---

① 参见陈兴良:《违法性认识研究》,载《中国法学》2005年第4期,第135—141页。
② 参见周光权:《违法性认识不是故意的要素》,载《中国法学》2006年第1期,第168—172页。

认识也包括潜在的违法性认识,行为人只须具备违法性认识的可能性,就已经可以肯定其具有违法性认识。最后,二者在认定刑事犯罪中所发挥的功能亦不相同:构成要件故意是刑法所欲维护的行为规范的有机组成部分,其直接参与建构行为规范;违法性认识则是遵守行为规范的前提条件之一,其只关乎个案中的具体行为人是否可能依照行为规范的要求行事。

在案例分析中,考察行为人是否具有违法性认识时,需重点注意以下几点:首先,违法性认识要求行为人必须认识到或者可能认识到自己行为有悖法秩序的性质。行为人仅仅认识到自己行为有违社会伦理道德的,不具有违法性认识。但是,对于违法性认识是否要求行为人认识到或者至少可能认识到自己行为的刑事可罚性,存在不同的见解。本书认为,违法性认识只是刑法对行为人发起谴责的前提条件,既然行为人的行为已经符合构成要件且具有违法性,那么,只要行为人还能认识到自己行为违反法秩序,就已经足以对之加以谴责。因此,对违法性认识的内容不应提出过高要求,行为人无须认识到行为的刑事可罚性。能够认识到自己行为可能违反其他法律规范,但认为不会触犯刑法的,也同样具有违法性认识。其次,违法性认识必须与特定的构成要件相关。行为人的行为同时实现了多个构成要件时,可能仅对其中的部分构成要件存有违法性认识。因此,在案例分析中不能笼统肯定或否定行为人的违法性认识,而应当在对每个罪名的检视中具体考察,行为人是否对符合该罪名构成要件的行为具有违法性认识。最后,前文已经提及,违法性认识可以是现实的认识,也可以是潜在的认识。即便行为人没有现实地认识到自己行为的违法性,但只要其具有违法性认识的可能性,即只要行为人有可能认识到自身行为的违法性,也同样应肯定其具有违法性认识。

b. 违法性认识错误

一般情况下,意欲实现构成要件的行为人同时也能认识到自己行为不为法律所允许,因此,除非个案中存在特别的事由,通常可以推定行为人具有违法性认识。但是,随着法定犯的增加,行为人发生违法性认识错误的可能性也随之增长。所谓违法性认识错误,是指行为人没有现实地认识到自己行为违反法秩序的性质。就违法性认识错误的产生原因而言,行为人误认了构成要件的适用范围(误以为自己的行为不被构成要件所禁止,或者不被刑法所要求),或者误认了违法阻却事由的行为权限(例如,误以为刑法允许自己以极端方式实行防卫)的,均属于误认了法秩序所允许的行为边界,构成违法性认识错误。

对于违法性认识错误的法律后果,应当结合上述违法性认识的性质进行认定:若行为人的违法性认识错误可以避免,则意味着行为人虽然没有现实地认识到自己行为的违法性(因而陷入违法性认识错误),但却有可能认识到行为的违法性(因而其违法性错误可以避免),故行为人仍然具有(潜在的)违法性认识。此时行为人的违法性认识错误仅影响量刑,不影响犯罪成立。相反,若行为人的违法性认识错误无法避免,则意味着行为人既没有现实地认识到自己行为的违法性(因而陷入违法性认识错误),又不可能认识到行为的违法性(因而其违法性认识错误无法避免),故行为人既没有现实的违法性认识,也缺乏违法性认识的可能性,不能肯定其具有违法性认识。此时行为人就因缺乏违法性认识这一责任要素而不构成犯罪。

由此可见,行为人的违法性认识错误是否可以避免,直接影响对其是否构成犯罪的认定。个案分析中,对于违法性认识错误是否可以避免的判断,应当通过以下三个步骤进行:①

首先,要判断行为人是否具有反思自己行为合法与否的契机。若行为人现实地认识到某种外在的、表征其行为违法性的情势(例如,看到相关的通知、公告、警示等),而且这种情势足以驱使有责任感的国民去了解自己的行为是否违反法律规定,则行为人应当采取措施确认自己行为的合法性。当行为人认识到自己的行为可能对他人或社会造成损害时,尤其如此。相反,若在个案中行为人不具有反思自己行为合法性的契机,则其违法性认识错误无法避免。②

其次,要判断行为人是否在可期待的范围内采取了确证自己行为合法性的措施。行为人在其个人的能力范围内,未采取措施或者仅付出了不充分的努力去查明法律、确认自己行为合法或违法的性质的,其违法性认识错误往往可以避免。当然,为保障国民的行为自由,法秩序不能要求

---

① 参见王钢:《非法持有枪支罪的司法认定》,载《中国法学》2017年第4期,第83页。
② 参见车浩:《法定犯时代的违法性认识错误》,载《清华法学》2015年第4期,第38页以下。

行为人在任何情况下都投入其全部的时间和精力,穷尽客观上的一切可能性去查明自身行为是否违法。行为人根据其个人的知识水平、职业与生活状况,在可期待的范围内尽到了充分努力,却未能发现其行为违法性的,就应当肯定其违法性认识错误不可避免。

最后,要判断行为人客观上是否确实具有认知法律规范、认识行为违法性的现实可能性。唯有在行为人若采取充分措施就可以发现自己的行为违反法律时,才能肯定其违法性认识错误可以避免。相反,根据个案情形,若可以认为行为人即便在可期待的范围内采取措施,其也无法正确认识到自身行为的违法性(例如,相关法律问题本身就不明确),则行为人的违法性认识错误无法避免。[①] 一般而言,行为人可以相信专业律师和相关国家机关提供的信息,也可以相信(上级)法院的判决。当这些专业意见发生错误,致使行为人误信自身行为合法时,行为人的违法性认识错误无法避免。

总体而言,在案例分析中应当较为谨慎地认定不可避免的违法性认识错误。在传统的自然犯领域,几乎不可能存在不可避免的禁止错误。原则上,只有涉及法定犯时,才有可能认定行为人的违法性认识错误不可避免。

(4)期待可能性

期待可能性,是指根据个案具体情况,可以期待行为人不实施违法行为而实施其他的合法行为。若在个案中不能期待行为人实施合法行为,就不能对其进行非难和谴责,应当认定行为人因欠缺期待可能性而不构成犯罪,在三阶层犯罪构成体系中,期待可能性原则上属于责任的内容,欠缺期待可能性属于责任阻却事由。但是,由于法秩序原则上可以期待国民实施适法行为,且期待可能性概念自身的内涵和外延也较为不清晰,应当谨慎对其加以适用,因此,在案例分析中仅在极少数情况下才能以欠缺期待可能性为由认定行为人欠缺有责性。[②] 特别是在作为犯中,要求行为人放弃实施违法行为一般都不会对其造成过重的负担,故法秩序几乎总是可以期待行为人作出合法的选择,更不能轻易以欠缺期待可能性为由免除行为人的刑事责任。在判断行为人是否具有期待可能性时,既不

[①] 参见孙国祥:《违法性认识错误的不可避免性及其认定》,载《中外法学》2016年第3期,第707页以下。

[②] 参见阮齐林、耿佳宁:《中国刑法总论》,中国政法大学出版社2019年版,第151页。

能单纯强调行为人个人的具体情况,也不能抽象地以理性第三人为标准。而是应当以具体行为人的个人情况为基础,考察在行为人地位上的第三人是否会实施适法行为。如果得出肯定结论,就应当认定行为人具有期待可能性。可以以欠缺期待可能性为由出罪的情况原则上局限于对生命的紧急避险、防卫过当和为保护近亲属而妨害司法等场合。行为人面临紧迫的生命危险,在别无选择的情况下,为了挽救自己的性命损害他人生命的,应当认定欠缺期待可能性,免除其罪责。同样,行为人在遭遇不法侵害时,因猝不及防而陷入惊恐、惶惑等虚弱心理状态,无法正确判断防卫情势或无法精准控制防卫行为而对不法侵害人造成超过必要限度的重大损害的,也由于欠缺期待可能性而不构成犯罪,对其应适用我国《刑法》第20条第2款之规定免除处罚。此外,刑法理论一般认为,行为人为使自己近亲属免受刑事处罚而实施窝藏、包庇、伪证等妨害司法的行为的,也因欠缺期待可能性而不构成犯罪。

(5)责任故意与容许构成要件错误

a. 责任故意

责任故意又称为故意的责任,其是否属于独立的责任要素,在刑法理论中存在较大的争议。从案例分析的角度而言,承认责任故意有利于妥善处理容许构成要件错误的问题,故本书建议将责任故意作为责任要素加以考察。

由于在故意犯罪中,构成要件阶层已经存在犯罪故意(构成要件故意),再在责任阶层承认责任故意,就会导致**故意的双重地位**,即在犯罪构成体系中须分别于构成要件符合性阶层和责任阶层重复对故意进行考察。如此就造成构成要件故意与责任故意的关系问题。构成要件故意与责任故意既有联系又有区别。就其内容而言,如前所述,构成要件故意即行为人对于客观构成要件之实现的认识与意欲,其仅指向客观构成要件的相关事实和行为的社会意义内涵。责任故意则是指行为人通过实施符合构成要件的违法行为所体现出的反对法秩序(与法秩序为敌或者对法秩序漠不关心)的意念或者说心态。由于客观构成要件原本就是对原则上违反法秩序、应以刑罚加以制裁之行为的描述,故行为人具有构成要件故意、追求或放任客观构成要件实现的,原则上也具有反对法秩序的意念和心态,即具有责任故意。唯一的例外在于,在容许构成要件错误(例如假想防卫)的场合,行为人可能仅具有构成要件故意而不具有责任故意。例如:甲于夜间回家时路遇长相凶恶的乙,误以为乙欲对自己实施严重的不法侵害,遂抢先拳击乙面部致乙轻伤。事后查明,乙只是路过,毫无对甲加以侵犯之意。在该例中,甲明知自己的行为会造成乙的伤害结果而追求该结果发生,显然具有伤害故意(构成要件故意)。但是,若乙确系不法侵害人,则甲的行为构成正当防卫,为法秩序所允许。因此,甲对于自己行为合法与否的价值判断其实与法秩序的要求完全一致,其正确认识到了行为规范的内容,也意欲实施符合行为规范的防卫行为,故其内心欠缺与法秩序为敌的意念和心态,不具有责任故意。

b. 容许构成要件错误

所谓容许构成要件错误,是指行为人对于容许构成要件(即违法阻却事由)的前提事实发生了认识错误。其最常见的表现形式是假想防卫、假想避险等。特别需要注意的是,并非只要行为人误以为存在违法阻却事由的前提事实,就当然构成容许构成要件错误。认定**容许构成要件错误的必要前提条件**是:倘若行为人的认识是正确的,其行为就可以成立相应的违法阻却事由。假如即便行为人认识正确,其行为也不能构成违法阻却事由,则其认识错误不属于容许构成要件错误。例如,甲擅自爬到乙家后院的樱桃树上玩耍,乙以为甲在偷樱桃,于是直接开枪将甲射杀。此种情形属于假想防卫过当,并非真正意义上的容许构成要件错误。因为,即便乙的认识是正确的(即甲确实在偷樱桃),其直接开枪射杀甲的行为也不构成正当防卫。

对容许构成要件错误的处理直接取决于对犯罪构成体系的理解以及故意和违法性认识的关系,故在刑法理论中存在巨大争议:

(a)消极构成要件要素理论主张两阶层的犯罪构成体系,其将违法阻却事由视为消极的构成要件要素,因此,容许构成要件错误作为对违法阻却事由之前提事实的认识错误,也同样是对(消极)构成要件相关事实的认识错误,应以构成要件错误处理。[①] 据此,容许构成要件错误阻却构成

---

① Vgl. Arthur Kaufmann, Einige Anmerkungen zu Irrtümern über den Irrtum, in: FS-Lackner, 1987, S. 187.

要件故意,若行为人对于认识错误的发生存在过错,则可能成立过失犯,若行为人对于认识错误的发生没有过错,则不构成犯罪。该说的缺陷在于,其导致将构成要件符合性与违法性合并为同一个阶层,不符合当今主流的三阶层犯罪构成体系。①

(b)**故意说**认为,违法性认识是犯罪故意的组成部分。在容许构成要件错误中,行为人没有认识到自己行为的违法性,故容许构成要件错误阻却构成要件故意。若行为人对该认识错误的发生存在过失,则行为人成立过失犯,否则行为人不构成犯罪。该说的缺陷在于,如前所述,违法性认识与犯罪故意存在实质的差异,故不宜将违法性认识视为故意的内容。

(c)**严格责任说**认为,任何与违法性认识相关的错误论问题都应当在责任阶层作为违法性认识错误处理,②故容许构成要件错误也是违法性认识错误。在该错误可以避免时,成立故意犯罪既遂;在该错误不能避免时,行为人因欠缺有责性而不成立犯罪。③ 该说的缺陷在于,其忽视了容许构成要件错误与违法性认识错误的根本不同。在违法性认识错误的场合,行为人误认了自己行为不为法律所允许的性质,行为人的价值判断已经偏离了法秩序的要求。相反,在容许构成要件错误的场合,行为人的价值判断其实与法秩序完全一致。因此,将容许构成要件错误作为违法性认识错误处理,忽视了容许构成要件错误的特殊性。④

(d)**狭义的限制责任说**认为,容许构成要件错误虽然不是构成要件错误,但二者具有高度的相似性。二者均是行为人就相关事实发生的认识错误,行为人在构成要件错误和容许构成要件错误的场合均不具有反对法秩序的意念和心态,故对容许构成要件错误的处理应当类推适用构成要件错误的处理原则,即阻却构成要件故意。⑤ 若行为人对于认识错误的

---

① 参见时延安:《刑法规范的结构、属性及其在解释论上的意义》,载《中国法学》2011年第2期,第104页以下。
② 该说正是因为在这一点上极为严格,不承认任何例外,才被称为"严格"责任说。
③ Vgl. Paeffgen/Zabel, in: Nomos Kommentar, StGB, 6. Aufl., 2023, Vorb. §§ 32-35 Rn. 108.
④ Vgl. Puppe, in: Nomos Kommentar, StGB, 6. Aufl., 2023, § 16 Rn. 137 f.
⑤ 参见[德]乌尔斯·金德霍伊泽尔:《刑法总论教科书(第六版)》,蔡桂生译,北京大学出版社2015年版,第279页以下。

发生存在过错,则可能构成过失犯。该说正确认识到了容许构成要件错误不同于违法性认识错误的性质,但其缺陷在于:首先,该说必须类推适用构成要件错误的处理原则,而在刑法教义学看来,"类推"多少存在逻辑上难以自圆其说之嫌,且这种类推也模糊了该说与消极构成要件要素理论之间的界限。其次,对容许构成要件的处理是否能够类推适用构成要件错误的处理原则,本身也不无疑问。因为,容许构成要件错误实质上还是和构成要件错误有所差别:在容许构成要件错误中,行为人认识到了客观构成要件的相关事实,故构成要件仍然能够发挥其警示功能。而在构成要件错误中,行为人并未正确认识到客观构成要件的相关事实,从而导致构成要件的警示功能无从发挥。换言之,在容许构成要件错误中,刑法仍然期待行为人经由构成要件的警示注意到自己的行为可能被法律所禁止,从而促使行为人更为谨慎地判断自己行为的性质。而在构成要件错误中,行为人经常无法接收到构成要件的警示,更无从据此反思自己行为是否合法。有鉴于此,恐怕也难以认为行为人在构成要件错误和容许构成要件错误中所处的状态完全一致。最后,该说还可能在共犯场合导致处罚漏洞。例如,甲误以为乙要侵犯自己,遂打算对乙进行"防卫"。丙没有认识到甲陷入了认识错误,误以为甲单纯想侵害乙,遂为报复自己的仇人乙而向甲提供木棍。甲持该木棍将乙打伤。在该案中,丙没有支配犯罪事实的意思,不能成立间接正犯。同时,根据狭义的限制责任说,甲打伤乙的行为不构成故意的不法行为,故在共犯限制从属性的立场下也无法肯定丙的行为构成帮助犯。如此就只能认定丙无罪,或者至多将丙的帮助意图评价为过失,从而肯定丙构成过失犯。不论如何处理都难以令人满意。①

(e)指向法律后果的限制责任说认为,在容许构成要件错误中,行为人所实施的行为仍然构成故意的不法。但是,行为人内心没有反对法秩序的意念和心态,因而不构成故意的责任。或者说,行为人虽然具备构成要件故意,但却不具备责任故意,故其不能因故意犯罪而受到谴责,最多只能成立过失犯。② 简言之,若行为人对于认识错误的发生存在过错,则

---

① 参见[德]汉斯·海因里希·耶赛克、[德]托马斯·魏根特:《德国刑法教科书》(上),徐久生译,中国法制出版社 2017 年版,第 623 页。
② Vgl. Rengier, Strafrecht Allgemeiner Teil, 13. Aufl., 2021, § 30 Rn. 11.

可能成立过失犯;若行为人对于认识错误的发生没有过错,则不构成犯罪。该说虽然在论证路径上不同于上述狭义的限制责任说,但其对案件的最终处理结论或者说其导致的法律后果与狭义的限制责任说基本相同,故被称为指向法律后果的限制责任说。该说当然也存在部分不足。特别是,责任故意在其他案件中都不影响犯罪的成立,唯独只在容许构成要件错误中作为独立的责任要素出现并成为解决问题的关键。这难免令人怀疑,承认责任故意不过是为解决容许构成要件错误而为三阶层犯罪构成体系量身定制的"补丁"。事实上,当今刑法理论也确实尚未对责任故意的理论根据给出充分的论证。但尽管如此,从案例分析的角度而言,该说仍然是对容许构成要件错误相对最优的解决方案。该说充分承认了容许构成要件错误与构成要件错误、违法性认识错误的区别,其在容许构成要件错误的场合仅否定责任故意而不否定故意的不法,从而也不会在共犯的场合造成处罚漏洞。① 例如,在上述丙向甲提供木棍的案例中,甲因陷于容许构成要件错误对乙的伤害结果至多构成过失犯,但其行为仍然构成故意的不法主行为,故丙可以构成故意伤害罪的帮助犯。

对指向法律后果的限制责任说的常见批评是,该说会导致所谓"**回旋镖**"的现象,即一方面肯定行为人具有构成要件故意,另一方面又肯定其可以构成过失犯,从而导致矛盾冲突。② 对此,本书不以为然。首先,在容许构成要件错误的场合,肯定行为人具有构成要件故意和肯定其构成过失犯,可以被认为是针对两个不同时点的评价。例如,甲误以为乙企图对自己实施严重危及人身安全的暴力犯罪,遂出于防卫意图将乙打成重伤。之所以肯定甲具有伤害故意,是就其将乙打成重伤的行为而言。在否定该行为构成故意犯罪之后,继而考察甲是否构成过失犯罪,则是在考察甲对于认识错误的发生是否存在过错。此时的考察时点已不再是甲实施伤害行为的时刻,而是此前甲误认乙的意图、误以为存在不法侵害的时刻。在这一时刻,若甲对认识错误的发生存在过错(例如,一般人在当时能够正确认识到乙并

---

① 参见江溯:《论犯罪故意在三阶层体系中的地位》,载《法学论坛》2022 年第 1 期,第 72 页。
② 参见[日]川端博:《刑法总论二十五讲》,余振华译,中国政法大学出版社 2003 年版,第 223 页。

无侵害意图),则甲在此刻即已违反了生活往来中的必要注意义务。由于甲后续对乙的伤害行为和所造成的伤害结果皆因此刻的注意义务违反而引发,均可被归责至该注意义务违反,故甲因此刻的注意义务违反构成过失犯。由此可见,依据指向法律后果的限制责任说,认定行为人具有构成要件故意和肯定其构成过失犯罪,所针对的其实是行为人在不同时点的不同过错形式,故并无矛盾。其次,退一步而言,即便肯定对行为人的故意和过失的认定都是针对行为人的同一行为,其实也无问题。因为,如前所述,故意在规范的意义上包含过失,故在行为人因欠缺责任故意而否定故意犯罪成立时,就同一行为追究行为人过失犯的刑事责任,也完全可行。

(6)假想防卫过当的处理

所谓**假想防卫过当**,是指行为人不仅误认为存在正在进行的不法侵害,而且,即便客观上确实存在着行为人所设想的不法侵害,其所实施的"防卫"行为也超过了必要限度。假想防卫过当并非容许构成要件错误,因为即便客观上存在着行为人所误想的不法侵害,其防卫行为也超过必要限度,不能构成正当防卫。导致假想防卫过当的原因可能源自多个方面。在构成要件层面,行为人可能是明知自己行为会造成严重损害结果却仍然故意地实施行为,其也可能只是过失地造成了损害结果。在责任阶层,行为人也可能是出于违法性认识错误(误以为刑法允许自己以极端手段实行防卫)或者由于缺乏期待可能性(因误以为存在不法侵害而惊慌失措)等原因而造成损害。由此可见,关于假想防卫过当的学理其实是尝试将刑法中的众多不同问题整合为一个问题加以讨论并为之提供类型化的解决方案。然而,由于假想防卫过当所涉及的问题众多且这些问题之间本就没有必然的内在联系,将其统合为假想防卫过当的理论予以把握的尝试难以成功。

实际上,在案例分析中也完全没有必要将假想防卫过当作为一个特殊问题加以考察。分析者只须结合个案事实,根据导致假想防卫过当的具体缘由,在三阶层体系下依次检视其是否影响对犯罪成立要件的认定即可。例如:乙见甲从自动售货机购买一瓶新款饮料,出于好奇欲取过来查看。甲却误以为乙欲窃取自己的饮料,认为法律允许对任何盗窃行为均进行强烈反击,遂大力击打乙面部致乙倒地摔成重伤。在该例中,首先,应在构成要件符合性阶层考察,甲是符合故意伤害致人重伤的构成要件还是过失致人重伤的构成要件。其次,在违法性阶层,由于事实上不存在对法益的侵害或危险,甲的行为不能合法化。最后,在责任阶层,即便乙确实企图窃取甲的饮料,甲也不得以严重损害乙身体法益的方式进行反击,故甲不构成容许构成要件错误。但甲误认为自己可以以强烈手段制止乙的行为,陷入了违法性认识错误。该错误显然可以避免,故不影响认定甲构成犯罪。此外,甲并非因误以为存在不法侵害而惊慌失措实施行为,也不能以欠缺期待可能性为由免除其罪责。由此可见,案例分析中对于假想防卫过当情形的处理,主要须在构成要件符合性阶层仔细认定行为人的行为究竟实现了什么构成要件,并在责任阶层着重考察违法性认识错误和期待可能性的问题。对这些问题应当在不同的犯罪构成阶层分别予以考察,从而确定行为人是否应当承担以及承担何种刑事责任。

5. 其他犯罪要件

在三阶层犯罪构成体系之外,还存在其他一些影响犯罪成立或者影响行为人刑事责任轻重的要件。这些要件与不法和罪责并不相关,其既不影响行为的不法程度也不影响行为人的有责性,故不属于三阶层犯罪构成体系的内容。但是,立法者往往出于刑事政策的考虑而赋予其影响犯罪成立或影响行为人刑事责任的法律效力,故在案例分析中将这些要件置于责任阶层之后考察。这些要件主要有客观处罚条件和刑罚解除事由等。

(1) 客观处罚条件

客观处罚条件,是指只有当其客观上存在于个案事实中才能认定行为人构成相应的犯罪,但行为人无须对之具有认识或认识可能性的犯罪要件。这些要件之所以是"处罚条件",是因为其是认定行为人构成犯罪、对之加以处罚的前提。其之所以是"客观"处罚条件,是因为其仅涉及客观事实而与行为人的主观认识无关。对于认定行为人构成犯罪而言,只要相关客观事实在个案中确实发生即可。行为人是否能对之加以认识,是否对之具有认识可能性,则均非所问。

原则上,直接影响行为不法程度的要素都应当属于构成要件的内容,故在对刑法条文进行解释时,应当尽量将刑法明文规定的危害结果解释为构成要件要素。但在极少数情形下,将刑法规定的危害结果理解为构成要件要素会导致体系协调等方面的诸多困难,此时才例外地考虑,将这些特定的结果解释为立法者为了限制处罚范围而设置的客观处罚条件。例如,我国《刑法》第129条丢失枪支不报罪中的"造成严重后果",一般被认定为客观处罚条件。依法配备公务用枪的行为人丢失枪支后不及时报告的,尚不构成犯罪。但若因此造成了严重后果(例如,其丢失的枪支被人拾走后用于杀害被害人),则行为人应受刑事处罚。之所以认为该条意义上的"造成严重后果"是客观处罚条件而非客观构成要件要素,是体系解释的结果。其根本原因在于,《刑法》第129条的法定刑过低,若将该条中的"造成严重后果"解释为构成要件结果,则根据主客观相统一的基本原则,也应要求行为人主观上对相应的严重后果具有认识或者至少具有认识可能性。然而,一旦肯定行为人对丢失枪支造成的严重后果具有认识或有认识可能性,则行为人又将构成其他更为严重的犯罪。例如,行为人若能认识到自己丢失的枪支会被他人用于实施杀人行为而不报告,则其至少就被害人的死亡结果构成过失致人死亡罪。因过失致人死亡罪的法定刑高于丢失枪支不报罪,二者竞合后,丢失枪支不报罪就无法得以适用。简言之,将《刑法》第129条中的"严重后果"理解为客观构成要件结果,就会导致行为人在构成丢失枪支不报罪时几乎总是同时构成其他更为严重的犯罪,从而导致丢失枪支不报罪因丧失适用可能性而名存实亡。为了避免这一体系上的不当后果,刑法理论才将丢失枪支不报罪中的"严重后果"解释为客观处罚条件。据此,只要行为人丢失枪支不报的行为客观上与严重后果之间具有条件关联,即可肯定行为人构成该罪,不要求行为人对于严重后果的发生具有认识或认识可能性。行为人丢失枪支不报,但确实无法预料到因此造成严重后果的,不构成其他犯罪,对之只能以丢失枪支不报罪论处。通过将《刑法》第129条中的"严重后果"解释为客观处罚条件,丢失枪支不报罪才能获得其特有的适用空间,得以在刑法各罪体系中发挥其独特的功能。

由于客观处罚条件不需要行为人对之有认识,甚至不需要行为人对之具有认识可能性,为避免与责任原则的冲突,只能从限缩处罚范围的角度对客观处罚条件加以理解。换言之,应当认为相关行为在客观处罚条件尚不具备时就已经具有了刑事应罚性,但立法者出于宽严相济的刑事政策考量,为限缩处罚范围,通过规定客观处罚条件要求仅在客观上确实出现了处罚条件时才对行为人加以制裁。例如,在丢失枪支不报罪中,依法配备公务用枪的行为人丢失枪支后不及时报告的,其实就已经具有了刑事应罚性。但为避免过度处罚,立法者进而规定,因丢失枪支不报告导致了严重后果的,才构成犯罪。根据这样的理解,客观处罚条件就并非奠定不法和刑罚的要素,而是限缩处罚的要件,故即便不要求行为人对之具有认识也不违反责任原则。

当然,刑法分则所规定的众多危害结果中究竟哪些属于客观处罚条件,在我国刑法理论和司法实务中均存在巨大争议。对该问题的回答取决于对具体构成要件的解释,本书暂时无法就此展开论述。

(2)刑罚解除事由

刑罚解除事由,是指在部分场合下,立法者基于刑事政策的考虑,根据行为人事后的表现回溯性地取消行为人既有的可罚性或者减轻其刑事责任。刑罚解除事由主要包括犯罪中止和积极悔过两种类型。二者的区别在于:首先,犯罪中止规定在刑法总则中,我国《刑法》第24条明文规定了犯罪中止的成立要件和法律后果。积极悔过则被规定在刑法分则的各罪之中。我国《刑法》中较为典型的例子是第351条非法种植毒品原植物罪,该条第3款规定:"非法种植罂粟或者其他毒品原植物,在收获前自动铲除的,可以免除处罚。"其次,在单独正犯的场合,行为人在其行为达于既遂之后就无法再构成犯罪中止。相反,若相关罪名中存在积极悔过的规定,则行为人在罪行既遂后仍然存在积极悔过的可能。例如,行为人非法种植毒品原植物的,在完成种植行为时就已犯罪既遂,不可能再中止。但立法者为限制处罚范围,仍然通过《刑法》第351条第3款规定,行为人积极悔过、在收获前自动铲除毒品原植物的,可以免除其刑罚。

不论是犯罪中止还是积极悔过,刑罚解除事由的共同点在于:首先,其均是立法者出于刑事政策的考虑,基于行为人事后的表现而回溯性地否定行为人之行为的可罚性或减轻行为人的刑事责任。由于其系出于刑事政策的考量免除或减轻处罚,故犯罪中止和积极悔过都不影响行为的不法程度和行为人的有责性,不能将之安排在三阶层犯罪体系之内考察,而应将之放在责任阶层之后加以检视。当然,对于中止犯的理解,我国学界存在较大争议,本书后续将在未遂犯和中止犯的部分再予阐释。其次,刑罚解除事由均具有个人专属性,其是专属于行为人个人的免除、减轻刑罚的事由。换言之,即便在共同犯罪的场合,刑罚解除事由也不具有连带性,故对每个行为人都应当单独判断其是否具有某种刑罚解除事由。因此,在共同犯罪中完全可能出现部分行为人构成犯罪中止而其他行为人构成犯罪既遂或犯罪未遂的情况。

(二)过失的作为犯

过失的作为犯与故意作为犯的区别仅在于过失与故意的差异,故在案例分析时只须将故意作为犯的检视清单中的故意和非法目的等主观要素替换为过失要素即可。在行为无价值论体系下,对过失作为犯的检视清单大致如下:

三阶层体系:过失的作为犯

1. 构成要件符合性
   - (1) 主体　　　　(2) 行为
   - (3) 行为对象　　(4) 结果
   - (5) 因果关系(归因+归责)
   - (6) 客观注意义务违反
     - a. 结果预见义务
     - b. 结果避免义务
2. 违法性
3. 责任
   - (1) 责任能力
   - (2) 违法性认识
   - (3) 期待可能性
   - (4) 责任过失(主观注意义务违反)
4. 其他犯罪要件

过失作为犯中所需检视的犯罪成立要件大多与故意作为犯中相同,本书不再重复。此处仅阐释几点:

1. 过失的定义及其构造

根据《刑法》第15条第1款的规定,过失是指行为人应当预见自己的行为可能发生危害社会的结果,因为疏忽大意而没有预见,或者已经预见而轻信能够避免,以致发生这种结果。前一种情形是无认识的过失(疏忽大意的过失),后一种情形则是有认识的过失(过于自信的过失)。两种过失在法律评价上没有本质差异。

关于过失犯的构造或者说究竟什么是"过失"的问题,学界存在着多种不同见解。其中,超新过失论认为,只要行为人对危害结果的发生具有模糊的不安感,就成立过失。该说过度扩张了过失犯的成立范围,在我国鲜有论者主张。我国刑法学界关于过失犯的争论主要在旧过失论和新过失论两种学说之间展开。结果无价值论者原则上主张**旧过失论**,其认为过失的核心在于对结果的预见可能性,在客观上造成损害结果的场合,只要行为人有可能预见到危害结果的发生,就成立过失。行为无价值论(二元论)者原则上持新过失论,在规范的意义上将过失理解为对注意义务的违反。行为人在应当尽到注意义务时却没有履行该义务,从而创设了法所不容许的危险,造成了行为无价值。若又因此导致了损害结果,招致了结果无价值,则应当肯定行为人构成过失犯罪。**新过失论**认为,注意义务的内容由结果预见义务和结果避免义务构成。结果预见义务,是指行为人在社会共同体所要求的程度上谨慎判断自己行为危险性的义务,若行为人在应当预见自己行为可能造成损害结果时却没能预见,则违反结果预见义务。结果避免义务,是指行为人根据社会共同交往的规则控制自己行为危险性,甚至放弃实施危险行为的义务。行为人未能有效控制自己行为的危险性的,即违反结果避免义务。在个案中,行为人只有在能够正确认识到自己行为危险性的前提下才可能采取措施控制自己行为的危险性,故结果预见义务和结果避免义务经常相互缠绕在一起,这也导致在案例分析中往往难以仔细区分行为人究竟是违反了结果预见义务还是结果避免义务。当然,根据新过失论,不论行为人违反的是结果预见义务还是结果避免义务,其均构成注意义务违反。因此,在案例分析中实际上也没有必要细致认定行为人究竟违反的是结果预见义务还是结果避免义务。

在案例分析中需要注意的是,虽然旧过失论和新过失论均将结果预见视为过失的内容,但**两说对结果预见的理解**并不相同。对于旧过失论而言,结果预见可能性是认定过失的核心标准乃至唯一标准,故其对结果预见可能性提出了较高的要求。其认为,只有当行为人能够认识到具体的危害结果时,才能肯定行为人具有结果预见可能性。若行为人只能在抽象的、一般的意义上认识到可能会发生损害结果,则还不足以肯定其对危害结果具有结果预见可能性。① 例如,甲在限速 120 公里的高速公路上以上限车速正常行驶,此时,行人乙忽然出现并横穿高速公路,甲见状立刻采取刹车制动措施,但无奈在 120 公里的时速下无法及时停车,将乙撞死。在该例中,甲在高速公路上驾车行驶时当然多少也能预见发生交通事故的可能性,但是,这种对可能发生交通事故的预见过于抽象,并非旧过失论所要求的结果预见可能性。旧过失论要求的是对具体交通事故的预见可能性,即甲必须要能预见到可能会有路人在该起交通事故发生的时间和地点横穿马路。由于甲事先很难对该起具体的交通事故有所预见,故旧过失论在该例中会否定甲的结果预见可能性,从而否定甲构成过失犯。相反,新过失论中的结果预见义务则是指一种对相对抽象的危害结果的预见,其并不要求行为人或者理性第三人能够预见具体的法益损害。原则上,只要相应危害结果的发生并不完全处于日常生活经验所能预见的范围之外,就可以肯定行为人具有预见危害结果的可能性。在新过失论中,对过失犯的考察重点其实在于行为人是否履行结果避免义务。② 只要行为人按法秩序或者社会共同体的要求行事,就肯定其尽到了结果避免义务,即便行为人的行为现实地造成了损害结果,也应认定其并未创设法所不容许的危险,因欠缺行为无价值而不构成过失犯罪。例如,在上例高速公路的例子中,甲或许具有结果预见的可能性,但其行为完全符合交通规则,尽到了结果回避义务,故应否定其构成过失犯。

新旧过失论的上述差异,实际上体现了行为无价值论与结果无价值论对刑法根本任务和刑事不法的不同理解。如前所述,行为无价值论强

---

① 参见张明楷:《刑法学》(第 6 版),法律出版社 2021 年版,第 373 页。
② 参见周光权:《刑法总论》(第 4 版),中国人民大学出版社 2021 年版,第 163 页。

调刑法的社会整合功能,要求刑法对行为规范加以确证和维护,故其在过失犯的认定中着重考察行为人是否依法秩序和社会共同体的要求履行了结果回避义务。而结果无价值论则侧重考察是否应当对行为人加以制裁,故行为人只要事实上造成了损害,就肯定其创设了刑事不法,但只有在行为人能够较为具体地预见到危害结果的时候才肯定应对之加以处罚,故仅在此时才肯定行为人构成过失犯。当然,虽然两说具体分析路径不同,但在对具体案件的分析中,若能正确把握两说的主旨,两说导致的判断结论原则上并无差别。

2. 注意义务的体系安排

结果无价值论和旧过失论将过失视为责任要素,在有责性阶层加以考察。相反,行为无价值论和新过失论的主张者则对注意义务的体系安排或者说对过失的体系定位存在见解上的分歧。如前所述,注意义务是指行为人应当认识到其行为导致法益损害的危险(结果预见义务)并且对之加以相应的注意与避免(结果避免义务)。**一阶的过失犯论**认为,对过失犯中的注意义务违反应当仅在构成要件阶层进行一次性的判断。在判断标准上,该说主张适用行为人标准(主观标准),即根据行为人自身的能力判断其是否已经充分履行了注意义务。① **二阶的过失犯论**则主张,注意义务违反应当被区分为客观注意义务违反与主观注意义务违反两方面的内容,前者在构成要件阶层加以考察,可被称为客观过失或不法过失,后者则在责任阶层进行检视,又被称为主观过失或责任过失。客观注意义务违反与主观注意义务违反的考察内容相同(即都考察行为人是否违反了结果预见义务和结果避免义务),二者的关键区别在于所使用的认定标准不同:在考察客观注意义务违反时,适用的是审慎、理性的一般人标准(客观标准)。在个案中,若与行为人从事相同行业的理性一般人能够认识到相关行为的危险性或者会采取措施避免行为造成损害结果,而行为人却没有认识到该行为可能导致法益损害的危险或者虽然认识到这种危险却没有采取结果回避措施,则行为人具有客观注意义务违反。在考察主观注意义务违反时,则采

---

① Vgl. Freund/Rostalski, Strafrecht Allgemeiner Teil, 4. Aufl., 2019, §5 Rn. 23 ff.

用行为人标准(主观标准),也即以行为人自身的能力水平为标准,判断行为人依据其自身的能力是否可能在个案中履行结果预见义务和结果避免义务。若得出否定结论,则不能对行为人予以谴责。①

在案例分析中,若行为人的个人能力水平与社会一般成员无异,则两种过失犯体系虽然在论证逻辑上存在差异,但不会导致分析结论的不同。但是,若行为人的个人能力高于或者低于一般人,则不同的过失犯体系可能导致对行为人刑事责任的不同认定。例如,甲系经验丰富的外科医生,在对患者乙实施手术的过程中虽然遵从了相关的手术规范,但却不慎造成乙死亡。经查明,普通的外科医生因能力有限,无法发现该手术中的潜在危险,难以避免死亡结果。但甲经验丰富,若甲能在实施手术时超出医疗规范的要求更为谨慎地去发现手术中的风险,其便可以避免造成乙死亡。在该例中,若采用一阶的过失犯论,则应肯定甲没有根据其自身能力充分履行注意义务,构成过失犯。相反,若采用二阶的过失犯论,则应当肯定甲已经尽到了规范所要求的、与一般医生相同的注意义务,其没有违反客观注意义务,不构成过失犯。

本书主张采用二阶的过失犯论,对客观注意义务违反与主观注意义务违反分开考察。理由在于:

首先,二阶的过失犯论才更为契合行为无价值论的理论立场,使刑法发挥确证和维持行为规范的功能。如前所述,在行为无价值论的立场下,刑事不法应当体现行为人对于行为规范的违反,因为唯有如此,以刑罚对这种刑事不法加以回应,才能真正确证规范的效力。换言之,对刑事不法的建构必须考虑向国民确立行为规范的需求。而行为规范天然具有普遍适用性,只有能够对国民普遍适用的准则才可能成为行为规范。据此,在过失犯中也同样只能基于对国民普遍适用的行为规范来认定过失的不法,故在过失犯的构成要件符合性阶层应当按照一般人标准判断行为人是否确实具有客观注意义务违反,是否确实违背了在国民间普遍适用的行为规范。诚然,法律不能强人所难,不能要求行为人遵守其力所不能及的行为规范。但这并不意味着应当在不法阶层以行为人标准确定行为规

---

① Vgl. Blei, Strafrecht Allgemeiner Teil, 17. Aufl., 1977, S. 268 ff.

范,而只是表明,当行为人客观上违反行为规范时,还须在责任阶层考察,针对具体行为人的遵守规范之要求是否确实超出了其个人的能力范围,是否能够对其加以谴责。正因如此,二阶的过失犯论才要求在责任阶层以行为人标准判断主观注意义务违反,避免过于苛责能力较弱的行为人,从而实现确立行为规范和合理界定对行为人的处罚两方面的效果。

其次,一阶的过失犯论只能采用个别人标准认定注意义务违反,这与刑法理论和司法实务依据法律法规判断(客观)注意义务违反的惯常立场不符。析言之,当个案中存在可以适用的法律法规时,刑法学界和实务界几乎没有争议地认为,应当以相关的法律法规为标准判断行为人是否违反了(客观)注意义务。但法律法规的规定显然是针对一般国民制定的,其适用并不因具体行为人个人能力的差异而有所不同。例如,交通运输管理法规规定,在高速公路上最高车速不得超过每小时120公里,最低车速不得低于每小时60公里,该规定适用于所有在高速公路上驾车行驶的司机,而不论其个人驾驶技术如何。行为人因驾驶技术不精,在高速公路上全神贯注以40公里的时速驾车行驶,从而导致交通事故造成重大损失的,恐怕无法否定其构成过失犯。既然在适用法律法规认定注意义务违反时不应考虑行为人的个人能力,那么,在没有法律法规可以参考的案件中就应当坚持同样的价值选择,采用一般人标准认定行为人是否违反(客观)注意义务。一阶的过失犯论导致在存在可适用的法律法规的场合以普遍性的标准(法律法规)认定过失,在没有可适用的法律法规的场合则采取个别性的标准(行为人能力)认定过失,无法保证判断标准的协调统一。

再次,一阶的过失犯论将会导致能力较高的行为人承担更多的注意义务,负担更大的刑事责任风险,显失公平。人生于世,每个人都不得不面对来自世界的无以计数的高度复杂性,不得不调用自身有限的注意力来应对各类事务,因此,人的注意力本身就是一种极为稀缺的资源和财富。当行为人能力高于一般人时,其原本可以投入较少的注意力就完成与一般人相同的工作,从而将节约下来的注意力用于自身的其他事务,促成自身最大限度的发展和完善。一阶的过失犯论要求行为人根据自身能力履行注意义务,实际上是要求能力较高的行为人在生活中时刻保持极高的注意力,从而会对其造成严重的负担,也导致其无法将更多的注意力投入自身的发展完善当中。所谓"能力越大、责任越大""能者多劳"均不能成为要求能力较高的国民负担更多社会责任的理由。倘若社会要求能力较高的成员作出更大的贡献,就应当对这些成员提供相应的补偿和优待(例如给予其更高的薪酬、更大的晋升空间、更多的社会尊重等)。然而,在刑法领域,能力较高的行为人投入更多注意力履行注意义务所换来的"优待"却不过是不构成犯罪、不受刑事处罚而已。显而易见,这根本不构成对行为人的补偿。简言之,一阶的过失犯论要求能力较高的行为人在不能获得任何实际对价的情况下相比一般国民投入更多的注意力履行注意义务,以使自己免受刑事处罚,这实际上是以科处刑罚相要挟,迫使能力较高的行为人承担更多的社会责任。这种要求无异于对能力较高的国民进行"抢劫",在以保障国民自由为价值导向的法秩序中无论如何都无法获得正当性。若还考虑到国民的能力也经常并非与生俱来,绝大部分国民都只有在投入了大量的时间、精力和资金之后才能获得相较于一般人更高的能力,一阶过失犯论的立场就更加显得难以令人信服。

复次,一阶的过失犯论还会导致过于优待能力较低的行为人。当行为人的能力低于一般人,依自身能力确实无法避免危害结果发生时,二阶的过失犯论肯定行为人具有客观注意义务违反,构成刑事不法,只是因其缺乏主观注意义务违反而否定其有责性。相反,一阶的过失犯论却认为,此时能力较低的行为人因欠缺注意义务违反而不构成过失犯的不法。这就导致,当行为人因其能力低下而引发了法益损害的危险时,其他人甚至无法通过对行为人实行正当防卫的方式保护法益。虽然此时仍然存在对能力较低的行为人进行防御性紧急避险的可能性,但如前文所述,防御性紧急避险所赋予的行为权限还是低于正当防卫,故一阶的过失犯论完全可能导致因过于优待能力较低的行为人而无法有效保护法益的窘境。

最后,二阶的过失犯论在审查流程上须分别在构成要件符合性阶层和有责性阶层检视行为人是否违反注意义务,确实不如一阶过失犯论便捷。但是,审查的经济性只有在其能够得出合适的结论时才能成为优点。既然一阶过失犯论主张的审查流程并不能得出妥当的结论,其即便再经济,也不能成为正确的判定标准。

根据二阶的新过失论,在过失犯的构成要件符合性阶层应当仅对客观注意义务违反加以考察,从而导致过失犯的构成要件中其实仅有客观构成要件。这种与故意犯构成要件结构上的偏差(故意犯中存在主观构成要件)是由故意与过失在规范论上的差异所决定的,没有必要也不应该强行将之消解。虽然根据行为无价值论,故意犯与过失犯的不法均源自对行为规范的违反,但故意犯的不法在于,以标准形象出现的行为人(人格体)在认识到奠定自己行为的规范违反性的情势时却决意反对法规范,有意识地操控自身行为侵犯法益。因此,故意犯的不法表现为一种意向不法,其以行为人认识到违反规范的相关情势为基础。与此相应,在故意犯的构成要件中设置主观要件,便有其合理根据。相反,过失犯的不法所关注的却只是行为人客观上没有履行注意义务避免损害结果发生,至于行为人主观上的认识内容,对于认定过失犯的不法则无关紧要。这也就是本书认为故意与过失并非相互排斥的心理事实,而是处于层级关系的原因,即:作为不法要素的故意相较于作为不法要素的过失(客观注意义务违反)具有更多的内容,特别是其包含着意向性的要求。

3. 注意义务的具体认定

注意义务意味着行为人只有在采取充分预防措施的前提下才能实施具有危险性的行为,或者应当彻底放弃实施危险行为。以上关于过失构造和注意义务体系安排的论述中已经涉及诸多如何具体界定注意义务、判断注意义务违反的问题,故此处仅指出几个在个案分析中还须加以注意的问题:

首先,虽然故意犯经常要求行为与故意同在,但在过失犯中却并无行为与过失同在的要求。换言之,认定过失犯不要求行为人的注意义务违反刚好发生在法益侵害行为的实施之时。若行为人在法益侵害行为实施时并未违反注意义务,或者由于其他原因不能负担刑事责任,则应当将判断时点前移,考察是否可以在此前的某个时刻就认定行为人存在过失,是否可以将之后的法益侵害行为及该行为所造成的损害结果归责于行为人之前的过失。若得出肯定结论,则应当认定行为人就其之前的过错构成过失犯。例如,甲每晚与自己的幼儿乙同睡一床,在哄乙睡着后自己再熄灭蜡烛入睡。然而,案发当晚,甲在哄乙睡着后,忘记熄灭蜡烛就进入睡眠状态。甲在睡眠中翻身,打翻蜡烛引发火灾,导致乙不幸遇难。在该例中,当甲打翻蜡烛引起火灾时,其正在熟睡之中,处于无刑事责任能力状态,故不能以该时点的情势肯定甲构成犯罪。对该例的正确分析方式是,应当将判断时点前移至甲入睡之时,此时甲不仅具有责任能力,也明显具有客观和主观的注意义务违反(即未熄灭蜡烛),且之后甲引发火灾的举动及其所造成的结果也均可以被归责至甲此时的注意义务违反,故应据此认定甲构成过失犯。同理,行为人接受自己不能胜任的任务或实施不能胜任的行为的,虽然在实际招致损害时可能并无过失,但其在接受相关任务或者决定开始实施相关行为时就已经存在着过错。这种类型的过失也被称为**接手过失**。例如,刚取得驾照的新手司机甲违反交通运输管理法规驾车上高速公路行驶,甲虽在驾驶过程中极为谨慎小心,但最终仍因经验不足引发交通事故造成重大损失。该例中,甲在造成交通事故时正在尽力谨慎驾驶,并没有违反(主观)注意义务,故仍然应当将判断时点前移。不论是根据一般人标准还是根据其个人能力,甲都应当能认识到新手司机不得在高速公路上驾车行驶,故甲至少在驾车上高速公路的时刻就已经存在注意义务违反,其后续引起交通事故的行为和因此造成的损害结果均可被归责至该过错,故甲仍然构成过失犯。

其次,在对过失犯进行案例分析时特别需要注意的是,对于注意义务是否存在及其范围,都应当从事前的视角进行判断,不能草率地从危害结果中推断注意义务违反。换言之,案例分析时必须仔细考察,在行为人尚能避免损害结果发生的时刻,其是否确实有可能认识到自己行为的危险性,是否确实有可能采取措施防止造成法益损害。当然,在对过失犯的考察中要做到这一点并不容易。其原因在于,在过失犯的场合,由于危害结果已经发生,人们基于因果关联的固有思维模式经常不自觉地预设必须有人对危害结果的发生负责,从而总是能将导致法益损害的原因归结为行为人对某种"注意义务"的违反。对过失犯的分析要有意识地克服这种思维模式,真正将意外事件与过失犯罪区分开来。

再次,在存在相关法律法规或行业规范时,原则上应当以法律法规和行业规范的要求为标准判断行为人是否违反了客观注意义务。行为人违反这些法律法规和行业规范导致危害结果的,原则上违反了注意义务,遵守了相应法律法规和行业规范的规定的,则原则上没有违反注意义务。

例外在于,若个案中已经存在相关事实表明,遵守法律法规或行业规范也可能会造成损害结果,且一般人也能对相关事实有所认知,则行为人应当更为谨慎地行事以避免危害结果发生。例如:司机在驾车通过十字路口时,即便自己行车方向上是绿灯,但若路口已经聚集了闯红灯过马路的行人,司机仍然应当减速慢行,避免造成交通事故。在没有可适用的法律法规或行业规范的场合,如前所述,则应当以同业范围内的审慎理性第三人为标准判断行为人是否违反了客观注意义务。

最后,由于现代社会只能基于人际的信赖关系运行,故对注意义务的认定还应当充分考虑**信赖原则**。特别是在交通领域,若非个案中有事实依据支持相反的结论,就应当肯定遵循交通规则的交通参与者都可以合理相信其他交通参与者同样会遵守交通规则。因此,若个别交通参与者严重违反交通规则导致交通事故,则原则上应当认为遵守交通规则的理性一般人对该交通事故的发生不具有预见可能性,从而也否定行为人的客观注意义务违反。当然,信赖原则的适用也有其限制。例如,原则上只有在行为人自己遵守了交通规则时,其才能够合理相信他人同样会遵守交通规则。又如,当有事实表明,对方明显不会遵守交通规则或者明显不具有遵守交通规则的能力时,行为人也不能援引信赖原则否定预见可能性。

4. 过失犯中的因果关系

对过失犯中因果关系的认定,也应当依据归因和归责两个层面进行,其中所需注意的问题也与故意犯罪的场合大体相同。但是,基于过失犯自身的特点,在认定过失犯的因果关系时要更加重视对规范保护目的和义务违反关联性的考察。

(1) **规范保护目的**

所谓**规范保护目的**,是指在行为人违反行为规范造成损害结果(即行为人违反规范的行为与损害结果之间具有条件关系)的场合,只有当该损害结果正是因被违反的行为规范所欲禁止的因果流程而引起时,才能要求行为人对相关损害结果负责,从而肯定行为人的行为与损害结果之间具有刑法上的因果关系。在刑法理论中,规范保护目的主要涉及规范归责的判断,其功能是在实害犯的场合对刑法上的因果关系加以限定。因此,即便认为刑法的目的在于保护法益,也不能将"刑法的目的"与"规范保护目的"混为一谈,不能认为规范保护目的就是指相关规范所欲保护的法益。① 就其内容而言,规范保护目的的判断实际上包含着两方面的要求:其一,行为人所造成的损害结果必须恰好就是其违反的行为规范所欲禁止的结果;其二,行为人造成损害结果的行为必须属于其违反的行为规范所欲禁止的行为类型,即行为人必须是恰好以相关行为规范所禁止的方式造成了损害结果。当然,这两方面的要求存在紧密的内在联系:只有当行为人造成损害结果的方式符合相关行为规范所禁止的行为模式时,相应的损害结果才属于该行为规范所欲禁止的结果。② 个案中,只有在满足这两方面要求的前提下,才能肯定行为人的行为及其造成的损害结果符合规范的保护目的,故行为人的行为与损害结果之间具有刑法上的因果关系。相反,若行为人违反规范(违反注意义务)造成了损害结果,但这种结果却不为该规范的保护目的所含括(例如,相关结果并非因该规范所禁止的行为类型引起),则仍然不能认为行为人的行为与危害结果之间具有刑法上的因果关系。由此可见,规范保护目的并不是指相关规范所要保护的静态对象(例如法益),其更多指涉的是行为人造成损害结果的方式与过程,即其要求在个案中考察,行为人造成损害结果的方式是否落入了相应行为规范所禁止的范围。

虽然当今多数的见解承认规范保护目的可以影响因果关系的认定,但对于应当如何在个案中具体确定相关规范的保护目的,学界却远无定论。其原因在于,规范保护目的理论本身的内涵和外延并不明确。例如,对于其中的"规范"究竟是何含义,论者们大多各执一词。广义的理解认为,规范保护目的中的"规范"包括所有旨在防止相关损害结果的行为规范,狭义的理解则主张,规范保护目的中的"规范"仅指刑法构成要件所体现的行为规范。③ 在过失犯中,对规范保护目的的界定就更加困难。因为,

---

① 参见于改之:《法域协调视角下规范保护目的理论之重构》,载《中国法学》2021年第2期,第212页以下。
② 参见[德]乌韦·穆尔曼:《德国刑法基础课(第7版)》,周子实译,北京大学出版社2023年版,第291页。
③ Vgl. Degener, „Die Lehre vom Schutzzweck der Norm" und die strafgesetzlichen Erfolgsdelikte, 2001, S. 20 ff., 50 f.

过失犯的规范保护目的的范围本就极为宽泛。例如,过失致人死亡罪的规范保护目的恐怕只能被概括地表述为"不得以违反注意义务的方式造成他人死亡",这种对规范保护目的的界定不过是对过失犯成立要件的同义反复,显然无法实质性地限制过失犯的成立范围。一般而言,交通运输管理法规的规范保护目的相对容易确定(虽然学界对此也经常存在巨大争议),因此,经常只有在行为人违反交通运输管理法规造成损害结果的案件中才可能基于规范保护目的限缩过失犯的成立。例如,甲在A市超速驾驶,行驶至B市后,甲转而以正常车速、按交通规则的要求驾车行驶。不料在甲正常行驶途中,路人乙忽然横穿马路,甲刹车不及将乙撞死。在该例中,甲在A市超速驾驶的行为与乙的死亡结果之间具有条件关系,因为,若甲不在A市超速行驶,其就不可能在乙横穿马路的时间点驾车行驶至事故发生地,也就不可能撞死乙。然而,甲的超速驾驶行为与乙的死亡结果之间却不符合规范归责的要求。因为,交通运输管理法规禁止司机超速驾驶的目的在于,使司机在遭遇紧急状况时有时间避免交通事故的发生,或者即便发生交通事故也避免造成较为严重的损害。甲虽然在A市超速行驶,但其显然并非因超速行驶无法及时作出反应而造成乙死亡,故在该例中,甲超速驾驶造成乙死亡的行为方式不符合交通运输管理法规禁止超速行驶的规范保护目的,从而不能肯定甲超速驾驶的行为与乙的死亡结果之间具有刑法上的因果关系。与此相应,在该例中就应当否定甲构成过失犯。

(2)义务违反的关联性

在行为人违反注意义务(或者作为义务)造成损害结果的场合,只有当损害结果的发生与行为人的义务违反之间存在关联时,才能认定二者间存在因果关系。相反,若行为人即便实施符合义务的行为(**合义务的替代行为**)也无法避免危害结果发生,则其无须对危害结果负责。例如,在德国著名的卡车司机案①中即是如此:乙醉酒骑自行车,卡车司机甲不知乙醉酒,驾驶卡车从乙左手边超车。根据德国的交通规则,卡车超车时应当和被超过的自行车保持1.5米的距离,但甲却只保持了0.75米的距离。在超车过程中,乙忽然开始猛地往左拐弯,与甲驾驶的卡车发生碰撞后死亡。事后证

---

① Vgl. BGHSt 11, 1.

明,即便甲在超车时遵守交通规则,保持了1.5米的距离,也还是同样会撞上自行车并导致乙死亡。在该案中,甲违反注意义务没有保持足够间距超车的行为与乙的死亡结果之间不存在义务违反关联性,故甲不构成过失犯罪。

具有较大争议的问题是,在无法证明实施合义务的替代行为就可以避免危害结果发生时,是否仍然可以肯定行为人的注意义务违反与危害结果之间存在因果关系。对此,**通说**认为,只有当能够确定行为人实施合义务的替代行为,危害结果就绝对不会发生或者以近似必然的盖然性不会发生时,才能认为行为人的义务违反与危害结果之间存在关联性。① 相反,**风险升高理论**则认为,若能认为行为人实施合义务的替代行为就可能避免危害结果,那么就意味着行为人违反注意义务的行为提升了危害结果发生的风险,此时便已经可以将现实发生的损害结果归责于行为人的义务违反,从而肯定因果关系。② 在上述卡车司机案中,若不能查明甲遵守交通规则超车是否还是会造成乙死亡,通说可能否定甲的注意义务违反与乙死亡结果之间的因果关系,而风险升高理论则会肯定义务违反的关联性,认定甲构成过失犯。

通说的缺陷在于,在司法实务中,要查清义务违反的关联性实际上极为困难,只有在极少数案件中才可能达到通说所要求的证明标准。若严格贯彻通说的立场,就可能导致显著的处罚漏洞。风险升高理论也同样存在不足。一种常见的对风险升高理论的批评意见认为,该理论在行为人的注意义务违反与危害结果发生之间可能存在联系时就肯定因果关系,违反存疑有利于被告的基本原则。这种批评意见并不正确。因为,存疑有利于被告原则只能被适用于事实不清的场合,而风险升高理论尝试解决的问题并不涉及案件事实的不明确性。③ 例如,在前述卡车司机案中,客观上就是甲驾车造成了乙的死亡,相关的事实非常清楚,故没有适用存疑有利于被告之原则的余地。风险升高理论真正涉及的其实是规范归责的标准问题,即:在客观行为、危害结果和条件关系都具备的情况下,

---

① 参见[德]乌韦·穆尔曼:《德国刑法基础课(第7版)》,周子实译,北京大学出版社2023年版,第284页。
② Vgl. Roxin/Greco, Strafrecht Allgemeiner Teil, Bd. 1, 5. Aufl., 2020, §11 Rn. 88 ff.
③ Vgl. Frisch, Objektive Zurechnung des Erfolgs, JuS 2011, S. 207 f.

是否在行为人的注意义务违反提高了危害结果发生的可能性时就已经足以要求行为人对于危害结果的发生负责。显而易见,该问题是规范归责的价值判断问题,而非事实问题,故认为风险升高理论违反存疑有利于被告原则的见解并不妥当。

风险升高理论真正的问题其实在于两个方面:其一,风险升高程度的不确定。显而易见,在行为人的义务违反只是些许提升了危害结果发生的可能性时,难以要求行为人对危害结果负责。故支持风险升高理论的论者必然要对行为人提升危害结果发生的可能性程度进行限制,主张只有当行为人的义务违反显著提升了发生危害结果的危险时,才能肯定其义务违反与危害结果之间的关联性。然而,达到什么程度才能算行为人显著提升了危害结果发生的可能性,风险升高理论显然无法提供一个在各种类型的案件中都普遍适用的判断标准。其二,风险升高理论确实存在将实害犯转化为危险犯的问题。过失犯均以发生法益损害结果为成立前提,故其属于实害犯,只有当行为人的注意义务违反确实导致了危害结果时,才能肯定过失犯的成立。然而,风险升高理论的立场实际上却意味着,只要行为人的注意义务违反有可能导致了危害结果,就已经可以肯定过失犯的成立。这无疑将本质上是实害犯的过失犯转化成了过失的危险犯。[①] 单纯就立法论而言,在复杂的现代社会中肯定过失的危险犯确有其合理性,但是,是否应在刑法中创设过失的危险犯,应当由立法者来最终决定。风险升高理论试图通过对归责标准的宽松把握实质上承认过失的危险犯,未免逾越了教义学的界限。

5. 过失犯中的违法阻却事由

在过失犯中也同样需要判断行为的违法性。当然,根据行为无价值论(二元论)的立场,行为人的行为只有在具有主观违法阻却要素时才能被正当化,而在过失犯的场合,行为人往往对具体发生的危害结果缺乏认识,自然也就难以具有主观的违法阻却要素,故过失行为通过违法阻却事由合法化的情形相对较为少见。但是,这并不意味着在过失犯的场合就没有适用

[①] Vgl. Rengier, Strafrecht Allgemeiner Teil, 13. Aufl., 2021, § 52 Rn. 35.

违法阻却事由的余地。在部分案件中,行为人虽然是过失造成了损害结果,但其主观上完全可能同时具有主观违法阻却要素。此时若其行为客观上还符合违法阻却事由的成立要件,就可以通过违法阻却事由合法化。特别是,若行为人在故意造成损害结果时,其行为可以通过某个违法阻却事由合法化,那么,举重以明轻,行为人过失招致相同损害结果的,其行为同样可以适用该违法阻却事由。例如,乙欲对甲实施严重危及甲人身安全的暴力犯罪,甲为制止乙的不法侵害,鸣枪示警,不料子弹击中路灯后反弹击中乙,致乙重伤。在该案中,虽然甲只是过失引起了乙的重伤结果,但甲主观上具有防卫意思。客观上,即便甲故意直接向乙开枪射击导致乙重伤,其行为也并不超过防卫限度,故甲过失导致乙重伤的,更应当构成正当防卫。

(三)不作为犯

在特定条件下,行为人未按法律要求实施行为的,可能构成不作为犯。不作为犯可以被区分为故意的不作为犯和过失的不作为犯两种类型,其检视清单大致如下:

三阶层体系:故意的不作为犯(既遂)

1. 构成要件符合性
   (1)客观构成要件:
       a. 主体　　　b. 行为对象　　　c. 结果
       d. 未实施可以避免危害结果的行为
       e. 作为可能性
       f. 结果回避可能性:近似因果关系(客观归责)
       g. 作为义务
       h. 与作为的等置性(限于不真正的不作为犯)
   (2)主观构成要件
       a. 故意
       b. 非法目的
2. 违法性
3. 责任:与故意的作为犯相同
4. 其他犯罪要件

> **三阶层体系：过失的不作为犯**
> 1. 构成要件符合性
>   (1) 主体　　　(2) 行为对象　　　(3) 结果
>   (4) 未实施可以避免危害结果的行为
>   (5) 作为可能性
>   (6) 结果回避可能性：近似因果关系(客观归责)
>   (7) 作为义务
>   (8) 与作为的等置性(限于不真正的不作为犯)
>   (9) 客观注意义务违反
>   a. 结果预见义务
>   b. 结果避免义务
> 2. 违法性
> 3. 责任：与过失的作为犯相同
> 4. 其他犯罪要件

故意的不作为犯与过失的不作为犯的检视清单其实不过是不作为犯成立要件分别与故意犯、过失犯要件的结合。其中与故意和过失相关的问题与前述作为犯的场合基本相同。故本书此处仅阐释与不作为相关的问题。

1. 作为与不作为的区分

案例分析中遇到不作为犯的相关案例时，首先必须确认，行为人的相关举止在行为类型上是属于作为还是不作为。由于作为犯和不作为犯在构成要件符合性阶层所需检视的构成要件要素不尽相同，故对作为和不作为的区分经常会直接影响案例分析的结论，必须予以重视。

(1) 主流理论

刑法理论中关于作为和不作为的区分存在众多不同的见解，但各说均存在缺陷。其中最为重要的学说有以下几种：

规范性质说(义务内容说)认为，应当按照行为人所违反之规范的性质判定其举止是作为还是不作为。行为违反禁止规范的，是作为，违反命令规范的,是不作为。① 该说正确认识到不能简单根据行为人物理上的身体动静区分作为与不作为,但其缺陷在于,某个行为规范究竟是禁止规范还是命令规范,往往需要根据其设定的义务内容(即其是要求行为人实施某种行为还是要求行为人不得实施某种行为)来确定,要求行为人不得实施某种行为的,被认为是禁止规范,要求行为人积极实施行为的,被认定为是命令规范。既然如此,规范性质说再要求根据所违反之规范的性质判断作为和不作为,就容易陷入循环论证。

原因力说认为,应当判断行为人的举止是否积极促进了危害结果的发生,是否对危害结果的发生提供了原因力。使法益所处状态恶化,促进了危害结果发生的,就是对危害结果积极注入了原因力,应当被认定为作为,相反,只是没有阻止导致法益损害的因果进程的,则没有对危害结果的发生注入原因力,故而是不作为。② 该说正确地以法益保护为导向区分作为和不作为,但是,究竟什么情况属于使法益状态恶化,什么情况属于为危害结果的发生提供了原因力,往往还须结合其他标准进行判断,故该说并不能直接为作为和不作为的区分提供明确的解决方案。

非难重点说认为,对作为与不作为的区分是规范性价值判断的结果,应当规范地考察行为人举止的社会意义,根据社会共同体对其举止的谴责重点来判断行为人的举止是属于作为还是不作为。③ 当根据行为人举止的社会意义内涵,社会共同体是因行为人实施了某种行为而谴责行为人时,则行为人的举止属于作为,相反,若社会共同体是因行为人没有实施某种行为而谴责行为人时,则行为人的举止属于不作为。非难重点说是德国刑法学界和司法判例区分作为与不作为的通说,该说正确认识到作为与不作为的社会意义内涵,但是,对社会共同体的非难重点的认定也经常存在极大的争议。此外,社会共同体并非仅因行为人实施了身体的动静就对其进行谴责,只有在具备其他非难前提时(例如,行为人的身体动静违反法秩序,行为人具有责任能力等),社会共同体才会对行为人加

---

① 对该观点及以下几种观点的评述可参见张明楷:《刑法学》(第 6 版),法律出版社 2021 年版,第 190 页。
② Vgl. Kühl, Das Unterlassungsdelikt, JA 2014, S. 509.
③ Vgl. Freund, in: Münchener Kommentar, StGB, 4. Aufl., 2020, Rn. 5 f.

以非难。因此,非难重点说实际上在构成要件阶层判断作为与不作为的区分时,就已经预设了行为人举止的违法性和行为人的有责性,故其并不符合三阶层犯罪构成体系的分析逻辑。

补充性说认为,鉴于对作为与不作为的区分极为复杂,与其纠缠二者如何区分的问题,不如在个案中分别就成立作为犯与不作为犯的可能性进行考察,最后再以罪数理论得出处理结论。该说认为,刑法以处罚作为犯为原则,以处罚不作为犯为例外补充,故在个案中首先应当将行为人的举止认定为作为,考察其是否构成作为犯,而后再将行为人的举止认定为不作为,考察其是否构成不作为犯。① 若行为人因作为或者不作为构成犯罪,则分别以作为犯或不作为犯认定其刑事责任。若行为人同时构成作为犯和不作为犯,则由于不作为犯相对于作为犯居于补充地位,对行为人仅以作为犯论处。若行为人既不构成作为犯也不构成不作为犯,则其无罪。该说尝试分别从作为犯和不作为犯的角度对行为人的举止加以周延、详尽的考察,从而避免作为与不作为的区分难题。但是,在部分案件中,将行为人的举止界定为作为还是不作为,可能直接影响其是否构成犯罪的结论,故补充性说可能因其过于"周延"的考察反而导致将部分本不应构成犯罪的举止认定成了犯罪。例如,医生甲发现重症患者乙已经进入了不可逆转的死亡进程,其知道若保持乙的呼吸机运行,则乙虽不能避免死亡结果,却还能再继续存活约20分钟。甲为节约医疗资源,关闭呼吸机,导致乙5分钟后死亡。在该例中,若将甲关闭呼吸机的行为评价为不作为(非难重点说即持此解),则甲因欠缺作为义务而不构成犯罪。因为,医生并不负有直至患者生命的最后一刻都穷尽医疗手段对患者加以抢救的作为义务。相反,若将甲关闭呼吸机的举动评价为作为,则甲客观上确实缩短了患者的生命、实施了杀人行为,主观上对此也具有认识。又由于甲不具有任何出罪事由(其行为既不构成紧急避险,也无法通过推定的承诺合法化),就只能得出甲构成故意杀人罪的结论。由此可见,补充性说虽然绕过了作为与不作为的区分问题,但却可能导致刑事处罚范围的不当扩张。

---

① 参见[日]山口厚:《刑法总论(第3版)》,付立庆译,中国人民大学出版社2018年版,第77页;张明楷:《刑法学》(第6版),法律出版社2021年版,第193页。

(2) 主要类型

总而言之,当前刑法理论尚不能妥善解决作为与不作为的区分难题。因此,案例分析中不宜片面以某种学说为标准答案,而应当结合上述几种主流学说,从不同角度考察将行为人的举止评价为作为还是不作为更加妥当。在实际案例中,对作为和不作为的区分较为成问题的情形主要有三类:

a. 作为中包含有不作为的因素

第一种情形可以被归纳为作为中包含有不作为的因素,即在个案事实中,行为人既实施了积极的身体举动,但又存在未按规范要求履行作为义务的情节。例如,甲违反交通规则,在行车转向时未开启转向指示灯,导致路人乙无法及时判断甲的行车路线,被甲撞伤。又如,按法律规定,工厂主在将山羊毛交给工人加工之前应当先对山羊毛进行消毒。工厂主甲没有将山羊毛消毒就交给工人加工,导致工人乙感染炭疽杆菌死亡。[①]在这些例子中,甲显然实施了驾车行驶和将山羊毛交给工人等积极的身体动作,但与此同时,其举动中又伴随着未开启指示灯、未将山羊毛消毒等不作为的情节。区分作为与不作为的不同学说对这类案件的判断存在意见分歧,但相对多数的意见将这类情形认定为作为。其原因在于,刑法中的作为犯本就必然含有不作为(不遵守规范)的意义内涵,例如,行为人故意杀害被害人的,当然也没有遵守不得杀人的行为规范。因此,若将包含有不作为因素的举止都认定为不作为,就会过度限缩作为犯的成立范围。本书也建议在案例分析中,将这类案件视为作为犯判断行为人的刑事责任。

b. 中断或放弃救援措施的情形

在作为和不作为的区分中,最为复杂的是中断或放弃救援措施的情形。此处仅简要指出一些具体情形下的解决方案:(a)行为人单纯不提供救助的,原则上评价为不作为。其是否构成不作为犯,则取决于其行为是否在个案中符合了不作为犯的成立要件。(b)行为人使用非暴力手段劝说第三人不要对被害人提供救助的,若第三人不负有救助被害人的义务,

---

① Vgl. RGSt 63, 211.

行为人不构成犯罪,若第三人因不救助被害人构成不作为犯的,行为人构成不作为犯的共犯。(c)行为人使用暴力手段强制阻碍第三人救助被害人的,属于作为。① 若其他犯罪成立条件也具备,行为人构成作为犯。(d)行为人中断自己提供的救援措施的,是构成作为还是不作为,取决于行为人撤回救援措施的时间点。行为人在救援措施已经进入被害人的权利领域后再撤除的,也即在被害人已经可以利用救援措施创造的有利条件独自摆脱危险时,行为人又将这种有利条件排除的,行为人的举动属于作为。相反,行为人在救援措施尚未进入被害人的权利领域,被害人还无法凭借救援措施创造的有利条件独自摆脱险境时就撤回救援措施的,其行为构成不作为。② 例如,甲见有人落海呼救,赶紧抛下救生圈。后甲发现,落海的是自己的仇人乙,遂又通过连在救生圈上的绳索将救生圈拉回。在该例中,甲的行为属于作为还是不作为,就取决于在其拉回救生圈时,乙是否已经可以控制救生圈,是否已经可以凭借救生圈独自摆脱危险。若甲在乙已经可以轻易够到救生圈之时拉回救生圈,就相当于从乙的权利领域内排除了乙获救的有利条件,应认定其举动构成作为。若在甲拉回救生圈时,乙离救生圈还有较为明显的距离,尚无法取得对救生圈的控制,则甲将救生圈拉回的行为在价值结构上相当于其自始就没有向乙抛下救生圈,故应认为甲拉回救生圈的举动构成不作为。(e)在中断医疗措施的场合,行为人的身份直接影响其举止的社会意义,故要特别注意行为人身份的决定性作用。医护人员中断对患者的医疗措施的,由于医护人员负有救治患者的职责,其行为的社会意义和可谴责性更多体现在不继续履行职责的方面(即社会共同体因其没有继续救治患者而加以谴责),故建议将其举止评价为不作为。相反,非医护人员中断对患者的医疗措施的,因其不负有医治患者的职责,社会共同体对其的非难重点也不在于其未救治患者,而在于其损害了患者利益(例如,缩短了患者生命),故应将行为人的举动评价为作为。因此,在上述因患者进入不可逆转的死亡进程而关闭其呼吸机的例子中,医护人员关闭呼吸机的,属于不作

---

① 参见张明楷:《外国刑法纲要》(第3版),法律出版社2020年版,第79页。
② 参见王钢(署名王刚):《德国刑法中的安乐死——围绕联邦最高法院第二刑事判庭2010年判决的展开》,载《比较法研究》2015年第5期,第105页。

为,其他人(例如,患者的近亲属)关闭呼吸机的举动则应被认定为作为。

c. 持有的情形

持有究竟是属于作为还是不作为,抑或是作为与不作为之外的第三种独立的行为样态,刑法学理上存在争议。① 作为说认为,持有意味着行为人形成了对相关对象物的实际控制和支配,故持有属于作为。不作为说认为,持有某种对象物的行为构成犯罪,就意味着法秩序要求行为人不得持有该对象物而应当将之上缴或销毁,行为人没有服从法秩序的要求而持有该对象物的,就是没有履行法律所要求的作为义务,故持有应当构成不作为。独立类型说认为,持有既非作为又非不作为,而是一种动态要素与静态要素相结合的独立行为类型,或者认为持有根本不是行为类型,而是一种特殊状态。折中说则主张,应当根据行为人取得对对象物之持有的方式,将持有认定为作为或不作为。以作为方式获得对对象物的持有的,其持有是作为,以不作为的方式获得持有的,后续对对象物的持有是不作为。在个案中,以上诸说原则上不会导致不同的结论。因为,即便认定持有是不作为犯,因其作为义务来源于刑法分则罪名的直接规定,其也是真正的不作为犯,并不会在作为义务的认定方面造成特别的困难。同样,即便肯定持有是独立的行为类型或者是非行为的特殊状态,也只须在构成要件阶层考察其特殊性是否在具体案件中得以实现即可。因此,在案例分析中,分析者不必对上述见解分歧进行详细辨析,而只须指出相关理论争议,确定自己立场,然后按自己立场选择相应的检视清单对案件加以分析。

2. 真正的与不真正的不作为犯

不作为犯可以分为真正的不作为犯与不真正的不作为犯两种类型,两种类型在作为义务的来源和等置性判断等方面均存在一定的差异。关于真正的不作为犯和不真正不作为犯的区分,存在着形式说与实质说两种标准。形式说认为,真正的不作为犯是法律规定只能通过不作为实现的构成要件,或者说法律明文将不作为规定为构成要件要素的犯罪。相

---

① 参见张明楷:《持有犯的基本问题》,载《清华法学》2023年第1期,第7—12页。

反,不真正的不作为犯则是根据法律规定既可以通过作为,又可以通过不作为实现的构成要件。① 实质说认为,真正的不作为犯是行为人没有实施命令规范所要求的行为,因而是行为犯。相反,不真正的不作为犯总是以发生特定的危害结果或危险为前提,故而是结果犯。② 两种见解在绝大多数情形中得出的结论基本相同。例如,故意杀人罪按形式说是不真正的不作为犯,因为刑法并未明文规定其只能以不作为的方式实施,同时,按实质说,故意杀人罪是结果犯,同样属于不真正不作为犯。

3. 作为义务的认定

(1)理论概述

不作为犯的成立均以行为人违反了作为义务为前提,但是在案例分析中,真正不作为犯的作为义务就来自法律规定本身,故无须额外确认作为义务的来源。例如,《刑法》第311条拒绝提供间谍犯罪证据罪明确规定,行为人明知他人有间谍犯罪行为,在司法机关向其调查有关情况、收集有关证据时,拒绝提供的,就可能构成该罪。刑法以该条规定强制要求行为人向司法机关提供他人从事间谍犯罪行为的相关证据,故行为人提供他人间谍犯罪证据的作为义务就来自该条规定。

相反,在不真正不作为犯的场合,作为义务的来源是案例分析中的核心问题。只有当行为人违反作为义务没有实施避免危害结果发生的行为时,才能成立不真正不作为犯。这种保证危害结果不发生的作为义务在刑法理论中也被称为**保证义务**。负有这种保证义务的人就是**保证人**。

我国传统刑法理论采用**形式的四分说**,从形式上认定作为义务的来源。该说认为,不作为犯中的作为义务来自法律规定、职务或业务上的要求、法律行为(主要是合同约定)、先前的危险行为等四个方面。③ 形式四分说固然有一定的道理,但其缺陷也较为明显。首先,形式四分说无法为

---

① Vgl. Rengier, Strafrecht Allgemeiner Teil, 13. Aufl., 2021, §48 Rn. 3 f.
② 参见[德]汉斯·海因里希·耶赛克、[德]托马斯·魏赛特:《德国刑法教科书》(下),徐久生译,中国法制出版社2017年版,第814页以下。
③ 参见高铭暄、马克昌主编:《刑法学》(第10版),北京大学出版社、高等教育出版社2022年版,第64页以下。

作为义务的来源提供实质的理论依据,其难以解释,为何作为义务应当来源于上述四个方面,为何这四个方面就可以构成对作为义务来源的整全性描述,其也无法解释,这四个作为义务的来源相互之间究竟是什么关系。其次,由于形式四分说无法为作为义务的来源提供实质根据,个案中就难以基于作为义务的实质根据对作为义务进行目的性解释,从而导致根据形式四分说认定作为义务的来源显得极为僵化。在有些场合,根据该说认定作为义务会导致作为义务的范围过于宽泛。例如,甲、乙两人系夫妻,双方感情破裂相互仇视,但因财产分割问题争执不下,两人进行离婚诉讼,故暂未解除夫妻关系。此时,若按形式四分说,则甲、乙两人之间尚具有法律上的婚姻关系,应当相互履行扶养义务。然而,考虑到二人的实际情况,要求其相互扶养已经明显不现实。在有些场合,根据形式的四分说认定作为义务的来源又会导致作为义务的范围过于狭窄。例如,甲与乙签订合同,约定甲每天在乙上班时间(9点至17点)到乙家照护乙的幼儿丙。某日,乙因加班不能及时回家,遂打电话给甲,请求甲照看丙至18时(乙愿意向甲支付额外的费用)。甲虽有空闲,但仍然拒绝,并于17点准时离开乙家。后丙因独自在家无人看管而摔伤。在该例中,若根据形式四分说,甲与乙的合同关系仅持续至17时,就只能认为甲在此之后不再对丙负有照护职责。这一结论恐怕也难言妥当。

鉴于形式四分说的各种不足,我国诸多论者近年来开始主张**实质的二分说**(机能的二分说),从保护义务和监管义务两个方面界定保证义务的来源及其范围。所谓保护义务,是指当行为人基于特定事由对脆弱法益负有保护职责时,其应当阻隔外来的风险,确保该法益不受损害。所谓监管义务,是指当行为人基于特定事由控制着某个危险源时,行为人应当对该危险源加以监管,以防止其危害他人法益。由此可见,实质的二分说其实是着眼于法益保护的必要性,分别从保护法益和监管危险源两个方面控制对法益的危险。基于这种保护法益的实质考量,就可以对不真正不作为犯中的作为义务进行体系性的建构。[①] 总体而言,在实质的二分说之下,不真正不作为犯中的作为义务(保证义务)的来源主要有以下几个

---

① 参见张明楷:《刑法学》(第6版),法律出版社2021年版,第198页以下。

方面,下文将对之逐一进行阐释。

表5 保证义务的来源概览

保护义务	监管义务
➤ 亲密家庭成员 ➤ 紧密的生活共同体或危险共同体 ➤ 自愿接受保护或者救助义务 ➤ 公职人员或者机构的地位	➤ 社会往来安保义务 ➤ 对他人的监管义务 ➤ 先前行为

(2)保护义务

a. 亲密家庭成员

所谓家庭成员,是指配偶、父母、子女和其他共同生活的近亲属。具有紧密关系的家庭成员之间原则上相互负有保护义务。当然,家庭成员之间是否负有保护义务,并不完全取决于法律关系,而是要在个案中考察是否(仍然)存在着有效的家庭共同体或密切的生活关联。只有当家庭成员在一定程度上存在着相互依存、相互信赖的关系时,才能肯定其彼此负有保护义务。在案例分析中需要注意的是,亲密家庭成员相互之间只负有保护义务,成年的家庭成员之间不负有监管义务,即没有义务监督其他成年家庭成员不实施犯罪。例如,成年儿子甲虽然知道其他家庭成员在合谋杀害父亲,但既未报警也没有通知父亲,从而导致父亲遇害。在该例中,甲构成不作为犯,但其作为义务并不来自监督其他家庭成员不实施杀人行为的责任,而是来自其相对于父亲所负担的保护义务。

b. 紧密的生活共同体或危险共同体

即便不存在家庭关系,若行为人与被害人同属于紧密的生活共同体或者危险共同体,则行为人依然对被害人负有保护义务。当然,此处肯定作为义务的前提是,行为人与被害人结成这种生活或危险共同体的目的就在于相互协助与相互照护。例如,其出于相互帮扶的目的结成类似婚姻的共同生活关系,为相互帮助而结伴共同实施攀登险峰、潜水、环球航行等危险活动。若行为人和被害人并非出于相互照护的意图,而是出于其他目的相聚在一起,则其不构成生活共同体或危险共同体,相互之间并不因此负有保护义务。例如,经常凑在一起吃喝娱乐的朋友,或者只是为分享毒品而相聚吸毒的瘾君子等,相互之间都不具有保护义务。单纯事实上的共同居住关系也不能奠定保护义务。例如,在外一起租房的房客、在学校同住一个宿舍的学生,均不构成紧密的生活共同体。同理,即便行为人与被害人出于相互帮助的意图而共同活动,但其共同实施的并非危险行为时,也不构成危险共同体。例如,甲与乙在旅途中相识,为相互帮助而结伴前往景区游玩,不料在游玩过程中乙不慎落水,甲不因与乙构成危险共同体而对乙负有救助义务。

c. 自愿接受保护或者救助义务

行为人自愿接受或承担了对被害人的保护或救助义务时,其就负有作为义务保障被害人的法益。至于此时行为人与被害人之间是否存在着有效的合同关系,则非所问。决定性的因素是,行为人是否事实性地承担了相应义务,从而使社会共同体可以基于对行为人的合理信赖而放弃对被害人的其他保护措施。在案例分析中须注意的是,自愿接受的保护义务和救助义务并非漫无边际。即便行为人之前自愿接受了对被害人的保护义务,但是,当个案中出现特定情势致使社会共同体已经不能再合理要求行为人继续履行法益保护职责时,行为人就不再对被害人负有保护义务。例如:甲借住在朋友乙家中,乙与妻子丙育有幼儿丁。后乙因为犯罪被判刑,甲遂自愿与丙一起照顾丁。之后,丙逐渐酗酒,经常夜不归宿。甲多次提醒丙要注意照顾丁,但丙不予理会。为维持生计,甲不得不外出找工作,甲找到工作后,告知丙自己今后因工作原因会经常不在家,但是丙依然恶习不改。某日,丁因无人照看不幸身亡。在该例中,甲虽之前自愿负担了对丁的保护义务,但在其为维持生计外出工作时,不能认为甲仍然有义务对丁加以照护,故甲不构成不作为犯,丙应当对丁的死亡结果负责。

d. 公职人员或机构的保护义务

国家工作人员往往因其职责负有对国民权益的保护义务,特别是人民警察负有法律义务防止对公共利益或公民个人利益的危险,因而其在刑法上也负有相应的保护义务。当然,警察也是身着制服的公民,其在履行崇高职责的同时也应当享有公民的权利,故在界定警察保护义务的范围时应当注意在警察的个人权利和公共利益之间取得平衡,不能认为其在任何时间都应当挺身而出制止对公共利益和公民个人权利的任何损害。原则上,肯定警察的保护义务须具备两个前提条件:首先,其应当负有对相应法益加以保护的职责,即警察仅在其职责范围内负有保护义务。公安系统内部也存在警种职责的分工,不同警种之间的职责差异较大,原则上不能要求警察跨越警种职责履行保护义务。例如,不宜认定户籍警察负有直接制止严重暴力犯罪的作为义务。其次,警察原则上只在工作时间负有保护义务。我国《警察法》第19条规定:"人民警察在非工作时间,遇有其职责范围内的紧急情况,应当履行职责。"据此,人民警察在非工作时间内,只有在遇到自己职责范围内可能造成较为严重损害的紧急情况时,才须履行职责,负担保护义务。若相应的情形并不紧急,则不应认定警察负有保护义务。

(3)监管义务

a. 社会往来安保义务

在社会往来中,每位社会成员都应当对自己支配领域内的危险源(例如,具有一定危险性的宠物、物品、装置、设备等)负有监管义务,也即有义务确保这些危险源不损害他人利益。行为人自愿为他人承担了对特定危险源的监管义务的,也同样具有相应的作为义务。至于行为人是基于何种原因取得了对相应的危险源的支配,则非所问。其可以是通过合法行为支配和控制了危险源,也可能是基于违法行为或者甚至是出于自然原因而支配了相应的危险源。不论其取得对危险源的控制的方式如何,只要相应的危险源处于行为人的控制和支配之下,行为人就应当履行对危险源的监管义务。例如,不论行为人是通过合法渠道还是未经登记饲养宠物犬,都负有义务防止宠物犬咬伤他人。

案例分析中须注意的是,行为人对于自己支配的封闭空间也负有安保义务,即有义务排除在该封闭空间内形成的危险。封闭空间与外界相对隔绝,导致法益在相应空间内遭遇危险时难以获得外界的救助,因此,封闭空间的封闭性本身就提升了对法益的危险,应当被视为危险源。与此相应,对封闭空间具有支配性的行为人就应当履行对相应空间的监管义务。例如,宾馆管理人员发现有人在宾馆内实施犯罪行为侵害旅客利益的,出租车司机发现车内乘客侵害其他乘客权益的,均有义务加以制止。在行为人因自身能力所限(例如,身材瘦小或者对方人数众多等)不能直接制止封闭空间内的违法行为时,其也至少应当尝试通过报警等方式消除危险。又如,户主发现自己住宅内存在火灾隐患,或者租客发现自己租住的房屋内失火的,也均应采取措施控制危险。

b. 对他人的监管义务

原则上,成年的社会成员均应对自己的行为负责,故成年的社会成员相互之间原则上没有监督对方妥善行事的义务。当然,对于心智水平低于常人的成年人和对于未成年人,其他社会成员仍然可能负有监管义务。例如,精神病医生有义务防止精神病人侵害他人,父母有义务防止自己未成年的孩子损害他人利益等。此外,若行为人相对于其他成年且心智正常的社会成员负有职务上或业务上的监督职责,则行为人仍然应当履行监管义务,确保他人的行为符合相关规定的要求。例如,分管本单位消防工作的领导有义务指导、监督单位工作人员落实相关的消防安全工作,排除火灾隐患。

c. 先前行为

在认定作为义务的来源时,最具争议的问题是先前行为是否以及何时能导致作为义务。

(a)作为犯说之否定

学界的少数说认为,先前行为不能成为作为义务的来源,在涉及先前行为的场合,既然先前行为已经创设了对法益的危险,就应当基于先前行为认定行为人构成作为犯,而无须再以不作为犯追究行为人的刑事责任。① 本书认为,该说并不妥当。因为,行为人在实施先前行为和后续的不作为时,其主观过错可能完全不同。行为人完全可能是过失甚至是无过错地实施先前行为,但却在先前行为造成对法益的危险之后,故意地放任这种危险转化为实害。此时即便能够根据先前行为认定行为人构成作为犯,也难免导致对其处罚过轻。例如,在楼房高层居住的甲在自家阳台上养花,不料当地台风来袭,花盆被风吹落,刚好砸中路过的乙,致乙受伤。甲虽知可以将乙送往医院救治,但为避免承担责任,未对乙采取任何

---

① 参见[日]山口厚:《刑法总论(第3版)》,付立庆译,中国人民大学出版社2018年版,第93页。

救助措施,导致乙因未能及时获得救治不幸身亡。在该例中,若着眼于甲的先前行为追究其刑事责任,则因甲在养花时明显缺乏造成他人死亡的犯罪故意,至多只能认为甲构成过失致人死亡。这就忽视了甲系故意不对乙加以救助而造成乙死亡的情节。因此,根据学界通说,承认先前行为可以奠定行为人的作为义务,在该例中肯定甲构成不作为的故意杀人,是更为妥当的结论。

(b)先前行为的违法性

虽然通说认为,若行为人通过之前危险的先前行为使得他人法益可能遭受损害,行为人便因这种先前行为负有阻止法益损害的义务,但是,对于究竟什么样的先前行为才能奠定作为义务,刑法理论上又存在着显著的见解分歧。其中最大的争议在于,先前行为是否必须是违法行为。对此,刑法学界目前尚无定论。

危险行为说认为,先前行为只要引发了法益损害的紧迫危险,就应当奠定保证义务,故先前行为本身不必是违法行为。[①] 其理由在于,首先,奠定作为义务的行为本就无须是违法行为,例如,在行为人自愿承担保护义务的场合,其自愿承担义务的行为当然并不违法,但行为人仍因此负有保护义务。既然如此,在先前行为的场合就没有理由要求只有违法的先前行为才能奠定作为义务。其次,即便是合法行为,损害他人法益的范围和程度也应当受到限制。因此,在合法的先前行为可能导致超过限度的损害后果时,还是应当要求行为人积极履行义务防止这种法益损害结果发生。危险行为说的问题主要在于,该说可能导致作为义务的范围过于宽泛,特别是可能导致行为人实施正当防卫造成不法侵害人陷于危难时,还须要积极对不法侵害人加以救助,有失妥当。例如,甲与乙在酒店爆发争吵,乙跑出酒店找到一把尖刀,并在甲回家的路上拦截甲,欲对甲实施严重的身体伤害。甲在打斗过程中夺过乙的刀,对乙的大腿连扎三刀,其中一刀扎中动脉。乙由于失血,体力不支,最终被甲制服。甲虽然知道乙可能会失血过多死亡,但未对乙加以救助即离去。随后乙果然因失血过多

---

① 参见张明楷:《刑法学》(第6版),法律出版社2021年版,第200页以下。

身亡。① 在该例中,虽然甲扎伤乙的行为构成正当防卫,但该行为也对乙的生命法益造成了紧迫危险。若严格按照危险行为说的立场,就应当肯定甲在制止了乙的不法侵害后,还须对乙履行救助义务。然而,认为此时甲应当对乙加以救助,可能过于优待了不法侵害人。因为,倘若有某位路人身受重伤,可能失血过多而亡,甲对此路人并不负有救助义务。相反,乙实施不法侵害,因遭受正当防卫而负伤,甲反而要对乙加以救助。两相比较,难免有价值失衡之感。

违法行为说认为,单纯引起了法益损害危险的行为还不足以成为奠定保证义务的先前行为,只有当这种行为具有违法性时,其才属于刑法意义上的先前行为,导致行为人负有作为义务。② 该说的理由在于,单纯的价值中性的条件关系本就不能奠定行为人的责任,行为人并不对其在条件关系意义上引起的法益侵害负责,而只对其违法地引起的法益实害或危险负责。据此,在不真正的不作为犯中,也只有当行为人的先前行为违法地创设了对法益的危险时,才能认为行为人必须对被害人的法益损害负责,从而达成作为与不作为的等置。唯有在此时,认定不采取措施控制先前行为之危险性的行为人构成不真正的不作为犯才属合理。根据该说,若先前行为不具有违法性,则即便行为人因此造成了对法益的紧迫危险,也不负有救助法益的义务。例如,甲在夜间以正常速度驾车行驶,严重醉酒的乙违反交通规则横穿马路,甲还没来得及看清楚情况就撞上乙,致乙重伤。甲马上下车查看,却未能在夜色中发现乙。甲虽然感觉可能撞到了他人,但仍驾车离去。乙昏迷在马路上,被后续驶来的卡车碾轧身亡。③ 在该例中,甲虽然驾车撞伤乙,造成了对乙的生命危险,但甲的行为并无明显过错,故违法行为说会否定甲对乙负有救助义务。即便甲下车后找到了重伤的乙,也无须对之加以救助。同理,在上述正当防卫的例子中,既然甲扎伤乙的行为构成正当防卫,违法行为说也同样认定甲没有义务避免乙的死亡结果。违法行为说的缺陷是,其强调先前行为的违法性,

---

① Vgl. BGH, NStZ 2000, S. 414.
② 参见[德]汉斯·海因里希·耶赛克、[德]托马斯·魏根特:《德国刑法教科书》(下),徐久生译,中国法制出版社2017年版,第842页。
③ Vgl. BGHSt 25, 218 (219).

可能在部分案件中导致作为义务的范围过于狭窄。在紧急避险的场合尤其如此。例如,甲在过马路时发现一辆卡车疾驰而来,为避免被卡车撞上,甲无奈之下将蹒跚行走在自己前面的老人乙推倒在一边,夺路避过卡车。乙摔倒在地昏迷不醒,甲未对乙加以救助就离开,乙被后续车辆碾轧身亡。在该例中,甲推倒乙的行为构成紧急避险,不具有违法性,若严格按照违法行为说的见解,就应当认为甲对乙不负有救助义务,其对乙的死亡结果也无须负刑事责任。这种结论显然令人无法接受。

折中说则尝试摆脱先前行为是否违法的思考模式,其认为,先前行为是否奠定作为义务,关键并不在于其是否违法,而是在于威胁法益的先前行为是否能被归责于行为人。若得出肯定结论,则行为人应当对先前行为所创设的危险负责,必须采取措施控制乃至消除这种危险。若得出否定结论,则行为人不负有作为义务。① 例如,若行为人的先前行为所创设的危险没有超出被容许的危险的范畴,则这种先前行为不能导致作为义务。被害人自我答责地引起的危险,也不能由行为人负责,故不能奠定行为人的作为义务。同样,在正当防卫的场合,不法侵害人因遭受防卫行为而陷于危难的,相应的危险也是由不法侵害人引起,不能被归责于实施防卫行为的行为人,故行为人没有义务救助不法侵害人。但是,在紧急避险的场合,无辜第三人遭受的危险是由实施避险行为的行为人引起,行为人应当对无辜第三人所遭受的危险负责,故其有义务对承受避险行为的无辜第三人加以救助。② 折中说的不足在于,其虽然尝试在各种案件中得出较为合理的结论,但是,对于先前行为所造成的危险究竟在什么条件下能够被归责于行为人,该说却没有提供清晰的、普遍适用的判断标准。该说显然参照了客观归责理论中的众多归责标准(例如被容许的危险、被害人自我答责等),但是,在正当防卫的场合,其所使用的归责标准又明显不同于客观归责理论。因为,在客观归责理论中,防卫人基于正当防卫造成不法侵害人损害的,不法侵害人的损害结果当然要归责于防卫人,如此才能

---

① Vgl. Rengier, Strafrecht Allgemeiner Teil, 13. Aufl., 2021, §50 Rn. 96. 我国学界的相关论述,参见王莹:《先行行为作为义务之理论谱系归整及其界定》,载《中外法学》2013年第2期,第333—346页。

② 参见周光权:《刑法总论》(第4版),中国人民大学出版社2021年版,第117页。

肯定防卫人实现了构成要件,只是在违法性阶层因其行为构成正当防卫而出罪。为何折中说在正当防卫的问题上可以偏离客观归责理论认为防卫人无须对防卫行为所造成的危险负责,恐怕还是缺少合理的解释。

(c)先前行为的具体认定

虽然存在上述关于先前行为是否必须是违法行为的争议,对于个案中应当如何认定先前行为,刑法理论和司法实务还是形成了部分共识。原则上,违法地造成了对法益的紧迫危险的行为都可以被认定为先前行为。但在判断相关行为是否造成了对法益的危险,是否因此构成先前行为时需要注意的是,先前行为必须提升了法益所面临的危险,其所创设的风险必须超出了法所容许的范围。此外,被害人自我答责地引起的危险,也不是先前行为所创设的危险,行为人不负有排除相关危险的作为义务。

先前行为可以是过失的行为,也可以是故意的犯罪行为。换言之,故意的犯罪行为也可以作为先前行为奠定行为人的作为义务。其原因在于:首先,先前行为之所以奠定保证义务,是因为先前行为违法创设了对法益的危险,故行为人有义务控制其先前行为所引起的危险。在行为人故意实施犯罪行为导致法益陷于危险之中时,行为人当然也应该积极采取措施控制自己故意犯罪行为所创设的危险,因此,将故意犯罪行为认定为奠定保证义务的先前行为,完全符合保证义务的法理。其次,在个案处理方面,肯定故意犯罪行为可以作为先前行为奠定行为人的作为义务,更有利于认定后续介入的第三人的刑事责任。例如,甲出于杀害故意导致乙重伤后,又回心转意欲对乙加以救助。此时甲的朋友丙力劝甲放弃救助,甲遂从丙所言未对乙施救,导致乙因未能及时获得救助而身亡。在该例中,甲不仅因积极的作为构成故意杀人,其作为的杀人行为还导致其对乙负有救助义务,甲后续没有履行对乙的救助义务的,又构成不作为的故意杀人。在丙介入时,甲作为的杀人行为已经实行终了,丙无法就甲的作为犯罪构成共犯。只有肯定甲后续还构成不作为的故意杀人,才能认定丙因劝说甲实施不作为的故意杀人行为而构成教唆犯。最后,肯定故意的犯罪行为构成先前行为,虽然可能导致行为人同时构成故意的作为犯和故意的不作为犯,但并不会因此造成对行为人过重的处罚。因为在罪数层面,应当认为不作为犯罪是对作为犯罪的补充,在肯定行为人构成故意的作为犯时,以故意的作为犯对行为人定罪量刑即可。其侵害相同法益的不作为被作为犯所吸收,不再单独作为犯罪处理。在上例中,甲分别以作为和不作为的方式构成两个故意杀人罪,但不作为犯罪相对于作为犯罪处于补充性地位,故最终对甲仅以作为的故意杀人罪论处。

4. 其他犯罪成立要件

除了上述与作为义务相关的要求之外,认定不作为犯还须符合其他诸多犯罪成立要件。其中大部分要件与作为犯的场合并无明显差异,本书不再赘述。但是,不作为犯的部分犯罪成立要件还是有其不同于作为犯的特点,在案例分析时须加以注意。下文仅对这部分犯罪成立要件加以略述。

(1)作为可能性

成立不作为犯要求行为人在具有现实的作为可能性时却未实施符合作为义务的行为。因此,现实的作为可能性是认定不作为犯的前提条件。个案中,若某种特定的行为可以避免危害结果,但是行为人在客观上却并不具备实施这种行为的可能性,则行为人不能成立不作为犯。例如,甲见自己孩子乙落水,但甲不会游泳,也无法找到工具或联系他人救助乙,则甲欠缺作为可能性,不构成不作为犯。若客观上存在着作为可能性,但是行为人没有认识到的,则行为人可能仍然符合不作为犯的客观构成要件,但其欠缺不作为的犯罪故意。在上例中,若岸边其实有救生圈,但甲对此并不知情,则甲客观上仍然有现实的作为可能性,但欠缺犯罪故意。在案例分析时需要注意的是,个案中往往存在着多种可能阻止危害结果发生的方法,但对于行为人而言只有其中的一部分方法客观上具有实施的可能性。因此,在个案分析的过程中必须要明确考察,行为人究竟没有实施何种被作为义务所要求的行为,行为人是否确实具有实施这种行为的现实可能性。在进行这种认定时还要注意**原因不作为**的情形。即:行为人的作为可能性不必存在于危害结果发生之时,行为人在此前可以通过某种措施防止危害结果发生却未采取该措施预防危险的,即便其在危害结果发生之时不具有现实的作为可能性,也可以构成不作为犯。例如:行为人甲育有3岁的女儿乙,乙总是很喜欢把厨房的电炉打开。案发当天,甲外出买菜,留下乙独自在家。乙又跑进厨房把电炉打开,引发火灾。在该例中,当乙打开电炉引起火灾时,甲恰好在外买菜,显然不具有制止乙的作为可能性。但是,甲在离家之时完全可以采取给厨房断电等措施防止乙打开电炉,此时甲未采取预防措施即离家外出的,也是在具有作为可能性的前提下违反了作为义务,仍然构成不作为犯。

(2)近似因果关系

在不作为犯中也应当从归因与归责两个层次考察不作为与危害结果之间的因果关系。在归因层面,与作为犯稍有不同的是,不作为犯中只存在着"近似因果关系"。其基本特征是:如果实施了特定行为就将以近似必然的可能性不会出现危害结果,则不实施该行为就是危害结果发生的原因。在归责层面,则与过失犯的场合类似,要注意考察义务违反的关联性,即:若行为人实施合义务的替代行为(即履行作为义务),是否确实能避免危害结果发生。在得出肯定结论时,才能要求行为人对危害结果的发生负责。若个案中无法查清是否确实存在义务违反的关联性,通说会否定因果关系,风险升高理论则会肯定因果关系。

(3)等置性

构成不真正的不作为犯要求行为人的不作为与作为具有等置性。换言之,行为人通过不履行作为义务导致危害结果的行为,要与通过作为导致危害结果的行为在不法程度上大体相当。从广义上来讲,对作为义务(保证义务)的要求其实也是在确保不真正的不作为犯和作为犯相等置。从狭义上来讲,等置性是不作为犯中独立于作为义务之外的构成要件要素。对于这种狭义等置性的认定要结合具体的构成要件和个案中的情形,综合考虑行为人的不作为对法益造成的危险程度进行判断。① 较为具有实务意义的情形是不作为的故意杀人罪与遗弃罪的区分。行为人遗弃被害人的,是仅构成遗弃罪还是构成以不作为的方式实施的故意杀人罪,就取决于行为人的遗弃行为是否能够与作为的杀人行为相等置。其中最重要的考虑因素是,被害人是否因行为人的遗弃而遭受生命危险,其生命

---

① 参见何荣功:《不真正不作为犯的构造与等价值的判断》,载《法学评论》2010年第1期,第111页。

法益是否主要有赖于行为人加以救助等。例如,若行为人在寒冷的天气将幼儿遗弃在人迹罕至的荒郊野外,则其行为严重威胁幼儿的生命安全,与作为的杀人行为相等置,故应肯定行为人构成不作为的故意杀人罪。相反,若行为人将幼儿遗弃在人流量较大的车站甚至是儿童慈善救助中心门前,则其并未对幼儿的生命法益造成显著的威胁,至多认定其构成遗弃罪。

(4)犯罪故意

与故意的作为犯一样,不作为犯中的故意也必须含括与所有构成要件要素相关的事实。对于保证义务而言,行为人只要认识到奠定保证义务的客观事实,就对保证义务具有故意,其不需要认识到保证义务的种类和范围。因此,行为人没有认识到奠定保证义务的客观事实的,是构成要件错误,阻却不作为的犯罪故意;行为人认识到了奠定保证义务的客观事实,但是误认了保证义务范围的,是违法性认识错误,在这种错误不可避免时阻却有责性。例如:父亲甲发现河边聚集了很多人,于是挤过去看热闹,发现原来是有人落水。但是其没有看清楚在水中挣扎的其实正是自己的儿子乙,于是也未加救助,导致乙溺亡。此时甲没有正确认识到奠定自身保证义务的事实,故陷入了构成要件错误,不具有犯罪故意。相反,若甲虽然发现在水中挣扎的是儿子乙,但是认为乙已经成年,自己不再对之负担救助义务,于是未加救助导致乙溺亡,则甲只是陷于违法性认识错误。在该例中,甲的违法性认识错误显然可以避免,故甲构成不作为的故意杀人罪。

(5)违法阻却事由:义务冲突

在不作为犯的场合也适用通常的违法阻却事由。此外,在不作为犯中经常需要特别加以考虑的违法阻却事由是义务冲突。所谓**义务冲突**,是指行为人同时面临多个法律上的作为义务,要履行其中一个作为义务,必然违反其他的作为义务。刑法理论普遍承认义务冲突可以阻却不作为的违法性。但是,在认定义务冲突时须注意,能形成义务冲突的只能是法律义务,道德义务和法律义务之间不构成义务冲突。此外,义务冲突原则上限于作为义务之间的冲突,当作为义务与不作为义务相冲突时,则不构成义务冲突,而属于紧急避险的情形,应当按照紧急避险的规定处理。例如:甲眼见恶犬追咬自己的孩子乙,为保护乙的安全,不得已踹开丙的院门将乙带入院中躲避。该例中,甲负有保护孩子乙的作为义务,对丙则负有不得侵害其法益的不作为义务,两种义务的冲突应当按紧急避险的规则解决。

在法律上的作为义务相互冲突的场合,若相互冲突的作为义务级别相同,则行为人可以自由选择履行其中的任何一个作为义务。不论行为人选择履行哪个作为义务,其行为均因义务冲突而阻却违法。但是,当级别不同的作为义务相互冲突时,行为人只有在履行高级别的作为义务时才阻却违法。至于作为义务的级别,则由相关法益的价值、法益所面临之危险的程度、行为人对所保护法益的法律地位等因素决定。原则上,相关法益的价值越高、法益所面临的危险越紧迫,保护该法益的作为义务的级别就越高。此外,一般而言,不真正不作为犯中的作为义务(保证义务)的级别高于真正不作为犯中的作为义务,在二者发生冲突的场合,行为人应当优先履行保证义务。

(6)责任:期待可能性

相比作为犯中要求行为人不实施某种行为的情形而言,不作为犯表现为要求行为人积极实施某种行为。这种要求对行为人造成的负担相较于作为犯的场合更为沉重,因此,在不作为犯的责任层面,需要更加注意考察是否可以期待行为人履行作为义务。但是,如前所述,案例分析中不能轻易以欠缺期待可能性为由否定行为人的有责性。在不作为犯的场合要注意的是,行为人为了使自己的罪行不被发现而不履行救助被害人的作为义务的,原则上不因欠缺期待可能性阻却责任。例如,甲过失造成乙重伤,为避免自己违法行为败露,在能够对乙加以救助的情形下却未对乙加以救助,导致乙不幸身亡。在这类例子中,由于被害人的生命法益是极为重要的利益,法秩序原则上期待行为人对被害人加以救助。此外,若行为人及时救助被害人,防止被害人的死亡结果发生,也可以使其自身免于承担更重的刑事责任。因此,在这种情形下不能以欠缺期待可能性为由否定行为人构成不作为犯。

（四）共同犯罪

1. 共同犯罪概述

(1) 共同犯罪的概念与本质

《刑法》第25条至第29条规定了共同犯罪。根据第25条第1款的规定，共同犯罪是指二人以上共同故意犯罪。刑法中对于共同犯罪的规定本质上是一种**归责原则**，其使得未亲自参与实施犯罪或者仅亲自参与实施了部分犯罪行为的行为人也要对其他行为人所实施的行为承担责任。换言之，刑法在追究行为人的刑事责任时所依据的最基本的原则是自己责任原则，即"谁实施，谁负责"，根据行为人自己的行为确定其应当承担的刑事责任。然而，在共同犯罪的场合，行为人却不仅要对自己的行为负责，还经常须对他人的行为负责。故关于共同犯罪的法律规定和刑法理论实际上都是在解决同一个问题：在什么情况下，刑法可以要求行为人为他人的行为承担责任。这种导致行为人为他人行为负责的前提条件，就是共同犯罪的成立要件。当然，在不同的前提条件下，行为人为他人行为所负责任的范围和程度也有所不同，这就导致了共同犯罪中诸如共同正犯、间接正犯、教唆犯、帮助犯等不同形态。

(2) 共同犯罪的二元参与体系

a. 共犯分类与共犯体系

对于共同犯罪人可以从不同角度进行分类，最主要的分类法有作用分类法和分工分类法两种。其中，**作用分类法**是指，根据行为人在共同犯罪中所起到的作用对其进行分类。我国《刑法》第26条至第28条即按照不同行为人在共同犯罪中发挥的作用，将共同犯罪人区分为主犯、从犯和胁从犯。**分工分类法**是指，根据共同犯罪人在犯罪中所承担的角色，将其区分为正犯与（狭义）共犯。正犯包括单独正犯、间接正犯、共同正犯等形态，共犯则包括教唆犯（《刑法》第29条）和帮助犯两种形态。此处需要注意的是，"共犯"一词在刑法中有不同的含义。在广义上，共犯是共同犯罪的简称，意味着两人以上共同参与犯罪。但在狭义上，（狭义）共犯与正犯相对应,特指教唆犯和帮助犯。分工分类法中的共犯是狭义的共犯。

与共同犯罪人的分类直接相关的是共同犯罪的体系。刑法对于共同犯罪的认定可能采用两种不同的体系,即二元参与体系与单一正犯体系。

单一正犯体系认为,不应当区分正犯与共犯。① 该体系主张**扩张的正犯概念**,认为所有对实现构成要件具有因果贡献者,不论其贡献大小,一律成立正犯。不仅亲自实施构成要件行为的行为人是正犯,在犯罪中仅实施了教唆行为或帮助行为的行为人其实也是正犯。只不过刑法为了避免过度扩张惩处范围、造成过于严厉的处罚,故对实施教唆行为或帮助行为的行为人科处相对轻缓的刑罚。据此,教唆犯和帮助犯不过是刑法限缩处罚范围的表现。既然所有对犯罪的实现具有因果贡献的行为人都是正犯,在单一正犯体系下,就也不必(实际上也不可能)根据行为人在犯罪中的具体角色将其区分为正犯和共犯,而只须在个案中确定行为人的犯罪贡献大小对之进行量刑即可。② 因此,单一正犯体系一般也会主张采用作用分类法。

二元参与体系要求区分正犯与(狭义)共犯,认为两者必须在构成要件符合性阶层被严格区分开来。刑法分则中构成要件的描述原则上是对正犯行为的规定。③ 例如,"故意杀人的,处……"实际上是指"作为正犯故意杀人的,处……"该说采用**限制的正犯概念**,认为正犯限于实施符合构成要件的行为、从而实现了构成要件的行为人。其他没有实现构成要件,仅对犯罪的实施起到了教唆或帮助作用的行为人,则构成教唆犯或帮助犯。正犯因其实现了构成要件,根据刑法分则的规定就应当受到处罚。教唆犯或帮助犯的行为实际上并不符合刑法所规定的犯罪构成要件,但刑法总则通过处罚共同犯罪的规定,将分则构成要件确定的可罚性扩张至教唆犯与帮助犯。据此,对教唆犯和帮助犯的处罚是刑法扩张处罚范

---

① 参见刘明祥:《论犯罪参与的共同性:以单一正犯体系为中心》,载《中国法学》2021年第6期,第222页以下。

② 参见江溯:《犯罪参与体系研究:以单一正犯体系为视角》,中国人民公安大学出版社2010年版,第250页以下。

③ 参见张明楷:《共犯人关系的再思考》,载《法学研究》2020年第1期,第148页以下。

围的结果,换言之,教唆犯与帮助犯是基于刑罚扩张事由才受到刑事处罚。二元参与体系承认正犯与共犯具有不同的性质,故其也会主张采用分工分类法。

表6 共同犯罪体系概览

	正犯的认定	教唆和帮助的可罚性	共犯人的分类
单一正犯体系	扩张的正犯概念,对犯罪有因果贡献者均为正犯	教唆者和帮助者本就是正犯,只是刑法限制对其的处罚范围和程度	作用分类法
二元参与体系	限制的正犯概念,直接实现构成要件的才是正犯	教唆和帮助本不符合构成要件,但刑法扩张性地将其纳入处罚范围	分工分类法

b. 二元参与体系之提倡

本书主张采用二元参与体系。在司法实务中处理涉及共同犯罪的案件时,主要须解决两个问题:其一为定罪问题,即要确定究竟哪些行为人可以构成共同犯罪,其在哪个罪名的范围内构成共同犯罪,其二为量刑问题,即对于构成共同犯罪的行为人而言,对之应当分别科处何种刑罚。单一正犯体系不仅难以妥善解决定罪的问题,其对案件的判断也并不比二元参与体系更为经济有效。而二元参与体系通过对正犯与共犯的认定,可以较为妥善地同时解决定罪与量刑两个问题,故相较而言更为优越。析言之:

首先,二元参与体系原则上坚持了以构成要件为中心认定犯罪的基本理念,更有利于贯彻罪刑法定原则。该说要求在处理案件时先根据构成要件的要求确定正犯,在认定正犯的过程中也就完成了对构成要件的判断。以此为基础,再通过教唆犯、帮助犯等处罚扩张事由将相关的其他行为人纳入处罚范围,并根据正犯实现的构成要件确定其罪名。由此,通过将正犯的认定与构成要件锚定,再以正犯为基准认定共犯,二元参与体系就确保了基于构成要件认定共同犯罪,在认定犯罪成立的标准上坚持了罪刑法定原则。将共同犯罪的认定与构成要件相结合,不仅有利于根据构成要件确定犯罪行为人的罪名,也能较为简易地确定对不同犯罪行为人的刑罚。因为,对于实现了构成要件的正犯,对之科处刑法分则具体规定的刑罚即可,对于相应的教唆犯或帮助犯,则可以比照正犯的刑罚从轻或减轻处罚。这就使对正犯和共犯应当适用的法定刑幅度均依法律规定得以确立,在量刑上也遵循了罪刑法定原则的要求。简言之,二元参与体系基于构成要件的规定,在案件处理中通过对正犯和共犯的认定一次性解决了对犯罪行为人的定性和量刑两个问题,从而能够在坚持罪刑法定原则的同时妥善处理各类共同犯罪的案件。

其次,对二元参与体系的常见批评是,我国刑法没有明确规定正犯与共犯,故二元参与体系缺乏实定法根据。本书认为这种批评意见并不妥当。一方面,上文已提及,刑法中的共同犯罪理论根本上是在解决对行为人的归责问题,正犯与共犯本质上均是归责模型,其使得行为人不仅要对自己实施的行为负责,还须在一定范围内对他人实施的行为负责。恰如刑法总则中也没有规定因果关系一样,作为归责模型,刑法总则中并不必然需要有对正犯和共犯的明文规定。换言之,即便将我国刑法总则中关于共同犯罪的规定全部删除,在个案中也仍然可以通过共同正犯、间接正犯、教唆犯、帮助犯等理论确定不同行为人的刑事责任。另一方面,若对正犯的认定采取实质客观说,则行为人对于犯罪实施所作出的具体贡献大小是认定其构成正犯还是共犯的决定性因素,据此,可以认为我国《刑法》第26条关于主犯的规定实质上就是关于正犯的规定,而《刑法》第27条、第28条关于从犯和胁从犯的规定实质上就是关于共犯的规定。因此,不能简单以我国刑法中没有使用正犯和共犯的概念为由否定二元参与体系。

再次,单一正犯体系存在着罪刑法定原则方面的难题。由于单一正犯体系将任何对于犯罪实施具有因果贡献的行为人均视为正犯,这就导致必须将很多与构成要件的实现仅具有间接关联的行为也评价为符合构成要件的实行行为,从而引起与罪刑法定原则的冲突。例如,甲欲杀害被害人,乙将自己的菜刀借给甲,甲持刀杀死被害人。在该例中,甲直接实施杀人行为,固然应当认定其构成故意杀人的正犯。但若根据单一正犯体系,乙的行为与故意杀人罪行的实施之间也具有因果关系,故乙也应当构成故意杀人的正犯,即应当认为乙出借菜刀的行为也符合故意杀人的实行行为。这显然过度扩张了正犯的范围。在涉及真正身份犯的场合,就更是如此。例如,国家工作人员甲欲收受贿赂,但因担心被人发现,遂请自己朋友乙(非国家工作人员)代为将贿赂款取回的,若依单一正犯体系,就应当认为乙也构成受贿罪的正犯。但是,刑法明文规定,国家工作人员收受他人财物的才可能构成受贿行为,乙没有国家工作人员身份,将其认定为受贿罪的正犯明显违背刑法条文语词的含义。

最后,单一正犯体系也不比二元参与体系更为经济有效。在二元参与体系下,就必须对正犯与共犯进行区分,如下所述,正犯与共犯的区分也确实是较为复杂的难题。因此,单一正犯体系的主张者经常认为,单一正犯体系避免了区分正犯与共犯的问题,在处理案件时更为简便和经济。然而,单一正犯体系所声称的简便性和经济性其实并不存在。因为,如前所述,司法实务对共同犯罪案件的处理不仅要解决定性的问题,还要解决量刑的问题。单一正犯体系充其量在定性问题上显得较为简便,但在量刑的环节,该说仍然需要审慎区分犯罪行为人在犯罪中的不同角色,从而实现对各个犯罪行为人的适当处罚。换言之,虽然在认定犯罪成立时,单一正犯体系将所有与犯罪有因果关联的行为人都认定为正犯,从而简单地肯定其构成犯罪。但在单一正犯体系下,由于正犯与构成要件脱钩,即便肯定行为人属于正犯,也无法确定对行为人的刑罚。例如,在上述乙借刀给甲杀害被害人,或者非国家工作人员乙帮助国家工作人员甲取回贿赂款的例子中,单一正犯体系虽然能肯定乙分别构成故意杀人罪和受贿罪的正犯,但对乙的刑罚不可能与同为正犯的甲完全一致。此时,单一正犯体系仍然需要在个案中谨慎认定不同犯罪行为人对于犯罪的具体贡献,并进而根据行为人具体的犯罪贡献确定其在共同犯罪中应当负担的责任。然而,这种认定其实已经与二元参与体系在区分正犯和共犯时所考虑的问题几乎没有差别(如下所述,当今的实质客观说也是根据行为人的具体犯罪贡献界定正犯和共犯)。由此可见,单一正犯体系不过是将二元参与体系在认定犯罪成立时就着手解决的问题(根据犯罪贡献区分正犯与共犯)推迟到了量刑环节处理而已。二元参与体系在区分正犯和共犯时需要处理的问题,单一正犯体系同样必须在量刑环节无一疏漏地加以应对。既然如此,单一正犯体系相较于二元参与体系就不可能体现出任何的简便性和经济性。

综上所述,单一正犯体系并不能真正更为便利地处理共同犯罪的案件,同时,其还可能造成对正犯的认定偏离构成要件的规定,难以贯彻罪刑法定原则的要求,因此,在案例分析中采用二元参与体系处理共同犯罪的案件更为妥当。根据二元参与体系,对共同犯罪人的分类大致可以表示如下:

表7　正犯与共犯的分类概览

	正犯	共犯
本质特征	自己实现构成要件:行为人自己亲自实施犯罪,或者通过他人实施犯罪,或者与他人共同实施犯罪	参与他人的犯罪行为:唆使他人实施犯罪,或者对他人的犯罪加以帮助
表现形态	单独正犯(行为人自己实施犯罪) 间接正犯(行为人通过他人实施犯罪) 共同正犯(行为人与他人共同实施犯罪)	教唆犯(引起他人犯罪决意) 帮助犯(帮助他人实施犯罪)

可能需要附带说明的是,所谓的**同时犯**是指,两个以上的行为人在没有意思联络的情形下同时实施相同犯罪行为的情形。同时犯本质上是多个单独正犯的同时实施,故其也是单独正犯。

(3)正犯与共犯的区分

在二元参与体系下,对正犯与共犯的区分是认定共同犯罪的核心议题。对此,应当区别普通犯罪和特殊犯罪两种情形加以探讨。

a. 普通犯罪中的界定

普通犯罪是指刑法构成要件没有对行为主体、行为方式或主观目的提出特殊限制的犯罪。在普通犯罪中应当如何认定正犯与共犯,是刑法理论历来存在巨大争议的问题。其中主要存在以下四种见解:

纯粹主观说站在因果论的立场上,以条件因果关系为前提。其认为,所有参与者的行为都是结果发生的等价条件,故而不可能从客观上区分正犯与共犯,只能从主观上、以行为人的主观意思作为标准进行区分。依该说,基于"正犯意思",也即以"实施自己的行为的意思"实施行为的人是正犯,基于"共犯意思",也即"加功他人的行为的意思"实施行为的人是共犯。例如,在德国帝国法院于1940年判决的浴缸案中,甲女在产下私生子后,由于惧怕自己遭到父亲的责打和社会的歧视意欲将私生子杀死,但却因产后身体虚弱而不能行事。其妹妹乙出于甲的利益,将私生子淹死在浴缸中。① 该案中,德国帝国法院根据主观说认定甲构成正犯,其妹妹乙虽然直接实施了杀害行为,但却因没有正犯意思而只能构成帮助犯。虽然该案的判决结果在当年的法律规定下具有一定的合理性,②但从今天看来,纯粹主观说的立场片面强调行为人的主观意思,已经不符合刑法客观主义的潮流。

规范的综合判断理论可谓是主观说在现代的进一步发展。该说坚持认为,正犯意思是认定正犯的必要条件,出于正犯意思而实施行为的行为人才是正犯。但是,与纯粹主观说不同的是,该说主张,不能仅凭行为人的主观意思判断其是否具有正犯意思,而是必须全面考虑个案中的具体情况,通过整体性的综合评价,客观、规范地判断行为人是否确实具有正犯意思。具体而言,在个案中认定行为人是否具有正犯意思时所需重点考察的因素主要有以下几个方面:其一,犯罪结果可以为行为人带来利益的程度(行为人可以从犯罪中获得的利益越多,就越可能肯定其具有正犯意思);其二,行为人参与犯罪的程度(行为人参与犯罪的程度越深,对犯罪实施的影响越大,就越可能肯定其具有正犯意思);其三,行为人是否支配了犯罪事实或者至少具有支配犯罪事实的意思(行为人支配了犯罪事实,或者至少具有支配犯罪事实的意愿的,原则上具有正犯意思)。③ 规范的综合判断理论是当前德国司法判例在认定正犯时所持的立场。由于该说肯定犯罪事实支配和支配犯罪事实的意愿也属于判断正犯意思的要

---

① Vgl. RGSt 74, 84 ff.
② 其时《德意志帝国刑法典》第217条规定有杀婴罪,对在分娩过程中或刚结束分娩即杀死非婚生子女的行为人处相比谋杀罪和故意杀人罪更轻缓的刑罚。德国帝国法院在该案中认定甲构成正犯,就可以对甲适用该条相对较轻的处罚,认定乙构成帮助犯,也可以对之适用相对较轻的刑罚。相反,若认定乙构成正犯,则因被害婴儿不是乙的非婚生子女,对乙不能适用杀婴罪的规定,就应当肯定乙构成谋杀罪并对之判处死刑。如此的判决结果恐失均衡。
③ 对该观点的评述可参见[德]乌韦·穆尔曼:《德国刑法基础课(第7版)》,周子实译,北京大学出版社2023年版,第499页以下。

素,故其在诸多案件中所得出的结论与犯罪事实支配理论相同。当然,在部分案件中,该说的判断结论还是会与犯罪事实支配理论有所差异。

形式客观说是区分正犯与共犯的客观说的早期形态。该说主张,应当按照构成要件对行为的描述来界定正犯和共犯,直接实施构成要件所描述之行为的是正犯,除此之外的行为加功者都是共犯。形式客观说正确地将对正犯的认定与构成要件相联系,但其对正犯的认定过于狭隘。若认为只有亲自实施了构成要件所描述之行为的人才能成为正犯,就会导致大量的共同正犯和几乎全部的间接正犯都无法被认定为正犯,容易造成无法容忍的处罚漏洞。①

犯罪事实支配理论是当今客观说中的主流见解。该说认为,正犯就是在实质意义上实现构成要件的行为人,也即作为核心角色支配犯罪行为实施和犯罪结果实现的关键人物。不具有这种支配性、只是作为边缘角色唆使或者帮助实施犯罪的,则是共犯。所谓犯罪事实支配,是指行为人故意地掌控了符合构成要件的事件进程。根据行为人掌控犯罪、实现犯罪事实支配的方式不同,正犯可以被区分为直接正犯、间接正犯和共同正犯三种类型。② 其中,直接正犯是指对犯罪事实的行为支配,即行为人通过自己的行为直接控制着犯罪是否实施以及如何实施。在只有单个行为人的场合,行为人直接以自己的行为掌控着犯罪的实施,故属于直接正犯。间接正犯则是指对犯罪事实的意志支配,即行为人通过对他人意志的影响和控制而支配犯罪的实施。行为人实现意志支配的手段主要有强制和欺骗两种方式。前者是指,行为人对他人施以暴力或胁迫,逼迫他人屈从自己的意志。后者则是指,行为人凭借相对于他人的优势认知,利用他人实现自己的犯罪计划。当然,在个案中,行为人也完全可能通过强制手段和欺骗手段的结合实现犯罪事实支配。共同正犯则是指对犯罪事实的功能性支配,即行为人对于犯罪的成功实施负担着不可或缺的功能。若在个案中可以认为没有行为人的参与,相应的犯罪就难以成功,便应当肯定行为人通过其负担的功能实现了犯罪事实支配,从而构成共同正犯。

---

① Vgl. Roxin, Täterschaft und Tatherrschaft, 11. Aufl., 2022, S. 40 ff.
② Vgl. Roxin, Täterschaft und Tatherrschaft, 11. Aufl., 2022, S. 140 ff.

总体而言,纯粹主观说与形式客观说属于当今已经过时的学说,规范的综合判断理论与犯罪事实支配理论在大部分案件中所得出的结论相同。如上所述,在二元参与体系中,对正犯的认定应当基于构成要件的要求进行,故本书建议在案例分析中采用犯罪事实支配理论界分正犯与共犯。

b. 特殊类型的犯罪

所谓特殊类型的犯罪,是指构成要件对行为人的身份、行为方式以及主观目的提出了特别的要求。在这类案件中,只有切实符合构成要件的行为人才能成立正犯。例如,在**真正的身份犯**中,只有具有特定身份的行为人才能成为正犯;在不作为犯等**义务犯**中,只有负担特定作为义务的行为人才能成为正犯;在**亲手犯**中,只有亲自实施了符合构成要件之行为的行为人才能成为正犯;在**目的犯**中,只有主观上具有特定目的的行为人才能成为正犯。

在案例分析中特别需要注意的是,无身份者与有身份的人共同参与实施真正身份犯的行为时,不论其参与形式与贡献大小如何,有身份的行为人总是真正身份犯的正犯,无身份的行为人不能成为真正身份犯的正犯。但是,共犯的成立不受身份限制,故无身份的行为人可以构成真正身份犯的共犯。因此,无身份的行为人教唆、帮助有身份的行为人实施真正身份犯的行为的,或者有身份的行为人唆使无身份的行为人实施真正身份犯的行为的,均应肯定有身份的行为人构成相应真正身份犯的正犯,无身份的行为人则只能构成真正身份犯的共犯。例如:他人向国家工作人员甲行贿,甲为了遮人耳目,让自己的妻子乙(非国家工作人员)去收取贿赂的,甲构成受贿罪的正犯,乙的行为虽然事实上对于受贿行为的成功实施不可或缺,但乙欠缺国家工作人员身份,故只能构成受贿罪的帮助犯。有身份的行为人和无身份的行为人共同实施符合真正身份犯的行为的,也同样只能肯定有身份的行为人构成真正身份犯的正犯,无身份的行为人仅能构成真正身份犯的共犯。但是,若此时真正身份犯的行为同时符合其他普通犯罪的成立要件,则无身份的行为人可能在普通犯罪的范围内成立正犯。例如,国家工作人员甲利用职务上的便利与非国家工作人员乙共同盗窃公共财物的,在贪污罪的范围内,甲构成正犯,乙构成帮助犯,在盗窃罪的范围内,甲和乙构成共同正犯。故对甲应认定为贪污罪正犯与盗窃罪正犯的想象竞合犯,对乙应认定为贪污罪共犯和盗窃罪正犯的想象竞合犯。

在特殊类型犯罪中区分正犯与共犯时具有较大争议的是**不作为的犯罪参与**问题,即:具有作为义务的行为人不对他人的犯罪行为加以阻止或者不对他人行为所危及的法益加以救助,从而导致危害结果的,其是构成正犯还是共犯。该问题在行为人以不作为的方式参与他人作为地实施的犯罪行为时,尤其具有争议。例如:甲出于杀害的故意将不会游泳的丙推到河里。丙的父亲乙虽然拥有高超的游泳技能,而且案发当时完全具备救助丙的条件,却故意不对丙加以救助,导致丙最终溺水而亡。在该例中,甲固然构成故意杀人的正犯,问题是,乙是否也能构成故意杀人罪不作为的正犯。刑法理论对此主要存在四种见解:

第一种见解认为,在不作为的犯罪参与的场合,对于正犯与共犯的界定仍然应当遵循与普通犯罪中一样的标准。依规范的综合判断理论,在不作为的犯罪参与中也应当综合评价案件事实确定正犯与共犯。部分持犯罪事实支配理论的学者则要求考察不作为的行为人是否支配了犯罪事实。① 该见解的不足之处在于,在不作为的场合下,行为人并未积极实施表征其内心意思的行为,故难以推断行为人的主观意志,不易确定其是否具有正犯意思。此外,不作为的行为人经常只是没有更改已经在进展过程中的因果流程,难以认定其实现了对犯罪事实的支配。单纯防止结果发生的可能性并不能被认定为犯罪事实支配性。

第二种见解认为,不作为犯也是义务犯,故应按照义务犯中区分正犯与共犯的原则认定不作为的犯罪参与中的正犯。② 据此,只要符合了全部的构成要件要素,具有作为义务的行为人参与他人犯罪行为的,应当始终是正犯。该说将所有不作为的犯罪参与者均认定为正犯,容易导致处罚不均衡。例如:父亲甲欲杀害儿子乙,遂将犯罪计划告知妻子丙,并要求丙不要干预,丙便未对甲的杀人行为加以阻止,从而使甲成功杀害乙。在

---

① Vgl. Satzger, Beteiligung und Unterlassen, Jura 2015, S. 1063.
② 参见[德]克劳斯·罗克辛:《德国刑法学总论(第2卷)》,王世洲等译,法律出版社2003年版,第505页。

此场合,根据该说的立场,由于丙违反了对乙的救助义务,应当认定丙构成故意杀人的正犯。相反,若甲在将杀害计划告知丙时,丙也同意杀死乙,并交给甲一把菜刀,甲持该刀将乙杀死的,刑法理论却一般认定甲构成故意杀人的正犯,丙仅构成故意杀人的帮助犯。两相比较,前例中的丙只是单纯未阻止甲,就成立正犯,而后例中的丙在提供了犯罪工具的情况下却仅成立共犯,恐失均衡。

第三种见解认为,相较于以作为方式实施犯罪行为的行为人而言,以不作为的方式参与犯罪的行为人对于犯罪事实的影响始终居于次要地位,故应当认为不作为地参与犯罪者始终只能构成帮助犯。① 该说的问题在于,在不真正不作为犯的场合,行为人的不作为在规范意义上与积极的作为具有等置性。既然作为犯无疑可能实现犯罪事实支配,那么,就不能否定与之相等置的不作为犯也能够支配犯罪事实。

第四种见解认为,应当根据不作为地参与的行为人具体违反的作为义务类型,确定其究竟是正犯还是共犯。在行为人违反保护义务时,其成立正犯,在行为人违反监管义务时,其仅成立帮助犯。② 在该说看来,保护义务意味着行为人必须制止对相应法益的一切损害,故此时行为人与被害人处于较为紧密的社会关系之中。与此相应,行为人不履行保护义务的,便是严重损害了法益,应当一律成立正犯。相反,监管义务则意味着行为人的职责主要在于监管危险源,此时行为人与受损害的法益之间的联系并不紧密,且其相对于被监管者直接损害法益的行为而言,也只对危害结果的发生具有次要影响。因此,行为人以违反监管义务的方式参与他人犯罪的,只能成立帮助犯。该说的缺陷在于:首先,保护义务与监管义务只是基于保护法益的不同途径而对保证义务的分类,二者在法律评价上本无差异。负有保护义务或监管义务的行为人在同等程度上负有避

---

① 参见黎宏:《不阻止他人犯罪的刑事责任》,载《中国法学》2020年第4期,第218页以下;[德]汉斯·海因里希·耶赛克、[德]托马斯·魏根特:《德国刑法教科书》(下),徐久生译,中国法制出版社2017年版,第927页。

② Vgl. Gropp, Strafrecht Allgemeiner Teil, 4. Aufl., 2015, §10 Rn. 312 f.;参见[德]乌尔斯·金德霍伊泽尔:《刑法总论教科书(第六版)》,蔡桂生译,北京大学出版社2015年版,第407页。

免法益损害结果的责任。因此,通过区分对保护义务和监管义务的违反来确定不作为的参与者构成正犯还是共犯,缺乏实质的理由。其次,在部分案件中,行为人所违反的究竟是保护义务还是监管义务可能并不明确。例如,游泳馆的救生员甲眼见乙故意将不会游泳的丙推入深水区,却不加以救助,导致丙溺水身亡的,便不易确定甲所违反的究竟是何种类型的保证义务。就甲应当保障丙的人身安全而言,甲违反的是保护义务,但是,就甲没有防止游泳池作为危险源损害他人法益而言,甲所违反的又应当是监管义务。这种在个案中的义务类型界分难题对于认定行为人构成不作为犯并无显著影响(不论甲违反的是何种类型的保证义务,均符合不作为犯的成立要件),但其却导致难以根据行为人违反的义务类型来确定行为人究竟属于正犯还是共犯。最后,在个案中也完全可能出现行为人同时违反保护义务和监管义务的情形。例如,中学教师甲发现自己的学生乙正在故意对自己的另一名学生丙实施伤害行为(乙、丙均未成年),但却不加制止,从而导致乙将丙打成重伤的,甲既违反了保护丙免受伤害的保护义务,又违反了监督乙不得伤害他人的监管义务。若依据甲违反的保证义务类型确定其是正犯还是共犯,就难以得出确定结论。

c. 过失犯中的区分?

我国《刑法》第25条明文规定,"共同犯罪是指二人以上共同故意犯罪"。因此,在过失犯中不存在共同犯罪,自然也就不存在正犯与共犯的区分问题。换言之,在过失犯中只有正犯,而不存在过失的共犯。在行为人过失地促进了他人实施犯罪行为的场合,若他人的犯罪行为和该行为所导致的危害结果与行为人的过错之间存在刑法上的因果关系(即可以被归责于行为人),则应肯定行为人就相应的损害结果构成过失犯。例如:乙曾经对甲声称,自己要是有枪就要杀死丙。次日,甲过失地将上了膛的手枪遗忘在桌子上。乙发现后,使用甲的手枪射杀了丙。在该例中,不应当考察甲是否过失地"帮助"了乙实施杀人行为,而是应当考虑甲是否成立过失致人死亡的正犯。对这一问题的回答本质上是因果关系的问题。

(4)共同犯罪与犯罪构成

对于共同犯罪是否应当以各个行为人符合同一个构成要件为前提,

在刑法理论中存在完全犯罪共同说、部分犯罪共同说和行为共同说之间的分歧。① **完全犯罪共同说**认为，行为人所触犯的罪名完全相同时，才构成共同犯罪。例如：甲以杀害的故意、乙出于伤害的故意共同暴力殴打丙，导致丙的死亡。因甲、乙主观意思不同，所触犯的罪名不同，故该说否认甲、乙构成共同犯罪。**部分犯罪共同说**认为，只要行为人所实施的不同犯罪之间具有罪质的重合之处，便可以就重合部分成立共同犯罪。这并不影响根据不同的罪名对行为人定罪量刑。例如，在上例中，甲触犯的是故意杀人罪，乙触犯的是故意伤害罪，但因两罪在故意伤害罪范围内存在罪质重合，故可以肯定两人构成共同犯罪。**行为共同说**认为，共同犯罪是指行为人共同实施了行为，而不是共同实施特定的犯罪，故只要行为人的行为具有共同性，即可肯定其成立共同犯罪。至于行为人所触犯的具体罪名，则非所问。构成共同犯罪的行为人，完全可能因不同罪名受到处罚。例如，在上例中，既然甲、乙合谋共同殴打丙，两人行为便具有共同之处，从而构成共同犯罪。至于甲、乙究竟构成何种犯罪，则还须根据其主观要素等犯罪成立条件加以确定。故在上例中应当肯定甲构成故意杀人罪，乙构成故意伤害罪。

在案例分析中，真正具有意义的只有行为共同说。首先，完全犯罪共同说明显过度限制了共同犯罪的成立范围，殊为不当。部分犯罪共同说虽然在结论上经常与行为共同说相同，但其同样背离了刑法共同犯罪理论的本旨。如前所述，共同犯罪本质上是对行为人的归责原则，只要行为人之间具有行为上的共同性，就已经具有了使其相互归责的条件（在共同正犯的场合尤其如此）。至于每个行为人究竟构成何罪，则应在完成归责之后再分别根据每个行为人的情况单独予以判断。在确认了行为人构成何种犯罪时，对其定性就已经完成，此时再如犯罪共同说一样去追问行为人究竟在什么犯罪的范围内构成共同犯罪，对于确定行为人的刑事责任完全没有意义。其次，若拘泥于认定行为人所触犯的罪名是否完全相同或部分相同，那么，在无法确定行为人是否构成相关犯罪的场合，犯罪共

---

① 参见陈家林：《外国刑法理论的思潮与流变》，中国人民公安大学出版社、群众出版社2017年版，第516—519页。

同说便无法妥善认定行为人的刑事责任。例如,甲以杀害的故意、乙出于伤害的故意共同暴力殴打丙,丙最终死亡,但无法查清致命伤究竟是由甲还是由乙构成。在该例中,由于导致死亡结果的因果关系无法确定,犯罪共同说就无法认定甲和乙分别构成何种犯罪,或者只能认为两人均构成犯罪未遂,从而只能否定两人构成共同犯罪或者至多肯定两人构成未遂犯的共同犯罪。这一结论无法令人满意。相反,根据行为共同说,既然甲、乙共同实施殴打行为,则两人应当相互对对方的行为负责,故不论是甲的行为还是乙的行为造成了致命伤,甲和乙均须为死亡结果承担责任。在此基础上,再根据两人主观故意的不同,就可以肯定甲构成故意杀人罪,乙构成故意伤害罪(致人死亡)。

(5)任意的共犯与必要的共犯

以相关犯罪是否必须由二人以上共同实施才能成立为标准,共同犯罪可以区分为任意的共犯与必要的共犯两种类型。**任意共犯**是指一个行为人就可以实施的犯罪却由两人以上共同实施的情形。对任意共犯的处理,适用刑法总则有关共同犯罪的规定。**必要共犯**,是指刑法分则所规定的,必须由二人以上共同实施的犯罪。单独一个行为人不可能实现这些犯罪的构成要件。我国刑法中的必要共犯主要包含对向犯、聚众共同犯罪和集团共同犯罪等三种情形:

对向犯是指以存在二人以上相互对向的行为为构成要件的犯罪。双方行为人的罪名与法定刑可能相同(例如重婚罪),也可能不同(例如行贿罪和受贿罪)。在某些场合下,法律仅规定处罚其中的一方行为人(例如贩卖淫秽物品牟利罪)。须注意的是,在最后一种情形中,不能根据总则中有关共同犯罪的规定认定另一方行为人构成犯罪。因为,立法者显然知晓,在这类犯罪中,行为人成功实施相关的犯罪行为必然要以另一方行为人的参与为前提,但尽管如此,立法者仍然仅规定处罚行为人而不处罚另一方参与者,这就表明,在立法者看来,只有行为人的行为达到了应受刑罚制裁的不法程度,而另一方参与者的行为则不应被视为犯罪。与此相应,就也不能通过总则共同犯罪的规定将另一方参与者作为任意的共犯追究其刑事责任,否则便会违背立法者的价值决定。例如,在贩卖淫秽物品牟利罪中,行为人要成功实施贩卖行为当然须以他人对应的购买行为为前提。但立法者仅规定处罚贩卖者,故不能将购买淫秽物品的人以本罪的共犯论处。

聚众共同犯罪是由首要分子组织策划、聚集纠合并且指挥多人实施的共同犯罪。该种类型的共同犯罪必须有首要分子在其中起主要作用,并且至少有三人参与。《刑法》可能将所有参与者作为共同犯罪处罚(例如第317条第2款聚众持械劫狱罪),也可能只处罚首要分子(例如第291条聚众扰乱公共场所秩序、交通秩序罪)。

集团共同犯罪(集团犯罪),是指三人以上有组织地实施共同犯罪。《刑法》分则规定的部分集团共同犯罪属于必要的共犯。例如,第120条组织、领导、参加恐怖活动组织罪。该罪既处罚组织、领导者,又处罚参加者。与此相似,第294条组织、领导、参加黑社会性质组织罪也同样既处罚组织、领导者,又处罚参加者,故也属于必要的共犯。实施集团犯罪的组织,称为犯罪集团。犯罪集团的特征是:人数较多,至少三人以上;较为固定,有首要分子,具备较为明确的组织形式;目的明确,为反复多次实施一种或数种犯罪行为而缔结,多有预谋;危害严重。

在案例分析中,对于必要的共犯,一般只需要根据刑法分则的相关规定加以认定即可,大部分案件中无须特别适用关于正犯与共犯的基本理论。相反,对于任意共犯的认定,则主要取决于对共犯理论的应用,故本书下文主要侧重于阐释在任意共犯的场合认定共同犯罪的基本原理和方法。在正犯与共犯的几种形态中,直接正犯虽然是正犯的类型之一,但其本质上并不关乎共同犯罪,故下文主要对共同正犯、间接正犯、教唆犯和帮助犯加以概述。

2. 共同正犯

(1)共同正犯的概念与原则

所谓共同正犯,是指两个或两个以上的行为人基于共同的犯罪计划分工合作,故意地共同参与实施犯罪行为。共同实施犯罪的行为人通过其所负担的功能形成犯罪事实支配:每个行为人所负担的任务都是犯罪计划不可或缺的重要组成部分,正是由于行为人的参与,整个犯罪事实的实现才成为可能。案例分析中对共同正犯的检视清单大致如下:

> **三阶层体系：共同正犯**
> 1. 构成要件符合性
>   （1）客观构成要件
>   a. 主体　　　　　b. 行为对象
>   c. 构成要件行为
>   共同正犯：行为人之间的行为相互归责
>   (a) 共同的犯罪计划
>   (b) 共同参与实施
>   (c) 为犯罪实施作出重大贡献
>   d. 结果
>   e. 因果关系
>   （2）主观构成要件
>   a. 故意
>   b. 非法目的
> 2. 违法性
> 3. 责任
> 4. 其他犯罪条件

在共同正犯中，每个行为人都对犯罪的实现起到不可或缺的作用，故每个行为人都必须对共同犯罪意思范围内的行为和结果负担责任。共同正犯本质上是行为人之间的**行为相互归责模型**，即：构成共同正犯的行为人不仅要对自己实施的行为负责，而且要对其他共同正犯人在共同犯罪意思范围内的行为负责，视为这些行为也由行为人本人亲自实施。在完成这种行为归责后，再判断行为人究竟符合什么犯罪的构成要件。例如，甲和乙合谋实施抢劫，由甲负责使用暴力压制被害人反抗，由乙负责趁机取走被害人财物。若单独考察甲和乙的行为，两人的行为均不符合抢劫罪的构成要件：甲自身的暴力行为若未能造成轻伤以上的结果，就不符合刑法中的任何构成要件，乙的取财行为也至多符合盗窃罪或抢夺罪的构成要件。但是，甲与乙构成共同正犯，故两人行为应相互归责。析言之，乙的取财行为应当被归责于甲，故在规范的意义上应当认为甲既实施了暴力行为，又实施了取财行为。通过这种行为归责之后，就应当肯定甲实施了抢劫罪的实行行为,从而符合抢劫罪的构成要件。同样,甲的暴力行为也应当被归责于乙,故在规范的意义上应当认定乙既实施了暴力手段,又实施了取财行为,从而同样符合了抢劫罪的构成要件。又如,甲和乙两人意图杀害丙,于是同时向丙开枪,丙中弹身亡,但无法查明击中丙的子弹是甲还是乙发射的。在该例中,甲、乙同样构成共同正犯,故两人的行为应当相互归责,甲(乙)不仅应当对自己开枪射击的行为负责,还要对乙(甲)开枪射击的行为负责,故不论是谁发射的子弹击杀了丙,甲、乙的行为均与丙的死亡结果之间具有因果关系,两人均构成故意杀人既遂。

由此可见,在共同正犯的场合,每个行为人实际上是因为对其他共同正犯的行为承担责任,才导致其对其他共同正犯人造成的损害结果也要负责。因此,我国传统刑法理论关于共同正犯"部分实行、全部责任"的认识虽然在结论上是正确的,但是,共同正犯只是在事实上或者说在自然主义的视角下属于"部分实行"。在经过相互行为归责之后,每个行为人都应当对其他共同正犯的行为负责,视为其亲自实施了其他共同正犯所实施的行为,故其在规范的意义上已经构成"全部实行"。既然行为人属于全部实行,那么其当然也应负担全部责任。

需要注意的是,共同正犯的相互归责只发生在构成要件行为这一犯罪成立要件上,对于其他的犯罪成立要件则不存在相互归责的可能性。例如,行为人的特殊主体身份显然不可能相互归责,有身份的行为人与无身份的行为人共同实施真正身份犯之行为的,无法在规范的意义上肯定无身份的行为人也实现了真正身份犯的构成要件。同理,行为人的犯罪故意和非法目的等主观要素也无法相互归责。例如,甲出于杀害故意,乙出于伤害故意共同殴打丙,导致丙死亡的,甲、乙的主观意图不能相互归责,其各自的主观意图只能分别影响其自身的犯罪性质,故甲构成故意杀人罪,而乙则构成故意伤害罪。此外,行为的违法性、行为人的责任以及中止、积极悔过等犯罪条件的判断,也都只能根据每个行为人自身的情况加以确定。

(2)共同正犯的成立要件

既然共同正犯的本质是在特定条件下对行为人进行行为相互归责,那么,使这种归责得以进行的前提条件其实就是共同正犯的成立要件。

认定共同正犯须具备三方面的条件,即共同的犯罪计划、共同参与实施和对犯罪的重大贡献。

a.共同的犯罪计划

共同的犯罪计划也经常被称为共同的犯罪故意。共同正犯并不是指行为人单方面认同他人的犯罪行为并基于这种赞同而自己实施行为,相反,成立共同正犯要求所有参与者都必须知晓并且基于彼此所意欲的协同合作实施行为。如果行为人之间欠缺这种共同的犯罪故意或犯罪计划,就只能成为同时犯或者片面共犯。

共同的犯罪计划虽然是认定共同正犯的必要前提,但在个案中认定共同正犯时,不应对行为人之间的共同犯罪计划提出过高的要求。特别是,奠定共同正犯的犯罪计划并不需要经由行为人之间的长时间精细协商而形成。一方行为人提出,另一方行为人表示加入时,就足以形成一个共同的犯罪计划。在犯罪实施的过程中,一方行为人中途加入的,也可以形成共同的犯罪计划。共同的犯罪计划不以语言明示为必要,各方行为人完全可以采用默认或者其他方式建立或者扩张他们的约定。共同正犯的成立也不以行为人相互了解对方的身份为前提。即便行为人相互之间未能明确认识到对方的身份,但若其均能认识到,除自己之外还有其他人在共同实施,并且这些共同实施者也有同样的认识,那么所有的行为人都成立共同正犯。犯罪计划也并不必须明确各方行为人的行为细节,而只需要大致确定具体情况下如何行为或者作出何种反应即可。

共同的犯罪计划既是认定共同正犯的基础,同时也限制着共同正犯的成立范围:行为人只能在共同犯罪计划的范围内对彼此的行为负担责任;对于部分行为人超出犯罪计划的行为(共同正犯的**实行过限**),其他行为人只须在与犯罪计划重合范围内负责。例如,甲和乙合谋前往丙家实施盗窃,约定甲在丙家客厅窃取财物,乙到丙家卧室窃取财物。甲在客厅窃取了3万元,乙进入丙家卧室时,意外发现丙在家,遂对丙使用暴力强取了丙10万元的财物。若甲对乙使用暴力的行为不知情,则甲、乙两人在盗窃罪范围内构成共同正犯。甲无须对乙的暴力行为负责,故甲仅构成盗窃13万元(抢劫行为在规范的意义上包含有盗窃行为,故乙的抢劫数额应当被计入盗窃数额)。乙与甲在盗窃罪的范围内构成共同正犯,也构成盗窃13万元,但乙在盗窃之外还实施了抢劫行为,同时构成抢劫10万元,故乙应构成盗窃13万元与抢劫10万元的想象竞合犯。

当部分行为人在执行共同犯罪计划过程中发生了**对象错误**时,若该对象错误没有超出共同犯罪计划的范围,则该部分行为人所造成的损害结果同样被归责于其他行为人,所有行为人均成立共同正犯。例如,甲和乙实施犯罪行为,约定若被警卫追捕就开枪射伤警卫。犯罪实施过程中,甲、乙果然被警卫发现,两人立刻逃窜。乙误以为追击自己的警卫丙是与自己素有仇怨的警卫丁,遂向丙开枪射击,导致丙重伤。在该例中,乙虽然陷入了对象错误,但这种对象错误并未超出共同犯罪计划的范围(向追击的警卫射击),故甲与乙均构成故意伤害罪。有争议的问题是,若相关的对象错误导致部分行为人自己的法益受损时,该部分行为人是否仍然成立共同正犯。例如:甲与乙商议于夜间携带手枪实施犯罪行为,若失败后有警卫追捕就开枪射杀警卫、抗拒抓捕。后两人罪行果然失败,在逃跑过程中,甲将跑在后面的乙误认作追捕的警卫,遂出于杀害故意向乙开枪射击,致乙重伤。① 在该例中,甲成立故意杀人未遂与故意伤害既遂的想象竞合犯,但是,对于乙是否仍然与甲构成共同正犯,就存在见解的分歧。否定说认为,此时乙不成立故意杀人或故意伤害的共同正犯。该说的理由在于:其一,甲、乙两人的共同的犯罪计划限于向追捕的警卫开枪射击,乙显然不会同意向自己开枪射击的犯罪计划,故甲的行为超出了两人共同犯罪计划的范围。② 其二,自杀与自伤行为原本就不构成犯罪,若认为乙与甲在故意杀人罪和故意伤害罪的范围内构成共同正犯,就意味着要求乙对甲的行为负责,视为是乙自己向自己开枪射击并须就此负担刑事责任。这实际上是要求乙就自伤行为接受刑事制裁,违反了自杀与自伤不构成犯罪的基本法理。③ 肯定说认为,乙仍然应当构成共同正犯。④ 因

---

① Vgl. BGHSt 11, 268 f.
② Vgl. Roxin, Täterschaft und Tatherrschaft, 11. Aufl., 2022, S. 320.
③ Vgl. Dehne-Niemann, Zum fünfzigjährigen Jubiläum des „Verfolgerfalls", ZJS 2008, S. 356 ff.
④ 参见[德]乌尔斯·金德霍伊泽尔:《刑法总论教科书(第六版)》,蔡桂生译,北京大学出版社2015年版,第436页。

为,当甲、乙两人约定在夜间向追捕的警卫开枪射击时,其共同犯罪计划中就蕴含着发生对象错误(认错人)的风险,而甲的行为不过是实现了两人共同犯罪计划中的这种风险而已,故甲的行为没有超出共同的犯罪计划,乙仍应就甲的行为构成共同正犯。据此,乙也构成故意杀人未遂与故意伤害既遂的想象竞合犯。折中说则认为,虽然应当肯定乙与甲构成共同正犯,但因自杀与自伤不构成犯罪,故不能要求乙对自身的伤害结果负责,不能认定乙构成故意伤害既遂。因此,只能肯定乙构成故意杀人未遂和故意伤害未遂,对其以故意杀人未遂论处。①

是否应当承认片面的共同正犯,也是存在较大争议的问题。肯定说认为,只需要某一方行为人具有共同实行的意思,且该行为人的行为对于犯罪发生具有因果性,就可以要求该行为人对其他行为人的行为及其所造成的结果负责,从而形成片面共同正犯。② 否定说则认为,共同正犯的本质就是行为人在共同的犯罪计划下相互分工合作,彼此对对方的行为负责,从而"部分实行、全部责任"。因此,当一方行为人不具有共同实施犯罪的意思时,行为人之间就不能成立共同正犯。③ 所谓片面共同正犯不过是同时犯。例如:甲知道乙要去丙家抢劫财物,于是便抢先到丙家,将丙打成重伤昏迷。随后,乙来到丙家,发现丙倒在地上不省人事,便将丙家珍贵的文物窃走。在该例中,若承认片面的共同正犯,则乙对甲的行为不负责任,乙仅构成盗窃罪。但是甲作为片面的共同正犯不仅要对自己的暴力伤害行为负担责任,还必须对乙的取财行为承担责任,故甲构成抢劫罪。相反,若否定片面共同正犯,则对甲和乙的刑事责任要分开来考察。乙成立盗窃罪,甲构成故意伤害罪(正犯)和盗窃罪(片面帮助犯)的想象竞合。

若承认片面共同正犯,则在认定片面共同正犯时须特别注意对行为因果性的考察。行为人内心单方面的共同实行的意思尚不足以奠定片面共同正犯,只有在行为人的行为与犯罪的发生具有物理上或者心理上的

---

① Vgl. Rengier, Strafrecht Allgemeiner Teil, 13. Aufl., 2021, §44 Rn. 33.
② 参见张明楷:《刑法学》(第6版),法律出版社2021年版,第598页以下。
③ 参见[日]前田雅英:《刑法总论讲义(第7版)》,曾文科译,北京大学出版社2024年版,第301页。

因果关联时,其才能构成片面的共同正犯,并因此对其他行为人的行为和结果负责。例如,甲意欲抢劫被害人,于是胁迫被害人交出财物。乙在甲不知情的情况下,出于协助甲的意思,在甲身后面目狰狞地用枪指着被害人,导致被害人不敢反抗,从而使甲顺利实施了抢劫行为。此时乙主观上具有与甲共同实行的意思,客观上乙的行为对于抢劫的实施也具有物理上的因果性,故乙成立片面共同正犯。甲的行为也要被归责于乙,应认定乙符合了抢劫罪的构成要件。相反,若行为人的行为与危害结果之间不具有因果性,或者无法查明行为人的行为与危害结果之间的因果联系,则不能仅凭行为人内心片面的共同实行意思肯定其构成片面共同正犯。例如,甲想杀害被害人,遂向被害人开枪射击。乙在甲不知情的情况下出于协助甲的意思同时在甲身后向被害人开枪射击,被害人被一发子弹击中身亡,但不知该子弹是甲还是乙射出。在该例中,虽然乙主观上具有与甲共同实行的意思,但因无法查明乙的行为与死亡结果之间的因果关系,不能肯定乙成立片面共同正犯,只能肯定甲、乙均构成故意杀人未遂。

b. 共同参与实施

只有参与共同实施犯罪行为的行为人才可能支配构成要件的实现,也才能被认定为共同正犯。行为人在实行阶段参与实施犯罪的,显然属于共同参与实施,但其中存在应当如何认定承继共同正犯的问题。在实行阶段之外参与实施犯罪的,是否也能成立共同正犯,就更是存在意见分歧。对此,应当区分预备阶段的参与和既遂之后的参与两种情形进行考察。以下分述之:

(a) 承继的共同正犯

行为人在他人着手实施犯罪之后,于犯罪既遂之前参与共同实施犯罪的,可以成立共同正犯。此即为承继的共同正犯。有争议的问题是,在承继共同正犯的场合,后加入的行为人究竟在何种范围内与他人构成共同正犯,以及须为他人造成的何种损害结果负责。

首先,行为人在他人着手实施犯罪后加入,与他人共同实施实行行为的,原则上可以构成承继的共同正犯。例如,甲对被害人实施抢劫行为,若在甲着手对被害人使用暴力后,乙加入与甲共同对被害人使用暴力并劫取被害人财物,甲、乙当然构成抢劫罪的共同正犯。此时乙也可谓是抢劫罪的承继共同正犯。对此结论,学界并无争议。成问题的是,行为人在他人已经完成了阶段性的实行行为时,才加入共同实施另一阶段的实行行为的,其是否还就前一阶段的他人行为构成承继的共同正犯。例如,甲对被害人实施抢劫行为,在甲已经通过暴力行为压制了被害人的反抗后,乙(对甲的暴力行为知情)才后续加入与甲共同实施取财行为的,乙是构成盗窃罪的共同正犯,还是构成抢劫罪的(承继)共同正犯。一种观点认为,乙虽然仅实施了取财行为,但其是在明确知道甲实施抢劫行为的前提下参与其中与甲共同实施犯罪行为,故乙在抢劫罪的范围内构成承继的共同正犯,应当肯定其成立抢劫罪。① 另一种观点则认为,乙虽然明知甲在实施抢劫行为,但乙是在甲实施完暴力行为之后才加入犯罪,其对甲实施的暴力行为缺乏心理上的或物理上的因果性,故乙不应对甲的暴力行为负责,只能认定乙构成盗窃罪。②

其次,与此类似的问题是,对于他人已经实现的加重情节或加重结果,后加入的行为人是否还能成立承继的共同正犯。例如,甲对被害人实施抢劫行为,使用暴力造成被害人重伤后,知情的乙后续加入与甲共同压制被害人反抗并劫取被害人财物。此时乙是构成普通抢劫罪的共同正犯还是抢劫致人重伤的共同正犯?一种较早的见解认为,既然后行为人是在知情的情况下加入犯罪,其就是认可了他人之前所实现的加重情节和所造成的加重结果,从而与他人在加重情节和加重结果的范围内形成了共同的犯罪计划,就加重情节和加重结果构成承继的共同正犯。③ 据此,在上例中就应当肯定乙与甲在抢劫致人重伤的范围内形成了共同的犯罪计划,故乙也应当对甲造成的加重结果负责,构成抢劫致人重伤的共同正犯。相对新近的见解则普遍认为,后加入的行为人不可能与他人就已经实现的加重情节或加重结果形成共同的犯罪计划,故否认后加入的行为人应当对他人已经实现的加重情节或加重结果负责。④ 据此,在上例中只能认定乙构成普通抢劫罪的共同正犯。

---

① 参见曲新久主编:《刑法学》(第6版),中国政法大学出版社2022年版,第139页。
② Vgl. Grabow/Pohl, Die sukzessive Mittäterschaft und Beihilfe, Jura 2009, S. 659.
③ Vgl. BGHSt 2, 346.
④ Vgl. BGH, NStZ 2016, S. 524.

(b)预备阶段的参与

认定共同正犯并不要求每个行为人均实施了符合构成要件的实行行为,在犯罪预备阶段参与犯罪的,也可以被认为是参与实施犯罪。因为,行为人在犯罪预备阶段对犯罪实施起到了重大影响的,即便其在犯罪实行阶段不在现场,也同样应当肯定其支配了犯罪事实,从而成立共同正犯。[1] 认定行为人是否支配了犯罪事实,关键是要考察行为人在何种程度上影响了犯罪行为的实施。至于行为人具体何时作出了对犯罪的贡献,则非所问。例如:甲与乙、丙共同决定抢劫饭店并且平分抢劫所得财物。甲作为首领周密计划了犯罪行为的实施细节,包括选择抢劫的饭店以及如何实施抢劫等,但在乙和丙实施抢劫行为时,甲却从不亲临现场。乙和丙在依照甲的指示抢劫了数家饭店之后被抓获。[2] 在该例中,应当肯定甲与乙、丙构成抢劫罪的共同正犯。相反,有少数见解认为,只有当行为人在犯罪实行阶段切实参与实施犯罪或者至少通过通讯工具实时影响犯罪实施时,才能肯定行为人具有对犯罪事实的支配性。[3] 若行为人仅在犯罪预备阶段参与犯罪,则只能考虑认定其构成间接正犯或者教唆犯。这种少数说实际上是认为只有亲临犯罪现场或者能够对实施犯罪的行为人加以直接控制的,才能形成对犯罪事实的支配。该说过于狭隘地理解了对犯罪事实的支配性,忽视了幕后策划者对犯罪的巨大影响,容易导致将幕后策划者视为犯罪中的边缘角色而对其科处过于轻缓的处罚,甚至可能导致幕后策划者逃脱刑事制裁(在个案中,幕后策划者不一定符合间接正犯或教唆犯的成立条件),故并不妥当。虽然行为人是否在犯罪实行阶段参与了犯罪,是否在犯罪实施时亲临现场控制指挥等情节也确实是判定行为人是否具有犯罪事实支配的重要参考要素,但在案例分析中却不能仅以此为决定性的标准认定行为人是否构成共同正犯。

(c)犯罪既遂后的参与

同样存在争议的问题是,行为人在他人的犯罪行为既遂之后、实质性

---

[1] Vgl. BGH, wistra 2012, S. 433. 参见姜涛:《事前通谋与共同犯罪成立》,载《中国刑事法杂志》2014年第5期,第29页。

[2] Vgl. BGHSt 46, 138 (139).

[3] Vgl. Roxin, Täterschaft und Tatherrschaft, 11. Aufl., 2022, S. 337.

完结之前参与的,是否还能成立承继的共同正犯。例如:甲与乙一起去逛夜店消遣,其间,甲看到丙的钱包露在裤兜外面,于是临时起意偷走丙的钱包放到自己口袋里。丙马上怀疑甲偷了自己的钱包,要求甲返还钱包。甲矢口否认,丙提出对甲搜身。甲向乙使眼色,乙心领神会,从甲处将钱包取走。后丙未能从甲身上找到钱包,只好作罢。甲、乙两人平分钱包中的现金。肯定说认为,在他人行为既遂之后,若相关犯罪行为尚未实质性完结,则后加入的行为人对于造成终局性的法益损害结果起到了不可或缺的重要作用,故应当肯定其构成承继的共同正犯。① 据此,在上例中,虽然在乙加入时,甲已经取得了对被害人钱包的占有,其盗窃行为已经既遂,但正是因为乙的参与才导致被害人最终遭受财产损失,故应肯定乙构成盗窃罪的承继共同正犯。否定说则主张,犯罪事实支配总是意味着行为人支配了构成要件的实现,故只有在构成要件的范围内才能认定存在着犯罪事实支配。当他人的犯罪行为达于既遂时,相关的构成要件已经实现,后加入的行为人不可能再对相关构成要件的实现施加影响,不可能再支配相应犯罪行为的实施,自然也就不可能再成立承继的共同正犯。② 因此,在上例中,既然在乙加入时,甲的盗窃行为已经达于既遂,乙就不可能再支配盗窃罪构成要件的实现,不能成立盗窃罪的承继共同正犯。乙只能构成掩饰、隐瞒犯罪所得罪。当然,在持续犯的场合,由于行为人的行为在既遂之后仍然持续侵害法益,此时后加入的行为人可以就他人已经既遂的犯罪行为构成承继的共同正犯。例如,甲实力控制被害人并将其拘禁,乙后续加入维持对被害人的拘禁的,构成非法拘禁罪的共同正犯。

c. 为犯罪作出重大贡献

只有参与共同实施犯罪行为,并且为犯罪的成功实施作出了重大贡献的行为人,才在犯罪活动中承担了不可或缺的功能,也才能作为犯罪的核心角色成立共同正犯。在案例分析中,应当根据个案的具体情形考察,

---

① 德国司法实践多采取肯定说的观点。Vgl. Geppert, Die Mittäterschaft (§25 Abs. 2 StGB), Jura 2011, S. 33 f.
② 参见[德]乌韦·穆尔曼:《德国刑法基础课(第7版)》,周子实译,北京大学出版社2023年版,第530页。

行为人的犯罪贡献是否具有不可或缺的重要性。若没有行为人的贡献,相关的犯罪行为就难以成功实施,便应当肯定行为人实现了犯罪事实支配,构成共同正犯。一般而言,多个行为人分工合作实施符合构成要件的行为时,原则上可以认为参与者均具备形成共同正犯的重大贡献。即便行为人所实施的并不是直接符合构成要件的行为,但如果结合个案中的具体情形,该行为对于犯罪的成功实施极为重要,行为人也可能成立共同正犯。在司法实务中具有较大意义的是关于望风行为的定性。望风者究竟是构成共同正犯还是帮助犯,完全取决于望风行为在个案中的重要性。若望风行为对于犯罪的实施不可或缺,没有望风者的参与,其他行为人难以成功实施犯罪行为,则应肯定望风者构成共同正犯。例如,甲欲在夜间潜入某单位财务室实施盗窃行为,知道单位保安会在夜间频繁巡视,故让乙在外望风的,乙应当构成盗窃的共同正犯。相反,若根据个案的具体情形,望风行为对犯罪成功实施的影响较小,则望风者往往只能构成帮助犯。例如,甲、乙共同前往被害人住所盗窃,甲因嫌弃乙盗窃技能不娴熟而安排乙在外望风的,乙就只能构成盗窃的帮助犯。

在案例分析中还须注意的是,不能立足于事后的视角,根据行为人事实上发挥的作用判断其是否对犯罪的成功实施作出了不可或缺的贡献,而是应当站在事前的视角,根据行为人共同的犯罪计划判断每位行为人是否在犯罪过程中负担了不可或缺的功能。若行为人依据计划对犯罪的成功实施负有重要功能,那么,即便从事后的立场看来该行为人的参与是无足轻重的,也应当认定其成立共同正犯。例如,在甲请求乙为自己望风才敢入室盗窃的情形中,即便在甲实施盗窃行为时根本没有保安前来巡视,也应肯定乙构成盗窃的共同正犯。由于应当从事前的角度判断行为人的贡献是否重大,故"**附加的共同正犯**"也成立共同正犯。例如,为了确保暗杀的成功,20个杀手同时向被害人开枪,被害人身中数弹身亡,但无法查明究竟是哪些杀手射出的子弹击中了被害人。在该例中,虽然从事后来看,单个杀手的行为对于造成被害人的死亡结果都不具有不可或缺的重要性,但是,从事前看来,每个杀手的参与都增加了暗杀成功的概率,因而所有杀手均成立故意杀人的共同正犯。同理,"**择一的共同正犯**"也成立共同正犯。例如,多名杀手知道被害人必然从几条道路中的一条经过,于是基于共同计划分别在不同道路上伏击被害人,最终由其中一名杀手将被害人杀害。虽然从事后的视角来看,只有真正杀害被害人的杀手才发挥了作用,但是,从事前看来,杀手们的分工协作杜绝了被害人逃生的可能,故全部杀手均成立故意杀人的共同正犯。

(3)过失共同正犯?

在多个行为人基于共同过失而造成损害结果时,是否应当肯定其构成过失的共同正犯,也是存在争议的问题。例如,甲与乙在山头一同决定往山下滚石块,一人一块交叉进行。后发现被害人在半山腰被石块砸死,但无法查清被害人是被甲还是乙所推下的石块砸中身亡。肯定说认为,应当肯定存在过失的共同正犯,特别是在因果关系不明的案件中,若否定行为人构成过失的共同正犯,就无法要求其对彼此的行为承担责任,从而造成处罚漏洞。[①] 在该说看来,在上例中,若否定过失共同正犯,就应当对甲、乙二人均适用存疑有利于被告的原则,认为被害人的死亡结果系由另一方行为人造成,又由于在过失犯中并不存在未遂的情形,就只能认定甲、乙二人均无罪,殊为不当。否定说认为,共同正犯也是共同犯罪的类型之一,《刑法》第25条明确规定,"共同犯罪是指二人以上共同故意犯罪","二人以上共同过失犯罪,不以共同犯罪论处",据此,不存在认定过失共同正犯的余地。[②]

本书提倡否定说。实际上,在因果关系不明的场合,也不需要通过过失共同犯罪来确定行为人的责任,完全可以将行为人视为过失的同时犯而肯定其可罚性。例如,在上例中,不论被害人是被甲还是乙推下的石块砸中,都可以肯定甲、乙均构成过失致人死亡。因为,若甲推下的石块砸死了被害人,甲显然构成过失致人死亡,乙则因其自身举动(与甲商议滚石块)过失地促进了甲的过失行为,同样须对被害人的死亡结果负过失犯的责任。此时将被害人的死亡结果归责于乙并无学理上的障碍,因为,行为人过失地引起他人的过失行为从而造成损害结果的,其本就应当对他人造成的损害结果负担刑事责任。换言之,他人的过失行为并不阻断行

---

① 参见张明楷:《刑法学》(第6版),法律出版社2021年版,第544页。
② 参见周光权:《刑法总论》(第4版),中国人民大学出版社2021年版,第348页。

为人的过失与危害结果之间的因果关系。同理,若是乙推下的石块砸死了被害人,则乙直接构成过失致人死亡,甲则因促进了乙的过失而同样构成过失致人死亡。由此可见,将甲、乙二人视为过失的同时犯,要求其各自为自己的过失负担责任,就可以避免出现处罚漏洞,故无须违背刑法规定的文义肯定过失共同正犯的概念。在因果关系明确的场合,自然就更是如此。例如,甲、乙、丙相约在林区扫墓,商议由丙燃放鞭炮,结果引发火灾。丙固然成立失火罪,甲、乙因促进了丙的过失,同样构成失火罪。三人并非过失的共同正犯,而是三个过失的同时犯。

3. 间接正犯

(1)间接正犯的概念与原则

所谓间接正犯,是指幕后者利用实施者作为工具实施犯罪行为。其特征是,幕后者利用自己事实上或者法律上的优势地位故意地操控实施者的意志,从而间接地支配、掌控了犯罪的实施。根据犯罪事实支配理论,间接正犯表现为对犯罪事实的意志支配。在间接正犯的场合,由于幕后者支配了实施者的意志,导致实施者成为幕后者"延长的手臂",故幕后者须对实施者的行为负责,也即应当在规范的意义上视为是幕后者亲自实施了实施者的行为。因此,间接正犯本质上也是对行为人之行为的归责模型,但与共同正犯不同的是,间接正犯并不是在幕后者和实施者之间相互归责,而是仅进行**片面归责**,即仅将实施者的行为归责于支配了犯罪事实的幕后者,实施者则不对幕后者的行为负责。当然,对正犯与共犯的认定都必须在具体的构成要件下进行。在个案中,幕后者和实施者可能同时实现多个不同的构成要件(触犯多个不同的罪名),两人可能在部分构成要件中形成间接正犯的关系,且同时在其他构成要件中形成其他的共犯关系。例如,国家工作人员甲利用职务上的便利欺骗乙(非国家工作人员)窃取公共财物的,甲在贪污罪的范围内构成间接正犯,同时,若可以认定甲为乙盗窃行为的实施也作出了不可或缺的贡献,则甲还与乙在盗窃罪的范围内构成共同正犯。与共同正犯的场合相同,间接正犯中的行为片面归责也只发生在构成要件行为这一犯罪成立要件上,对于其他的犯罪成立要件则不存在归责的可能性。换言之,虽然在间接正犯的场合应当将实施者的行为归责于幕后者,但实施者所具备的主体身份、主观要件、违法阻却事由、个人的刑罚减免事由等要素则不能向幕后者进行归属。例如,非国家工作人员甲对国家工作人员乙谎称相应款项并非公款,从而欺骗乙实施了挪用公款之罪行的,甲不能成立挪用公款罪的间接正犯,因为甲自己不具有国家工作人员的身份,也不能将乙的国家工作人员身份归属于甲。案例分析中对间接正犯的检视清单大致如下:

三阶层体系:间接正犯

1. 构成要件符合性
   (1) 客观构成要件
       a. 主体　　　　　b. 行为对象
       c. 构成要件行为
          间接正犯:实施者的行为归责于幕后者(片面归责)
          (a) 对犯罪事实的支配性
          (b) 支配犯罪事实的意思
       d. 结果
       e. 因果关系
   (2) 主观构成要件
       a. 故意
       b. 非法目的
2. 违法性
3. 责任
4. 其他犯罪条件

---

(2) 间接正犯的成立条件

认定间接正犯的成立须具备两方面的条件:其一,行为人必须确实形成了对犯罪事实的支配,其二,行为人主观上必须具有间接正犯的故意,即其必须具有支配犯罪事实的意思。下文分述之:

a. 对犯罪事实的支配

(a) 实施者不构成相应犯罪的情形

在认定行为人是否构成间接正犯时,须结合具体罪名考察,行为人在该罪名的范围内是否形成了对犯罪事实的支配地位。只有在行为人具有相应的支配性时,才能肯定其构成该罪的间接正犯。一般而言,若被利用的实施者由于某种原因不能完全符合该罪的犯罪成立条件,行为人便可能利用实施者这种犯罪构成上的"瑕疵"在该罪的范围内实现对犯罪事实的支配性。换言之,当行为人利用实施者不符合构成要件的行为、合法的行为或者欠缺有责性的行为实施犯罪时,应当肯定其成立间接正犯。

首先,**利用不符合构成要件的行为**既包括行为人利用实施者不符合客观构成要件的行为实施犯罪的情形,也包括行为人利用实施者不符合主观构成要件的行为实施犯罪的情形。例如,医生交给护士一剂毒药,对其谎称是药品,让护士给病人注射。护士信以为真,导致病人死亡。此时护士对病人的死亡结果至多具有过失,故其行为不符合故意杀人罪的主观构成要件。医生明知会造成死亡结果,在故意杀人罪的范围内形成了对护士的优势认知并据此支配了犯罪事实,故医生构成故意杀人罪的间接正犯。与此相似,行为人也可以利用实施者不符合客观构成要件的行为实现犯罪事实支配。在行为人利用被害人实施自杀、自伤行为时即是如此。因自杀和自伤行为均不符合构成要件,行为人利用被害人实施自杀或自伤的,就构成故意杀人罪或故意伤害罪的间接正犯。例如(天狼星案):甲企图杀害乙骗取保险金,于是欺骗乙说,如果其愿意舍弃旧的身体就可以获得新的躯体,并且以新的身份继续生活。乙深信不疑。在甲的指示下,乙躺在浴池中并且将通电的电吹风浸入浴池,试图以这种方式实现自己和旧身体的"分离",险些触电身亡。① 在该案中,乙因受甲欺骗,不知道自己的行为可能会造成死亡结果,故不能认定乙自愿接受了死亡风险,不能要求其自我答责。甲则凭借相对于乙的优势认知实现了对犯罪事实的支配,从而构成以间接正犯方式实施的故意杀人未遂。当然,在涉及被害人自杀和自伤的案件中,若可以肯定被害人是在明知有可能导致死亡或伤害结果的前提下,自愿接受相应的死伤危险而实施行为,则应当肯定被害人就自身的死伤结果自我答责。此时行为人相对于被害人不具有优势认知,无从支配犯罪事实,自然也就不可能再构成间接正犯。

其次,行为人也可以**利用他人的合法行为**实施犯罪。例如,甲诬告陷

---

① Vgl. BGHSt 32, 38.

害乙,导致乙被法院判处有期徒刑。在该例中,甲不仅构成诬告陷害罪,其还利用司法机关的合法行为①限制了乙的人身自由,故甲同时构成非法拘禁的间接正犯,与诬告陷害罪形成想象竞合。又如,甲想伤害乙,在获悉脾气暴躁的丙新购置了手枪后,企图利用丙的防卫行为对乙造成伤害结果,遂唆使乙持砍刀前往丙家杀丙。结果如甲所料,丙出于正当防卫开枪射伤乙。在该例中,丙因正当防卫而不构成犯罪,甲则利用丙的防卫行为实现了对乙的伤害,从而构成故意伤害的间接正犯。

最后,行为人还可能**利用他人欠缺有责性的行为**实施犯罪。行为人利用欠缺刑事责任能力的儿童或精神病患者实施犯罪行为,或者刻意致使实施者陷入无责任能力状态,并在这种状态中利用实施者实施犯罪的,均构成间接正犯。如前所述,违法性认识也是责任要素,不可避免的违法性认识错误阻却有责性,故行为人利用实施者不可避免的违法性认识错误实施行为的,也构成间接正犯。同样,行为人对实施者加以强制,使其在欠缺期待可能性的情势下实施犯罪行为的,也支配了犯罪事实,成立间接正犯。在受强制的紧急避险中即是如此。例如,乙绑架了甲的儿子,要求甲去银行盗取巨额现金,否则杀害其子。为了挽救儿子的生命,甲被迫实施盗窃行为。在该例中,应当肯定乙构成盗窃罪的间接正犯。

(b)实施者构成相应犯罪的情形

原则上,当实施者自身的行为完全符合了相关犯罪的成立要件时,其就必须在该罪名的范围内承担完全的刑事责任。此时行为人也无从利用实施者在犯罪构成上的"瑕疵"形成对犯罪事实的支配,难以构成间接正犯,而只能构成狭义共犯。但是,在一些特殊情形中,即便实施者自身的行为构成犯罪,也仍然需要探讨幕后的行为人是否可能就相同罪名构成间接正犯。

利用实施者具体的对象错误:当行为人只是利用他人与构成要件无关的动机错误时,不足以认定行为人具有犯罪事实支配,不能肯定其成立间接正犯。对此,学界鲜有争议。例如,甲欲伤害被害人,遂欺骗乙说被害人与乙的妻子通奸,乙暴怒之下将被害人打成重伤。此时甲虽然对乙

---

① 虽然判决结果实质上存在错误,但司法机关的行为在程序上合法。

具有优势认知,但由于犯罪动机并不属于故意伤害罪的犯罪成立要件,不能认定甲据此支配了乙的犯罪行为,故在该例中只能认为甲构成教唆犯。与之不同的是,实施者具体的对象错误(同一构成要件范围内的对象错误)也只是一种动机错误,行为人利用实施者这种动机错误的是否能构成间接正犯,就是存在争议的问题。例如,乙企图杀丙,知情的甲欺骗乙说,从路上走过来的丁就是丙,从而使得乙将丁杀死。肯定说认为,在行为人利用实施者的具体对象错误,导致实施者侵犯了自己本不欲侵犯的对象时,行为人就是支配了犯罪事实,应当肯定其构成间接正犯。在上例中,乙本不欲杀害丁,正是甲的欺骗才导致乙实施了对其自身而言毫无意义的杀害行为,故应认定甲构成间接正犯。[①] 否定说则主张,在实施者陷入具体对象错误的场合,因这种错误不影响对犯罪故意的认定,实施者仍然构成故意犯罪既遂。既然此时应当肯定实施者完全实现了构成要件、符合犯罪成立的全部条件,就不能再肯定幕后的行为人可以形成对相关犯罪的实际支配,故其不能构成间接正犯,只能成立狭义共犯。[②] 据此,在上例中,应当认为甲仅对乙的杀人行为构成帮助犯。虽然从表面上来看,甲似乎是在阻碍乙实现自己的犯罪目的(杀害丙),无法认为甲对乙的犯罪行为进行了帮助,但是,在规范的意义上,甲无疑是促进了乙的杀人行为(杀害丁)的实施,故认定甲帮助乙实现了故意杀人罪的构成要件,要求甲承担帮助犯的责任并无不妥。本书认为,否定说是更为有力的立场。

利用实施者对加重结果或加重情节的认识错误:在实施者因没有认识到自己行为所实现的构成要件而误认了行为的不法程度时,幕后的行为人自然可以成立间接正犯。例如,甲明知对面是乙,而对丙谎称对面是野生动物,从而欺骗丙对乙开枪射击的,无疑构成故意杀人的间接正犯。成问题的是,当实施者认识到了自己行为所实现的基本构成要件,只是没有认识到相关的加重结果或加重情节时,利用实施者这种错误的行为人是否构成间接正犯。例如,甲欲杀害丙,遂将足以致人死亡的毒药谎称为安眠药交给乙,让乙用该药"迷昏"丙后劫取丙的财物。乙信以为真,造成

[①] Vgl. Roxin, Täterschaft und Tatherrschaft, 11. Aufl., 2022, S. 235 ff.
[②] Vgl. Jakobs, Strafrecht, Allgemeiner Teil, 2. Aufl., 1991, 21. Abschn. Rn. 102.

丙中毒身亡。在该例中固然可以肯定甲就故意杀人罪构成间接正犯,但其是否也构成抢劫致人死亡的间接正犯,就存有疑问。一种见解认为,结果加重犯和情节加重犯均表现为基本犯罪加上加重结果或加重情节的结构,若实施者对于基本犯罪具有认识,只是没有认识到加重结果或加重情节,则幕后者在基本犯罪的范围内未能对实施者形成意思支配,故幕后者不能构成结果加重犯或情节加重犯的间接正犯。若相关的加重结果或加重情节自身也符合其他的构成要件,则幕后者就加重结果或加重情节构成间接正犯。① 根据该说,在上例中,应当认为抢劫致人死亡也同样是抢劫的基本犯和死亡结果的叠加。就抢劫的基本犯而言,甲对乙仅构成教唆犯,故甲不构成抢劫致人死亡的间接正犯,而是构成抢劫罪的教唆犯和故意杀人的间接正犯,两罪形成想象竞合。另一种见解则认为,结果加重犯和情节加重犯都并非由基本犯罪与加重结果或加重情节简单叠加而成,而是基本犯罪与加重结果或加重情节的有机结合。换言之,结果加重犯不能被拆解为基本犯加上加重结果并对之分别予以评价,其自身就是一个有机的、不可拆分的整体。情节加重犯也同样如此。因此,在实施者没有认识到加重结果或加重情节时,即便其故意实施了基本犯罪,幕后者也仍然对于结果加重犯或情节加重犯的整体不法形成了犯罪支配,成立间接正犯。② 根据该说,在上例中,就应当肯定甲构成抢劫致人死亡的间接正犯。甲虽同时构成故意杀人的间接正犯,但此时故意杀人罪被抢劫罪所吸收,故对甲仅以抢劫罪(致人死亡)论处。

利用实施者可避免的违法性认识错误:如前所述,幕后的行为人利用实施者不可避免的违法性认识错误时,构成间接正犯。但可避免的违法性认识错误并不阻却犯罪的成立,故当幕后者利用实施者可避免的违法性认识错误时,是否还能认定其构成间接正犯,便存在见解分歧。例如(猫王案):甲、乙和丙均为某个崇尚神秘主义的组织的成员。甲和乙想杀害丁,于是说服丙说,"猫王"即将降临人间,如果不将丁作为祭品献上,"猫王"就要杀死数百万人。此外,甲和乙还对丙说,这是神赋予丙拯救世

---

① Vgl. Schünemann/Greco, in: Leipziger Kommentar, StGB, 13. Aufl., 2019, §25 Rn. 104.
② Vgl. Heine/Weißer, in: Schönke/Schröder Kommentar, StGB, 30. Aufl., 2019, §25 Rn. 22.

人的任务,不违反不得杀人的诫命。丙信以为真,出于杀害意思对丁连捅数刀,但丁幸免于难。① 在该例中,丙因受甲、乙的欺骗而陷入了违法性认识错误,误以为杀害丁的行为并不违法。但这种违法性认识错误显然可以避免,故丙仍然对丁构成故意杀人罪(未遂)。问题是,是否应当认定甲、乙也构成以间接正犯的方式实施的故意杀人未遂。否定说认为,既然可避免的违法性认识错误不阻却有责性,基于这种认识错误实行犯罪的实施者就是有责地实施了犯罪行为,其应当负担全部责任,故幕后的行为人没有就相关罪名构成间接正犯的余地。② 据此,在上例中,甲和乙只能构成故意杀人的教唆犯,不能构成故意杀人的间接正犯。肯定说则认为,在实施者陷于可避免的违法性认识错误的场合,虽然应当肯定实施者的有责性,但其毕竟没有现实地认识到自己行为的违法性,从而对于实施相应的犯罪行为具有较低的规范障碍。幕后的行为人利用实施者这种较低的规范障碍操纵其实施犯罪的,同样具有对犯罪事实的支配性,故应肯定幕后者构成间接正犯。根据该说,在上例中就应当在肯定丙构成故意杀人罪(未遂)的同时,还认定甲、乙构成以间接正犯的方式实施的故意杀人未遂。由此可见,肯定说的立场会导致在承认实施者构成犯罪的同时还肯定幕后者就相同罪名构成间接正犯,从而形成"**正犯后正犯**"的特殊情形,即直接正犯(实施者)的背后还存有触犯同一罪名的间接正犯(幕后者)。③ 本书推荐采用肯定说的立场。

利用组织性支配的情形:掌控权力组织的幕后者也可以通过颁布命令的方式完成犯罪行为,因为整个组织的运转会确保犯罪得以实施。基于权力组织的架构,掌权的幕后者无须直接操控或影响每个具体的实施者即可形成对犯罪事实的支配。即便组织中的某个实施者决定放弃实施犯罪,仍然会有足够多的供幕后者支配的其他实施者取代其地位实施犯罪行为。换言之,这种组织支配下的每个实施者都具有"可替换性";每个直接的实施者都只是组织机器上可以被替换的一个"小齿轮"而已。正是

---

① Vgl. BGHSt 35, 347 ff.
② 参见[德]汉斯·海因里希·耶赛克、[德]托马斯·魏根特:《德国刑法教科书》(下),徐久生译,中国法制出版社2017年版,第906页。
③ Vgl. Rengier, Strafrecht Allgemeiner Teil, 13. Aufl., 2021, §43 Rn. 40 f.

组织结构所奠定的这种每个实施者的可替换性导致幕后者只须通过掌控权力组织即可支配犯罪,从而形成利用组织性支配的间接正犯。德国联邦最高法院在其 1994 年的判决中首次明确承认了利用权力组织的间接正犯。在该案中,被告人是民主德国国防委员会的成员,该委员会通过决议,命令守备柏林墙的士兵不惜以射杀的方式阻止民主德国居民越墙逃往联邦德国。其后,数名被害人在翻墙逃往联邦德国的过程中被士兵开枪击中身亡。德国联邦最高法院在判决中认定,即便开枪的士兵须完全负担故意杀人的刑事责任,被告人也因对犯罪行为的组织性支配而构成故意杀人的间接正犯。① 德国学界的通说也对该种类型的间接正犯予以肯认。虽然在组织性支配的场合,实施者是故意且有责地直接实施了犯罪,掌控权力组织的幕后者并不能具体地控制、支配直接实施者的行为。但是,权力组织自身的运行机制决定了每个具体的实施者不过是可以替换的棋子,幕后者根本没有必要直接支配具体实施者的意志,其凭借对权力组织的掌控就对犯罪事实具有上位的支配性,故应认定其就实施者的罪行构成间接正犯。此外,掌控权力组织的幕后者与具体的实施者之间经常不存在直接的意思沟通,幕后者不一定能就实施者的罪行构成教唆犯,故否定幕后者构成间接正犯的见解也容易在个案中造成处罚漏洞。② 显而易见,在利用组织性支配形成间接正犯的场合,具体的实施者须完全负刑事责任,在其背后掌握权力组织的幕后者仍然可以就实施者的罪行再构成间接正犯,从而也会形成"正犯后正犯"的特殊情形。

我国学界和实务界虽然较少探讨利用组织性支配的间接正犯的问题,但我国《刑法》第 26 条明确规定,"组织、领导犯罪集团进行犯罪活动的……是主犯","对组织、领导犯罪集团的首要分子,按照集团所犯的全部罪行处罚"。若对正犯的认定采用实质客观说,认为我国刑法中关于主犯的规定就是关于正犯的规定,则可以将上述我国《刑法》第 26 条的规定解释为对利用组织性支配的间接正犯的规定。换言之,正是因为组织、领导犯罪集团的首要分子通过犯罪集团的组织结构实现了对每个具体实施

---

① Vgl. BGHSt 40, 218 ff.
② Vgl. Roxin, Täterschaft und Tatherrschaft, 11. Aufl., 2022, S. 269 ff.

者(在犯罪集团范围内)之罪行的支配性,刑法才要求其作为间接正犯对集团所犯的全部罪行负责。

具有争议的问题是,是否能将利用权力组织的间接正犯扩展至公司企业的组织架构之中。例如:公司总经理甲发现自家公司经营状况不良,半年之后就会破产,但却仍然让公司的业务员乙隐瞒真相,正常接受其他企业的订单与定金。乙执行甲的指示,导致其他企业遭受严重的财产损失。① 肯定说认为,在企业组织中同样可以成立组织性支配的间接正犯。因为,企业员工在实施有利于企业的经济犯罪行为时,也仅具有较低的规范障碍。若相应的经济犯罪行为在外观上与企业的日常业务行为相符,就更是如此。企业领导者完全可以利用企业员工这种较低的规范障碍实现对员工犯罪行为的支配,故应认定其构成间接正犯。② 否定说则认为,利用组织性支配的间接正犯不能被扩展到经济企业中。因为,如前所述,组织性支配以实施者的可替换性为前提,在脱离法秩序的权力组织中,组织成员本就缺乏守法倾向,故其在犯罪实施的过程中存在明显的可替换性,即便个别成员放弃实施犯罪,其他成员也会完成犯罪行为。但是,公司企业原则上依据法律开展业务活动,不能认为其中某个员工拒绝实施违法行为时,其他员工会当然地取代其地位实施违法行为。由于公司企业的员工在实施犯罪时缺乏明显的可替换性,就没有在公司企业中承认组织性支配的余地,从而也就不能肯定公司企业的领导者能够据此构成间接正犯。③

b. 支配犯罪事实的意思

成立间接正犯还要求行为人主观上具有间接正犯的犯罪故意,即其必须具有支配犯罪事实的意思。案例分析中须注意两类问题,其一为实施者的具体对象错误是否影响幕后的行为人的犯罪故意,其二为行为人对犯罪事实支配性产生了认识错误时,是否仍然构成间接正犯。

(a) 实施者的具体对象错误

实施者在实施犯罪的过程中发生对象错误的,对其本身的刑事责任

---

① Vgl. BGH, NJW 1998, S. 767 f.
② Vgl. Kuhlen, Strafrechtliche Produkthaftung, in: FG-BGH, 2000, S. 671 f.
③ Vgl. Roxin, Täterschaft und Tatherrschaft, 11. Aufl., 2022, S. 855 ff.

问题按照错误论处理即可。问题是,实施者的具体对象错误(同一构成要件内的对象错误)是否以及如何影响幕后者的刑事责任。例如:医生想杀害患者张三,于是配了一支毒剂谎称是药品交给护士,让护士去给在1号病房的患者张三注射。护士将7号病房误认为1号病房,对7号病房的患者李四注射了毒剂,导致李四死亡。又如:甲想杀丙,于是指使精神病患者乙射杀丙,并且给了乙一张丙的照片,方便其辨认。乙遇见与丙长得很像的丁,误以为丁就是丙,将丁杀害。在这类案件中,对于幕后的行为人(医生和甲)是否成立通过间接正犯实施的故意杀人既遂的问题,学界存在着不同的见解。

对象错误说认为,实施者的对象错误对于幕后者而言也是对象错误,当该对象错误属于具体事实认识错误时,应当肯定幕后者构成以间接正犯方式实施的故意犯罪既遂。① 该说的理由是,幕后者在将实施者当作工具而利用其实施犯罪时,就创设了实施者发生认识错误的危险。若实施者确实因认识错误侵害了其他对象,幕后者就应当对实施者所造成的损害负责。此时幕后者不得以实施者实际侵害的对象与自己所欲侵犯的对象不同为由否定自身的犯罪故意,故应认定实施者的对象错误对于幕后者而言也是对象错误。据此,在上述两例中,医生与甲均构成故意杀人既遂。该说的缺陷在于,特定场合下可能加重幕后者的刑事责任。例如,在上述第二例中,当乙因对象错误错杀丁时,幕后者甲就已经构成故意杀人既遂。若此时乙发现了自己的错误,转而又杀害丙,则幕后者甲还会就乙杀害丙的行为再次构成故意杀人既遂。这就导致幕后者甲因乙的对象错误构成多个故意杀人罪,有失妥当。

打击错误说认为,实施者的对象错误对于幕后者而言应当是打击错误。因为,既然幕后者将实施者作为犯罪工具加以利用,那么,在实施者发生对象错误的场合,就是犯罪工具的瑕疵导致幕后者未能侵害其所欲侵犯的对象。此时对幕后者而言就是因其预想之外的因果进程偏离而导致了错误结果,故这种行为偏差对于幕后者应当属于打击错误。② 依该说

---

① 参见张明楷:《刑法学》(第6版),法律出版社2021年版,第600页。
② 参见[德]克劳斯·罗克辛:《德国刑法学总论(第2卷)》,王世洲等译,法律出版社2003年版,第54页。

的主张,上述两例中的医生和甲就均构成打击错误,若对打击错误的处理采具体符合说,则应否定两人对现实发生的死亡结果具有犯罪故意。该说的缺陷在于,一方面,被利用的实施者毕竟是具有一定意思决定能力的人,而不仅仅只是物理工具,故将实施者的对象错误类比于犯罪工具的瑕疵并不完全妥当;另一方面,该说可能导致对幕后者的处罚过于轻缓。在实施者发生对象错误的场合,实施者并未着手侵害幕后者所欲侵害的对象,故幕后者对其所欲侵害的对象不构成犯罪未遂(对间接正犯的着手采用实施者标准说)。例如,在上述两例中,护士没有遇见张三,故医生不构成对张三的故意杀人未遂,同理,乙也没有遇见丙,故甲亦不构成对丙的故意杀人未遂。因此,若采取打击错误说,且对打击错误的处理采具体符合说,就会导致幕后者至多只能就实施者实际造成的损害结果构成过失犯,在相关的过失行为未被规定为犯罪的场合,甚至只能认定幕后者构成犯罪预备,从而造成对幕后者的处罚过轻。

折中说认为,实施者的对象错误对于幕后者而言是对象错误还是打击错误不能一概而论,应该根据实施者是否承担了辨认被害人的任务在个案中分别加以确定。若幕后者将辨认被害人的任务交予实施者,致使实施者须先判断行为对象再实施行为,那么因实施者的错误判断而发生的对象错误对于幕后者而言就仍然是对象错误。因为,幕后者让实施者辨别被害人的,其就总是能认识到实施者发生对象错误的危险,而且至少以间接故意的心态容忍了这种危险。故此时实施者的对象错误不影响认定幕后者构成故意犯罪。相反,若幕后者没有将辨认被害人的任务交给实施者,实施者在实施行为时不需要先辨认行为对象,则实施者的对象错误对于幕后者而言就是打击错误。① 据此,在上述第一个例子中,因护士无须辨认被害人,其对象错误对于医生而言是打击错误,在上述第二个例子中,因乙负担了辨认被害人的职责,乙的对象错误对于甲就属于对象错误。

在案例分析中须注意的是,若实施者发生具体对象错误,则在处理幕

---

① 参见[德]约翰内斯·韦塞尔斯:《德国刑法总论:犯罪行为及其构造》,李昌珂译,法律出版社2008年版,第311页。

后者的刑事责任时既要确定幕后者认识错误的类型,又要确定对相关认识错误的处理原则。换言之,分析者首先应当确定实施者的具体对象错误对于幕后者而言究竟是对象错误还是打击错误,其次,在幕后者应当根据打击错误负责的场合,还要根据处理打击错误的原则(法定符合说或具体符合说)确定幕后者的具体刑事责任。

(b)对犯罪事实支配性的认识错误

在间接正犯的场合,不仅实施者可能发生认识错误,幕后者也可能陷于认识错误之中。幕后者的认识错误主要有两类,其可能由于某种原因没有认识到自己对犯罪事实的支配性,或者其也可能误以为自己对犯罪事实具有支配性。对两种情形的处理不尽相同。

首先,所谓**幕后者没有认识到自己对犯罪事实的支配性**,是指幕后者实际上已经支配了犯罪的实施,但是其自身却对此没有认识。例如:医生想杀害患者,于是将一支毒剂交给护士,以为护士也知道这是毒剂,但是实际上护士误以为医生给的是药品,于是替患者注射,导致患者死亡。又如:甲唆使乙去杀丙,但却没想到乙是精神病患者,乙成功将丙杀害。在这两例中,幕后的行为人(医生和甲)实际上均对直接的实施者(护士和乙)具有了优势认知,从而实现了对犯罪事实的支配,但其对此却并无认识。因幕后的行为人缺乏进行犯罪支配的意思,其对已经实现的犯罪事实支配性不具有故意,故而不能认定其成立间接正犯。对于此时幕后行为人的刑事责任的认定,应当区分不同的情形进行判断:

若实施者本人欠缺犯罪故意(上述第一例的情形)或者欠缺违法性,则实施者并未实施故意的不法主行为,根据共犯的限制从属性原理,幕后者也无法就实施者本人的行为构成教唆犯。若肯定教唆未遂的可罚性,则可以认定幕后者成立教唆未遂,否则就只能将幕后者的故意行为降格评价为过失,肯定其因过失地促进了实施者的不法行为而构成过失犯罪。据此,在上述第一例中,医生应构成对故意杀人的教唆未遂(其教唆乙实施故意杀人的罪行,乙却至多只实施了过失致人死亡的行为,没有犯被教唆的罪),或者因促进了护士的行为构成过失致人死亡。

若实施者本人具有犯罪故意且其行为也具有违法性,只是因欠缺有责性而不构成犯罪(上述第二例的情形),则仍然存在着正犯故意的不法主行为,学界多数见解认为幕后者可以就该主行为构成教唆犯。因为,在客观方面,间接正犯意味着幕后者实现了对犯罪的支配和控制,其对犯罪实施具有极大的影响力,而教唆犯对正犯犯罪行为的影响则相对较弱,故可以认为,间接正犯的行为在规范的意义上包含着教唆行为在内。换言之,客观的犯罪事实支配在规范意义上含括了共犯(教唆)行为。据此,幕后者客观上实施了间接正犯的行为,实际上实现了对犯罪事实的支配的,在规范的意义上也教唆了犯罪行为的实施。若此时幕后者主观上具有教唆故意,则其在教唆犯的范围内实现了主客观要件的重合,从而构成教唆犯。因此,在上述第二例的情形中,应认定甲构成故意杀人的教唆既遂。相反的少数说则认为,间接正犯行为与教唆行为并非只是在影响他人实施犯罪的方面存在程度上的区别,二者毋宁具有本质上的差异:(间接)正犯实施的是自己的犯罪行为,不以与他人具有意思沟通为前提,而教唆犯则是唆使他人实施犯罪行为,必须与他人(正犯)存有意思联络。鉴于间接正犯与教唆犯的这种本质差异,不能认为间接正犯行为在规范的意义上包含着教唆行为在内,故在幕后者以教唆故意实施了间接正犯行为(实现了犯罪事实支配)的场合,不能肯定幕后者客观上也实施了教唆行为,也就不能认定其在主客观重合的范围内成立教唆犯。此时仍然只能认为幕后者构成教唆未遂。依这种少数说,在上述第二例的情形中,甲就不能构成故意杀人的教唆既遂,其还是只能构成对故意杀人的教唆未遂。① 若否定教唆未遂的可罚性,就只能认定甲构成过失致人死亡。

其次,**幕后者**也可能在其实际上并未实现犯罪事实支配性的场合,却**误以为自己支配了犯罪行为**。例如:医生想杀害患者,于是将一支毒剂谎称为药物交给护士,企图利用不知情的护士给患者注射。不料护士参透了医生的阴谋,但为了完成医生的愿望,仍然给患者注射毒剂,导致患者死亡。在此类情形中,学界多数的见解认为,幕后者可以成立教唆既遂。② 因为,在客观方面,幕后者实际上未能支配犯罪的实施,其只是引起了他

---

① 参见[德]乌尔斯·金德霍伊泽尔:《刑法总论教科书(第六版)》,蔡桂生译,北京大学出版社2015年版,第427页。
② 参见[德]约翰内斯·韦塞尔斯:《德国刑法总论:犯罪行为及其构造》,李昌珂译,法律出版社2008年版,第310页。

人的犯罪意思,故幕后者其实仅实施了教唆行为。在主观方面,与前述客观上的犯罪事实支配在规范的意义上包含有教唆行为类似,当幕后者主观上具有支配犯罪事实的故意,企图将实施者作为实行犯罪的工具而加以利用时,其自然也意欲引起实施者实行相关行为的意思,故间接正犯的故意同样在规范意义上含括教唆故意。与此相应,幕后者出于间接正犯的故意企图支配他人实施犯罪行为,客观上却仅起到了引起他人犯罪意思的效果的,在主客观相统一的范围内构成教唆既遂。此外,由于幕后者此时系企图支配犯罪实施而未能得逞,故其同时还构成间接正犯未遂,与教唆既遂形成想象竞合。据此,在上例中,应当肯定医生就护士的故意杀人行为构成教唆犯,同时还构成以间接正犯方式实施故意杀人的未遂,二者构成想象竞合。

4. 共犯的处罚根据及其从属性

如前所述,在二元参与体系下,(狭义)共犯是基于刑罚扩张事由受到处罚,即刑法分则条文原则上仅规定了正犯的刑事责任而没有规定共犯的可罚性,只是由于刑法总则中关于共同犯罪的规定将刑法分则所规定的对正犯的处罚扩张至共犯,才导致共犯也具有了可罚性。基于这种理解,就必须从理论上解释,为何刑法总则可以将对正犯的处罚扩张至共犯,这就是共犯处罚根据的问题。该问题又与共犯从属性,即共犯与正犯的关系问题紧密相连。对此,学界主要有以下几种见解:

责任共犯论认为,共犯的处罚根据在于,是共犯导致正犯堕落实施犯罪,从而造成了正犯的责任,故共犯也应当对正犯的行为负责。该说的缺陷较为明显,特别是,该说要求在共犯造成了正犯的责任,也即造成了正犯的有责性时才能对共犯加以处罚,这就会导致**共犯的极端从属性**(只有在正犯行为符合构成要件、具有违法性且具有有责性时,才能处罚共犯),从而严重限缩共犯的成立范围,殊为不当。

纯粹惹起说认为,共犯的处罚根据在于共犯自身的法益侵害性,即共犯通过引起正犯的行为而侵害法益,故共犯自身也间接对法益造成了侵害。在该说看来,共犯自身的这种间接的法益侵害性就导致了对共犯的可罚性,故共犯的可罚性与正犯的违法性无关。与此相应,在共犯与正犯的关系问题上,该说经常会主张**共犯的最小从属性**,即认为只要正犯的行为符合构成要件便可以就正犯行为成立共犯。因此,恶意教唆或帮助他人实施正当防卫的,也可能构成犯罪。该说立场再进一步,就会导致共犯独立性说,从而转化为单一正犯体系。

从属惹起说(修正惹起说)认为,共犯的处罚根据在于共犯引起了正犯的不法行为,并因此具有可罚性。与纯粹惹起说的不同之处在于,该说认为共犯的违法性完全从属于正犯的违法性,也即只有在正犯行为本身违法时,才能基于正犯的违法性肯定共犯的违法性。因此,该说主张**共犯的限制从属性**,即认为只有当正犯行为符合构成要件并且具有违法性时,才能肯定共犯的可罚性。① 若正犯行为不符合构成要件,或者符合构成要件的正犯行为因违法阻却事由而合法化,则共犯行为也不可罚。例如,教唆或帮助正犯实行正当防卫的,正犯行为合法,教唆者和帮助者也不构成犯罪。该说虽然正确认识到了共犯不法对于正犯不法的从属性,但由于其完全基于正犯的违法性判定共犯的违法性,故在部分案件中可能导致不太妥当的结论。例如,甲真挚地请求乙对自己实施严重的身体伤害,乙遂按照甲的意愿造成甲重伤。在该例中,因甲对重伤的承诺无效,故乙的行为仍然具有违法性,构成故意伤害罪。根据从属惹起说,共犯的违法性完全根据正犯行为的违法性确定,在正犯行为违法时,共犯行为也必然违法,故甲教唆乙的行为也同样具有违法性,应当肯定甲构成故意伤害的教唆犯。但是,自己伤害自己的行为本不应构成犯罪,教唆他人伤害自己的反而构成教唆犯,这种结果未免存在价值评价上的矛盾。

混合惹起说认为,共犯行为是具有从属性的法益侵害行为,共犯的不法虽然原则上从属于正犯的不法,但共犯自身也应当体现出法益侵害性,故共犯的不法也具有其独立性的一面。② 因此,只有在相应的行为和结果不仅在相对于正犯的关系上构成法益侵害,而且在相对于共犯的关系上也同样属于法益侵害时,才能就该行为和结果肯定共犯的成立。例如,甲故意杀害丙,乙对甲提供帮助。此时在甲与丙的关系上,甲杀害丙的行为

---

① 参见[德]汉斯·海因里希·耶赛克、[德]托马斯·魏根特:《德国刑法教科书》(下),徐久生译,中国法制出版社2017年版,第889页以下。
② Vgl. Rengier, Strafrecht Allgemeiner Teil, 13. Aufl., 2021, §45 Rn. 2.

及其所造成的丙的死亡结果显然均具有法益侵害性,在乙与丙的关系上,甲的杀害行为和丙的死亡结果对于乙而言也同样属于侵害他人法益的犯罪行为和法益损害结果,故乙因促进了甲的杀人行为构成共犯。相反,若共犯虽然引起或促进了正犯的不法行为,但正犯的行为和结果相对于共犯而言却不具有法益侵害性,则因欠缺共犯独立的不法内涵而不能肯定共犯的成立。例如,在上述甲真挚地请求乙重伤自己的例子中,对于乙而言,因甲的重伤承诺无效,乙伤害甲的行为及其对甲造成的重伤结果固然具有法益侵害性,故乙构成故意伤害罪,但在相对于甲的关系上,乙的伤害行为及其对甲造成的重伤结果却符合甲自身的意愿,其对甲自己而言不构成法益侵害(自伤不违法),故根据混合惹起说,甲便不能构成故意伤害的教唆犯。混合惹起说是当前德国学界的通说,其正确肯定了共犯对正犯不法的从属关系,从而主张**共犯的限制从属性**,同时也能在共犯本身不具有法益侵害性的场合限制共犯的成立范围,避免不合理的结论。但该说也并非毫无缺陷,特别是共犯不法的从属性与独立性之间的关系应当如何协调,可能还需要更进一步的研究。①

由于从属惹起说与混合惹起说均主张共犯的限制从属性,故当今学界在共犯与正犯的关系上也大多采取共犯限制从属性的立场。需要注意的是,坚持共犯的限制从属性就意味着不能随意扩张对共犯的处罚范围,又由于通说将共同犯罪限制在故意犯罪的领域,这就导致只有在正犯故意实施了不法主行为时,才能就该正犯主行为构成共犯。这种对共犯成立范围的限制在部分场合下可能造成**处罚漏洞**。特别是在无身份的行为人欺骗有身份的行为人实施真正身份犯的行为时,无法追究前者的刑事责任。例如,非国家工作人员甲对国家工作人员乙谎称相应的资金并非公款,导致乙将相应资金挪用进行营利活动的,乙因缺乏挪用公款的故意,不能构成犯罪,甲则因缺乏身份,不能成立挪用公款罪的(间接)正犯。同时,由于此时不存在乙故意实施的不法主行为,甲也无法成立挪用公款罪的教唆犯。在这种情形中就只能肯定甲无罪。当然,也不必过于夸大

---

① 参见王昭武:《共犯处罚根据论的反思与修正:新混合惹起说的提出》,载《中国法学》2020年第2期,第244页以下。

共犯的限制从属性导致处罚漏洞的可能性。在非身份犯的场合,类似的"处罚漏洞"就完全可以避免。例如,咖啡馆老板甲想毒杀客人丙,于是跟店员乙说,下次看到丙来店里就在丙点的咖啡中下毒,然后交由自己端给丙。后丙又来到店里,乙谨记甲的吩咐,在丙点的咖啡中下毒后交给甲。但甲此时早已不再想杀丙,也已经忘记了吩咐乙下毒的事情,便将毒咖啡误作为普通咖啡交给丙,导致丙死亡。在该例中,甲在将毒咖啡端给丙时已无杀人故意,只能构成过失致人死亡罪。乙缺乏支配犯罪事实的意思,不能成立故意杀人的(间接)正犯,同时,因甲缺乏犯罪故意,也不存在故意的不法主行为,故乙也不能构成故意杀人的帮助犯。但是,此时也不至于出现处罚漏洞,因为,乙主观上的杀害故意可以被降格评价为过失,而乙的行为客观上也确实促进甲过失地造成了丙的死亡,故可以肯定乙构成过失致人死亡。①

5. 教唆犯

所谓教唆犯,是指行为人故意地唆使他人实施犯罪。在阶层式犯罪构成体系中,教唆犯也同样表现为三阶层的结构。其中,对违法性和有责性的判断与单独正犯的场合并无不同,教唆犯的特点主要体现在构成要件符合性阶层。教唆犯的客观构成要件是**双层结构**。其一,基于共犯限制从属性的要求,在案例分析中考察行为人是否构成教唆犯时,应当首先检视是否确实存在着正犯故意的不法主行为。只有当存在正犯故意的不法主行为时,才可能认定行为人就其构成教唆犯。其二,在肯定存在正犯故意的不法主行为之后,还要考察行为人的行为是否符合教唆行为的要求。与教唆犯这种双层的客观构成要件相对应,教唆犯的主观构成要件

---

① 在结果无价值论的体系中,犯罪故意本就是责任的内容,正犯的不法行为只意味着正犯行为客观上符合构成要件且具有违法性。与此相应,在结果无价值论者看来,共犯的限制从属性也仅要求正犯实施了客观不法行为就可以肯定共犯的成立,而不要求正犯实施了"故意的"不法主行为。因此,在此处所论及的情形中,结果无价值论均不会导致处罚漏洞。例如,在上述欺骗挪用公款的案件中,虽然乙因缺乏挪用公款的故意不能构成犯罪,但其行为客观上仍然实现了挪用公款罪的构成要件且具有违法性,故甲仍构成挪用公款罪的教唆犯。又如,在上述毒咖啡案中,甲虽然仅构成过失致人死亡,但其行为客观上符合故意杀人罪的构成要件且具有违法性,故乙可以构成故意杀人的帮助犯。

也表现为**双重故意**,即行为人不仅要意图使正犯主行为至少达于着手,而且必须是故意地引起了正犯的犯罪决意。对教唆犯的检视清单大致如下:

> **三阶层体系:教唆犯**
> 1. 构成要件符合性
>   (1)客观构成要件
>   a. 正犯主行为
>   (a)符合主客观构成要件:至少已经着手
>   (b)具有违法性
>   b. 教唆行为
>   (a)引起正犯的犯罪决意
>   (b)正犯主行为的确定性
>   (2)主观构成要件
>   a. 故意
>   (a)对正犯主行为的故意
>   (b)故意实施教唆行为
>   b. 非法目的
> 2. 违法性
> 3. 责任
> 4. 其他犯罪条件

(1)正犯主行为

根据共犯的限制从属性,只有在正犯实施了符合构成要件且具有违法性的行为时,才可能基于该主行为认定共犯。在教唆犯的场合也同样如此,只有在存在适格的正犯主行为的前提下,行为人才可能构成教唆犯。对于这种适格的正犯主行为,有以下几个方面的要求:

首先,正犯主行为必须符合构成要件。由于通说认为只有在故意犯罪中才能成立共同犯罪,故正犯还必须是故意地实施了相应的主行为。需要注意的是,所谓正犯的主行为符合构成要件,不是指正犯主行为必须符合既遂犯的构成要件,而是也包括正犯主行为仅符合未遂犯的构成要件的情形。换言之,正犯的主行为必须已经着手,但不必达于既遂。正犯开始着手实施主行为时,就已经奠定了教唆者的可罚性。即便正犯的主行为最终止于未遂而未能得逞,也不影响对教唆犯加以处罚。此时的教唆者属于**对未遂的教唆**。例如,甲教唆乙去杀害丙,乙在对丙实施杀害行为的过程中被警察抓获,丙幸免于难。此时正犯(乙)的行为止于未遂,但教唆者(甲)的教唆行为却已经既遂,因为教唆者已经成功引起正犯着手实施犯罪。由此可见,对教唆犯既未遂的判断并不等同于对正犯既未遂的判断,正犯行为未遂的,教唆行为也可能已经既遂。当然,由于共犯从属性也意味着共犯在刑罚上从属于正犯,即应当比照正犯的刑罚对共犯从轻、减轻处罚,而在对未遂的教唆的场合,对正犯仅能科处未遂犯的刑罚,故此时对教唆犯的处罚也还是会相较于正犯既遂的场合更为轻缓。

与对未遂的教唆不同的情形是教唆未遂。所谓**教唆未遂**,是指教唆者意欲引起正犯着手实施主行为却没有成功。其中主要有几种情形:其一,教唆者唆使正犯实施犯罪,但正犯之前就已经形成了相关的犯罪决意(例如,甲教唆乙杀害丙,但乙内心其实早有杀丙的计划);其二,教唆者唆使正犯实施犯罪,正犯却不为所动(例如,甲教唆乙实施犯罪,却被乙严辞拒绝);其三,正犯虽然因受教唆产生了犯罪决意,却未能着手实施主行为或者违反教唆者的意志自动放弃着手实施主行为(例如,甲教唆乙杀害丙,乙同意,但在着手实施前就被警察抓获,或者乙在着手前回心转意自动放弃实施犯罪。注意:若乙在着手后再自动放弃犯罪,则乙构成故意杀人中止,甲仍然构成对故意杀人未遂的教唆);其四,教唆者唆使正犯实施特定罪行,而正犯却起意实施了罪质完全不同的其他罪行(例如,甲教唆乙盗窃丙财物,乙却对丙进行强奸)。对于教唆未遂的可罚性,我国学界存在极大的争议。[①] 肯定说认为,我国《刑法》第 29 条第 2 款明确规定:"如果被教唆的人没有犯被教唆的罪,对于教唆犯,可以从轻或者减轻处罚。"该款规定就确立了教唆未遂的可罚性。[②] 否定说则坚持共犯限制从属性的立场,认为在教唆未遂的场合,正犯并未着手实施教唆者所唆使的主行为,故教唆者因欠缺相应的正犯主行为而不能构成教唆犯。在该说

---

① 参见魏东:《教唆犯诠释与适用》,中国人民公安大学出版社 2012 年版,第 172 页以下。

② 参见陈兴良:《教义刑法学》(第 3 版),中国人民大学出版社 2017 年版,第 682 页。

看来,《刑法》第 29 条第 2 款所规定的不是教唆未遂的情形,而是对未遂的教唆。① 在案例分析中须注意的是,若肯定教唆未遂的可罚性,则应当将其与对未遂的教唆的考察区分开来。对未遂的教唆本身仍然属于教唆既遂,故依据上述教唆犯的检视清单进行考察即可,但在考察教唆未遂时则应当根据未遂犯的检视清单进行分析。

其次,正犯主行为必须具有违法性。根据共犯的限制从属性,若正犯主行为基于违法阻却事由合法化,则不存在不法的正犯主行为,也不能再就该行为认定教唆犯的成立。因此,教唆他人实行正当防卫或紧急避险的,均不构成教唆犯。需要注意的是,不能以对正犯主行为违法性的判断替代对教唆行为违法性的判断。正犯主行为具有违法性,只是教唆犯的客观构成要件的要求之一,教唆犯的成立还要求教唆行为自身也具有违法性(对此应在教唆犯的违法性阶层加以考察)。虽然一般而言,教唆正犯实施违法行为的,教唆行为自身也具有违法性,但不能排除特殊情况下,存在所教唆的正犯主行为虽然违法但教唆行为本身却并不违法的情形。例如,正犯已经决意实施严重犯罪,行为人为保护法益,不得已劝说正犯转而实施新的轻罪的,正犯实施轻罪的主行为仍然违法,但行为人对轻罪的教唆可以通过紧急避险或推定的承诺合法化。又如,在侦查陷阱的场合,侦查人员为侦破犯罪而唆使犯罪嫌疑人实施相应犯罪行为的,犯罪嫌疑人所实施的罪行固然违法,但侦查人员的教唆行为可以通过紧急避险或法令行为合法化。

最后,正犯主行为不需要具有有责性。共犯的限制从属性仅要求共犯在不法层面,也即在构成要件符合性和违法性上从属于正犯,故对于认定教唆犯而言,只须存在符合构成要件且具有违法性的正犯主行为即可。正犯欠缺有责性的,也不影响教唆犯的成立。在行为人教唆欠缺有责性的正犯实施犯罪行为时,要注意**与间接正犯的区分**。该问题在教唆未成年人实施犯罪的案件中尤为重要。此时应当根据正犯罪行的性质和正犯自身的心智成熟程度来界定唆使者的刑事责任。若正犯虽然欠缺有责性,但却能够正确认识到自己所实施之罪行的性质和社会意义,则唆使者

---

① 参见周光权:《刑法总论》(第 4 版),中国人民大学出版社 2021 年版,第 367 页。

构成教唆犯。相反,若正犯的心智成熟程度较低,导致其无法正确认识到自己行为的性质和社会意义,则唆使者构成间接正犯。例如,甲唆使即将年满16周岁的乙实施盗窃行为的,由于乙已经完全可以认识到盗窃行为的性质和意义,应当肯定甲成立对盗窃的教唆犯。若甲唆使年仅7周岁的乙实施盗窃行为,就因乙无法认识到自己行为的性质和意义,应当肯定甲成立盗窃的间接正犯。

(2)教唆行为

认定教唆行为也存在两方面的要求,一方面,唆使者必须引起了正犯的犯罪决意,另一方面,唆使者必须是教唆相对确定的正犯去实施相对确定的不法主行为。此外,在正犯已经具有犯罪决意的场合,特殊情况下也仍然有认定教唆犯的余地。

a. 引起正犯的犯罪决意

所谓教唆行为,就是指教唆者引起正犯的犯罪决意。刑法理论对于教唆行为的具体实施方式没有特殊限制,原则上,任何具有敦促或请求他人实施犯罪的意思交流都可能构成教唆行为。在司法实务中常见的教唆手段有建议、劝说、请求、贿买、哀求等,以暴力、胁迫方式迫使他人实施犯罪的,也构成教唆犯。教唆行为可以是以明示的方式,也可以是以默示的方式向他人表达犯罪请求。因此,行为人只是向他人表达了实施犯罪的可能性,或者只是提出了是否实施犯罪的问题的,若根据行为时的具体情境能够被认定为目标明确的敦促或请求,也足以成立教唆。例如,甲强奸了被害人之后问站在旁边仍然犹豫不决的乙说:"你也想试下吗?"乙继而强奸被害人。[①] 在该例中,甲虽然没有明确唆使乙侵害被害人,但在行为时的情境之下,甲的提问也具有劝说乙的意义内涵,故应当肯定甲就乙的强奸行为构成教唆。相反,若根据个案的情境,不能认为行为人提出了敦促或请求的,则不能认定为教唆。例如,出版含有对犯罪情节的详细描述的小说或者播放相关影视作品的,不能被认定为教唆。即便有读者或观众仿照其中的情节实施犯罪,也同样如此。因为,这些对犯罪情节的描述中并不具有敦促、请求读者或观众实施犯罪的意义内涵。

---

① Vgl. BGH, GA 1980, S. 183 f.

一般认为,教唆行为以教唆者与正犯之间发生意思沟通为前提,也即只有当教唆者通过意思交流引起了正犯的犯罪决定时,才能认定教唆犯的成立。但是,对于这种意思交流或意思沟通的范围具体应当如何界定,却在部分场合存在争议:

首先,对于片面的教唆是否能构成犯罪,存在不同见解。所谓**片面的教唆**,是指唆使者与正犯之间并无相互的意思交流,唆使者只是为正犯创造了实施犯罪的客观条件,并因此引起了正犯的犯罪决意。例如:在超市工作的甲知道乙非常缺钱,于是故意将超市财务部门的保险箱打开。乙见状果然从中窃走部分现金。在该例中,乙固然构成盗窃罪,但甲是否能构成盗窃的(片面)教唆犯,就是存在争议的问题。引起说认为,任何引起他人犯罪决意的方式都属于教唆行为,教唆行为不以唆使者与正犯之间发生直接的意思联络为必要。因此,应当承认片面的教唆犯,行为人单方面引起正犯犯罪决意的,同样构成教唆。① 依该说,上例中的甲就构成教唆犯。沟通说则认为,对教唆犯的处罚重于帮助犯而接近于甚至可以等同于正犯,故对教唆行为应当进行限缩解释。该说主张,教唆行为所要求的意思沟通意味着唆使者与正犯之间必须建立起相互的意思联络,单纯引起性的因果联系不足以奠定教唆犯的可罚性,因此,片面的教唆不构成教唆犯。② 依该说,在上例中就应当否定甲构成教唆犯,仅能认定甲构成片面的帮助犯。

其次,对于**不作为的教唆**的成立范围,也存在争议。行为人负有作为义务却不阻止他人对正犯实施教唆的,自然可以构成不作为的教唆。例如,父亲见自己未成年的儿子在教唆他人实施犯罪,却不加以制止的,构成不作为的教唆。问题是,行为人自己是否可能以不作为的方式引起正犯的犯罪决意。例如,甲的邻居乙出国旅游,请求甲定期清理自己家门口邮箱内的信件,以免因信件堆积暴露家中长期无人而吸引窃贼作案。甲答应,但在乙出国后故意不对乙家信箱进行清理,窃贼丙因此注意到乙家无人,起意到乙家窃走巨额财物。此时是否可以肯定甲构成不作为的教

---

① 参见[德]乌尔斯·金德霍伊泽尔:《刑法总论教科书(第六版)》,蔡桂生译,北京大学出版社 2015 年版,第 439 页。

② Vgl. Rengier, Strafrecht Allgemeiner Teil, 13. Aufl., 2021, §45 Rn. 30.

唆,同样存在引起说和沟通说的分歧。引起说认为,任何引起正犯犯罪决意的方式都可以被认定为教唆,故完全可以承认不作为的教唆。沟通说则坚持认为,教唆行为以唆使者与正犯之间建立相互的意思联络为前提。在不作为的场合,行为人难以与正犯形成意志交流,故该说否定上例中的甲构成教唆犯。

b. 正犯及其行为的确定性

所谓"教唆",必须是敦促或请求特定的正犯实施相对具体的犯罪行为。若在个案中欠缺作为教唆对象的具体正犯或者欠缺所唆使的犯罪行为的重要特征,则不成立教唆行为。例如,甲非常讨厌行事高调的同事丙,于是对乙抱怨说,总有一天要有人好好"教育"一下丙。乙听后心起犯意,随后将丙打伤。在该例中,乙构成故意伤害罪,但甲不构成故意伤害的教唆犯,因为其没有针对乙实施教唆行为。甲既没有将乙确定为教唆的对象,同时,甲也没有唆使乙实施具体的犯罪行为,即没有确定正犯主行为的范围。当然,教唆行为所要求的正犯的确定性并不意味着只能针对特定的某一个正犯实施教唆,行为人针对特定的人群进行教唆的,同样可以构成教唆犯。

同样,认定教唆犯显然也不以唆使者的教唆行为含括了正犯主行为的全部细节为前提,即教唆行为不必指出正犯应当在什么时间、什么地点、针对什么对象、以什么方式实施行为。若唆使者确定了正犯行为的各个重要细节,其就对犯罪的成功实施发挥了不可或缺的重要功能,此时不应再认定其构成教唆犯,而应当肯定其构成共同正犯。问题是,正犯行为的确定性要达到什么程度,或者说,教唆行为应当在何种程度上包含正犯主行为的特征,才能肯定行为人构成教唆犯。例如,乙穷困潦倒,找甲商量对策,甲便对乙说:"那你可能得搞搞银行的路子了。"乙听后心起犯意,数日后实施了抢劫银行的犯罪行为。① 在该例中,乙构成抢劫罪,但甲是否能构成抢劫罪的教唆犯,就成为问题。一般认为,教唆行为虽然不必包含使所教唆的正犯主行为成为具体的、个别化事件的诸要素(具体的时间、地点、实施方式等),但必须包含正犯主行为的不法类型。例如,唆使者无须教唆正犯去实施针对具体被害人的具体杀害行为,但其必须至少

---

① Vgl. BGHSt 34, 63 f.

是教唆正犯去实施杀人行为,即其所教唆的内容中至少应当包含有故意杀人行为的不法特征。据此,在上例中,甲仅劝乙"搞银行的路子",就难以构成教唆犯。因为,甲所唆使的内容("搞银行的路子")并不明确包含有抢劫罪的不法特征,从中不能推断出甲唆使乙抢劫银行的意义内涵。

c. 对已具决意之正犯的教唆

认定教唆犯要求相应的唆使行为必须引起了正犯的犯罪决意。正犯已经就特定犯罪行为形成了犯罪决意的,唆使者原则上不能再就该犯罪行为成立教唆犯。此时的唆使者可能构成教唆未遂和心理上的帮助犯。但是,仅具有犯罪倾向、尚未决定实施犯罪的行为人,以及只是具有一般性的犯罪意愿的行为人,都并非决意的正犯,对之仍然可以成立教唆犯。例如,甲穷困潦倒,四处寻找盗窃机会,乙告诉甲某单位财务室疏于防备,有机可乘,甲遂前往该单位财务室窃走巨额财物。此时仍应肯定乙构成盗窃的教唆犯。

在案例分析中需要注意的是,即便正犯已经具有犯罪决意,唆使者唆使正犯更改原初的犯罪决意的,仍然有成立教唆犯的余地。特别是在涉及以下几种情形时,需要谨慎考察行为人是否构成教唆犯:

(a) **变更教唆**的情形。所谓变更教唆,是指教唆者唆使原本决意实施某种特定罪行的正犯转而实施其他罪质完全不同的犯罪。在这种场合,因新教唆的犯罪与正犯原本决意实施的犯罪罪质不同,应肯定唆使者构成对新教唆之罪的教唆犯。例如,甲决意实施盗窃行为,乙教唆甲实施强奸,甲转而强奸被害人的,乙构成强奸罪的教唆犯。

(b) **减轻教唆**的情形。所谓减轻教唆,是指行为人唆使原本决意实施犯罪行为的正犯通过更加缓和、造成更少损害的方式实施犯罪。例如,甲企图持枪抢劫,乙劝甲称携带枪支不易乘地铁前往作案地点,不如徒手实施抢劫行为。甲觉得有理,便徒手对被害人实施抢劫。又如,甲决定去被害人家盗窃10万元,乙劝甲称,窃走现金太多容易被发现,还是少偷一点为好。甲遂只在被害人家中盗窃1万元。在这些场合,唆使者的劝说行为客观上都降低了正犯行为对被害法益的危险性,属于风险降低的行为,故不能认定唆使者构成教唆犯,也不能认为其因对正犯提供了心理上的帮助而构成帮助犯。

但需要注意的是,如前所述,只有在行为人的行为于已经发生的因果流程中降低了法益所面临的危险时,其才能因降低风险而不构成实行行为。因此,减轻教唆也只有在行为人唆使正犯于其原本决意实施的犯罪范围内选择以更为缓和的方式实施罪行时,才能因降低风险而不符合教唆犯和帮助犯的构成要件。若行为人是教唆正犯实施其他更为轻缓的犯罪,则属于上述变更教唆的情形,应当认定行为人的唆使行为在新教唆之罪的范围内符合教唆犯的构成要件。当然,此时若行为人系出于保护法益的意图而不得已教唆正犯实施轻罪,则其教唆行为可以通过紧急避险或者推定的承诺合法化。例如,甲欲强奸丙,乙为保护丙的人身权利,不得已劝甲放弃强奸而窃取丙的财物,甲被乙说服,转而仅对丙实施盗窃行为。在该例中,乙虽然避免了对丙的人身权利的侵害,但其劝说行为也创造了对丙的财产法益的新风险,故其行为不属于风险降低的情形,仍然符合盗窃罪教唆犯的构成要件。但乙的教唆行为在违法性层面构成紧急避险或者符合被害人被推定的意志,故不构成犯罪。

(c)**加重教唆**的情形。所谓加重教唆,是指正犯已经具备了实施基本犯或者说实现基本构成要件的犯罪决意,但唆使者却唆使正犯实施结果加重犯或情节加重犯等加重构成要件。此时唆使者是否构成教唆犯,是存在争议的问题。例如,甲决定抢劫被害人财物,乙劝甲使用枪支实施抢劫行为,以确保能压制被害人反抗,甲遂持枪抢劫。在该例中,乙是否构成对持枪抢劫的教唆犯,就成为问题。该问题的结论与对结果(情节)加重犯的理解紧密相关。

一种见解认为,结果(情节)加重犯本质上是由基本犯叠加加重结果(情节)而形成,结果(情节)加重犯的不法也是由基本犯不法加上加重结果(情节)的不法,当正犯已经决意实施基本犯时,唆使者不能再对基本犯的不法负担教唆犯的责任,故唆使者只能对结果(情节)加重犯整体上负帮助犯的责任。若唆使者所引起的加重结果(情节)本身符合其他的犯罪构成,则唆使者还就加重结果(情节)成立教唆犯。① 根据该说,在上例中,乙构成持枪抢劫的帮助犯,若甲携带枪支的行为本身构成《刑法》第

---

① Vgl. Bemmann, Die Umstimmung des Tatentschlossenen zu einer schwereren oder leichteren Begehungsweise, in: FS-Gallas, 1973, S. 278.

130条非法携带枪支危及公共安全罪,则乙还构成该罪的教唆犯,与持枪抢劫的帮助犯形成想象竞合。

另一种观点则主张,在加重教唆的场合,唆使者构成对结果加重犯或情节加重犯的教唆犯。该说认为,结果(情节)加重犯的不法程度明显高于基本犯的不法,且结果(情节)加重犯的不法在性质上并非基本犯的不法与加重结果(情节)的不法的简单叠加。在该说看来,结果(情节)加重犯的不法具有整体性和独立性,不能被拆分为基本犯的不法与加重结果(情节)的不法之和。因此,当唆使者教唆他人实施结果(情节)加重犯时,就应当对结果(情节)加重犯的整体不法负责。① 根据该说,在上例中就应当认定乙构成对持枪抢劫的教唆犯。

(3) 教唆故意

成立教唆犯要求教唆者主观上具有双重故意。教唆者必须是故意地引起了正犯的犯罪决意,过失引起正犯犯罪决意的,至多成立过失犯。对此无须过多加以阐释。但于此之外,教唆者还必须对其所教唆的犯罪(即正犯的不法主行为)存有故意,即意欲使其所教唆的正犯主行为至少达于着手。关于对这方面的教唆故意的认定,案例分析中须注意以下几种情形。

a. 正犯的具体对象错误

教唆者对正犯主行为的故意意味着其必须对所教唆之罪行的全部客观与主观构成要件以及违法性具有故意。若教唆者未能认识到正犯主行为的相关要素,其就欠缺教唆故意。具有较大争议的问题是,当被唆使的正犯陷入具体的对象错误(同一构成要件范围内的对象错误)时,正犯的对象错误是否影响教唆犯的成立。例如:甲唆使乙在夜晚伏击并且杀害丙。为了避免误伤,甲给了乙一张丙的照片,并且告诉乙,丙晚上经常会拿着包装袋。案发当晚,与丙身材相貌相似的丁手持包装袋路过乙的伏击地点,乙误以为丁就是丙,于是将丁杀害。② 此时乙固然构成故意杀人罪,但甲是否还能就乙杀害丁的行为构成教唆犯,就存在见解的分歧。该

---

① Vgl. BGHSt 19, 339.
② Vgl. BGHSt 37, 214 f.

问题与上述实施者的具体对象错误是否影响间接正犯成立的问题基本相同,对此也主要存在对象错误说、打击错误说和折中说之间的争论。

对象错误说主张,正犯的具体对象错误对于教唆者而言也是对象错误,不阻却教唆故意。① 该说认为,既然正犯的具体对象错误并不影响认定正犯构成犯罪既遂,那么,基于共犯从属性的原理,就也应当肯定教唆者同样构成犯罪既遂。此外,既然教唆者唆使正犯实施犯罪,其就创设了正犯错认行为对象的风险,当这种风险在个案中确实实现时,教唆者也应当对之负责,不得以正犯的具体对象错误为由主张自己仅负担过失犯的责任。根据该说,上例中的甲应当构成故意杀人的教唆犯。但该说的缺陷在于,若乙在发觉自己杀错人之后又继续伏击杀害丙,就应当承认甲构成两个故意杀人的教唆,如此不仅拟制了甲的教唆故意(甲事实上仅有一个教唆故意),也可能不当加重甲的刑事责任。

打击错误说主张,正犯的具体对象错误对于教唆者而言是打击错误,故教唆者对正犯实际造成的损害结果缺乏教唆故意,不成立对正犯故意犯罪的教唆。② 此时由于正犯并未着手侵害教唆者意欲侵害的对象,教唆者也不构成对未遂的教唆(在上例中,乙没有着手杀害丙,甲不能对丙构成故意杀人未遂的教唆),就只能认定教唆者成立教唆未遂,同时就正犯实际造成的损害结果构成过失犯。根据该说,在上例中,甲便只能构成故意杀人的教唆未遂,对丁则构成过失致人死亡。该说的缺陷在于,教唆未遂的可罚性存在较大的理论争议,若否定教唆未遂的可罚性,对教唆者就只能认定为过失犯。若刑法又没有规定相应的过失犯罪,便难以确定教唆者的刑事责任,难免形成处罚漏洞。

折中说主张,应当以教唆者是否委托正犯辨认被害人为标准来认定正犯的具体对象错误对于教唆者而言是构成对象错误还是打击错误。③ 若教唆者让正犯自行辨认被害人,则其教唆行为就创设了正犯误认被害人的风险,此时教唆者应当对正犯的认识错误负责,故正犯的具体对象错误对于教唆者而言也是对象错误,不阻却对教唆犯的认定。相反,若教唆

---

① 参见张明楷:《刑法学》(第6版),法律出版社2021年版,第601页。
② Vgl. Roxin, Rose-Rosahl redivivus, in: FS-Spendel, 1992, S. 291 ff.
③ Vgl. Maurach/Gössel/Zipf, Strafrecht Allgemeiner Teil, Bd. 2, 8. Aufl., 2014, §51 Rn. 37.

者没有将辨认被害人的任务交给正犯,则正犯的对象错误对于教唆者而言是打击错误。

b. 侦查陷阱与教唆故意

在侦查人员为发现犯罪或获取犯罪证据而诱使具有犯罪嫌疑的正犯实施犯罪行为时,如何解释侦查人员不构成教唆犯,也是存在争议的问题。例如:便衣警探甲为了侦查毒品犯罪,唆使有贩毒嫌疑的乙将毒品卖给自己。乙在将毒品交给甲之后,马上被埋伏的警察逮捕。

一种观点认为,只要教唆者意图使正犯的不法主行为达于着手,就已经具备了教唆故意。在侦查陷阱的场合,侦查人员也同样唆使犯罪嫌疑人着手实施了相关罪行,故无法否定侦查人员的教唆故意。此时侦查人员客观上也引起了犯罪嫌疑人的犯罪决意,故其行为符合教唆犯的构成要件,只能在违法性阶层以紧急避险或法令行为为由阻却侦查人员教唆行为的违法性。①

另一种观点则认为,所谓教唆者意图使正犯主行为达于着手,不能仅从形式上加以认定,而应当结合教唆行为对法益的实际威胁进行判断。只有当教唆者意图使正犯主行为造成实质的法益损害时,才能肯定教唆者具有使正犯主行为达于着手的教唆故意。② 因此,在侦查陷阱的场合,若侦查人员事先采取了充分措施确保被教唆的犯罪行为不至于实际造成法益损害,则应当认定侦查人员缺乏使所教唆的罪行达于着手的意图,从而应否定其教唆故意。据此,在上例中,因便衣警探甲没有现实造成毒品扩散的危险,就应当否定其符合教唆犯的构成要件。

c. 正犯实行过限

当正犯行为超出了唆使者的教唆故意所含括的范围时,若正犯行为与唆使者所教唆的罪行之间存在罪质重合,则教唆者在二者重合的范围内成立教唆犯。例如:甲唆使乙进行盗窃,但是乙却实施了抢劫的,甲只能成立对盗窃的教唆犯。若正犯行为与唆使者所教唆的罪行之间不存在罪质重合,就应当认定唆使者构成教唆未遂。若此时正犯实际造成的损

---

① 关于紧急避险适用可能性的讨论,参见 Deiters, Straflosigkeit des agent provocateur?, JuS 2006, S. 304.

② Vgl. Schünemann/Greco, in: Leipziger Kommentar, StGB, 13. Aufl., 2019, §26 Rn. 60.

害结果可以被归责于唆使者的教唆行为,则唆使者还可以就正犯造成的损害结果成立过失犯。

6. 帮助犯

所谓帮助犯,是指行为人故意地促进了正犯主行为的实施。在阶层式犯罪构成体系中,帮助犯也表现为三阶层的结构。帮助犯与教唆犯均为(狭义)共犯,应当遵循共犯的限制从属性原则,故与教唆犯相似,帮助犯的客观构成要件也要求存在着正犯的不法主行为,此外,行为人的帮助行为还必须对正犯主行为的实施起到了现实的促进作用。在主观要件方面,帮助故意同样是双重故意,即行为人一方面要意图使自己所帮助的正犯主行为至少达于着手,另一方面也必须是故意地实施了帮助行为。对帮助犯的检视清单大致如下:

三阶层体系:帮助犯

1. 构成要件符合性
   (1) 客观构成要件
      a. 正犯主行为
         (a) 符合主客观构成要件:至少已经着手
         (b) 具有违法性
      b. 帮助行为
         (a) 促进正犯主行为的实施
         (b) 因果关系:影响达于正犯着手时刻
   (2) 主观构成要件
      a. 故意
         (a) 对正犯主行为的故意
         (b) 故意实施帮助行为
      b. 非法目的
2. 违法性
3. 责任
4. 其他犯罪条件

帮助犯对于正犯主行为的要求与教唆犯一致,此处不再赘述。下文主要对帮助犯的客观要件(帮助行为)和主观要件(帮助故意)加以简要阐释。

(1)帮助行为

a. 帮助行为的表现形式

所谓帮助,是指行为人促进了故意的违法主行为的实施。根据帮助形式的不同,帮助行为可以区分为物理帮助与心理帮助两大类别。**物理帮助**是指,行为人以任意方式对正犯提供了外在协助。典型的物理帮助有例如提供犯罪工具、帮助正犯引开警卫,等等。**心理帮助**是指行为人对正犯的犯罪心理进行了影响或强化,从而为其实施犯罪提供支持。排除已经具有犯罪决意的正犯对于实施犯罪行为的顾虑或不安的,也属于心理帮助。当然,部分帮助类型究竟是属于物理帮助还是心理帮助,可能并不明确。特别是,行为人为正犯提供各种技术支持的(例如,指导正犯使用武器、避开警报器、打开保险柜,为正犯提供实施犯罪所需的信息等),是属于物理帮助还是心理帮助,可能有不同的见解。但这种对帮助行为的具体区分并不重要,因为,物理帮助和心理帮助在对帮助犯的认定方面没有实质的差异,为他人犯罪行为提供了物理帮助或心理帮助的,均构成帮助犯。

帮助行为完全可以以**不作为**的方式实施,对此并无争议。但需要注意的是,认定不作为的帮助以行为人负有相应的作为义务为前提,行为人单纯只是知晓正犯犯罪行为存在的,或者单纯容忍犯罪行为的,原则上均不构成帮助犯。

个案中需要仔细考察的是,不具有作为义务的行为人在犯罪实施时在场,但却**未对犯罪加以阻止**的,是否成立心理帮助。对此,原则上应予以否定。但在特定场合下,若行为人在场的事实本身便可以使正犯觉得自己随时可以获得支持,从而提升了正犯的安全感,或者行为人在场的事实即可以从心理上动摇被害人,使被害人觉得行为人随时可能对自己不利,则行为人单纯出现在犯罪现场就可以成立帮助犯。例如,甲、乙、丙敲诈勒索被害人,被害人报警导致案发。丁成为三人的辩护律师。为了寻求和解,甲、乙、丙三人和丁一起找被害人吃饭,但是席间甲、乙、丙三人忽然又向被害人勒索所谓的"赔偿"和律师费,被害人无奈交付财物。其间,丁虽然全程在场,但一言未发。① 在该案中,丁虽然不负有制止甲、乙、丙再度勒索被害人的保证义务,但丁在场的事实就足以使甲、乙、丙三人感受到心理上的支持并导致被害人感觉自己处于更为严重的劣势之中,故应当肯定丁构成敲诈勒索的帮助犯。相反,若行为人在场的事实不能起到从心理上支持正犯或动摇被害人的效果,则其不构成帮助犯。例如,甲、乙驾车出国旅游,两人的朋友丙搭车共同出行。在国外旅游期间,甲、乙购置毒品置于车中并驾车返回国内。丙虽然知情,但觉得事不关己,既未对此加以支持也未加反对,仍然搭车回国(丙在途中从未驾驶车辆)。在该例中,丙虽全程与甲、乙同行,但其没有对甲、乙两人的毒品犯罪行为提供物理上或心理上的支持,故不应认定其构成帮助犯。

b. 帮助行为的因果关系

帮助犯不是抽象危险犯,不能认为行为人只要实施了帮助行为就可以构成帮助犯。相反,帮助行为只有在确实促进了正犯主行为达于着手实施时,才具有可罚性。对于帮助行为因果关系的认定,须注意以下几点:

首先,帮助犯只须促进了正犯主行为实施即可,不必与正犯主行为之间存在条件因果关系。换言之,不能认为只有在满足"若没有行为人的帮助行为,正犯行为就无法实施"的条件关系时,行为人才构成帮助犯。实际上,若帮助行为在条件关系的意义上对正犯主行为的实施起到了不可或缺的作用,则行为人就已经在犯罪实施的过程中负担了不可或缺的功能,此时应当肯定行为人构成共同正犯而非帮助犯。

其次,帮助行为必须对正犯着手实施犯罪起到了促进作用,也即帮助行为的影响力必须及于正犯着手实行的时刻。与在教唆犯中应当区分教唆未遂和对未遂的教唆一样,在帮助犯中也应当注意区分帮助未遂和对未遂的帮助。所谓**帮助未遂**,是指行为人意欲为正犯提供犯罪帮助,但其帮助行为的影响却根本没有达于正犯着手实施犯罪的时刻。例如,甲欲前往被害人家中盗窃,乙知悉甲的犯罪计划后,从外地寄给甲一把万能钥

---

① Vgl. BGH, StV 1982, S. 517 f.

匙帮助甲打开被害人住宅的门锁,不料快递在寄送途中导致万能钥匙丢失,甲遂在没有万能钥匙的情况下潜入被害人家中窃取财物。在该例中,若设定乙没有对甲的罪行提供心理上的支持,则乙未能在甲着手实施盗窃行为时对之予以帮助,从而构成帮助未遂。在帮助未遂的场合,行为人的帮助行为与正犯的不法主行为之间没有因果联系,故根据共犯的限制从属性原理,帮助未遂不具有可罚性。所谓**对未遂的帮助**,是指行为人的帮助行为确实促进了正犯主行为的着手实施,但其影响却未能延续至正犯主行为既遂的时刻。正犯在帮助行为的影响下着手实施犯罪后,其犯罪行为未能得逞,或者正犯自动中止犯罪行为,或者正犯转换方式,在没有帮助行为的影响下成功实施犯罪的,提供帮助的行为人均构成对未遂的帮助。例如,甲欲前往被害人家中盗窃,乙知悉甲的犯罪计划后,交给甲一把万能钥匙帮助甲打开被害人住宅的门锁。但乙同时嘱咐甲,被害人家设有防盗报警装置,若万能钥匙不能打开被害人的家门,就要立刻放弃实施犯罪。甲同意。后甲在持万能钥匙欲打开被害人家门时,不慎导致钥匙折断,甲遂翻窗进入被害人家窃走财物。在该例中,乙的帮助行为虽然对甲着手实施盗窃犯罪具有促进作用,但甲后来翻窗入户实施盗窃的行为与乙的帮助行为无关,故乙帮助行为的效果仅及于甲着手实施的时刻,没有延续至甲的盗窃行为达至既遂的时刻,应当认定乙构成对未遂的帮助。在对未遂的帮助的场合,由于已经存在正犯的不法主行为,故应当根据共犯的限制从属性原理肯定帮助犯的可罚性。当然,此时帮助行为的影响并未延续至正犯既遂的时刻,故只能以正犯犯罪未遂的法定刑为基础,适用对从犯应当从轻、减轻或免除处罚的规定,确定对帮助犯的刑罚。

最后,若帮助行为的影响延续到了正犯犯罪既遂的时刻,也即帮助行为对于正犯造成的损害结果也起到了促进作用,则提供帮助的行为人构成对正犯犯罪既遂的帮助。这可谓是认定帮助犯的最典型的情形。

c. 日常中性行为的帮助

所谓日常中性行为,是指在外观上具有社会相当性,即在日常生活中较为常见且原则上不被视为具有危害性的行为。由于认定帮助犯原则上没有对帮助手段的限制,因此,日常中性行为是否也能构成帮助犯就成为具有争议的问题。例如,甲欲前往被害人在郊外的别墅盗窃,于是乘坐乙的出租车前往作案地点。又如,甲与乙在丙的日用百货店前爆发激烈争吵,随后,甲怒气冲冲地进入丙的百货店要买一把菜刀,丙将菜刀卖给甲,甲持刀砍伤乙。在这类案件中,出租车司机乙将甲送至被害人别墅的行为和丙将菜刀出售给甲的行为在客观上确实都促进了正犯主行为的实施,但相应行为在外观上又完全属于日常中性行为,对于此时行为人是否以及在何种条件下构成帮助犯,存在不同的见解。

有见解认为,日常中性行为只要确实起到了促进正犯犯罪行为实施的效果,就同样构成帮助行为。在该说看来,对于帮助犯的认定应当适用于所有的社会成员,不能因行为人从事特殊职业就限缩帮助犯的处罚范围。既然日常中性行为也造成了法益损害,便不能仅因为其外观上属于日常行为而否定犯罪的成立。[1] 该说的缺陷在于,全面肯定日常中性行为可以构成帮助犯将导致国民在日常生活中负担极大的审查义务。因为,向任何人提供的任何商品或服务都可能被他人用于实施犯罪,该说会导致每位社会成员都必须在向他人提供商品或服务时确证自己所提供的商品或服务不会被用于犯罪活动,从而严重妨害社会交往的顺利进行。

有见解认为,日常中性行为原则上不能构成帮助犯。因为,具有社会相当性的日常行为本来就不符合构成要件,故日常中性行为不能被视为刑法意义上的帮助行为。[2] 也有论者主张,日常中性行为没有创设法所不容许的危险,故即便其促进了他人的犯罪行为,也不能认定实施日常中性行为的行为人应当对危害结果的发生负责。[3] 该说的缺陷在于,社会相当性的范围并不清晰。若行为人的行为事实上促进了他人的犯罪行为、造成了法益损害结果,是否还能将之视为具有社会相当性的行为,本就存在疑问。

有见解认为,应当结合日常中性行为是否客观上具有犯罪意义关联来判断其是否能够被视为帮助行为。若行为人所实施的日常中性行为本身并不违法,且该行为所提供的商品或服务原本对他人而言也是有意义

---

[1] Vgl. Beckemper, Strafbare Beihilfe durch alltägliche Geschäftsvorgänge, Jura 2001, S. 169.
[2] Vgl. Murmann, Zum Tatbestand der Beihilfe, JuS 1999, S. 552.
[3] Vgl. Wohlers, Hilfeleistung und erlaubtes Risiko, NStZ 2000, S. 173.

的且能被用作合法用途,而对方却擅自决定将相关的商品或服务用于实施犯罪,则行为人的行为客观上没有表现出犯罪意义关联,不能被认定为刑法中的帮助行为。① 该说的缺陷在于,对所谓犯罪意义关联的判断标准极不明确,在个案中的结论往往取决于极其偶然的边缘事实。例如,小卖部售货员甲向顾客乙出售打火机,乙利用该打火机实施纵火行为。在该例中,要判断甲出售打火机的行为是否表现出了犯罪意义关联,可能就还要取决于乙是否吸烟、出售打火机时的季节等细节事实。若乙是烟民,则打火机可以被其用来点烟,若出售打火机时为夏季,则乙也可能用之来点蚊香,故应当否定甲出售打火机之行为的犯罪意义关联。然而,由他人的生活习性和行为时的气候季节来决定行为人是否构成帮助犯,显然并不合适。

由于客观上难以将日常中性行为与帮助行为区分开来,故当今的有力说开始转而从主观方面界定日常中性行为是否构成帮助犯。换言之,日常中性行为若确实促进了正犯主行为的实施,其客观上就是刑法意义上的帮助行为,行为人是否因此构成帮助犯,则取决于其主观上是否具有帮助正犯实施犯罪的故意。当然,鉴于日常中性行为在外观上皆为社会所接受的正常举止,故此时对于帮助故意的认定应当采取更为严格的证明标准。原则上,只有在行为人出于直接故意提供帮助,也即其确实明知自己提供的商品或服务会被他人用于实施犯罪时,才能肯定行为人构成帮助犯。② 此外,若行为人认识到自己提供的商品或服务被他人用于实施犯罪的风险性极高,自己是在协助明显具有犯罪倾向的正犯实施行为,也应当肯定帮助犯的成立。当然,所谓行为人认识到了他人实施犯罪的高度风险,不能只是基于推断得出的结论。在个案中,只有当有明确的案件事实确证行为人认识到了他人实施犯罪的高度风险时,才能认定行为人构成帮助犯。相反,在行为人客观上仅实施了日常中性行为的场合,间接故意不能奠定帮助犯。行为人仅认识到自己提供的商品或服务被他人用

---

① 参见[德]英格博格·普珀:《德国刑法总论:以判例为鉴(第四版)》,徐凌波、喻浩东译,北京大学出版社2023年版,第366页。
② 参见付玉明:《论刑法中的中立帮助行为》,载《法学杂志》2017年第10期,第68页以下。

于实施犯罪的可能性的,不具有帮助故意。① 根据这一立场,在前述甲乘坐乙的出租车前往作案地点的例子中,若没有特别的事实表明甲系前往目的地作案,则乙不构成帮助犯。但在上述甲于盛怒之下进入丙的百货店购买菜刀的例子中,丙能认识到所售菜刀被甲用于实施犯罪的高度风险,可以认定丙构成故意伤害罪的帮助犯。

d.承继的帮助犯

帮助行为既可以是在犯罪预备阶段实施,也可以是在犯罪实行阶段实施。与共同正犯中类似的争议问题是,行为人在正犯主行为既遂之后、实质性完结之前加入犯罪提供帮助的,是否还有成立帮助犯的可能。例如,甲和其他多位行为人于夜间从废品店窃取数吨废铁,藏匿于离废品店500米远的地点。次日,甲请求乙开卡车将废铁运回。乙虽然知道这些废铁系甲自废品店盗窃所得,但仍然将其运送给甲。② 在该案中,甲虽然盗窃废铁已经既遂,但在乙提供帮助之前,甲尚未完全实现对废铁的实际控制,故其盗窃行为并未实质完结。乙的参与使甲最终完成了犯罪,问题是,乙是构成盗窃罪的帮助犯还是构成掩饰、隐瞒犯罪所得罪。

一种见解认为,行为人在他人犯罪既遂之后、实质性完结之前介入的,仍然应当成立帮助犯。③ 因为,在犯罪实质性完结之前,法益尚未受到终局性的侵害,正是行为人后续的帮助行为才现实地造成了法益损害,故应当认定行为人系帮助他人实施犯罪。根据该说,在上例中应当认定乙构成盗窃罪的帮助犯。

另一种见解则认为,在他人犯罪既遂之后才参与犯罪的,不能成立帮助犯。因为,在犯罪既遂时,构成要件已经实现,后续参与的行为人不可能再促进正犯实施符合构成要件的犯罪行为。此时认定行为人仍然构成帮助犯便有违罪刑法定原则。只有在持续犯的场合,因正犯的犯罪行为

---

① Vgl. BGHSt 46, 112.
② Vgl. BGHSt 4, 132.
③ 参见[德]汉斯·海因里希·耶赛克、[德]托马斯·魏根特:《德国刑法教科书》(下),徐久生译,中国法制出版社2017年版,第940页。

在既遂之后仍然持续,后续加入的行为人才可能构成持续犯的帮助犯。①根据该说,在上例中就应当否定乙构成盗窃罪的帮助犯,只能认定乙构成掩饰、隐瞒犯罪所得罪。

e. 片面的帮助犯

如前所述,刑法理论对于是否应当承认片面的共同正犯和片面的教唆犯均存在较大的争议,但刑法理论普遍承认片面的帮助犯。承认片面共同正犯的障碍在于,共同正犯本就是基于行为人共同实行的意思而对行为人进行相互归责的模型,故片面的共同正犯可能与共同正犯的本质相矛盾。在部分论者看来,承认片面的教唆犯的障碍在于,教唆行为应当以教唆者与正犯之间具有意思联络为前提。但在帮助犯的场合,认定帮助行为并不要求帮助者与正犯之间形成了意思联络,更不要求帮助者与正犯之间具有共同的实行意思。帮助者单方面提供帮助的,当然也可能促进正犯主行为的实施。此外,鉴于刑法对帮助犯的处罚比较轻缓,也可以对帮助行为进行相对宽松的解释。因此,承认片面的帮助犯是刑法理论中的主流见解。

(2)帮助故意

与教唆犯的场合相同,帮助犯在主观方面也要具备双重故意。行为人不仅应当对自己所帮助的主行为具有故意,而且也必须是故意地实施了帮助行为。与教唆犯不同的是,对帮助故意的认定较为宽泛,特别是,认定帮助故意并不要求行为人认识到其所促进之正犯主行为的独立特征,而只要行为人认识到主行为实质的不法内涵即可。例如:甲是鉴定专家,委托人乙要求甲违反事实对自己的宝石进行高价鉴定。甲虽然知道乙应该是要拿宝石去高价出售或者质押,但是仍然作出了虚假的价值鉴定。后来乙果然将宝石高价质押给银行,造成银行财产损失。在该案中,甲虽然并不明知乙究竟要利用虚假的价值鉴定实施什么犯罪行为,但其大体上还是认识到乙所计划实施的犯罪与欺骗取财相关,故可以肯定甲构成帮助犯。当然,如前所述,在中性帮助行为的场合,对帮助故意的认定存在较为严格的要求。

---

① 参见张明楷:《刑法学》(第6版),法律出版社2021年版,第586页。

（五）未遂犯、中止犯与预备犯

1. 犯罪形态概述

故意犯罪的实施是一个过程，由相互连接的不同阶段组成。行为人须首先形成犯意，而后为实施犯罪做准备（犯罪预备），再着手实施犯罪，最终造成危害结果。完成这一过程的，成立犯罪既遂。犯罪既遂也就是犯罪的完成形态，刑法分则构成要件所描述的原则上是犯罪的既遂形态。然而，在部分案件中，犯罪由于某种原因终局性地停止，无法继续发展至犯罪既遂，此时就出现犯罪未完成形态。根据犯罪停止的阶段和原因，可以将犯罪未完成形态区分为三种情形：犯罪预备、犯罪中止、犯罪未遂。刑法也有条件地对之加以处罚。对于我国刑法中的四种犯罪形态，可以简要总结如下：

犯罪预备：行为人为了实行犯罪准备工具、制造条件，但由于意志以外的原因未能着手实施犯罪。

犯罪中止：行为人在犯罪过程中自动放弃犯罪或者自动有效地防止危害结果发生。

犯罪未遂：行为人着手实施犯罪之后，由于意志以外的原因未能得逞。

犯罪既遂：行为人着手实施犯罪之后实现构成要件、造成了犯罪结果。

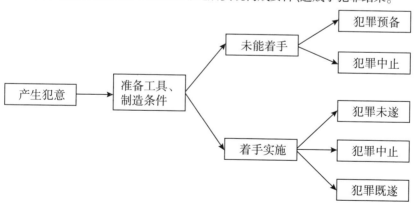

图2　故意犯罪的各个阶段和形态概览

需要注意的是,犯罪中止这种犯罪终局形态既可能出现在犯罪预备阶段,也可能出现在着手实行阶段。此外,只有故意犯才有所谓的犯罪阶段与犯罪形态的问题。过失犯只有犯罪既遂一种形态。没有造成危害结果的,不能构成过失犯。在案例分析中,应当首先考察行为人是否就相关罪名构成犯罪既遂,在得出否定结论后,须进而考察犯罪的未完成形态。其中最重要的是犯罪未遂与犯罪中止。

2. 未遂与中止的体系处理

未遂犯与(着手后的)中止犯虽然是两种不同的犯罪未完成形态,但二者之间存在紧密的内在联系,在成立要件上也存在相互关联。例如,行为人构成障碍未遂的,就不可能再构成犯罪中止;行为人构成中止犯的,对其就不再以未遂犯处罚。因此,在案例分析中,建议将未遂犯与中止犯合并考察。换言之,在考察行为人是否构成犯罪未遂时,必须要同时考察其是否构成犯罪中止,从而一方面防止发生疏漏(特别是防止在考察完未遂犯后漏掉对中止犯的检视),另一方面也可以避免在对未遂犯和中止犯的考察中对相同的犯罪成立要件反复予以检视。有鉴于此,本书建议将对未遂犯与中止犯的考察置于同一张检视清单中进行:

三阶层体系:未遂犯与中止犯
前提:犯罪未得逞(未达于既遂)
1. 构成要件符合性
　(1)主观构成要件:犯罪决意
　　　a. 对全部客观构成要件要素的故意
　　　b. 非法目的
　(2)客观构成要件:着手
2. 违法性
3. 责任:与故意的作为犯相同
4. 刑罚解除事由:犯罪中止
　(1)在犯罪过程中(并非已经障碍未遂)
　(2)中止行为
　　　a. 若未实行终了:放弃犯罪
　　　b. 若已实行终了:
　　　　有效防止犯罪结果发生或为防止犯罪结果作出真挚努力
　(3)自动性

需要说明的是,在阶层式的案例分析中应当如何处理犯罪中止的问题,取决于如何从刑法理论上理解中止犯的性质。刑法理论关于中止犯的本质或者说**中止犯减免处罚的根据**主要有几种见解。

刑事政策说认为,行为人在着手实施犯罪时就已经具有了未遂犯的可罚性,其之后实施的中止行为本不能影响行为人构成犯罪未遂。但是,立法者为了鼓励行为人放弃继续实施犯罪或者防止犯罪结果发生,从而达到有效保护法益的目的,特别地通过中止犯的规定为行为人提供一座回归法秩序的"金桥",只要行为人自动放弃犯罪或有效防止犯罪结果发生,就给予其减免处罚的"奖赏"。① 换言之,中止犯之所以能导致对行为人减免处罚,是因为立法者基于刑事政策的考虑例外地赋予了其这种法律效果。中止行为本身并不能回溯性地消减行为人之前在着手实施犯罪时就已经确定下来的未遂犯的不法和责任。据此,就不能在三阶层范围之内考虑犯罪中止,而只能将中止犯作为刑罚解除事由,在责任阶层之后予以考察。

刑罚目的说认为,对中止犯之所以能够免除处罚,是因为行为人通过中止行为表明其已经回归法秩序,此时没有对行为人加以特殊预防的必要,再对行为人科处刑罚也无助于实现一般预防目的,故应当免除对行为人的处罚。② 在对中止犯具体成立要件的解释方面,刑罚目的说经常得出与刑事政策说不同的结论,但是,就案例分析中对中止犯加以检视的体系安排而言,两说没有区别。根据刑罚目的说,中止犯也是在未遂犯的不法和责任之外基于刑罚目的的考虑例外地减免行为人的刑罚,故该说同样将中止犯作为三阶层之外的刑罚解除事由加以考察。

相反,各种类型的**法律说**则认为,中止犯减免处罚的根据在于违法性减少或责任减少,或者违法性与责任同时减少。③ 所谓违法性减少,是指中止行为导致犯罪整体上未达于既遂,故行为人之罪行的法益侵害性减

---

① 参见[德]约翰内斯·韦塞尔斯:《德国刑法总论:犯罪行为及其构造》,李昌珂译,法律出版社 2008 年版,第 360 页以下。
② Vgl. Eser/Bosch, in: Schönke/Schröder Kommentar, StGB, 30. Aufl., 2019, § 24 Rn. 2b.
③ 参见陈家林:《外国刑法理论的思潮与流变》,中国人民公安大学出版社、群众出版社 2017 年版,第 466—471 页。

少,不法程度也随之降低。所谓责任减少,是指行为人因自动中止犯罪而使自身的非难可能性降低。若从违法性减少或责任减少的角度理解中止犯减免处罚的根据,就应当将对犯罪中止的考量整合在不法阶层(构成要件符合性阶层或违法性阶层)或者责任阶层进行。本书采用刑事政策说,故将中止犯视为三阶层之外的刑罚解除事由。

3. 未遂犯的构成要件

(1)前提要件:未得逞

我国《刑法》第 23 条规定,已经着手实行犯罪,由于意志以外的原因而未得逞的,是犯罪未遂。据此,在案例分析中对未遂犯加以考察时,首先应当确定行为人并未实现相应罪名的客观构成要件,即其必须"未得逞"、尚不构成犯罪既遂。若行为人已经构成某种犯罪的既遂犯,自然无须再考察其是否构成该罪的未遂犯。虽然导致行为人未能得逞的最常见的情形是,行为人未能如其所愿造成损害结果,但是,未能导致损害结果却不是认定犯罪未得逞的唯一情形。行为人未能实现其他客观构成要件要素的,也同样属于犯罪未得逞。例如,行为人未能成功实施实行行为,或者其行为与损害结果之间缺乏因果关系的,均非犯罪既遂。在行为人没有实现相关故意犯罪的客观要件时,就必须继而考察其是否构成相应的未遂犯。相较于既遂犯的情形而言,未遂犯的特殊性主要体现在构成要件阶层。未遂犯的构成要件大体上由犯罪决意(主观要件)和着手(客观要件)两部分构成。

(2)犯罪决意

在既遂犯中,对构成要件的考察应当先检视客观构成要件,而后再检视主观构成要件。但是在未遂犯中,应当先考察主观构成要件。其原因在于,在未遂犯的场合,行为人经常并未实际造成损害结果,其甚至可能都没能完整地实施实行行为,客观上就不存在整全的检视对象。此时若仍然坚持从客观方面进行考察,分析者很可能无从确定行为人究竟构成何种犯罪的未遂。例如,甲取过乙的手机,但乙立刻发现,一把将甲拉住。在该例中,要确定甲是否构成犯罪未遂,构成什么犯罪的未遂,都必须先考察甲的主观意图:若甲企图将手机取走自用,则甲构成盗窃未遂;若甲企图取过乙的手机后加以毁损,则甲构成故意毁坏财物未遂;若甲只是对乙的手机感到好奇,企图取来详细观察,则甲不构成任何犯罪的未遂。因此,在未遂犯的考察中,先检视行为人主观上是否具备犯罪决意才是妥当的次序。

我国刑法理论也将未遂犯中的犯罪决意称为犯罪故意,这种称谓并不完全准确。犯罪决意与犯罪故意虽有联系,但也不完全相同。二者的区别体现在:首先,就其内容而言,犯罪决意包含犯罪故意的相关内容,但除此之外,对目的犯的犯罪决意还须包含相应的非法目的。例如,要认定行为人构成盗窃未遂,除了要求行为人具有实现盗窃罪客观构成要件的故意之外,还要求行为人具有实现非法占有目的的决意。其次,从时间上来看,犯罪故意必须存在于行为人着手实行的时刻,行为人在着手实行之前和着手实行之后的意思(事前故意和事后故意)均非真正意义上的犯罪故意。换言之,行为人在着手实行时主观上是否具有犯罪故意,是认定其是否构成故意犯罪的决定性因素。而犯罪决意却可以在着手实行之前就已经存在。

在案例分析中考察犯罪决意时,须重点注意以下几点:首先,只有当根据行为人的认识,其行为可以符合某个犯罪的构成要件时,行为人才具有该罪的犯罪决意。当然,这并不意味着片面由行为人的主观认识来决定其是否具有以及具有何种犯罪决意。认定犯罪决意虽然以行为人的认识为基础,但其认识的内容是否能够符合某个构成要件,是否能被评价为相关犯罪的犯罪决意,却应当根据相关构成要件的内容规范地加以判断。例如,甲误以为苹果是一种有毒的水果,出于毒杀幼儿乙的意图将苹果交给乙食用。在该例中,虽然甲内心怀有强烈的导致乙死亡的意图,但其并没有故意杀人罪的犯罪决意。因为,按照甲所认识到的事实(将苹果给乙食用),其行为不具有导致他人死亡的类型性危险,不能被认定为故意杀人的实行行为,也就不可能符合故意杀人罪的构成要件。简言之,行为人造成损害结果的愿望不一定能构成犯罪决意。在迷信犯的场合,行为人也同样缺乏相应的犯罪决意,故其不能构成未遂犯。其次,犯罪倾向不同于犯罪决意。犯罪倾向是指行为人虽然意欲伺机实施某种类型的犯罪,但其尚未最终决定实施具体的犯罪行为。犯罪决意则要求行为人具有较为坚定的实施特定罪行的意思。再次,在罪行的实施取决于外在客观条件,但这种客观条件是否具备却不由行为人自己控制的场合,若行为人仍然意图实施相关罪行,也应肯定其具有犯罪决意。此时虽然行为人的行为可能因客观条件限制而无法成功实施,但行为人实施相关罪行的意愿超越了客观上的障碍,故应认定其仍然具备实现构成要件的决意。例如,行为人虽然知道手枪中未必有子弹,但仍然意图杀害被害人而瞄准被害人开枪射击的,具有杀人的犯罪决意。最后,行为人保留实施中止行为的可能性的,不影响对其犯罪决意的认定。例如:行为人欲强奸被害人,但是自始就决定,如果被害人哭泣就立刻收手的,也具有强奸的犯罪决意。若其果真在被害人哭泣时就放弃实施强奸行为,自然可能构成犯罪中止,但行为人对中止可能性的内心保留并不否定其犯罪决意。

(3)着手的认定

a. 理论概述

行为人仅具有犯罪决意的,还不能构成未遂犯。根据《刑法》第23条规定,着手实行是认定犯罪未遂不可或缺的要件。"着手"是刑法中非常重要的概念,其不仅对于区分犯罪预备和犯罪未遂具有重要意义,也对于认定故意犯罪和过失犯罪有着决定性影响。一般认为,着手是实行行为的起点,标志着犯罪行为进入了实行阶段。然而,究竟应当如何认定着手,刑法理论却历来存在诸多不同的见解。要注意的是,对于着手的认定与对未遂犯处罚根据(或者说未遂犯的不法)的理解息息相关。其原因在于,对未遂犯的处罚本质上就是在处罚着手。因为,所谓未遂犯就是指行为人着手实施犯罪且未能得逞(着手+未得逞),其中的"未得逞"显然不是奠定刑事不法的要素(否则就会得出行为人因未得逞而受处罚的荒谬推论),故未遂犯的不法其实就体现为着手的不法。与此相应,对于未遂犯处罚根据的理解经常会直接决定对着手的认定。概略而言,刑法理论中关于着手认定的学说主要有以下几种:

(a)主观说认为,未遂犯的处罚根据在于其体现了行为人的人身危险性。因此,行为人通过其行为表征了其内心的犯罪意思时,就构成着手。[①]

[①] 参见张明楷:《外国刑法纲要》(第3版),法律出版社2020年版,第233页。

该说存在较为明显的缺陷,由于行为人在实施犯罪预备行为时经常就已经表现了其内心的犯罪意思,故主观说会导致将大量的犯罪预备行为认定为着手实行犯罪,从而显著扩张刑事处罚的范围。鉴于主观说的这种缺陷,今天的刑法学界已经鲜有论者支持该说。

(b) **形式客观说**认为,当行为人开始实施一部分符合构成要件的实行行为时,就是着手。[①] 形式客观说是我国传统刑法理论的见解,也是当前我国司法实务中的通说。该说虽然在诸多案件中也能得出较为妥当的结论,但其存在较为明显的不足。首先,形式客观说的认定标准其实并不明确。表面上看来,该说以实行行为的实施作为判断标准,似乎没有问题。但实际上,在个案中,若严格按照形式客观说的标准,则可能导致对着手的认定过于推迟,从而不利于保护法益。例如,甲出于杀害乙的意图,从大衣下取出枪支,对乙瞄准,而后扣动扳机向乙射击。在这一系列过程中,至少要等到行为人确实扣下扳机时,才可能认为其实施了实行行为的一部分。然而,若此时才肯定行为人着手实施杀人行为,显然不利于有效保护被害人的法益。因此,持形式客观说的论者经常会认为,行为人持枪向被害人瞄准时就是杀人行为的着手。但是,瞄准行为本身并不具有导致他人死亡的类型性危险,将瞄准行为视为故意杀人的实行行为其实已经脱离了构成要件对实行行为的描述,难免显得牵强。其次,在部分构成要件中,若构成要件行为由多个环节组成,形式客观说又可能导致行为人刚开始实施最初环节的实行行为就已经着手,从而造成对着手的认定过于提前。例如,甲将自己的普通花瓶谎称为文物,以 300 万元的价格卖给乙,但甲也知道乙手头并无足够的现金,两人遂约定 3 个月后进行交易。在该例中,若依形式客观说,则甲对乙谎称自己的花瓶为文物时,就已经对乙实施了诈骗行为,应当肯定甲构成诈骗着手。但是,此时距离乙遭受现实的财产损害还存在着显著的时空间隔,认定甲构成着手明显太过提前。

(c) **实质客观说**认为,未遂犯的处罚根据在于其对法益构成了实质威

[①] 参见高铭暄、马克昌主编:《刑法学》(第 10 版),北京大学出版社、高等教育出版社 2022 年版,第 151 页以下;阮齐林、耿佳宁:《中国刑法总论》,中国政法大学出版社 2019 年版,第 204 页。

胁,故当行为人的行为造成了对法益的紧迫危险时,就是着手。实质客观说着眼于法益保护认定着手,具有实质上的合理性,近年来也在我国学界获得了众多学者的支持。然而,刑法理论对于应当如何认定刑法意义上的"危险",却存在较大的意见分歧。实质客观说的主张者也经常在对危险的认定上持不同的立场,从而导致其对着手的判断出现差异。例如,结果无价值论者一般都在着手的问题上主张实质客观说,诸多行为无价值论者也同样支持该说,但结果无价值论者和行为无价值论者对于"危险"概念的理解却各不相同,故其虽然均持实质客观说,在着手认定上的结论却往往并不一致。为厘清各方学说,此处有必要简单阐释刑法理论中关于危险认定的学说。①

关于危险的认定主要涉及的问题是,应当以什么作为判断资料,站在什么时点上,按照什么标准认定行为人的行为是否造成了对法益的威胁。根据在这三个变量上的不同取舍,刑法理论形成了众多关于危险认定的学说。其中最主要的有以下几种见解:

纯粹主观说与**抽象危险说**均属于主观说,其认为,应当以行为人在行为时的想法为基础,根据行为人自身或者一般人的判断认定行为人的行为是否具有造成法益损害的危险。该说以行为人的主观认识作为判断资料,即便行为人的主观认识不符合客观事实,也以行为人的主观认识为准,从而显得过度主观化。② 例如,行为人误认为砂糖有毒,企图以砂糖毒杀健康的被害人的,按纯粹主观说,也应当肯定行为人创设了对被害人的生命危险。又如,行为人误以为对面的黑影是被害人而开枪射击的,即便一般人能正确识别对面的黑影其实只是一棵枯树,抽象危险说也会认为

---

① 在我国学者的教科书中,对"危险"的判断经常被作为区分未遂犯和不能犯的问题予以讨论。本书将之放在着手概念下考察,本质上仍然涉及未遂犯与不能犯的区分问题。因为,在实质客观说的立场之下,若行为人的行为没有创设对法益的危险,就不能构成着手,自然也不能构成未遂犯。若其亦不构成犯罪预备,就只能是不可罚的不能犯。实际上,也只有在对着手的认定采取实质客观说时,才存在区分未遂犯和不能犯的问题。若对着手采取主观说、形式客观说或折中说,则不能犯原则上也可以构成着手,可以符合未遂犯的成立要件,自然无须再在未遂犯和不能犯之间加以区分。本书的这种体系处理是将刑法理论中未遂犯和不能犯的区分问题具体到着手这一未遂犯的成立要件中加以考察,从而避免使该问题游离在未遂犯的成立要件之外。

② 参见黎宏:《刑法学总论》(第2版),法律出版社2016年版,第241页以下。

行为人危及了他人生命。这两说由于太过主观化,与刑法客观主义立场相悖,今日已经鲜有论者主张。

具体危险说(新客观说)认为,应当以行为时行为人所认识到的事实和一般人能够认识到的事实为基础,按照理性一般人的感觉从事前的角度判断行为人的行为是否具有造成法益损害的危险。① 例如,行为人误以为对面的黑影(其实是枯树)是被害人,遂出于杀害被害人的意思向黑影开枪射击的,若一般人在行为时也会认为该黑影可能是被害人,该说就肯定行为人的行为创设了对生命法益的危险,构成故意杀人的着手和未遂。相反,若一般人在行为时能辨认出该黑影其实只是枯树,则应否定行为人的行为造成了对法益的紧迫危险,其行为不能构成犯罪未遂。具体危险说的立场体现出了刑法的社会整合功能,即:除非行为人能够特别认识到相关行为其实是安全的,否则刑法应当禁止一般人都认为具有危险性的行为。唯有如此,刑法才能维持社会共同体成员安定地共同生活,维系社会的存续。此外,刑法也只有通过设立行为规范,原则上禁止行为人实施社会共同体成员普遍认为具有危险性的行为,才能真正有效保护法益。因此,具体危险说并非只是在处罚行为人的主观恶意,其实际上仍然是以法益保护为导向,只是更加强调通过确证行为规范来达到法益保护的效果。总体而言,具体危险说的立场与行为无价值论具有极高的亲和性,故该说主要由行为无价值论者主张。

具体危险说认为在判断资料中应当同时考察**行为人的特殊认知**,似乎可能存在与主观说相同的缺陷,但其实并非如此。对于具体危险说所考察的行为人特殊认知,需要注意以下几点:

首先,具体危险说要求考察的特殊认知与主观说作为判断资料的行为人认识并不相同。主观说中的行为人认识完全以行为人的主观想法为准,即便行为人的认识偏离了客观事实,也以行为人的想法为基础判断其行为的危险性。相反,具体危险说中的特殊认知则只考虑行为人特别认识到的事实。② 若行为人的认识不符合客观事实,则具体危险说并不将行

---

① 参见周光权:《刑法总论》(第4版),中国人民大学出版社2021年版,第302—304页。
② 参见刘艳红主编:《刑法学(上)》(第3版),北京大学出版社2023年版,第246页。

为人的想法纳入判断资料。例如,在上例中,行为人误以为对面的枯树是被害人而开枪射击的,若一般人在行为时能认识到对面其实只是枯树,则具体危险说否定行为人对法益造成了紧迫危险。在这一点上,具体危险说体现了自己与主观说之间的根本差异。

其次,具体危险说要求在判断资料中考察行为人特别认识到的事实,也确有其合理性。因为,若一般的社会成员都无法认识到某种行为具有法益侵害的危险,而行为人却基于自身的特殊知识或者在机缘巧合之下特别认识到了该行为的危险性,则法规范仍然要求行为人放弃实施此种危及他人的行为。换言之,在行为人特别认识到了奠定其行为危险性的事实时,"禁止侵害他人"的行为规范便会对行为人产生效力,要求行为人放弃实施该行为。例如,在雅各布斯提出的著名的毒蘑菇案中,生物系学生甲在餐馆打零工当服务员,其发现自己要端给客人的菜品中含有某种极为罕见、一般餐饮服务人员无法辨认的致命毒蘑菇,但仍然将菜品端给顾客食用,导致顾客死亡。在该例中,具体危险说也肯定甲的行为创设了导致顾客死亡的危险。虽然社会共同体只要求每位社会成员在自身社会角色范围内尽到平均的注意义务(如前所述,对客观注意义务的认定应采取同业一般人标准),故即便甲没有积极运用自己的专业能力发现菜品中的毒蘑菇,也不能认定其构成过失致人死亡(因为一般的餐饮服务员都无法发现毒蘑菇)。但是,当甲凭借自身的专业知识已经认识到菜品中的毒蘑菇时,则针对每位社会成员都有效的"不得杀人"的行为规范便同样禁止甲再将菜品端给顾客食用。甲仍然将含有毒蘑菇的菜品交给顾客的,就是违反行为规范创设了法所不容许的危险,刑法理当对之加以禁止。

最后,考虑行为人的特殊认知并不总是在加重行为人的刑事责任,其在个案中也完全可能对行为人有利。特别是,当某种行为在社会一般人看来具有危险性,而行为人却特别认识到这种行为不具有危险时,不能认为行为人造成了对法益的紧迫危险。例如,社会一般人听闻某种元素的名称都会感觉该元素相当危险,但行为人作为专业人员知道该元素对人体无害,从而将之掺入朋友的饮食中搞恶作剧的,具体危险说不认为行为人创设了对法益的危险。

客观危险说(旧客观说、纯粹客观说)认为,应当以事后(裁判时)能查明的、行为时存在的一切客观事实为基础,通过客观的自然科学法则事后判断行为人的行为是否具有造成法益损害的危险。该说强调应当依据客观事实和科学法则对行为的危险性进行判断,只要行为人的行为没有对法益造成现实的威胁,就不能对行为人加以刑事制裁,此时应当否定行为人的行为构成着手或未遂,从而肯定其是不可罚的不能犯。例如,行为人误以为对面的黑影(其实是枯树)是被害人,遂出于杀害被害人的意思向黑影开枪射击的,即便一般人在行为时也都会认为该黑影是被害人,客观危险说依然否定行为人造成了对法益的紧迫危险,认定其构成不可罚的不能犯。由此可见,客观危险说重在保障行为人的个人自由,认为除非行为人确实造成了对法益的现实危险,否则刑法不应对其加以处罚。这种立场契合结果无价值论的价值取向,故客观危险说主要由结果无价值论者主张。客观危险说虽然正确强调了刑法的客观主义立场,但其也具有较为明显的不足。首先,行为人的行为之所以未能造成损害结果,几乎总是存在着相关的客观原因,若严格按照客观危险说的立场进行判断,就会导致几乎所有的未遂犯都成为不可罚的不能犯。[①] 例如,甲出于杀害故意向乙开枪射击,子弹与乙擦肩而过。若按照全部的客观事实来分析该例,那么,根据甲开枪时的枪口指向、枪和子弹的弹道特性、当时的风向和乙的移动状况等客观因素,人们就可以基于科学法则确定,甲射出的子弹必然无法击中乙,从而只能认为甲并未对乙的生命法益造成紧迫危险。这种结论当然无法接受。其次,客观危险说对于危险的认定也存在方法论上的缺陷。如上所述,该说要求从事后的视角来客观判断行为的危险。然而,所谓"危险"无非就是指危害结果发生的可能性,对危险的判断总是蕴含着人们对于事态未来发展趋势的预测。因此,人们实际上只能从事前的视角判断行为人的行为是否造成了法益损害的危险,从事后的角度来看,危害结果只有发生和不发生两种情形,并没有其发生的"可能性"或者说"危险"可言。

修正的客观危险说尝试通过对判断资料的限制弥补客观危险说将未遂犯均认定为不能犯的缺陷。该说认为,虽然对危险的判断原则上应当

---

① 参见周光权:《刑法总论》(第4版),中国人民大学出版社2021年版,第299页以下。

基于客观事实进行,但是,对于一些只能从事后才能查明、在行为时不可能为行为人和一般人认识到的细节事实,则应当将之从判断资料中排除。① 例如,在上述甲出于杀害故意向乙开枪射击,子弹与乙擦肩而过的例子中,修正的客观危险说认为,诸如开枪射击时的风向、乙的移动轨迹等事实在行为时难以为人所知,故不能将之纳入判断资料。在去掉这些细节事实之后,就应当得出甲射出的子弹可能击中乙的结论,从而肯定甲的行为导致了对法益的紧迫危险,构成故意杀人的着手和未遂。修正的客观危险说也主要由结果无价值论者主张,该说同样存在缺陷:首先,究竟哪些细节事实应当被从判断资料中排除,该说难以提供明确的标准。若认为应当排除行为时一般人和行为人难以认识到的事实,那么修正的客观危险说就几乎被转化成了具体危险说。其次,既然主张客观的判断立场,为何又能够将行为时难以查明的客观事实排除在判断资料之外,修正的客观危险说对此也未提供有力的论证。最后,若仍然坚持从事后的角度来判断行为的危险性,则该说与客观危险说存在上述同样的方法论问题。

表8 危险判断的主要见解概览

	判断资料	判断时点	判断标准
纯粹主观说	行为人的认识	行为时(事前)	行为人
抽象危险说	行为人的认识	行为时(事前)	一般人
具体危险说	一般人认识到的事实＋行为人特别认识到的事实	行为时(事前)	一般人
客观危险说	客观事实	裁判时(事后)	科学法则
修正的客观危险说	原则上为客观事实	原则上为裁判时(事后)	科学法则

(d)**折中说**认为,应当结合行为人的主观计划判断其行为是否已经达于着手。若根据行为人对犯罪的预想,其行为属于直接开始实现构成要件的举动,且其行为与构成要件的实现之间已经不存在明显的中间步骤,

---

① 参见张明楷:《刑法学》(第6版),法律出版社2021年版,第461页。

就应当肯定其已着手。① 相反,若根据行为人的犯罪计划,其当前的行为与构成要件的实现之间还存在显著的时空间隔,则其行为尚不构成着手。折中说是当前德国认定着手的通说,其是一种主客观相结合的判断。虽然该说以行为人的计划为基础,但行为人的计划能否被评价为直接实现某个构成要件的举动,则是结合构成要件的具体要求进行的规范判断。例如,在迷信犯中,甲企图通过扎纸人诅咒的方式造成乙的死亡的,甲不构成故意杀人的着手和未遂,因为其犯罪计划中的行为(通过诅咒造成他人死亡)根本不可能实现故意杀人罪的构成要件。但是,在很多不能犯的场合,折中说仍然会得出行为人构成着手的结论。例如,在上述行为人误以为对面的枯树是被害人,遂出于杀害被害人的意思向黑影开枪射击的例子中,即便一般人在行为时都能辨识出对面只是枯树,折中说还是会认定行为人构成故意杀人的着手和未遂。因为,根据行为人的犯罪计划(开枪杀人),其开枪射击的行为完全可能实现故意杀人罪的构成要件。

总而言之,着手的认定是刑法理论中极具争议的难题,之所以在该问题上呈现众说纷纭之势,主要是因为论者对刑事不法(特别是未遂犯的不法,或者说未遂犯的处罚根据)有着不同的理解,而这些基本立场上的差异都在着手理论中集中展现出来。例如:若认为未遂犯的不法在于表征了行为人的人身危险性,就会对着手采用主观说的立场;若认为未遂犯的不法在于未能完全实现构成要件,就会对着手采用形式客观说的立场;若认为未遂犯的不法在于对法益的危险,就可能采取各种类型的实质客观说;若认为未遂犯的不法在于动摇了行为规范的有效性,动摇了公众对于法秩序的信赖(印象理论),就会对着手采用折中说。除主观说之外,其余各说当前均有众多论者主张,故在案例分析时均应予以重视。由于各说经常在个案中导致不同的结论,在案例分析的过程中,分析者要注意对各说在当前案件中的具体结论加以考察。若各说结论相同,自然简单带过即可,但若各说结论不同,则应当在对各说进行简要辨析后作出自己的立场选择,再据此确定案例分析的结论。

---

① 参见[德]约翰内斯·韦塞尔斯:《德国刑法总论:犯罪行为及其构造》,李昌珂译,法律出版社2008年版,第342页。

b. 特殊场合的着手

对于在一些特殊场合应当如何认定着手的问题,刑法理论也存在着显著的见解分歧。当然,这些见解的分歧往往和上述关于着手理论本身的争议相关,但又经常与上述各说之间没有直接的对应关系。这些特殊场合主要涉及隔隙犯、不作为犯、间接正犯和共同正犯等情形。

隔隙犯也被称为隔离犯,其是指行为人的行为与危害结果的发生之间具有显著的时间间隔或者空间间隔。存在显著时间间隔的情形即隔时犯,存在显著空间间隔的情形即隔地犯。在隔隙犯的场合,行为人在实施行为时,其行为与危害结果的发生还有显著的时空间隔,而在危害结果发生时,行为人却又未再实施行为,故刑法理论对于应当如何认定**隔隙犯的着手**,历来存在较大争议。例如,甲将爆炸物伪装成普通物品通过快递公司寄送给乙,一周后,乙收到包裹正欲拆开时,其朋友发觉异常并制止了乙的行为,使乙幸免于难。在类似案例中,主观说和部分持形式客观说的论者会在行为人实施行为时(在上例中,即甲在邮局办理寄送手续时)就肯定其犯罪已经达于着手。部分持形式客观说的论者和部分持折中说的论者认为,行为人在将自己的行为实施完毕之时(在上例中,即甲在邮局办理完寄送手续,将包裹交给邮局时),其就已经实施完了对于实现构成要件所必需的行为,故其罪行达于着手。实质客观说和另外一部分持折中说的论者则认为,只有当被害人进入了犯罪工具的影响范围,从而直接遭受危险时(在上例中,即乙收到包裹时),才能肯定行为人的行为达于着手。①

对于应当如何认定**不作为犯的着手**,也存在着不同的见解。例如:父亲甲和其双目失明的儿子乙一起爬山,甲想借机杀害乙。在悬崖边,甲看到乙慢慢走到离悬崖 20 米远的地方,为让乙坠崖身亡,甲故意未对乙加以阻止。乙继续往悬崖边走去,到距离悬崖 3 米远处,其他游客发现乙并将乙救回。在类似情形中,有见解认为,行为人在第一次有机会阻止危害结果发生时却未加阻止的,就是不作为犯的着手。② 因为此时行为人已经

---

① 参见张明楷:《刑法学》(第 6 版),法律出版社 2021 年版,第 443 页。
② Vgl. Herzberg, Der Versuch beim unechten Unterlassungsdelikt, MDR 1973, S. 89 ff.

开始实施其不作为的实行行为,且其行为也表征了行为人内心的犯罪意思。依该说立场,在上例中,甲首次发现乙走向悬崖时却不立刻制止的,就已着手。有见解认为,只有当行为人在最后一次有机会阻止危害结果发生却未加阻止时,才成立不作为犯的着手。① 因为,只有在此时才能肯定行为人实施完了其不作为的实行行为并且使法益陷于紧迫的危险之中。依该说之见,在上例中便需要考察,当乙距离悬崖多远时,甲事实上就已经难以采取有效措施制止乙坠崖(例如能及时叫住乙或者上前拉住乙)。若该距离大于或等于 3 米,则甲已经达于着手。若该距离小于 3 米,则甲仍未着手。有见解认为,应当以行为人的不作为对法益造成的实质威胁为判断标准,当相应的不作为致使法益处于现实的紧迫危险时,行为人已经着手。② 依该说见解,在上例中,乙距离悬崖边缘仅有 3 米的距离,应当认为乙的生命法益已经陷于现实的紧迫危险之中,从而肯定甲构成着手。还有见解认为,当行为人的不作为已经现实地造成了对法益的危险时,其罪行固然已经着手。但在此之前,若行为人已经决意放弃对整个事态的控制,对危害结果的发生"放手不管"的,则行为人在放手不管时就是着手。③ 根据这种见解,也同样应当肯定上例中的甲已经达于着手。

对于**间接正犯的着手**的判断,也存在不同学说。幕后者标准说认为,幕后者开始对实施者(即被利用者)施加强制或欺骗,企图实现对实施者的控制和支配时,就已经着手实施犯罪。④ 实施者标准说认为,当被利用的实施者现实地实施幕后者所意欲的行为,对法益造成了紧迫危险时,幕后者才构成间接正犯的着手。⑤ 折中说则认为,幕后者实现了对实施者的控制,使实施者离开幕后者的支配领域前往实施犯罪时,幕后者就已经完成了其为实现犯罪所需实施的全部行为,此时应当认为幕后者构成间接正犯的着手。⑥ 例如,甲想杀害自己的情敌丙,于是交给乙一瓶致命的药

---

① Vgl. Welzel, Das Deutsche Strafrecht, 11. Aufl., 1969, S. 221.
② Vgl. Murmann, in: Leipziger Kommentar, StGB, 13. Aufl., 2019, §22 Rn. 171.
③ Vgl. Rengier, Strafrecht Allgemeiner Teil, 13. Aufl., 2021, §36 Rn. 36.
④ Vgl. Jakobs, Strafrecht, Allgemeiner Teil, 2. Aufl., 1991, 21. Abschn. Rn. 105.
⑤ 参见张明楷:《刑法学》(第 6 版),法律出版社 2021 年版,第 444 页。
⑥ 参见[德]乌韦·穆尔曼:《德国刑法基础课(第 7 版)》,周子实译,北京大学出版社 2023 年版,第 617 页。

剂,对乙谎称是迷药,让乙用迷药迷倒丙后对丙进行抢劫。乙信以为真,但在前去找丙对其进行抢劫的路上,出于好奇打开了甲的瓶子。闻到瓶中药剂的刺鼻气味之后,乙觉得瓶里肯定不是普通的迷药而是很危险的物品,于是将药剂丢弃,放弃实施抢劫行为。① 在该例中,若根据幕后者标准说和折中说,应当肯定甲已经构成故意杀人的着手,但若根据实施者标准说,就应当认为甲以间接正犯实施的杀人行为尚未达于着手。在行为人利用被害人实施自我损害行为的场合,也存在类似的问题。例如,甲发现有窃贼进入自己家中偷吃了厨房中的食物。甲想到窃贼可能还会再来,于是在家中放置有毒食物,企图毒死窃贼。但是窃贼未再出现。② 在该例中,甲企图利用不知情的窃贼实施自我损害,其计划以间接正犯的方式实施的故意杀人行为是否已经达于着手,也取决于对理论学说的选择。根据幕后者标准说和折中说,甲的罪行已经着手,但根据实施者标准说,因窃贼并未再度到甲家盗窃,其生命法益没有遭受紧迫的危险,故应当认定甲尚未着手实施杀人行为。本书认为,只有当实施者开始实施具有侵害法益之危险的行为时,才能肯定幕后的行为人现实地危及了法益,故实施者标准说才是较为妥当的见解。若在个案中实施者未能着手实施侵害行为,则对幕后者认定为犯罪预备即可。

对于**共同正犯的着手**的判断,主要存在个别方案说和整体方案说之间的争论。**个别方案说**认为,应当基于每个行为人在共同犯罪中所负担的具体任务分别考察其是否着手。③ 只有当行为人根据共同的犯罪计划,开始着手实施其所负担的犯罪任务时,才能肯定其已经达于着手。若行为人尚未开始实施自己负担的犯罪任务,则即便其他共同犯罪人已经着手实施犯罪,行为人自己仍未着手。相反,**整体方案说**认为,在共同正犯的场合应当贯彻"部分实行、全部责任"原则,在着手认定上也是如此,故只要有任何一名共同正犯依照共同的犯罪计划开始着手实施犯罪行为,

---

① Vgl. BGHSt 30, 363 f.
② Vgl. BGHSt 43, 177 (178).
③ 参见[德]克劳斯·罗克辛:《德国刑法学总论(第2卷)》,王世洲等译,法律出版社2003年版,第325页。

所有的共同正犯就全部达于着手。① 例如,甲和乙商议共同前往银行实施盗窃,计划由甲潜入银行库房找到并且打开保险柜,然后打电话叫乙进入库房将沉重的金条搬上卡车运走。但在实施过程中,甲在潜入银行库房企图打开保险柜时即被警卫制服,此时乙仍在卡车上等待甲打电话叫自己进库房搬金条。在该例中,个别方案说肯定甲已经开始着手实施盗窃行为,构成盗窃未遂,而乙却仍未着手,仅构成盗窃预备。整体方案说则认为,因甲、乙构成共同正犯,故当甲着手实施盗窃行为时,乙也已经着手,两人均构成盗窃未遂。本书建议采纳整体方案说的立场。如前文所述,共同正犯的本质是在行为人之间相互进行行为归责的模型,故当任何一名共同正犯着手实行时,其着手行为也应当被归责于其他的共同正犯,从而导致全体共同正犯均达于犯罪着手。个别方案说容易导致按犯罪计划较晚作出犯罪贡献的行为人更难构成犯罪未遂,这种对共同正犯的区别对待缺乏实质理由。

根据整体方案说,只有当行为人之间确实构成共同正犯时,才能将一部分行为人的着手行为归责于其他行为人,因此,若行为人与他人并不构成共同正犯,自然就无须为他人着手实施犯罪的行为负责。在假想共同正犯的场合即是如此。所谓**假想共同正犯**,是指一部分行为人误以为自己与他人构成共同正犯,而实际上却并不存在共同正犯关系。例如,甲和乙合谋前往丙家抢劫,约定由甲先入室使用暴力压制丙反抗,乙随后再入室劫取丙的财物。然而,甲在犯罪实施前心生悔意,将两人的犯罪计划告知了丙。丙遂报警,并让甲假意继续执行和乙的计划,以便将乙抓获。案发当晚,甲假装依犯罪计划先入室对丙实施暴力,实则向警察发出乙已到现场的信号,事先设伏的警察随即将乙抓获。在该例中,甲并未真正着手实施抢劫罪行,且甲不具有与乙共同实行犯罪的意思,两人不能构成共同正犯,故不能肯定乙已经着手实施抢劫行为,应当仅认定乙构成抢劫预备。

(4)未遂犯的其他问题

a. 结果加重犯的未遂

在案例分析中需要注意的是,结果加重犯也同样具有未遂形态。结

---

① Vgl. Rengier, Strafrecht Allgemeiner Teil, 13. Aufl., 2021, §36 Rn. 20.

果加重犯的未遂主要包含三种情形:其一,行为人追求或放任造成加重结果,但既未实现基本构成要件也未造成加重结果。例如,行为人企图强奸被害人,出于放任的心态以可能导致死亡结果的强制手段压制被害人反抗,但最终既未能强奸被害人,也未造成被害人死亡。其二,行为人追求或放任造成加重结果,虽然实现了基本构成要件,但未造成加重结果。例如,在上例中,行为人虽然成功强奸了被害人,但未造成被害人死亡。其三,行为人追求或放任造成加重结果,其虽然未能实现基本构成要件,但却造成了加重结果。例如,在上例中,行为人虽然未能成功强奸被害人,但却造成了被害人死亡。这种情形也可以被称为结果加重的未遂犯。三种结果加重犯未遂的情形法律后果相同:在三种情形下均应当对行为人适用结果加重犯的法定刑,同时适用刑法总则关于未遂犯可以从轻或者减轻处罚的规定。

表9　结果加重犯未遂概览

加重结果 \ 基本要件	未　遂	既　遂
追求(或放任)但未造成加重结果	结果加重犯未遂	结果加重犯未遂
造成加重结果	结果加重犯未遂（结果加重的未遂犯）	结果加重犯既遂

b. 不能犯未遂

所谓不能犯,是指与行为人的预想相反,其行为由于事实上的或者法律上的原因从一开始就不可能实现客观构成要件。根据无法实现构成要件的原因,不能犯可以被分为方法不能(亦称为工具不能或手段不能)、对象不能和主体不能三种类型。方法不能,是指行为人所采用的方法和手段不可能导致其所追求的危害结果。例如:行为人企图制造恐怖袭击,于是用手枪向高空飞行的客机射击。对象不能,是指行为人所欲侵犯的对象在行为时并不存在,不可能发生危害结果。例如:行为人意图杀害被害人,将田野中的稻草人误认作是被害人而对之开枪射击。主体不能,是指行为人虽然具有实施身份犯的意思,但却不具备构成犯罪所必要的特殊身份。例如:行为人误以为自己是国家工作人员,向他人勒索"贿赂"。

前文在关于着手的论述中已经指出,基于对未遂犯处罚根据或对未遂犯之不法内涵的不同理解,刑法理论对于不能犯是否能构成犯罪未遂的问题也存在不同见解。其中,结果无价值论者一般认为未遂犯的处罚根据在于行为人的行为造成了对法益的现实紧迫危险,故其采用实质客观说认定着手,并在个案中根据(修正的)客观危险说判断行为的危险性。基于这种立场,由于不能犯客观上自始不能造成危害结果,结果无价值论者原则上否定不能犯的可罚性,从而将不能犯与未遂犯理解为相互对立的概念,认为前者不可罚而后者可罚。相反,行为无价值论者一般认为,未遂犯的处罚根据在于行为人的行为动摇了行为规范的有效性或者动摇了社会公众对于法秩序的信赖,由于不能犯也可能妨害规范效力,故不能一概认为不能犯不可罚。据此,即便行为人的行为客观上不至于造成损害结果,但若社会一般成员从事前的角度看来感觉行为人的行为可能损害法益,则行为人的行为仍然会动摇规范的效力,故相应的不能犯应当被作为未遂犯处罚(例如,采用具体危险说的实质客观说即持此见解)。若根据个案的情形,社会一般成员基于行为时的情境不会认为行为人的行为具有损害法益的危险,则相应的不能犯不能动摇公众对法秩序的信赖,应当肯定其不可罚。由此,不能犯就不是与未遂犯相对立的概念,而只是未遂犯的下属情形之一(即认为未遂犯可分为能犯未遂与不能犯未遂两种类型),应当根据情况确定其可罚性。若采用主观说,认为未遂犯的处罚根据在于行为人的行为体现了其内心的犯罪意思,则不能犯与未遂犯在可罚性方面就几乎没有差异。

需要注意的是,**迷信犯**虽然也不能导致法益损害结果,但其与不能犯还是存在差异。在迷信犯的场合,行为人是企图通过超自然的方法实施犯罪,其主观上所设想的因果联系超出了自然科学所能解释的范围。在不能犯的场合,行为人寻求造成损害结果的方式仍然在自然科学的领域之内,只是由于个案中不具备相关的条件而导致其行为无法造成损害结果。同样应当与不能犯未遂相区别的是幻觉犯。所谓**幻觉犯**,是指行为人虽然正确认识到了客观事实,但是却误以为存在着对自己不利的法律规范或者对相关法律规范的适用范围作出了不利于自己的解释,从而误以为自己的行为为刑法所禁止。例如,行为人在取得17周岁女性的同意后与之发生性关系,但误以为与未成年女性发生性行为的都构成强奸罪。当今刑法理论中几乎所有的观点都认为迷信犯和幻觉犯不具有可罚性。

4. 中止犯的成立条件

根据《刑法》第24条的规定,成立中止要求行为人必须是在犯罪过程中自动放弃犯罪或者自动有效地防止犯罪结果发生。前文已经论及,刑法理论关于中止犯减免处罚的根据存在刑事政策说、刑罚目的说和多种类型的法律说等不同见解。这些见解在中止犯的具体成立要件上也经常提出不同的要求。

(1)在犯罪过程中

a. 障碍未遂的判断

犯罪中止可以发生在预备阶段,也可以发生在行为人着手实施犯罪之后。但是,对于单独正犯而言,一旦犯罪行为已经达到了确定的、终局性的形态(犯罪预备、犯罪未遂、犯罪既遂),就不可能再成立犯罪中止。因此,认定犯罪中止的首要条件就是,行为人必须是在犯罪过程中实施中止行为。在案例分析时特别需要注意考察的是,行为人的罪行是否已经陷入障碍未遂。若行为人的罪行已经止于障碍未遂,则其犯罪已经出现终局性的未遂形态,不能再成立中止。所谓**障碍未遂**,是指行为人的罪行因其意志以外的原因无法达于既遂("欲而不能")。意志以外的原因不仅包括客观上使行为人的犯罪不可能既遂的原因,也包括致使行为人认为不可能既遂从而被迫停止犯罪的原因。析言之,意志以外的原因又可以被细分为三类:其一为抑制犯罪意志的原因,即某种情况导致行为人主观上认为自己已经不可能再继续实施犯罪,从而被迫停止犯罪。至于该原因是否致使行为人客观上无法实施犯罪,则非所问。例如,行为人在实施盗窃时忽闻屋外警笛声,以为自己的罪行被发现,赶紧放弃盗窃行为逃离现场。实际上,其听到的只是救护车在鸣笛而已。此时行为人客观上其实还可以继续实施盗窃行为,但其主观上误以为无法继续实施犯罪行为,故其盗窃行为系障碍未遂。其二为抑制犯罪行为的原因,即某种情况导致行为人在客观上无法继续实施犯罪。例如,行为人在某单位财务室行窃时,发现自己之前获知的密码无法打开财务室的保险柜,只好放弃盗窃计划。其三为抑制犯罪结果的原因,即行为人虽然已经实施了自己认为足以导致危害结果发生的行为,但却由于某种情况致使危害结果未能出现。例如,行为人出于杀害故意造成被害人重伤后,以为被害人必死无疑而离开现场,后有路人偶然经过,将被害人送往医院抢救使其幸免于难。

对于障碍未遂的判断可能部分地涉及中止自动性的问题,特别是当行为人主观上认为自己已经无法(继续)实施犯罪时,其不可能再自动放弃犯罪。但在案例分析中不能将障碍未遂的判断等同于对中止自动性的判断。因为,在诸多需判断中止自动性的场合,行为人的罪行都不构成障碍未遂。例如,甲夜间侵入乙的店铺窃取财物,发现当天店铺内值钱的货品不多,遂放弃实施盗窃行为,意图等乙进货后再来盗窃。在该例中,对甲是否构成盗窃中止的认定就与障碍未遂无关,而主要涉及中止自动性的判断。因此,本书仍然建议在对中止犯的分析中,将障碍未遂与否和中止自动性作为两个不同的成立要件分别加以考察,以防疏漏。

b. 放弃重复侵害

在行为人放弃重复侵害的场合,对于何时可以认定其犯罪行为已经呈现终局性形态的问题,存在着不同的理论主张。所谓**重复侵害**,是指行为人基于相同的犯罪意图在紧密的时空联系范围内连续反复实施具有法益侵害性的行为。例如:甲企图杀害乙,遂计划先用绳子尝试勒死乙,若不能成功就再用锥子砸乙头部造成乙死亡。在实施犯罪的过程中,两种方法都未能导致乙死亡,于是甲又拿起桌上的菜刀连砍乙数刀,但乙仍未死亡。此时甲忽然心生怜悯,放下菜刀离去。在行为人放弃重复侵害时,对于其行为犯罪形态的认定,刑法理论和司法实务中存在个别行为说、犯行计划说(犯罪计划说)和整体考察说的见解分歧。

个别行为说认为,应当根据行为人所实施的单次犯罪行为分别认定其犯罪形态。换言之,当行为人每实施完一次可能导致法益损害结果的行为时,就对该次行为进行犯罪形态的判断,最后再对行为人的多个犯罪行为进行罪数上的处理。[①] 根据该说,在上例中,甲尝试用绳子勒死乙而

---

① Vgl. Eser/Bosch, in: Schönke/Schröder Kommentar, StGB, 30. Aufl., 2019, § 24 Rn. 21.

未成功的,就已经构成一次故意杀人未遂。其企图用锥子砸死乙而未得逞的,是第二次故意杀人未遂。最后意图用菜刀砍死乙的行为则构成第三次故意杀人未遂。当然,由于三次行为均在紧密的时空联系中基于同一个杀害故意发生,属于自然的单一行为(一连行为),故认定甲仅构成一个故意杀人未遂。个别行为说的优点在于明确地对行为人每次的法益侵害行为加以考察,在判断标准上极为清晰。但其缺陷也很明显:首先,该说导致行为人第一次着手实施犯罪时就已经必然构成未遂犯,从而过早地排除了行为人构成犯罪中止的可能性。对于行为人而言,既然第一次着手实施犯罪就已经不可能再中止,那么与其中途放弃,还不如"破罐破摔",决意继续将犯罪实施到底。因此,该说不利于鼓励行为人中止犯罪行为,不利于保护法益,在刑事政策上难以令人满意。其次,在重复侵害的场合,行为人本就是基于同一犯罪故意在紧密的时空联系中接续实施行为,与此相应,将如此紧密相连的数个行为作为一个整体行为加以考察其实更为合理。个别行为说将之拆解为多个独立行为进行评判,多少存在割裂整体生活事实的不足。

犯行计划说(犯罪计划说)认为,应当根据行为人主观的犯罪计划判断其行为的犯罪形态,若行为人在穷尽所计划的犯罪手段后仍未能得逞,则构成犯罪未遂,若行为人在执行犯罪计划过程中自动放弃犯罪,则构成犯罪中止。① 根据该说,在上例中,甲计划以绳子勒乙和以锥子砸乙两种方式造成乙死亡,故其尝试用绳子勒死乙而未能成功时,其尚未穷尽计划中的犯罪手段,尚不构成障碍未遂。只有当其接着用锥子砸乙还不能得逞时,甲才穷尽了所计划的犯罪行为,此时其因意志以外的原因未能造成损害结果,构成障碍未遂。犯行计划说的优点是,其相较于个别行为说推迟了认定障碍未遂的时点,为行为人保留了更多的中止犯罪的可能性。但其同样存在较为明显的缺陷。一方面,在行为人具有多个犯罪计划的场合,按照该说立场,就只有在行为人实施完了所有犯罪计划时才能肯定其构成障碍未遂。这就使得那些深思熟虑、在实施犯罪行为前进行周密策划的行为人反而难以构成未遂犯。然而,这样的行为人无疑具有极大

---

① Vgl. BGHSt 10, 129 (131).

的人身危险性,对其的这种优待缺乏合理根据。另一方面,在司法实务中,行为人经常是临时起意实施犯罪,在这种行为人根本未制定犯罪计划的场合,犯行计划说反而缺乏判断行为人犯罪形态的具体标准。

整体考察说认为,在重复侵害的场合,应当基于行为人实施完最后一次侵害行为的时点,从整体上考察行为人是因意志以外的原因未能得逞还是自动放弃犯罪。至于行为人此前还实施了其他的什么侵害举动,其是否自动放弃了之前的侵害行为,则均非所问。① 根据该说,在上例中,决定性的时点只是甲对乙实施完最后一次杀害行为,也即甲以菜刀砍杀乙而未得逞的时刻。若此时甲明知可以继续对乙实施杀害行为而自动放弃的,仍然构成中止。只有当甲此刻感觉已经无法成功杀害乙而放弃的,其才构成障碍未遂。据此,在上例中,由于甲系心生怜悯而放弃继续实施杀害行为,应当肯定甲构成犯罪中止。甲之前已经实施的可能导致乙死亡的行为,则不影响对其犯罪形态的认定。整体考察说是极为有利于鼓励行为人中止其罪行的学说,其在刑事政策上相对更为合理,故对中止犯减免处罚的根据持刑事政策说的论者经常赞同此说。但该说也并非没有缺陷,其问题恰恰在于,在部分案件中可能显得过度宽待行为人。例如,甲意图杀害乙,用装有 30 发子弹的突击步枪向乙射击,在连续射出 29 发子弹未击中乙后,甲回心转意放弃射出最后一发子弹。在这种极端案例中,依整体考察说的立场,仍然要肯定甲构成故意杀人的中止。由于甲之前并未对乙造成实际损害,还须对甲免除处罚。这在直觉上可能多少让人感到难以接受。既然甲已经连续 29 发子弹未能击中乙,似乎最后一发子弹击中乙的可能性也微乎其微,此时若还肯定甲构成犯罪中止且免除其刑罚,似乎确有过度宽待甲的嫌疑。但是,从刑事政策说的角度来看,这种解决方案也并非全无道理。因为,人们毕竟无法绝对确定,甲的最后一发子弹就一定无法击中乙(若在个案中出现了诸如乙已经逃出枪支的射程范围,从而能确定甲的最后一发子弹绝对无法击中乙等情形,则甲的罪行当然止于障碍未遂,其不可能再成立中止),因此,通过承认甲构成中止

---

① 参见[德]乌韦·穆尔曼:《德国刑法基础课(第 7 版)》,周子实译,北京大学出版社 2023 年版,第 636 页以下。

鼓励其放弃射出最后一发子弹,客观上也仍然降低了乙的生命法益所面临的危险,还是有助于法益保护目的的实现。有鉴于此,本书仍然建议采用该说的立场。

(2) 中止行为

行为人只有实施了中止行为的,才可能构成犯罪中止。根据《刑法》第24条的规定,所谓中止行为,是指行为人放弃犯罪或者有效地防止犯罪结果发生。两种中止行为的适用前提有所不同:在行为人的罪行尚未实行终了时,行为人自动放弃犯罪的,即可构成犯罪中止。若行为人的罪行已经实行终了,则其单纯放弃继续实施就不能构成中止,此时行为人必须积极采取措施有效防止犯罪结果发生,才可能构成中止。因此,在案例分析中确定行为人是否实施了中止行为,首先应确认其罪行是否已经实行终了。

a. 实行终了的认定

关于实行终了的认定,刑法理论中也存在多种不同的见解。由于中止犯本就是针对行为人个人的刑罚解除事由,行为人的个人态度在中止认定中极为重要,故本书认为不宜纯客观地判断行为是否实行终了,而应当主要立足于行为人的主观认识认定其罪行是否实行终了。据此,所谓**实行终了**,是指行为人相信自己已经实施了全部对于导致危害结果、实现构成要件所必需的行为。相反,若行为人认为还要进一步实施行为才能造成结果,则属于尚未实行终了。例如,甲出于杀害的意思造成乙重伤,若此时甲认为自己即便不再继续实施杀害行为,乙也将伤重而死,则甲的杀害行为已实行终了。若此时甲认为乙的伤势还不至于导致死亡结果,自己必须继续实施杀害行为才能造成乙死亡,则甲尚未实行终了。在案例分析中判断实行终了时,须注意以下几点:

首先,在行为人放弃重复侵害的场合,同样存在应当以行为人在哪个时点上的认识判断其罪行是否实行终了的问题。此处同样存在着上述个别行为说、犯行计划说和整体考察说之间的分歧。本书推荐采用整体考察说的立场。据此,原则上应当基于行为人在实施完最后一次可能导致损害结果的行为时的认识判断其行为是否实行终了。但是,若行为人起先认为自己已经实行终了,随即却发现自己的行为尚未实行终了的,应当以行为人修正后的认识为准。例如：甲欲杀害乙，在客厅连捅乙数刀之后，乙瘫倒在沙发上。甲以为乙已经死亡，遂转身去卫生间清洗刀上的血迹。清洗血迹过程中，甲听到客厅有动静，到客厅查看时发现乙正捂着伤口往外逃跑。甲见乙非常痛苦，心生怜悯，决定放乙一条生路，遂未继续追砍乙，乙幸免于难。在该例中，虽然甲一开始认为自己的犯罪行为已经实行终了，但其随后立刻发现自己其实并未对乙造成致命伤，此时应当以甲修正后的认识为准，肯定其尚未实行终了。因甲自动放弃继续实施犯罪，可以肯定其构成故意杀人中止。

其次，行为人认识到自己行为已经足以导致法益损害结果或者足以实现构成要件，就是实行终了。行为人此时是否意欲或者希望危害结果发生，则非所问。换言之，即便行为人在发现自己行为足以造成损害结果时已经不希望再看到危害结果发生，其行为也已经实行终了。此时若行为人不采取措施有效防止犯罪结果发生，就不能构成中止。

最后，在行为人的行为客观上已经足以造成损害结果，但其主观上误以为自己尚未实行终了而自动放弃继续实施犯罪行为的场合，若危害结果没有实际发生，则原则上应肯定行为人构成犯罪中止。例如，甲出于杀害故意捅刺乙，见乙倒地后非常痛苦，但以为乙未受严重伤害，遂心生怜悯放弃继续实施杀害行为，离开现场。其实乙当时已经体内大出血、生命垂危，只是恰巧有医生在甲离开后偶然路过，将乙送至医院抢救才使乙幸免于难。在该例中，乙实际上已经陷于紧迫的生命危险之中，但甲误以为自己行为并未对乙造成生命危险，甲仍属尚未实行终了。其放弃继续实施杀害行为的决定客观上也使乙得到了获救的机会，故应认定甲构成故意杀人中止。当然，因甲已经对乙造成重伤，不能免除其刑罚。应当注意的是，**不能有效中止的风险由行为人承担**。因此，若行为人因自己的误判而错失挽救法益的机会，导致危害结果现实发生，则行为人构成犯罪既遂。例如，在上例中，若乙最终死亡，则甲不能构成犯罪中止，而应构成故意杀人既遂。若行为人的行为客观上不至于造成损害结果，但其主观上误认为自己已经实行终了，则其仍属实行终了，按认定中止犯的一般原则处理即可，即行为人此时只有积极采取措施防止犯罪结果发生才能构成犯罪中止。

b. 放弃犯罪

在尚未实行终了的场合,行为人自动放弃犯罪的即可构成犯罪中止。在案例分析中,对于放弃犯罪的认定一般比较简单,但需要注意以下两种情形。

(a) 保留继续实施的可能性

在行为人保留继续实施犯罪行为的可能性时,是否能认定其放弃实施犯罪,需要谨慎进行判断。例如,甲意欲强奸乙,遂对乙使用暴力压制乙反抗。乙谎称自己嫌弃环境太脏乱,可以明天在家中与甲发生性关系。甲信以为真,放乙离去。次日,甲前往乙家,不料乙早已报警,警察将甲抓获。在该例中,甲当时停止了对乙实施强奸行为,但其仍然保留着次日与乙发生性关系的可能,此时甲是否构成犯罪中止,就取决于对放弃犯罪的理解。

有观点认为,放弃犯罪要求行为人必须是彻底、终局性地放弃犯罪决意。行为人还保留继续实施犯罪行为的可能性的,不构成犯罪中止。[1] 这种见解的支持者经常对中止犯减免处罚的根据持刑罚目的说,在其看来,只有当行为人终局性地放弃犯罪时,才能肯定行为人回归了法秩序,不必再对之科处刑罚,故也唯有此时才能肯定行为人构成犯罪中止。根据该说,上例中的甲由于还保留了次日与乙发生性关系的可能性,故不能构成犯罪中止。该说过于严格地限制了中止的成立范围,不利于对中止犯的认定。行为人保留将来实施犯罪的可能性的,不宜否定其对当前的犯罪行为成立中止。

有观点认为,放弃犯罪只要求行为人放弃当前的具体犯罪行为即可。在上例中,甲显然放弃了当前的强奸行为,故根据该说已经可以构成犯罪中止。该说更为有利于鼓励行为人中止犯罪,但其又过度扩张了中止犯的成立范围。若严格按照该说的立场,行为人只是临时更改了实施犯罪行为的具体方式的,也可能构成犯罪中止,颇为不当。

较为妥当的观点是折中说。该说认为,原则上,行为人放弃具体犯罪行为的就已经属于放弃犯罪实施。但是,如果行为人所保留的行为与其

---

[1] Vgl. RGSt 72, 349 (351).

之前所实施的行为系出于同一个意志决定,相互间具有紧密的时空联系,能够在自然意义上被认定为同一个犯罪行为,则应当认定行为人没有放弃继续实施犯罪,不成立中止。① 在上例中,甲所实施的行为(当天的强制手段)和其所保留的行为(次日与乙发生性关系)已经具有明显的时空间隔,不能再被评价为同一个强奸行为,故应当肯定甲放弃了当天的强奸行为,构成犯罪中止。相反,若行为人所实施的行为和其所保留的行为还属于同一个行为,则不能肯定行为人放弃犯罪。例如,甲意欲强奸乙,遂对乙使用暴力压制乙反抗。乙谎称等自己心情平复后可以和甲发生性关系。甲信以为真,停止使用暴力,开始等待。乙借机呼救,甲吓得落荒而逃。② 在该例中,甲所实施的行为(使用强制手段压制乙反抗)和其所保留的行为(当场与乙发生性关系)明显具有紧密的时空联系且均出于同一个强奸故意,应被视为同一个强奸行为。因此,甲暂时停止使用暴力准备与乙发生性关系的,并没有放弃当前的这次强奸行为,其不构成犯罪中止,而构成犯罪未遂。

(b)实现构成要件之外的目的

当行为人因实现了与构成要件无关的目的而放弃继续实施犯罪时,是否能够肯定其属于放弃犯罪,也存在一定的争议。例如,甲在犯罪行为暴露之后被警察追捕,为了逃脱追捕,甲一边逃跑一边出于间接的杀害故意向警察开枪射击。子弹没有击中警察,但警察见甲有枪,便停下不再追赶。甲知道自己枪中还有多发子弹,但看到阻止警察追捕的目的已经达到,也放弃继续向警察开枪,逃之夭夭。③ 又如,丙欲对丁实施抢劫,出于间接的杀害故意将刀插进丁的身体压制丁的反抗。在获取了丁的财物之后,丙拔出刀离开,未再对丁实施杀害行为。④ 在这两个例子中,行为人甲和丙均达到了自己的犯罪目的,甲成功阻止了警察的追捕,丙成功压制被害人反抗取得了财物,对于两人是否还能构成故意杀人的犯罪中止,存在

---

① 参见[德]约翰内斯·韦塞尔斯:《德国刑法总论:犯罪行为及其构造》,李昌珂译,法律出版社2008年版,第373页。
② Vgl. BGHSt 7, 296 f.
③ Vgl. BGH, NStZ 1991, S. 127 f.
④ Vgl. BGHSt 39, 221 f.

不同的见解。

有见解认为,既然行为人已经实现了自己所欲追求的目的,那么其就不可能再放弃自己的犯罪意图,从而也就不可能再成立中止。① 该说貌似合理,实则不妥。因为,中止意义上的放弃犯罪,是指行为人放弃(继续)实现构成要件,而不是指行为人放弃实现与构成要件无关的目的。在目的犯中,认定行为人放弃实施犯罪当然以其放弃实现犯罪目的为前提。例如,只有当行为人放弃对相关财物的非法占有目的时,才可能肯定其放弃实施盗窃行为。但是,对于非目的犯的构成要件而言,犯罪目的本就不是构成要件的内容,故即便行为人实现了相关的犯罪目的,其仍然可能放弃实现构成要件,从而因放弃实施犯罪而构成中止。② 在上述两个例子中,甲和丙虽然均实现了犯罪目的,但两人均放弃了继续实现故意杀人罪的构成要件,故仍然应当肯定两人在故意杀人罪的范围内构成犯罪中止。当然,对于甲而言,因其行为属于放弃重复侵害,故只有采取前述整体考察说的立场才能肯定其构成故意杀人中止,若采取个别行为说的立场,甲构成故意杀人未遂。对于丙而言,其虽对故意杀人罪构成中止,但其抢劫行为已经既遂。

c. 有效防止犯罪结果发生

在已经实行终了的场合,行为人单纯放弃犯罪不能构成中止,只有当其有效防止犯罪结果发生时,才能肯定其成立犯罪中止。所谓"有效"防止犯罪结果发生,应当区分为两种情形考察。第一种情形是,行为人的中止行为与危害结果未发生之间具有因果关系,第二种情形是,行为人的中止行为其实与危害结果未发生之间不具有因果关系。两种情形对于中止行为有效性的要求并不相同。

(a)具有因果关系的情形

在实行终了的场合,若行为人出于救助意思实施的行为客观上避免了危害结果的发生,也即其救助行为确实与危害结果未发生之间具有因果关系,原则上就应当肯定行为人有效地防止了犯罪结果发生。有争议

---

① 参见[德]乌韦·穆尔曼:《德国刑法基础课(第7版)》,周子实译,北京大学出版社2023年版,第643页以下。

② Vgl. BGHSt 39, 221 (230).

的问题是,此时行为人是只须客观上开创了法益获救的因果流程即可,还是必须为防止犯罪结果发生作出了真挚的努力。例如:丈夫甲出于杀害的故意造成其妻子乙重伤,随后心生怜悯,决意救助乙,遂开车送乙前往数公里外的医院。但是,甲又担心自己送乙进入医院会导致此前的杀人罪行败露,于是在离医院 95 米远的地方让血流不止的乙下车自己走去医院。乙在走到离医院 40 米处,因失血过多倒地昏迷,后凑巧被路人发现并被送往医院救治,幸免于难。[①]

对中止犯减免处罚的根据持刑罚目的说的论者认为,只有当行为人为避免犯罪结果发生尽到了真挚的努力时,才能肯定其有效地防止了犯罪结果发生。所谓**真挚的努力**,是指行为人根据其自身的能力和行为时的客观条件,采取了能够最为确定地避免危害结果发生的救助措施。只有在行为人以最真挚的努力防止了犯罪结果发生时,才能肯定行为人彻底回归了法秩序,没有对其科处刑罚的必要,从而认定其构成犯罪中止。[②] 据此,在上例中,甲显然没有尽到自己最大的努力确保危害结果不发生。其没有护送乙进入医院,致使乙昏迷于医院之外,若不是偶然有路人经过,乙的死亡结果难以避免。因此,该说会否定甲在上例中构成犯罪中止。

对中止犯减免处罚的根据持刑事政策说的论者则认为,行为人不必以最真挚的努力防止了犯罪结果发生。只要行为人的救助行为与危害结果未发生之间具有条件关系,就应当肯定行为人的救助行为开创了阻止犯罪既遂的因果流程,创造了拯救法益的机会,从而有效防止了结果发生。此时就应当肯定行为人构成犯罪中止,以达到鼓励行为人积极救助法益的效果。[③] 据此,在上例中,甲虽然没有尽到自己最大的努力去确保犯罪结果不发生,但甲的救助行为与乙最终获救之间无疑具有因果关系(若非甲驱车将乙送至医院附近,乙没有幸免于难的可能),故应当肯定甲构成犯罪中止。

---

① Vgl. BGHSt 31, 46 f.
② Vgl. Jakobs, Rücktritt als Tatänderung versus allgemeines Nachtatverhalten, ZStW 104 (1992), S. 90 f.
③ Vgl. Grünwald, Zum Rücktritt des Tatbeteiligten im künftigen Recht, in: FS-Welzel, 1974, S. 714 f.

(b) 不具因果关系的情形

在相应的犯罪结果没有发生,但犯罪结果没有发生与行为人的救助行为之间欠缺因果关系的场合,若行为人为防止犯罪结果发生尽到了真挚的努力,仍然可以认定行为人构成犯罪中止。所谓犯罪结果未发生与行为人的救助行为之间没有因果关系的情形,主要有以下三种情况:

其一,危害结果由于其他第三人的介入而不能再被归责于行为人。例如,甲在与乙的争吵中出于杀害故意将乙从四楼阳台上推下。发现乙生命垂危之后,甲心生悔意,马上打电话叫救护车送乙去往医院抢救。但是医生丙严重不负责任,未对乙及时加以抢救导致乙死亡。在该例中,虽然最终还是发生了乙的死亡结果,但该死亡结果应当由医生丙负责,与甲此前的杀人行为之间不具有刑法上的因果关系。因此,甲的杀人行为并未在刑法意义上导致犯罪结果,对于甲而言,应当认为其杀人犯罪的犯罪结果未发生。显而易见,此时犯罪结果未发生的原因并非是甲对乙采取了救助措施,而是因为丙的重大过错影响了结果的归责。但甲为防止危害结果发生尽到了真挚的努力,应当肯定甲构成故意杀人中止。

其二,他人或被害人独立于行为人之外的救助行为防止了危害结果。例如,甲在与乙的争吵中出于杀害故意将乙从四楼阳台上推下。发现乙生命垂危之后,甲心生悔意,马上打电话叫救护车欲送乙前往医院抢救。但实际上,在甲打电话叫救护车之前,邻居丙已经发现乙坠楼并通知医院派来了救护车。乙经抢救幸免于难。在该例中,乙幸免于难的原因是邻居丙及时叫来救护车,甲打电话叫救护车的行为客观上与危害结果未发生之间没有因果关系。但甲此时也尽到了真挚的努力,应认定其构成故意杀人中止。

其三,行为人的犯罪行为本就不足以造成危害结果,不能达于犯罪既遂。例如,甲在与乙的争吵中出于杀害故意将乙从四楼阳台上推下。甲误以为乙生命垂危,心生悔意,马上打电话叫救护车送乙去往医院抢救。但实际上,乙从楼上坠落时仅受轻伤,在医院休养数日后即康复出院。在该例中,乙之所以幸免于难也并非甲的救助行为所致,而是因为甲的杀人行为一开始就没有对乙造成生命危险。但甲此时为防止犯罪结果发生尽到了真挚的努力,应当肯定其构成故意杀人中止。

需要注意的是,虽然在这类场合,行为人只有为防止犯罪结果发生作出了真挚努力,也即根据自身的能力和行为时的条件,采取了能够最为确定地避免危害结果发生的救助措施的,才能构成犯罪中止。但是,对于这里的"真挚努力"也不能提出过于苛刻的要求。行为人只须出于救助法益的意思,在自身能力和可利用的客观条件的范围内尽到自己的最大努力,就可以肯定其为挽救法益作出了真挚的努力。例如,若行为人并非医学专业人士,则其为救助被害人而打电话报警、叫救护车的,一般就可以认为其尽到了真挚的努力。相反,如果在个案中,危害结果未发生与行为人的救助行为之间没有因果关系,且行为人又没有为救助法益而尽到真挚努力,就不能肯定行为人构成犯罪中止。例如:甲与乙发生纠纷,甲出于杀害故意在乙的办公室开枪射中乙的头部,致乙生命垂危后,转身走出办公室。在走廊上,甲碰到乙的两位同事丙和丁。丙、丁听到枪响,正欲赶往乙的办公室查看情况。甲不知丙、丁已经听到枪声要去办公室,但甲此时心中怒气已消,也希望有人能救助乙,便对丙、丁说道:"你们最好去看看乙,他好像出事了。"随即甲便离开了现场。丙、丁到乙办公室发现乙的状况后,立刻打电话叫来救护车送乙前往医院抢救,乙幸免于难。① 在该案中,甲已经实行终了,其救助行为(提醒丙、丁前去乙办公室查看情况)与乙最终获救的结果之间不具有因果关系(因为丙、丁已经听到枪响要前往乙办公室),且甲只是简单对丙、丁加以提醒,也未尽到自己最大的努力去防止犯罪结果发生,因此不能肯定甲构成犯罪中止,应当认定甲构成故意杀人未遂。

(3)中止的自动性

根据《刑法》第 24 条的规定,行为人只有自动放弃犯罪或者自动有效防止犯罪结果发生的,才能构成犯罪中止。关于中止犯自动性的认定,刑法理论中存在巨大的见解分歧。其中主要有以下三种观点:

主观说认为,刑法对中止犯应当减轻乃至免除处罚的规定是基于刑事政策考量的结果,立法者以此鼓励行为人放弃犯罪或防止犯罪结果发生,从而实现刑法保护法益的目的。因此,只要行为人是自主决定地放弃

---

① Vgl. BGHSt 33, 295.

实施犯罪或者阻止犯罪结果发生("能而不欲"),就符合中止犯的自动性要求。至于行为人实施中止行为的具体动机则非所问。① 行为人出于良善的动机,例如因羞愧、悔恨、同情等心理因素而放弃犯罪或防止犯罪结果发生的,当然成立中止。即便行为人的动机并不高尚,甚至行为人只是因作案时机不利、须择机再犯等因素而自主决定放弃犯罪的,依该说也同样可以构成犯罪中止,因为行为人毕竟放弃了当前的犯罪行为或者防止了当前罪行的危害结果。相反,由于心理上受到极大的震惊或冲击而无法继续实施犯罪的,行为人并非自主决定放弃犯罪,故不构成犯罪中止。例如,甲意图杀害乙,遂用铁棍猛击乙面部,导致乙鲜血四溅。甲被眼前的惨状吓到,无法继续实施行为,丢弃铁棍逃离。在该例中,应当认定甲构成故意杀人未遂。此外,在客观环境出乎行为人意料时,如果行为人认为继续实施犯罪会明显提升犯罪失败或者罪行暴露的风险并因此放弃犯罪,也不构成犯罪中止。

限定主观说认为,对中止犯减轻乃至免除处罚的根据源于刑罚目的,即行为人通过实施中止行为表明其已经回归法秩序,此时通过对其科处刑罚进行犯罪预防的必要性已经不复存在或者至少显著降低,故应当免除或者减轻对行为人的刑罚。与此相应,也只有在行为人出于对自己犯罪行为的否定评价、基于规范意识而放弃犯罪或防止犯罪结果发生的场合,才能肯定其属于自动放弃犯罪,构成犯罪中止。② 依该说,只有当行为人对自己的罪行心生悔意,从不尊重法益的态度转化为尊重法益的态度时,才能肯定行为人是自动实施中止行为。若行为人企图寻找更为合适的时机日后实施犯罪,或者为实施其他罪行而放弃当前的犯罪行为,则不能认定行为人构成犯罪中止。

犯罪人理性说认为,应当将理性的犯罪人在行为时的决策作为判断行为人是否自动放弃犯罪或自动防止犯罪结果发生的标准。③ 若行为人放弃犯罪或防止犯罪结果发生的决定与理性犯罪人的决定一致,则应认

---

① 参见[德]汉斯·海因里希·耶赛克、[德]托马斯·魏根特:《德国刑法教科书》(上),徐久生译,中国法制出版社2017年版,第731页。
② Vgl. Jakobs, Strafrecht, Allgemeiner Teil, 2. Aufl., 1991, 26. Abschn. Rn. 34a ff.
③ Vgl. Roxin, Rücktritt vom unbeendeten Versuch, in: FS-Heinitz, 1972, S. 256 ff.

定行为人并非自动实施中止行为,不构成犯罪中止。若行为人在理性犯罪人不会选择放弃犯罪的场合却决定放弃犯罪,或者在理性犯罪人不会防止犯罪结果发生时却选择阻止犯罪结果出现,就应当肯定行为人属于自动实施中止行为,构成犯罪中止。该说的缺陷在于,个案中往往难以确定理性犯罪人具体会如何行事,从而造成判断标准的不明确。

以上三种见解在众多案件中都可能导致不同的结果,故在案例分析时应当对相关见解进行辨析,选择自己的理论立场再得出相应的结论。需要注意的是,认定中止自动性的学说与对中止犯减免处罚根据的理解直接相关。对中止犯减免处罚的根据采取刑事政策说的论者基本都会采用主观说,而对中止犯减免处罚的根据采用刑罚目的说或者法律说的论者则经常会采用限定主观说。一般而言,在个案中,主观说对于中止自动性的认定较限定主观说更为宽松,也更容易肯定行为人构成犯罪中止。但在特殊情况下,可能出现主观说否定中止的自动性而限定主观说却肯定犯罪中止的情况。例如,丈夫甲企图在卧室杀害妻子乙,不料当其正在实施杀害行为的时候,两人的孩子被惊醒并走进卧室找妈妈。甲顿时感觉不能在孩子面前杀人,也感到极度愧疚,以至于无法继续实施杀害行为,遂放弃罪行。① 在该例中,限定主观说大体上会肯定甲构成犯罪中止,因为甲的愧疚感表明其已经回归法秩序。但主观说却可能认定甲构成犯罪未遂,因为孩子找妈妈的行为对甲造成了极大的心理震撼,导致甲无法自主决定继续实施杀害行为,也就无法再自动放弃犯罪。

(4) 共犯的中止

在共同犯罪的场合,行为人也可能构成犯罪中止。如前所述,犯罪中止是行为人个人专属性的刑罚减免事由,故在共同犯罪的场合,应当对每个犯罪行为人单独判断其是否构成中止。共犯中的中止一般出现在以下两种情形中:

第一种情形是,部分共犯人自动阻止共同犯罪达于既遂。一般而言,共犯的中止要求行为人积极采取措施防止共同犯罪的成功实施,故行为人单纯不继续参与实施犯罪的,原则上不能成立共同犯罪的中止。例外

---

① Vgl. BGH, NStZ 1994, S. 428 f.

在于,若行为人在共同犯罪中负担着对犯罪成功实施不可或缺的功能,则其只须不按犯罪分工作出自己的贡献,往往就已经导致共同犯罪无法达于既遂,从而可能构成中止。例如,甲、乙相约共同对丙实施抢劫,由甲压制丙的反抗,由乙乘机取走丙财物。然而,在两人开始实施犯罪时,甲忽然心生悔意,放弃实施暴力行为离开现场。乙因无法独自完成抢劫行为,也被迫离开。在该例中,甲系自动阻止犯罪实施,构成抢劫中止,而乙则是因意志以外的原因(甲的中止对于乙而言属于意志以外的原因)未能得逞,故乙构成抢劫未遂。

第二种情形是,在相关犯罪基于与行为人无关的原因而未能既遂,或者不依赖行为人之前的犯罪贡献而被实施时,行为人若为阻止犯罪既遂作出真挚努力,也可以构成犯罪中止。换言之,若行为人在犯罪止于障碍未遂或犯罪既遂之前完全撤回了自己所作出的犯罪贡献,以至于可以认为其他行为人后续的犯罪行为(不论其既遂与否)与行为人无关,则行为人构成共同犯罪的中止。这种情形在日本刑法理论中也被称为共犯的脱离。① 例如:甲、乙合谋入室盗窃,乙拿着万能钥匙与甲一起来到现场。就在甲开始拿万能钥匙开门时,乙忽然心生悔意,于是从甲手里将钥匙取回,并且极力劝说甲不要盗窃。甲假意答应,待乙离开后翻窗入室实施了盗窃行为。在该例中,乙通过取回万能钥匙并劝说甲不要实施盗窃,已经撤回了自己对犯罪行为所作出的物理上的和心理上的全部贡献,应当肯定乙构成犯罪中止。甲后续翻窗实施的盗窃行为系由甲单独实施,乙无须为之负责。相反,若行为人未能在犯罪止于障碍未遂或犯罪既遂之前完全撤回自己的犯罪贡献,则不能成立犯罪中止,其仍须为其他共同犯罪人的行为负责。例如:甲、乙和丙三人合谋抢劫银行,由甲事前踩点并且在抢劫当天骑自行车将乙载到犯罪现场与丙汇合。在三人进入营业大厅实施抢劫行为时,甲心生悔意,口头简单呼吁乙和丙放弃犯罪后,随即独

---

① 日本刑法理论对于"共犯脱离"的范围存在不同的界定。我国有论者认为,共犯脱离可以包括共同犯罪着手实施之前的脱离和非自愿的脱离[参见张明楷:《刑法学》(第6版),法律出版社2021年版,第606页]。若对共犯脱离采用此种理解,则其范围宽于共犯中止。

自扭头逃走。乙、丙二人仍然从银行劫取了巨额财物。① 在该例中,甲事前完成了踩点并在犯罪实施当天将乙带到现场,为抢劫行为的实施作出了重要贡献。其简单呼吁乙和丙放弃犯罪的行为无法消除自己之前的犯罪贡献,故甲虽然离开现场,但其仍然要作为共同正犯对乙、丙的抢劫行为负责,构成抢劫既遂。

(5)造成损害

我国《刑法》第24条第2款规定,对于中止犯,没有造成损害的,应当免除处罚,造成损害的,应当减轻处罚。因此,在涉及犯罪中止的案件中,若肯定行为人构成中止犯,还须确定其是否造成了损害。所谓中止犯造成损害,是指行为人中止行为之前的犯罪行为对刑法所保护的法益造成了一定的损害,且该损害并非行为人原本所欲实现之构成要件中的法益损害结果。例如:行为人以杀害故意砍伤被害人后,又心生悔意自动放弃杀害行为的,其对被害人的身体完整性造成了损害,但就故意杀人而言行为人成立中止。此时应当将行为人的行为定性为故意杀人罪(中止),但应当参照故意伤害既遂的刑罚对行为人进行量刑,从而充分体现行为人对被害人造成了伤害结果的情节。

行为人所采取的防止犯罪结果发生的中止行为同时侵犯了其他法益的,不属于《刑法》第24条第2款意义上的犯罪中止造成损害,这种损害结果也不影响犯罪中止的认定。导致该损害结果的中止行为符合其他犯罪的成立条件的,其自身构成犯罪。在考察这种中止行为本身的可罚性时,要特别注意考察其是否能通过紧急避险合法化。例如,甲在醉酒状态中出于杀害故意造成乙重伤后,又心生怜悯,遂驾车送乙前往医院抢救。途中不慎发生交通事故,导致路人丙死亡(甲负事故主要责任),但甲最终还是将乙送到医院,乙经过抢救后幸免于难。在该例中,甲对乙构成故意杀人的中止,虽然其救助乙的中止行为造成了丙的死亡结果,但不能据此否定甲构成中止犯。当然,甲造成丙死亡的行为符合交通肇事罪的构成要件且不能通过紧急避险合法化,故在该例中应当认定甲除了构成故意杀人中止之外还构成交通肇事罪。

---

① Vgl. BGHSt 28, 346 f.

5. 预备犯的成立要件

根据《刑法》第 22 条第 1 款的规定，"为了犯罪，准备工具、制造条件的，是犯罪预备"。要注意的是，该款规定不是对犯罪预备作为一种犯罪形态的完整定义。在犯罪形态意义上的**犯罪预备**是指，行为人为了实施犯罪准备工具、制造条件，但却由于意志以外的原因未能着手实施犯罪。其特征在于：

首先，行为人必须主观上是为了实施犯罪。只有在行为人为了预备实施犯罪，也即为了实施犯罪的实行行为而准备工具、制造条件时，其行为才能构成犯罪预备。为了实施犯罪预备行为而进行准备的，不能成为犯罪预备。例如：行为人想投毒杀害被害人，为了买毒药开始打工挣钱的，不构成犯罪预备。当然，构成犯罪预备不要求行为人是为自己实施犯罪进行准备，其也可以是为他人实施犯罪而准备工具、制造条件。

其次，行为人必须已经开始实施犯罪预备行为。《刑法》第 22 条第 1 款规定，犯罪预备行为体现为准备工具与制造条件。准备工具，即准备实施犯罪的工具。例如：购买、制造、改装犯罪工具，窃取他人的物品作为犯罪工具等。制造条件，是指一切为实行犯罪创造条件的行为。例如：调查犯罪场所、排除实行犯罪的障碍、拟定犯罪计划等。实际上，准备工具也是制造条件的方式之一，故可以认为犯罪预备行为就是指为犯罪的实施制造条件。预备行为本身是否已经实施完毕，对于认定犯罪预备没有影响。换言之，只要行为人开始实施犯罪预备行为，其就已经可能构成犯罪预备。

再次，行为人必须未着手实施犯罪。只有当行为人未着手实施犯罪时，才有可能需要考察其是否因犯罪预备而受处罚。相反，若行为人的罪行已经达于着手实行，则其只能成立犯罪既遂、未遂或（实行阶段的）中止。此时根据行为人罪行的最终犯罪形态确定行为人的刑事责任即可，无须考察行为人是否还构成犯罪预备。实际上，由于行为人的罪行只能有一个犯罪形态，此时也已经不可能再肯定行为人构成犯罪预备。

最后，行为人未能着手实施犯罪必须是出于其意志以外的原因。换言之，行为人意图实施预备行为并着手实施犯罪，却由于与其意志相悖的因素无法实现该意图。其中主要有以下几种情形：其一，行为人客观上无法继续实施预备行为。例如，行为人在为实施杀人行为准备毒药时就被警察抓获。其二,行为人虽然完成了预备行为,但客观上无法着手实施犯罪。例如,行为人准备好犯罪工具之后,尚未着手之前被警察查获。其三,行为人认为自己已经无法继续实施预备行为或着手实施犯罪。例如,行为人在准备工具过程中,或者在准备好犯罪工具之后,误以为自己的犯罪计划已经败露,于是放弃着手实施。

在三阶层犯罪构成体系的检视中,以上预备犯的成立要件可以分别置于犯罪预备的考察前提(未着手实施犯罪)、构成要件符合性(为实施犯罪、开始实施预备行为)和预备阶段的中止(因意志以外的原因未能着手的,不是中止)等部分加以检视。此外还须注意的是,在犯罪预备阶段,行为人自动放弃继续实施预备行为或自动放弃着手实施犯罪,或者自动有效地防止相关罪行达于着手,或为防止罪行达于着手作出了真挚努力的,也构成犯罪中止。对于预备阶段的中止而言,其成立要件的具体内容与上述实行阶段的中止基本相同,但实行阶段的中止要防止的犯罪结果是相关犯罪的构成要件结果(损害结果),而预备阶段的中止要防止的犯罪结果其实就是相关犯罪的着手。

与犯罪未遂的场合相似,在考察行为人在犯罪预备阶段的可罚性时,也建议将犯罪预备和(预备阶段的)犯罪中止整合在同一张检视清单中加以分析。其检视清单大致如下:

三阶层体系:预备犯与中止犯

前提:未着手实施犯罪

1. 构成要件符合性
   (1) 为了实施犯罪
   (2) 预备行为:准备工具、制造条件
2. 违法性
3. 责任:与故意的作为犯相同
4. 刑罚解除事由:犯罪中止
   (1) 在犯罪过程中:并非因意志以外的原因未能着手
   (2) 中止行为:
      放弃继续实施预备行为或放弃着手实施犯罪
      有效防止犯罪着手或为防止犯罪着手作出真挚努力
   (3) 自动性

根据《刑法》第 22 条第 2 款的规定，对预备犯可以比照既遂犯从轻、减轻处罚或免除处罚。《刑法》第 22 条没有进一步限制犯罪预备的处罚范围，表面上看似乎原则上处罚犯罪预备。但是，犯罪预备行为在外观上经常与国民日常生活中的行为高度相似，严格处罚犯罪预备容易过度干涉国民的自由权利。因此，为充分保障国民自由，刑法理论认为只有危害巨大、需要尽早预防的严重犯罪的预备行为才应当受到处罚。我国司法实务大多也只处罚故意杀人、强奸、绑架、抢劫以及放火、爆炸等较为严重犯罪的预备行为。在案例分析中，为保证分析的完整性，当然也可以对较为轻微之犯罪的预备行为加以检视，但略过这部分的考察亦不为错。

（六）罪数

1. 罪数概述

在行为人的行为触犯多个罪名或者多次触犯了同一个罪名时，就存在罪数的问题。其中最重要的是区分一罪和数罪。一般而言，罪数的判断主要涉及两类情形：其一，一个行为（行为单数）触犯数个法条（想象竞合），或者一个行为[①]数次触犯同一个法条的，成立一罪。其中，在想象竞合时应当对行为人从一重罪论处。其二，多个行为（行为复数）触犯数个法条，或者多个行为数次触犯同一个法条的，成立数罪，原则上数罪并罚。但在涉及共罚的事后行为、同种数罪、选择性罪名以及法条间的吸收或补充关系时，由于实际上只能对行为人适用其所触犯的某一个法条，故也可能出现以一罪论处的情形。由此可见，判断罪数的两个关键要素是：行为单复数和法条单复数。在认定罪数时，应首先确定行为人实施的究竟是一个行为还是数个行为，然后再根据行为人所触犯的究竟是一个法条还是数个法条，最终确定行为人构成一罪还是数罪。本书建议在考察罪数问题时，依照以下思维导图进行检视：

---

① 如下文所述，罪数意义上的行为单数（一个行为）并不意味着行为人只有一个身体动静，故可能出现行为人的数个身体动静被评价为一个行为的情形，这种意义上的"一个行为"可能数次触犯同一个法条。

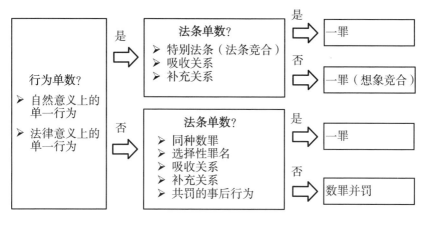

图 3 罪数检验导图

2. 行为单数

认定罪数时首先应当确定行为单复数,即应当确定行为人究竟是实施了一个行为还是多个行为。所谓"一个行为(行为单数)",可以是自然意义上的单一行为,也可能是法律意义上的单一行为。

(1)自然意义上的单一行为

自然意义上的单一行为,是指行为人基于一个意思决定实现了一次身体的动静。由于此时行为人仅有一次身体举动,故无论其通过这样的身体举动造成了什么结果,都只能认定其实施了一个行为。例如,行为人引爆了一枚炸弹,炸死炸伤多名被害人。又如,行为人同时唆使数名在场的正犯各自回家杀死自己的配偶,多位正犯听从教唆后将自己的配偶杀害。在这两例中,行为人均仅实施了一个爆炸行为和一个教唆行为。

(2)法律意义上的单一行为

法律意义上的单一行为,是指行为人虽然实现了多次身体动静,但是从法律上看来,这些动静却只能被认定为一个行为。其中又包括构成要件上的单一行为、自然的单一行为(一连行为)等情形。

a. 构成要件上的单一行为

构成要件上的单一行为,是指刑法构成要件将行为人的数个身体动静整体评价为一个行为。其中主要有以下几种情形:

若相关构成要件的实行行为本就是由数个身体举动组成(复合行为犯、转化犯等),相应的数个身体举动应当被认定为一个构成要件行为。例如,抢劫罪的构成要件行为包含强制手段和取财行为两个部分,故行为人先使用暴力压制被害人反抗再取走财物的,只成立一个抢劫行为。同理,行为人实施盗窃、诈骗或抢夺行为,为窝藏赃物、抗拒抓捕或者毁灭罪证又当场使用暴力或者以暴力相威胁的,也只构成一个转化型抢劫。对于部分构成要件中规定的多次犯(例如多次盗窃、多次抢劫等),也应当将行为人多次实施的行为视为一个构成要件行为。

若相关构成要件的实行行为本就是对多个身体活动的整体性描述,相应的多次身体活动应当被认定为一个构成要件行为。例如,刑法分则条文中的"虐待"行为意味着行为人反复多次侵犯被害人法益,故行为人多次殴打、体罚被监管人的,只成立一个虐待被监管人的行为。此外,刑法分则中的"组织"或"领导"行为也均应被视为一个构成要件行为。同理,刑法分则条文中的常习犯、职业犯与营业犯也要求行为人长期反复多次实施相应的违法活动,故这些违法活动也应当被评价为一个构成要件行为。例如,行为人长期通过赌博活动获得生活经济来源的,才属于《刑法》第303条意义上的"以赌博为业",故应当将行为人长期从事赌博活动的举动视为一个赌博行为。

在持续犯中,行为人持续实施相同侵害行为的,应当认定其仅实施了一个构成要件行为。例如,行为人非法拘禁被害人数日后又转移关押地点的,只成立一个非法拘禁行为。

在不作为犯中,行为人往往可以通过多种方式防止危害结果发生,若行为人未采取其中任何一种措施而导致危害结果发生,只能认定其成立一个不作为。例如,甲见自己儿子乙落水,甲既可以自己下水救乙,也可以通过向乙抛下救生圈或请求他人救助乙,但甲未采取任何救助措施,导致乙溺水身亡。此时只能认定甲构成一个不作为。

b. 自然的单一行为(一连行为)

前述自然意义上的单一行为意味着行为人仅实施了一次身体动静。与之不同的是自然的单一行为。所谓自然的单一行为,是指行为人虽然实现了多个身体动静,但是这些身体动静都是基于同一个意志决定,而且相互之间存在紧密的时间和空间关联,以至于其在第三者外在、客观的自然观察下构成了同一的、相互联系的举动。这种情形在刑法理论中也被称为"一连行为"。例如,甲夜间进入乙家中盗窃,先从客厅搬走电视机,又到卧室窃走珠宝,再到书房窃走笔记本电脑的,虽然甲事实上三次窃取了乙的财物,但这三次盗窃活动均是在甲的同一个盗窃故意的支配下、在紧密的时空联系中接续实施,故应当将其评价为一个盗窃行为。又如,甲欲杀害乙,先尝试用刀捅刺乙造成死亡结果,中途又转而尝试用煤气造成乙窒息身亡。虽然甲对乙实施了多个杀害举动,但也仅能认定甲实施了一个杀人行为。

3. 法条单数

在部分案件中,行为人的行为表面上触犯了多个法条,但基于相关法条之间的相互关系,行为人表面上触犯的法条中其实只有一个法条能得以适用,此时就只能依据该法条追究行为人的刑事责任。在判断是否存在法条单数时,主要须注意法条竞合、法条间的吸收或补充关系、同种数罪、选择性罪名、共罚的事后行为等情形。

(1)特别法条(法条竞合)

当行为人所触犯的法条之间存在着特别法条与普通法条的关系时,特别法条排除普通法条的适用,只能适用特别法条。特别法条必须在逻辑上包含了普通法条的全部内容,也即在对构成要件的解释上,特别法条的构成要件要素必须包容了普通法条的全部构成要件要素,并且通过特别增加的要素,在普通法条的基础上限缩了犯罪的成立范围。要注意的是,特别法条与普通法条在构成要件上的包容关系必须在逻辑上是必然的,若两个法条只有在基于个案中的具体案件事实时才会出现包容和被包容的情况,则其不构成特别法条与普通法条的关系。例如,我国学界一般认为,合同诈骗罪是诈骗罪的特别法条,因为合同诈骗罪意味着行为人是在签订、履行合同的过程中实施诈骗行为,其在逻辑上包含了诈骗罪的全部构成要件要素。因此,行为人的诈骗行为同时符合了合同诈骗罪和诈骗罪的成立要件的,对之应以合同诈骗罪论处。[1]

---

[1] 参见曲新久主编:《刑法学》(第6版),中国政法大学出版社2022年版,第144页。

成问题的是,我国刑事立法和司法解释经常对特别法条设置了过高的入罪标准甚至是过于轻缓的处罚,这便导致,若一概坚持特别法条排除普通法条的适用,就很容易在司法实务中造成处罚漏洞。在行为人的行为达到了普通法条的入罪标准,但却没有达到特别法条的入罪标准时,尤其如此。例如,2022年4月6日最高检、公安部《关于公安机关管辖的刑事案件立案追诉标准的规定(二)》第69条规定,合同诈骗犯罪数额在2万元以上的才达到立案追诉标准,而2011年3月1日最高法、最高检《关于办理诈骗刑事案件具体应用法律若干问题的解释》(法释〔2011〕7号)第1条则规定,诈骗犯罪数额达到3000元至1万元以上的,即应当予以追诉。据此,若行为人在签订、履行合同的过程中仅企图骗取他人1万元的财物,事实上也确实仅骗得了1万元,此时行为人是否构成犯罪,就成为问题。有见解认为,在类似情形中也应当坚持特别法条排除普通法条适用的原则,若行为人的行为未达到特别法条的追诉标准,就应当否定其构成犯罪。① 根据该说,上例中就应当肯定行为人不构成犯罪。显而易见,该说的缺陷在于容易轻纵行为人,造成处罚漏洞。有见解认为,只有在行为人的行为确实同时符合了特别法条和普通法条的规定时,才能肯定特别法条排除普通法条的适用。若行为人的行为仅符合普通法条的规定而不符合特别法条的规定,就应当根据普通法条追究行为人的刑事责任。② 根据该说,上例中应当认定行为人构成诈骗罪。该说虽然可以避免处罚漏洞,但其实际上部分放弃了特别法条排除普通法条适用的原则。还有见解主张,应当对特别法条的认定加以进一步的限制,除了要求特别法条在逻辑上包含了普通法条的全部构成要件要素之外,还要求特别法条与普通法条具有保护法益的同一性和不法的包容性。③ 根据这种见解,在上例中就应当否定合同诈骗罪是诈骗罪的特别法条,从而应当对行为人以诈骗罪论处。

(2)吸收关系

在德日刑法理论中,吸收关系也经常被视为法条竞合的情形之一。

---

① 参见黎宏:《刑法学总论》(第2版),法律出版社2016年版,第317页以下;周光权:《刑法总论》(第4版),中国人民大学出版社2021年版,第398页以下。
② 参见付立庆:《刑法总论》,法律出版社2020年版,第329页。
③ 参见张明楷:《刑法学》(第6版),法律出版社2021年版,第628—634页。

所谓吸收关系,是指在典型相伴随发生的多个犯罪行为中,较轻的犯罪被较重的犯罪所吸收,故对行为人只能适用较重的构成要件。例如,非法侵入住宅原则上被既遂的入户盗窃所吸收,对行为人应以盗窃罪论处。要注意的是,在行为人实现的多个犯罪行为之间存在手段行为和目的行为的关系时,不能笼统认为目的行为吸收手段行为,而是要比较目的行为和手段行为的轻重,由较重的犯罪吸收较轻的犯罪,对行为人以较重的犯罪论处。例如,甲欲盗窃共享单车,便将共享单车停车架上的电子车锁破坏,将停车架上的共享单车窃走。事后查明,甲窃走的共享单车本身仅值3000元,其所破坏的电子锁的价值却达到了故意毁坏财物数额巨大的标准。此时甲的手段行为所触犯的故意毁坏财物罪相较于其目的行为所触犯的盗窃罪是处罚较重的犯罪,故应当认定其目的行为被手段行为吸收,对甲以故意毁坏财物罪论处。

(3)补充关系

在德日刑法理论中,补充关系也同样经常被视为法条竞合的情形。补充关系是指,部分法条相较于其他法条居于补充地位,只有在其他法条不能适用时才能适用补充性的法条。若其他法条能够在个案中得以适用,就不能再适用补充性的法条。法条之间的补充关系可以是明示的(形式的)补充关系,也可以是默示的(实质的)补充关系。

所谓明示的补充关系,是指刑法明确规定了法条之间的补充关系。例如,我国《刑法》第233条表明,过失致人死亡的,若刑法另有规定,则依照其他规定处理。因此,行为人在实施抢劫的过程中过失造成被害人死亡的,若构成抢劫罪的结果加重犯,就应当对之适用《刑法》第263条抢劫致人死亡的规定,不能再对行为人适用过失致人死亡罪的规定。

所谓默示的补充关系,是指刑法虽然没有明确规定,但根据刑法理论,部分法条相对于其他法条居于补充性地位。例如,危险犯相对于其所对应的实害犯,未遂犯相对于所对应的既遂犯,狭义共犯相对于所对应的正犯,不真正的不作为犯相对于所对应的作为犯均属于补充性规定。

(4)同种数罪

同种数罪,是指行为人的多个行为多次触犯同一个罪名的情形。我国司法实务原则上认为同种数罪不并罚(当然,犯罪次数经常可以被作为量刑情节考虑),特别是在财产犯罪的场合,行为人多次实施同一财产犯罪的,仅以一罪论处。但此时在犯罪数额的计算方面,须将行为人每次的犯罪数额累加计算。例如,行为人先后实施两次盗窃行为,第一次盗窃5000元,第二次盗窃3000元,则其仅构成一个盗窃罪,但犯罪数额为8000元。本书认为,在财产犯罪的场合,由于要对犯罪数额进行累加,故采用同种数罪不并罚的处理方式也不至于轻纵行为人。但在侵犯人身权益的犯罪中,由于犯罪结果不能累加,就不应认为同种数罪不并罚,而应当肯定对行为人进行数罪并罚的可能性。例如,甲连续在数日内先后分别造成乙、丙、丁三人轻伤的,由于三个轻伤无法累加成重伤,就应当认定甲构成三个故意伤害罪,对其数罪并罚。

(5)选择性罪名

选择性罪名,是指体现了多种行为方式或行为对象,司法工作人员可以根据案件的实际情况通过对行为方式和行为对象的组合确定行为人具体罪名的情形。我国刑法中存在大量的选择性罪名。例如,《刑法》第171条第1款出售、购买、运输假币罪,第125条第1款非法制造、买卖、运输、邮寄、储存枪支、弹药、爆炸物罪,第347条走私、贩卖、运输、制造毒品罪等。在我国司法实务中,对行为人数次触犯选择性罪名的,原则上认定为一罪,不进行数罪并罚。但在涉及犯罪数额等罪量要素时,应当将针对不同行为对象的罪量要素累计计算。例如,2001年1月21日最高法《全国法院审理金融犯罪案件工作座谈会纪要》(法〔2001〕8号)规定,对同一宗假币实施了法律规定为选择性罪名的行为的,应根据行为人所实施的数个行为,按相关罪名刑法规定的排列顺序并列确定罪名,数额不累计计算,不实行数罪并罚;对不同宗假币实施法律规定为选择性罪名的行为的,并列确定罪名,数额按全部假币面额累计计算,不实行数罪并罚。又如,2012年5月16日最高检、公安部《关于公安机关管辖的刑事案件立案追诉标准的规定(三)》(公通字〔2012〕26号)规定,走私、贩卖、运输、制造毒品罪是选择性罪名,对同一宗毒品实施了两种以上犯罪行为的,应当按照所实施的犯罪行为的性质并列适用罪名,毒品数量不重复计算;对不同宗毒品分别实施了不同种犯罪行为的,应对不同行为并列适用罪名,累计计算毒品数量。

(6)共罚的事后行为

共罚的事后行为又被称为不可罚的事后行为,其是指,在行为人实施多个行为触犯不同罪名的场合,对其前行为的处罚实际上就已经充分含括了后行为的不法内涵,故无须对其后行为再加以处罚。共罚的事后行为经常表现为,行为人必须实施该行为,才能实现前行为对行为人的意义。在财产犯罪中,共罚的事后行为往往只是局限于确保或者实现前行为所获得的利益,没有扩展财产损害的范围,没有侵害新的法益,故不必对之单独加以处罚。例如,甲出于盗窃故意在商店将贵重首饰塞入自己衣兜,在离开商店时,店员乙向甲询问是否有商品需结算,甲矢口否认。乙信以为真,让甲离去。在该例中,甲将首饰塞入自己衣兜时,已经就首饰构成盗窃既遂。其在离开商店时又对店员乙进行欺骗,导致乙放弃了对首饰的返还请求权,故甲还就首饰的返还请求权构成诈骗罪。但此时甲后续的诈骗行为只是为了确保实现之前盗窃行为已经取得的利益,没有进一步对商家造成财产损失,故应将其后续的诈骗行为视为共罚的事后行为,对甲仅以盗窃罪论处。

三、案例分析的基本技巧

案例分析就是根据上述检视清单在个案中判断行为人的行为是否符合了全部犯罪成立要件的过程。在依据阶层式犯罪构成体系进行案例分析时,分析者原则上须遵循犯罪构成体系的严格框架结构,根据三阶层的顺序依次对各个犯罪成立条件加以检视。若案件极为简单,例如,行为人未达到刑事责任年龄且不涉及共同犯罪等问题,则分析者可以跳过构成要件符合性和违法性阶层的考察,径直以行为人缺乏有责性为由否定犯罪成立。但是,即便是在这种场合,若分析者对阶层式犯罪构成体系尚未达至纯熟掌握的程度,或者希望在个案中充分发掘构成要件符合性和违法性层面的理论问题,本书仍然建议遵循阶层式的体系架构对全体犯罪成立要件加以检视。

当然,案例分析并非严格的数理逻辑演绎,故无论如何强调案例分析应当遵循的框架,也不可能完全排除分析过程中的个人特色。事实上,案例分析并非千篇一律的工业制品,在遵守阶层式体系的强制逻辑次序的前提下,每个分析者都完全可以体现其个人风格。例如,在检视实害犯的构成要件符合性时,究竟是先检验实行行为还是先检验实害结果,就完全可以依分析者的个人偏好而定。因为,二者同为客观构成要件要素,在对之进行考察时没有必然的逻辑先后次序。此外,在对争议问题的论述方式和理论立场的选择等方面,分析者也都享有较高的自主性。因此,阶层式的案例分析虽然有大体的结构框架,但是并无绝对固定的模式。然而,为了达到事半功倍的效果,本书仍然建议在案例分析的过程中注意以下方法和技巧。

(一)准确理解案件事实

作为案例分析的第一步,分析者应当尽量准确地把握案件事实,为后续的分析奠定基础,切忌有意无意地更改案件事实。对于案件事实中明确给出的情节,不论分析者个人认为该情节如何不合情理,也应当将之作为既定的事实纳入分析的考量范围。实际上,许多离奇的案件事实并非来自命题人的编造,而是源自鲜活的现实案例。退一步而言,案例分析的主旨本就不在于审查案件事实是否合理,故即便案件事实纯属编造,在分析过程中也不能对之加以排斥或更改。

容易造成困扰的是案件事实并不绝对明晰的情形。虽然一般而言,分析者在理解案件事实时不会遇到较大的困难,但是,在法学专业的教学和考试中,案件事实的表述总是受制于篇幅和语词表达本身所固有的局限,不可能对所有相关信息都加以详细阐释,这就导致分析者难免时常会有案件事实模糊不清之感。若在阅读案件事实时感到其中部分情节的描述不够清晰,则应当对案件事实进行**符合日常生活经验的理解和把握**,也即应当根据生活中的常见情形对案件事实中没有详细阐释的情节加以补全,而不能根据生活中的罕见情境来诠释案件事实。特别是那些对于认定行为人的刑事责任具有较大影响的因素,若其未在案例事实中明确得以体现,原则上就应当认定当前案件中并不存在相应情节。此时切不可擅自将日常生活中鲜见的特殊情况增补至案件事实之中,否则就极有可能导致对案件事实的理解偏离主题,从而造成案例分析的方向发生根本性的错误。例如,在司法实务中,实施犯罪的行为人一般都具有相应的刑事责任能力,故在案例分析时可以默认行为人达到了刑事责任年龄、具有辨认控制能力。若案件事实中没有描述行为人的特殊年龄和精神状况,就应当认定行为人满足了刑事责任能力的要求。若个案中行为人确实可能未达到刑事责任年龄,或者可能不具有辨认控制能力,则案件事实中一定会明确给出这一重要信息。又如,在不作为犯中涉及对作为可能性的考察时,因案件事实不可能详细罗列所有与作为可能性相关的行为人的个人情况和行为时的环境条件,也应当根据一般生活经验判断行为人事实上是否可能采取措施救助法益。鉴于当今社会通讯高度发达、手机等通讯设备广泛普及的现状,除非案件事实明确显示行为人身边欠缺通讯设备或者处于无法通讯的特殊环境,否则便可以认为行为人至少有可能通过拨打电话报警、叫救护车等方式履行救助义务(至于这些救助措施是否能够挽救法益,也即是否具备结果回避可能性,则是另一个问题)。

在部分场合,为准确理解案件事实,分析者可能还需要**将自己代入案件事实中行为人所处的情境**,切身体会行为人在实施行为时的境况。刑法理论经常适用"一般人"或"理性第三人"标准,而在案例分析中,所谓的"一般人"和"理性第三人"其实就是分析者自己。因此,在涉及一般人或理性第三人标准的适用时,分析者就应当将自己替换到行为人的角色中去,想象自己置身于行为人的立场,在行为时会对案件事实存在何种认识和判断。例如,在判断防卫行为是否因超出了制止不法侵害的必要限度而过当时,分析者就应当将自己代入防卫人的立场,设想自己在遭遇相应不法侵害的情境中,是否能够轻易以更为缓和的手段有效实行防卫。若得出否定结论,就不应认定防卫人构成防卫过当。又如,在过失犯罪中判断行为人是否能够预见危害结果发生时,分析者也同样应当立足于行为人的视角,设想自己若身处与行为人相同的情境,是否可能预料到应当采取措施避免危险。再如,在根据实质客观说判断着手时,若采用具体危险说的立场,分析者也同样需要将自己代入行为人实施行为时的情境,考察一般人在实施行为时能够认识到哪些事实,并以此为基础判断行为人之行为的危险性。

当然,在少数案件中,通过考察生活经验或者立足于行为人所处情境也可能无法明确相关的重要情节,此时就应当适用**存疑有利于被告**之原则。在案例分析中适用存疑有利于被告原则时,应当首先确定可能存在哪些事实情形,进而在各种事实情形中判断行为人可能须承担的罪责。在此基础上,通过对各种可能性的比较,确定何种情形对于行为人最为有利,再从该种事实情形出发,确定行为人的刑事责任。需要注意的是,在涉及多个行为人时,应当对每个行为人分别适用存疑有利于被告原则,基于对每个行为人各自最为有利的事实情境分析其刑事责任。换言之,存疑有利于被告原则不要求对所有行为人都适用相同的案件事实,在同一个案件中,并非"真相只有一个"。相反,对多个不同的行为人可以分别以不同的案件事实作为分析其刑事责任的基础。即便对不同行为人所适用的案件事实彼此矛盾,也同样如此。例如,甲、乙分别在野外练习枪法,后发现路人丙被一发子弹击中身亡,但无法查明究竟是甲还是乙射出的子弹击中了丙。在该例中,在考察甲的刑事责任时,应当适用存疑有利于被告原则,认为是乙击中了丙。但在考察乙的刑事责任时,同样应当适用存疑有利于被告原则,认为是甲击中了丙。虽然在客观事实上,要么是甲击中了丙,要么是乙击中了丙,无法同时存在这两种可能性,但这并不影响分别对甲、乙适用存疑有利于被告的原则。

(二)确定合适的分析次序

如前所述,在判断行为人的具体行为是否构成特定的犯罪时,原则上应当严格按照阶层式犯罪构成体系逐一检视相关罪名的成立要件是否均已齐备。但是,在刑法案例分析中,行为人往往不只实施了一个行为,甚至在很多案件中还涉及多个行为人的多个行为。在这些场合就应当考虑,如何合理确定整体上的分析次序,从而逻辑清晰地完成对全案的检视。本书建议按以下几个原则确定对案件的分析逻辑。

1. 以行为为单位,依次全面考察

基于当今刑法客观主义的立场,犯罪始终体现为具体的行为,刑法也仅将行为人的行为以及与行为相关的主观意志作为评价对象。在法学专业的教学和考试环节中,案例分析题的案件事实一般会按照时间顺序陈述行为人的各项行为举止,故在分析时原则上也应当根据时间线索,对行为人每个可能构成犯罪的行为逐一加以分析。行为人的单次行为可能构成多个犯罪的,则须对各项相关罪名加以分析。若其确实触犯多个罪名,便应再进一步解决罪数的问题。简言之,在考察过程中要注意依据时间次序对所有可能构成犯罪的行为加以全面考察,避免遗漏。为实现对案件事实的全面检视,可能需要注意以下几点:

首先,若案件事实非常复杂,涉及多个不同的犯罪情境,且行为人在各个犯罪情境中实施的行为彼此之间没有直接的相互联系,则可以将犯罪事实**划分**为几个不同的**场景单元**,**分别对各个单元中的犯罪行为进行检视**。在部分考试中,给定的案件事实就已经被明确区分成了不同的犯罪场景。例如,国家统一法律职业资格考试的主观题经常会以类似于"事

实一""事实二"的形式给出不同犯罪场景中的案件事实。此时分析者只须依次按照各个犯罪场景完成案件分析即可。若案件事实中没有区分不同的犯罪情境,分析者也可以自行将案件事实划分为数个犯罪场景单元,再以每个犯罪场景为单位,对其中可能构成犯罪的行为加以检视。虽然划分犯罪场景并非案例分析中必不可少的步骤,但是,通过将较为复杂的案情切分为数个相对简单的场景单元,有助于分析者更为逻辑性地完成对全案事实的全面考察。当然,对于场景单元的划分也没有绝对的规则。在保证对案情进行全面检视的前提下,不同的分析者完全可以以不同的方式对犯罪场景做出不同的区分。一般而言,当案件事实中出现了较为明显的场景转换,或者说,当行为人的数个行为之间出现了显著的时空间隔时,就可以考虑将不同时空下的行为确定为不同的犯罪场景。

其次,在案例分析中特别需要注意的是,**不要遗漏对不作为的考察**。分析者在阅读案件事实时比较容易注意到行为人的积极举动,故在案例分析的过程中一般不至于遗漏对作为犯的考察。但是,行为人的不作为在案件事实中不一定有明显的体现,故经常容易在分析过程中被忽视和遗漏。特别是,在行为人实施完犯罪行为离开现场时,其离开现场的行为往往还可能构成不作为的犯罪,应当注意对之加以考察。

再次,在涉及多个行为对象时,要注意确定全案所关涉的究竟有哪些行为对象,并**对影响各个行为对象的行为均加以考察**。一般而言,在侵犯人身权利的犯罪中,对犯罪对象的确定较为容易,但是在涉及财产犯罪时,因财产可能以多种形态存在,就特别需要谨慎判断行为人的行为究竟侵犯了哪些被害人的何种财产权益。此时不仅应当关注有体的财物,还须注意分析是否有无体的财产性利益(例如各类请求权等)受到了侵害。例如,在偷换二维码案中,甲将店家乙贴在店内的收款二维码偷换成自己个人的收款码,顾客在乙处购买商品结账时,扫描二维码进行支付,将货款支付到了甲的账户。乙则以为顾客已经付款,将商品交给顾客。在该案中存在三个财产对象。其一为有体物,即乙交付给顾客的商品,其二为顾客向甲支付的货款,其三为商家乙对顾客享有的支付货款的请求权。在分析行为人是否构成以及构成何种财产犯罪时,应当对三个行为对象均加以考察。就商品本身而言,甲调换二维码,导致乙误以为顾客已经付款给自己,并基于该认识错误将商品交付给顾客,但顾客因付款举动完成了支付义务,其可以合法取得商品。因此,甲没有使顾客"非法"占有商品,其不能就商品构成诈骗罪。就顾客向甲支付的货款而言,顾客虽然受骗扫码而向甲付款,但顾客同时合法获得了商品的所有权,甲的欺骗行为没有导致顾客遭受财产损失,故甲也不因此构成诈骗罪。就乙原本对顾客享有的付款请求权而言,因甲欺骗顾客向自己付款,在法律上应当认定顾客因此已经履行了支付义务,与此相应,乙便无法再请求顾客支付货款。换言之,甲欺骗顾客付款的行为致使乙原本享有的付款请求权归于消灭,乙并未获得相应的对价补偿,从而遭受了财产损失,故应当肯定甲就乙付款请求权的损失构成(三角)诈骗。当然,对该案的定性在我国学界存在较大争议,但不论如何,只有在对涉案各种财产对象均加以全面检视的情况下,才可能在该案中妥善界定行为人的刑事责任。

复次,在案例分析的过程中,原则上应当**对行为人每个可能构成犯罪的身体举止均单独予以考察**,分析其是否构成犯罪。即便行为人的数个行为发生于紧密的时空联系之中,也须先单独判断其单次行为的可罚性,再通过罪数理论解决是否应当对行为人数罪并罚的问题。例如,甲受到警察追捕,在逃跑过程中,为创造逃跑路线先推倒路人乙,导致乙重伤,后又闯过丙的摊贩,造成丙的财产损失。在该例中,虽然甲侵犯乙、丙的行为系在紧密时空联系中接续发生,但仍然应当先认定甲对乙构成过失致人重伤罪,对丙构成故意毁坏财物罪,然后再在罪数阶段判断,能否将甲的举动认定为自然的单一行为(一连行为),从而对甲仅以一罪论处。但是,根据特定的理论立场和我国的司法实务,在有些**特殊场合**,虽然行为人实施了多个举止,但却可以在检视犯罪是否成立时就**将行为人的多个举止视为整体上的一个行为**加以考察。这些特殊情形主要有以下几处:其一,构成要件提前实现(危害结果提前发生)的场合。虽然行为人企图通过后行为造成损害结果,其前行为仅是为后行为的实施制造条件,但是,若行为人的前行为已经造成了对法益的紧迫危险,足以构成犯罪着手,则可以将行为人的前后行为视为整体上的一个行为。例如,行为人企图在海边以迷药迷昏被害人后立刻将其抛入海中淹死,不料却因迷药产生的损害直接造成被害人死亡的,在案例分析时可以将行为人下迷药的行为和将被害人抛入海中的行为整体上评价为一个杀人行为,从而肯定行为人构成故意杀人既遂。① 其二,构成要件推迟实现(危害结果推迟发生)的场合。行为人误以为自己实施的前行为已经造成了损害结果,实际上却是其后续实施的行为才造成了构成要件结果时,若前后两个行为之间存在紧密的时空关联,则可以将两个行为作为整体上的一个行为加以考察。例如,行为人在出于杀害故意造成被害人昏迷后,误以为被害人已经死亡,随即又出于藏匿尸体的意图将被害人抛入河中造成被害人溺亡。此时行为人前后两个行为在紧密的时空范围内接续发生,可以将之整体上评价为一个行为,故行为人构成故意杀人既遂。② 其三,量的防卫过当(时间维度的事后防卫过当)的场合。这种情形是指,行为人反击不法侵害,在不法侵害结束后,却仍持续基于防卫意思对侵害人进行打击,从而对侵害人造成损害。例如,身材高大的甲对瘦小的乙实施不法侵害,乙只得以扁担反击,甲受到扁担打击,滑倒在地当即昏迷,乙因担心甲再度起身侵害自己,持续用扁担打击甲头部造成甲重伤。在该例中,可以将乙在紧密时空联系范围内实施的一系列行为(包括在甲昏迷后继续对甲进行击打的行为)视为整体上的一个防卫行为,因这个整体防卫行为超过了必要限度,乙构成防卫过当。③ 其四,放弃重复侵害的场合。行为人在紧密的时空联系内重复对被害人进行侵害,在之前的侵害举动未能得逞后而放弃的,若采用整体考察说,则可以将行为人的侵害举动整体上评价为一次侵害行为,再据此判断行为人是否因自动放弃犯罪而构成犯罪中止。例如,甲以杀害故意接续向乙两次开枪射击,在均未击中乙后,甲虽然知

---

① 此时若将行为人的前后行为区分开来考察,则须先认定前行为构成故意杀人既遂,后行为则构成故意杀人未遂(因为行为人误以为后行为是在杀人,但实际上却只是在抛弃被害人的尸体,而且在行为时,一般人也难以确定被害人已经死亡),而后再根据罪数理论认定行为人仅构成故意杀人既遂。由此可见,区分考察的结论与整体考察相同,但区分考察的分析过程更为复杂,特别是还会涉及后行为究竟是构成未遂犯还是不能犯的巨大争议,因此,似乎可以认为区分考察既不经济也无必要。

② 此时若将前后行为区分开来分别予以考察,就应当认定前行为构成故意杀人未遂,后行为构成过失致人死亡,两者数罪并罚。这也是学理上可以被主张的处理方式。

③ 此时若采用区分考察的方式,就应当肯定乙之前用扁担反击不法侵害的举动构成正当防卫,而乙在甲昏迷之后对甲继续实施的击打行为则构成假想防卫。也有部分学者主张这种处理方式。

道枪中仍有子弹,但回心转意放弃继续向乙射击的,可以将甲的射击举动评价为一个杀人行为,并肯定甲系自动放弃犯罪,构成犯罪中止。①

最后,在人物关系较为复杂、行为较为复杂的案件中,建议分析者先**绘制人物关系简图**,标明各方之间的关系和各个行为人所实施的行为。简图绘制可以以任何方式进行。在案例分析的过程中,若能对照关系简图逐一检视可能构成犯罪的行为,应当能够有效防止疏漏。

2. 以正犯为中心,从正犯到共犯

在涉及共同犯罪的场合,应坚持正犯优先,以正犯为核心展开考察。如前所述,在案例分析仅涉及单个行为人时,以时间顺序依次分析其行为是否构成刑事犯罪即可。但是,在共同犯罪的场合,因涉及对多个行为人所实施之行为的评价,就需要考虑如何在行为人之间确定分析的先后顺序。此时切忌简单根据行为人在案件事实中的"出场"顺序展开考察。在共同犯罪的案件中,案件事实何时提及某个行为人,往往具有较大的偶然性,即便是在时间序列中早先作出犯罪贡献的行为人,也不一定构成共同犯罪的核心角色,故不能简单根据时间顺序确定案例分析的次序。基于共同犯罪的二元参与体系和共犯的限制从属性,**在共同犯罪案件中应当始终坚持以正犯为中心展开分析**,在确定了正犯的刑事责任之后,再考察其他参与者是否构成共犯。具体而言,须注意以下几点:

首先,在考察每个行为人的行为是否符合某个罪名时,应当**先考察行为人是否作为正犯实现了相应的构成要件**。需要注意的是,对正犯的考察应当包括直接正犯、间接正犯、共同正犯三种类型。换言之,若行为人自己实施的行为符合相应构成要件,则其自然构成相关犯罪的(直接)正犯。但是,若行为人自己实施的行为并不符合相应犯罪的构成要件,则不可草率否定正犯的成立。此时还须进而考察,行为人是否因支配了他人行为而构成间接正犯,或者与他人构成共同正犯,从而导致应当将他人行为归属于行为人。若能对此加以肯定,则应当视作行为人亲自实施了相

---

① 此时若采用个别行为说,则应当对甲的每一次射击行为均单独进行评价,从而肯定甲构成故意杀人未遂。若采用犯行计划说,则应当考察甲是否穷尽了计划中的犯罪手段,并据此判断甲是构成犯罪未遂还是犯罪中止。

应的犯罪行为,而后再以此为基础判断行为人是否符合了相应的构成要件。例如,甲欺骗幼童乙称,丙家的玉镯是自己的,让乙将玉镯从丙家取出交给自己。在该例中,分析甲的刑事责任时会遇到的问题是,甲自己并未实施窃取行为,客观上是幼童乙破除了丙对玉镯的占有。但是,甲通过欺骗实现了对幼童乙的意志支配,构成间接正犯,故应当将幼童乙的行为归属甲。换言之,在规范的意义上,应当视为甲自己前往丙家取出玉镯。在经过这种行为归属之后,就应当肯定甲实施了盗窃的实行行为,符合了盗窃罪的构成要件。同理,在行为人与他人构成共同正犯的场合,也应当先将他人行为归属于行为人,再进而考察行为人是否实现了相关犯罪的构成要件。

其次,在根据"直接正犯—间接正犯—共同正犯"①的次序完成了对正犯的考察之后,就可以**基于正犯的行为考察其他参与者是否构成共犯**。在对共犯的考察中,应当遵循"教唆犯—帮助犯"的检视顺序。其原因在于,对教唆犯的处罚相较于帮助犯更为严厉,而帮助犯的成立范围则相较于教唆犯更为宽泛。在考察教唆犯和帮助犯时,须时刻牢记共犯限制从属性的要求,只有当个案中确实存在正犯的不法主行为时,才能考察行为人是否就正犯的主行为构成教唆犯或帮助犯。

最后,在共同犯罪的案件中,仍然要**坚持对每个行为人分别认定其刑事责任**的基本思路。换言之,不能因为数个行为人构成共同犯罪,就将之作为一个整体判断其犯罪是否成立,而是应当将共同犯罪人区分开来,对每个行为人各自认定其应当承担的刑事责任。如此处理的原因在于,构成共同犯罪的行为人完全可能负有不同的刑事责任。认定共同犯罪只是意味着行为人在一定范围内须对其他共犯人的行为负责(行为共同说),但各个共同犯罪人完全可能出于不同的主观意图实施行为,可能具有不同的违法要素或责任要素,其各自的犯罪形态也不一定相同。因此,在案例分析时将共同犯罪人作为整体加以考察,经常无法妥善确定不同共同犯罪人各自的罪责。只有对每个共同犯罪人分别加以检视,才能在肯定

---

① 在对正犯进行分析时,应当首先考察行为人是否能构成直接正犯。若行为人不构成直接正犯,接下来是先考察间接正犯还是先考察共同正犯,没有逻辑上必然的先后顺序。

其构成共同犯罪的基础上又充分顾及其各自不同情状,从而合理认定其刑事责任。例如,甲以杀害的故意、乙出于伤害的故意共同暴力殴打丙,导致丙死亡,但无法查明丙的致命伤是由甲还是乙所造成。在该例中,若将甲、乙作为整体对待,认定两人共同构成故意伤害罪,就忽视了甲、乙二人在犯罪意图上的差异。正确的分析路径是:就甲而言,应考察其行为是否构成故意杀人罪。在客观要件方面,因甲、乙构成共同正犯,不论丙的死亡结果系由甲或乙造成,甲均须对之负责,故应当肯定甲实施了杀人行为并造成了死亡结果,符合故意杀人罪的客观要件。在主观方面,甲也具有杀人故意,故甲实现了故意杀人罪的构成要件。由于甲也不具有违法阻却事由和免责事由,便应当认定甲构成故意杀人罪。就乙而言,因乙不具有杀害故意,只能考察其是否构成故意伤害罪。乙客观上实施了伤害行为,且其与甲构成共同正犯,同样要对丙的死亡结果负责,故乙符合了故意伤害罪的客观要件。同时,乙主观上具有伤害故意,对丙的死亡结果至少具有过失,因此,应肯定乙构成故意伤害致人死亡。由此可见,只有将共同犯罪人区分开来考察,才能妥善确定其各自的刑事责任。事实上,在我国司法实务中,司法机关也同样会对共同犯罪人分别定罪量刑,而非笼统认定数个犯罪行为人均构成犯罪。

总体而言,对共同犯罪的考察进路并不完全遵循时间线索,而是可以形象地展示为一个同心圆的展开过程。如下图所示,对共同犯罪的检视须以直接正犯为圆心,根据间接正犯/共同正犯、教唆犯、帮助犯的顺序逐步扩张处罚范围,考察相关行为人是否能被"套入"当前所考察的罪行之中,是否应当就相应的犯罪承担刑事责任。在这个过程中,帮助犯是处罚范围最宽的共犯形态,若行为人甚至不能构成相关罪名的帮助犯,就只能认定其与当前所检视的犯罪无关,从而将之排除在共同犯罪的成立范围之外。此外还须注意的是,这种同心圆的展开过程总是以单个共同犯罪人为考察对象,也即对每个共同犯罪人都应当分别适用这种检视路径确定其罪责。相反,将多个共同犯罪人作为整体检视其刑事责任的做法则极易造成分析过程的混乱并导致错误的分析结论。

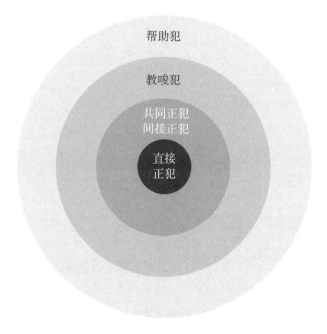

图 4　共同犯罪的同心圆

3. 坚持重罪优先,从重罪到轻罪

当行为人的行为可能触犯多个罪名时,原则上应当按照**重罪优于轻罪的原则**,优先对处罚更重的犯罪加以考察。如此可以确保在案例分析过程中不至于遗漏更为重要的情节。根据重罪优先的思路,对故意犯的考察应当优先于过失犯,对作为犯的考察应当优先于不作为犯,对既遂犯的考察应当优先于未遂犯,等等。只有当前者犯罪(故意犯、作为犯、既遂犯)不成立时,才进而考察行为人是否因后者犯罪(过失犯、不作为犯、未遂犯)而负有刑事责任。基于重罪优先原则,案例分析中也形成了一些较为固定的、**类似"组合拳"的分析套路**,有意识地对之加以运用能够在相当程度上有效避免在分析过程中发生疏漏。例如,在行为人的行为由于不符合客观构成要件而不能构成故意犯罪既遂时,紧接着就应当检视该行为是否能构成故意犯罪未遂。在行为人因不符合主观构成要件而不能成立故意犯罪时,也应当注意考察行为人是否构成相应的过失犯罪。

当然,任何分析方法都应当服务于清晰、符合逻辑地进行案例分析这一目标,并在必要时根据这一目标的要求进行调整。重罪优先的原则也绝非颠扑不破的铁律。特别是在部分**转化犯**、**结合犯的场合**,行为人的某个行为本就可能构成相对轻微的犯罪,该行为经转化或与其他行为相结合,又可能构成相对更重的犯罪。此时,为更加清晰地展示分析路径,也可以先考察轻罪,再进而考察相应的重罪。例如,构成转化型抢劫以行为人之前实施了盗窃、诈骗、抢夺行为为前提,因此,若直接考察行为人是否构成转化型抢劫,就需要在转化型抢劫的构成要件中考察行为人的前行为是否能够被认定为盗窃、诈骗或抢夺行为。然而,盗窃、诈骗、抢夺行为的构成要件本身就比较复杂,若将之均置于转化型抢劫的构成要件中加以考察,就可能导致对转化型抢劫的构成要件的检视过于烦冗。有鉴于此,便可以考虑先单独考察行为人的前行为是否构成盗窃、诈骗、抢夺罪,在得出肯定结论后(至少要能肯定行为人的前行为可以被评价为盗窃、诈骗或抢夺行为),再进而考察行为人是否系出于窝藏赃物、抗拒抓捕或毁灭罪证的目的当场使用暴力或者以暴力相威胁,是否构成转化型抢劫。如此处理可以使整个案例分析的逻辑更为清晰。

(三)妥善处理观点分歧

前文关于基础知识的简述已经表明,刑法犯罪论中的众多问题都充满争议。同样,刑法分则中也随处可见见解的分歧。有鉴于此,任何案例分析方法其实都不可能确保得出唯一正确的结论。事实上,刑法案例中也往往并不存在所谓的唯一正确答案。因此,案例分析的目标不在于追求所谓的"正确"结论,而是发现案例中的各种理论问题,并通过对这些理论问题进行分析和论证,得出一个**可以被主张的结论**。刑法案例分析教学的主要目标正在于培养学生掌握不同学说观点并以之分析处理案件的能力。在我国法学专业的考试中,案例分析题也呈现答案开放性的趋势。例如,近年来国家统一法律职业资格考试的刑法主观题基本上都不要求考生答出唯一正确的分析结论,而是侧重考查考生是否了解各种不同学说,是否能根据不同观点进行分析说理。对于阶层式案例分析而言,也同样如此。分析者应当认识到,在案例分析的过程中遭遇各种争议问题其实是案例分析的常态,重点毋宁在于,在案例分析的过程中如何妥善处理这些问题。这就要求,一方面,分析者应当具有一定程度的刑法理论功底,能够在案例分析的过程中发现存在争议的问题,并且了解相关的主要理论学说。这也是本书之前以较大篇幅对犯罪论中的重点问题加以阐释的原因。另一方面,分析者也应当能够在案例分析的过程中恰当地处理相关的理论争议,能够将不同理论观点适用于当前所分析的案件之中。具体而言,分析者在遇有不同观点时,应首先考虑不同观点是否影响对当前案件的分析结论。若不同观点在当前案件中得出的结论相同,则只须指出存在不同观点即可,无须对之加以详细辨析。若不同观点在当前案件中得出的结论不同,则分析者应当尝试在分析过程中简要阐释各种观点的主旨和理由,指出不同观点在当前案件中得出的不同分析结论,进而确定自己的立场,并在此基础上完成对案件事实的全面检视。一般而言,分析者在对不同理论学说的选择方面享有较大的自主决定空间。除了那些已经几乎不合时宜的少数说乃至个别说之外,分析者完全可以根据个人的偏好选择自己认为更为有力或者在当前案件中更加有利于进行案例分析的学说观点。最为重要的是,分析者要能够为自己的立场选择提供论证理据,并将自己选定的理论立场一以贯之地适用于整个案例分析的过程之中。

实 战 篇
阶层式案例分析的实例演习

案例1　受虐姐妹案

案件事实

14岁的B与其16岁的姐姐A自小便受到父亲C的残暴虐待,全家人关系极为紧张。案发当天,C在外面赌博输了钱,心情烦闷。回到家正好遇见在厨房做饭的A,于是又无端对其进行殴打辱骂以发泄心中的怒气。一通发泄之后,C心情终于好转,转身准备离开厨房。然而,此时A却已经对多年来遭遇的虐待忍无可忍,决心了断这一切。由于自己在身体力量上远不如自己的父亲,无法与之正面对抗,A便乘C背向自己离开厨房的机会,抄起灶台上的大铁锅使尽全身力气将铁锅砸向C的后脑勺。毫无防备的C应声倒地。A觉得C肯定已经丧命,慌忙将铁锅放回灶台,从家中离开。数分钟后,听见响动的B来到厨房,发现C扑倒在血泊中,顿时觉得找到了复仇的机会,也抄起铁锅往C的后脑连砸数下。B虽然知道C还没断气,但确信C不可能生还,便也离开了现场。半个小时后C死亡。公安机关在侦查中发现,致使C死亡的致命伤可能是由于A的击打导致的,也可能是由于B的击打造成的,同时亦不能排除是两人行为共同作用下的结果。

请分析A和B的刑事责任。

> ▶ **思维导引**
>
> 在思考对本案的分析路径时,可能须注意以下几个方面的问题:
>
> 1. 本案虽然涉及A、B两位行为人,但两人行为在同一场所且在紧密时间联系内接续发生,故在分析时可以将整个案件事实界定为一个场景单元,没有进一步区分场景单元的必要。
>
> 2. 由于本案涉及A、B两位行为人,就存在应当先对谁的行为加以考察的问题。原则上,案例分析应当从最直接地实现了构成要件、与危害结果的发生关系最密切的行为人切入。在本案中,虽然A的行为实施在前,但在A的行为与

危害结果的发生之间介入了B的行为,对B的行为的评价可能影响对A的刑事责任的认定,故还是以先考察B的行为为宜。在完成了对B的行为的定性之后,再对A的行为进行分析,在逻辑上更为顺畅。

3. 本案中A、B两人实施的行为均较为简单,但需要注意的是,两人不仅实施了积极的击打行为,其还各自离开了现场。这种离开现场的行为经常在不同的脉络中具有法律意义,例如,其可能构成不作为的犯罪,也可能导致应认定行为人构成犯罪中止。因此,在案例分析中,但凡遇到行为人离开现场的情节,都应当注意对之加以考察。同理,本案中也应当认定A、B分别实施了击打行为与离开现场的行为,并对其两个行为的可罚性均加以检视。

4. 本案中无法查清C的死因,故涉及存疑有利于被告的问题。在案件事实不清时,应当对各种可能的案件事实均加以考虑,确定究竟何种案件事实对被告人最为有利,并基于该种案件事实认定被告人的刑事责任。

5. 本案案件事实中出现了行为人的年龄要素,故在分析过程中应当特别注意行为人是否达到了刑事责任年龄的问题。

▶ **分析提纲**

一、B的刑事责任

(一)击打行为,第232条,故意杀人罪

  1. 构成要件符合性

    (1)客观构成要件

      a. 实行行为(+)

      b. 危害结果(+)

      c. 因果关系?

        (a)若B的击打造成了死亡结果(+)

        (b)若两人共同造成了死亡结果(+)

        (c)若A的击打造成了死亡结果

          (-),不符合条件公式

(二)击打行为,第232条结合第23条,故意杀人罪(未遂)

  前提:犯罪未达于既遂(+)

  1. 构成要件符合性

    (1)犯罪决意(+)

(2)着手实施(+)
2. 违法性
   (1)正当防卫
      a. 防卫势态
         (a)不法侵害(+)
         (b)正在进行(−)
   (2)紧急避险
      a. 避险势态:正在发生的危险
        (−),行为时 C 已经倒在血泊中
      b. 避险行为:最轻微的手段(−)
3. 责任
   (1)责任能力
      a. 刑事责任年龄(+)
      b. 辨认控制能力(+)
   (2)违法性认识(+)
   (3)期待可能性(+),行为时 C 未对 B 造成心理压力
   (4)责任故意(+)
4. 犯罪中止
   (1)在犯罪过程中(+)
   (2)中止行为
      (−)已实行终了,未做出真挚努力

(三)击打行为,第234条,故意伤害罪
1. 构成要件符合性
   (1)客观构成要件
      a. 实行行为(+)
      b. 危害结果
        (−),存疑有利于被告

(四)击打行为,第234条结合第23条,故意伤害罪(未遂)
前提:犯罪未达于既遂(+)
1. 构成要件符合性
   (1)犯罪决意

(+),杀人决意中包含伤害决意
(2)着手实施(+)
2.违法性(+)
3.责任(+)
4.犯罪中止(-)

(五)离开现场,第232条,不作为的故意杀人
1.构成要件符合性
(1)客观构成要件
a.危害结果(+)
b.未实施救助行为(+)
c.作为可能性(+)
d.结果回避可能性
(-)不明,存疑有利于被告

(六)离开现场,第232条结合第23条,不作为的故意杀人未遂
前提:犯罪未达于既遂(+)
1.构成要件符合性
(1)犯罪决意
a.危害结果(+)
b.未实施救助行为(+)
c.作为可能性(+)
d.结果回避可能性
(-)不明,存疑有利于被告

(七)离开现场,第233条,不作为的过失致人死亡
1.构成要件符合性
(1)危害结果(+)
(2)未实施救助行为(+)
(3)作为可能性(+)
(4)结果回避可能性
(-)不明,存疑有利于被告

(八)离开现场,第261条,遗弃罪
1.构成要件符合性

(1) 客观构成要件

    a. 行为对象(+),没有独立生活能力的人

    b. 扶养义务(+),家庭成员、先前行为

    c. 拒绝扶养(+)

    d. 情节恶劣

        (+),C 已经陷入生命危险

        (-),家庭关系紧张

(2) 主观构成要件:故意(+)

2. 违法性(+)

3. 责任

    (1) 责任能力(-)

(九) 罪数

二、A 的刑事责任

(一) 击打行为,第232条,故意杀人罪

1. 构成要件符合性

    (1) 客观构成要件

        a. 实行行为(+)

        b. 危害结果(+)

        c. 因果关系?

            (a)若 A 的击打造成了死亡结果(+)

            (b)若两人共同造成了死亡结果(+)

            (c)若 B 的击打造成了死亡结果

                事实归因(+)

                规范归责(+)介入因素的问题,类型化风险关联

    (2) 主观构成要件

        a. 故意:

            (a)意志因素(+)

            (b)认识因素

                (+),因果关系认识错误

2. 违法性

    (1) 正当防卫

a. 防卫势态

(-),不法侵害已经结束

(2)紧急避险

a. 避险势态:正在发生的危险(+)

b. 避险行为

(a)损害法益保护法益(+)

(b)必要性(-)

(c)利益衡量(-)

3. 责任(+)

(二)击打行为,第234条,故意伤害罪

1. 构成要件符合性

a. 客观构成要件(+)

b. 主观构成要件(+)

2. 违法性(+)

3. 责任(+)

(三)离开现场,第232条,不作为的故意杀人

1. 构成要件符合性

(-),结果回避可能性不明

(-),欠缺故意

(四)离开现场,第233条,不作为的过失致人死亡

1. 构成要件符合性

(1)危害结果(+)

(2)未实施救助行为(+)

(3)作为可能性(+)

(4)结果回避可能性

(-)不明,存疑有利于被告

(五)离开现场,第261条,遗弃罪

1. 构成要件符合性

(-),欠缺故意

(六)罪数

参考答案

一、B 的刑事责任

(一) B 击打 C 后脑勺的行为是否根据《刑法》第 232 条构成故意杀人罪

根据《刑法》第 232 条的规定,B 使用铁锅多次击打 C 后脑勺的行为,可能构成故意杀人罪。

1. 构成要件符合性

(1) 客观构成要件

a. 杀害行为与死亡结果

故意杀人罪的客观要件要求行为人实施了杀害行为,并因此造成了他人的死亡结果。所谓杀害行为,是指具有导致人死亡的类型化风险的行为,即根据日常生活经验,一般会造成死亡结果的行为。在本案中,B 击打 C 后脑勺的行为具有导致他人死亡的类型化的危险,故应当认为 B 实施了杀害行为。同时,在本案中,C 最终死亡,由此也存在故意杀人罪所要求的构成要件结果。

b. 因果关系

> ▶ **思维导引**
>
> 本案中不能确定 C 的死亡结果是否确系由 B 的击打行为造成,故必须根据存疑有利于被告之原则,判断存有哪些可能的案件事实,以及何种案件事实对 B 最为有利。此处可能的案件事实无非有三种情形:其一,B 的击打行为造成了死亡结果;其二,A 和 B 的击打行为共同造成了死亡结果;其三,A 的击打行为造成了死亡结果,B 的击打行为则未对 C 的死亡结果造成任何影响。须注意的是,刑法中的因果关系考察的是行为人的行为与具体的危害结果之间的因果关系,因此,假若是 A 之前的击打行为造成了 C 的致命伤,B 的击打行为只是加速了 C 的死亡(即导致 C 的死亡结果提前发生),也应当认为是 A 和 B 共同造成了 C 的死亡结果。要判定上述三种可能情形中的哪种对 B 最为有利,就应当分别探讨在每种情形下 B 须负何种刑事责任,再将每种情形中 B 的刑事责任相互比较,从而确定对 B 相对最为有利的情形,并基于该种情形追究 B 的罪责。

故意杀人罪系实害犯,其客观构成要件的成立要求死亡结果与行为人的杀害行为之间存在因果关系。根据条件公式,若某个行为不存在,相应的危害结果就不会发生,则该行为就是导致相应危害结果的原因。在本案中,无法确定 C 的致命伤是否由 B 击打 C 后脑勺的行为引起。此处有三种可能性:

(a)若是 B 的击打造成了死亡结果,则如果没有 B 击打 C 后脑勺的行为,C 就不会死亡。因此,根据条件公式,B 的行为与 C 的死亡之间存在因果关系。如下文所述,B 的杀害行为缺乏违法阻却事由,B 也对杀人行为具有刑事责任能力,因此,在这种可能性下,B 将构成故意杀人既遂。

(b)若 A 和 B 的行为共同造成了死亡结果,则 A 和 B 的行为均为造成 C 死亡的原因(累积的因果关系),B 的行为与 C 的死亡之间存在因果关系。在这种可能性下,B 同样将构成故意杀人既遂。

(c)若是 A 的击打造成了死亡结果,则即便没有 B 击打 C 后脑勺的行为,C 也仍然会死亡。根据条件公式,此时 B 的行为与 C 的死亡结果之间不存在因果关系。须注意的是,此处也不能以 A、B 构成共同正犯为由认定 B 应当对 A 的击打行为和结果负责,从而肯定 B 的行为与 C 的死亡结果之间具有因果关系。因为,首先,若将共同犯罪限定为共同故意犯罪,则 A、B 在本案中不存在造成 C 死亡的通谋,两人不能构成共同正犯。其次,退一步而言,即便立足于承认片面共同正犯的立场,结论也并无不同。根据因果共犯论,只有在行为人的行为与犯罪的发生具有物理上或者心理上的因果关联时,行为人才能构成片面的共同正犯并因此对其他行为人的行为和结果负责。在本案中,若肯定 C 的致命伤完全由 A 造成,则 B 对危害结果的发生没有因果贡献,从而不能构成对 A 的片面共同正犯,无须对 A 的行为负责。与此相应,自然也就不能据此认定 B 的行为与 C 的死亡结果之间具有因果关系。因此,在这种可能的情形下,B 不构成故意杀人既遂,至多构成故意杀人未遂。

对比以上三种可能的情形,在 A 的击打造成了死亡结果时,B 的刑事责任相对最轻。因此,根据存疑有利于被告的原则,应当认为在本案中是 A 的击打行为造成了 C 的致命伤,B 击打 C 后脑勺的行为与 C 的死亡结果之间不具有因果关系。下文将基于这种事实基础继续分析 B

的刑事责任。

2. 小结

根据存疑有利于被告的原则,应当认为是 A 的击打行为造成了 C 的致命伤,B 的击打行为与 C 的死亡结果之间不具有因果关系,故 B 的击打行为不符合故意杀人罪的客观构成要件,其不构成故意杀人既遂。

> ▶ **思维导引**
>
> 案例分析的一个基本思维方式是,若行为人的行为因不符合客观构成要件而不能构成故意犯罪既遂,就应当检视其行为是否构成故意犯罪未遂。切不可在否定客观构成要件之后就草率得出行为人不构成犯罪的结论。与此相应,既然此处根据存疑有利于被告之原则否定 B 的击打行为构成故意杀人既遂,紧接着就应当考察,B 是否因其击打行为构成故意杀人未遂。

(二)B 击打 C 后脑勺的行为是否根据《刑法》第 232 条和第 23 条构成故意杀人罪(未遂)

根据《刑法》第 232 条和第 23 条的规定,B 使用铁锅多次击打 C 后脑勺的行为,可能构成故意杀人罪(未遂)。

1. 未遂的可罚性

如前所述,根据存疑有利于被告的原则,不能将 C 死亡的结果归责于 B 的击打行为,故 B 的击打行为不构成故意杀人罪既遂。同时,在我国刑法中,故意杀人未遂的行为也具有刑事可罚性。问题是,B 的击打行为是否符合了故意杀人未遂的成立要件。下文将对此予以检视。

2. 构成要件符合性

(1)主观构成要件:犯罪决意

构成故意杀人罪(未遂)要求行为人主观上具有故意杀人的犯罪决意。犯罪决意包括实现构成要件的故意以及其他可能存在的主观构成要件要素(即不法目的)。《刑法》第 232 条要求行为人对杀害行为、死亡结果、因果关系等故意杀人罪的客观构成要件要素具有故意。在本案中,B 明知击打 C 后脑勺可能导致 C 死亡,却仍然多次以铁锅击打 C 的后脑勺,应当认为 B 具有实现故意杀人罪客观构成要件的认识和意欲,故而具有杀害他人的决意。此外,B 在确信 C 不可能生还后离开现场,未对 C 采取任何救助措施,该事实也从侧面印证了 B 主观上具有杀害 C 的决意。

（2）客观构成要件：着手

> ▶ **思维导引**
>
> 若根据存疑有利于被告之原则，认定 C 的死亡结果系由 A 的击打行为造成，B 的击打行为对 C 的死亡并无因果贡献，便会造成是否还能认定 B 构成故意杀人未遂的问题。这里的问题是，既然 B 的击打行为对 C 的死亡结果没有影响，也即 B 的击打行为并未对 C 的生命法益造成现实的危险，那么，根据实质客观说，就有可能须否定 B 着手实施了杀害行为，导致只能认定 B 构成不可罚的不能犯。是否果真如此，是此处需要谨慎处理的问题。对该问题的回答与刑法中认定着手的学理密切相关，故此处有必要对相关主要学说进行一定的展开和探讨。

犯罪决意本身尚不能奠定行为人的刑事可罚性。根据《刑法》第 23 条的规定，只有当行为人"已经着手实行犯罪"，才能认定其构成犯罪未遂，从而对之科处刑罚。关于着手的认定，刑法理论上存在着多种不同的见解：

a. 主观说认为，当行为人通过其行为表征出其内心的犯罪意思时，其行为即属于着手实施犯罪。[①] 在本案中，B 连续击打 C 后脑勺的行为无疑已经表现出其企图杀害 C 的犯罪意思，故根据主观说，应当认为 B 已经着手实施杀人行为。

b. 形式客观说主张，行为人开始实施一部分符合构成要件的行为（即实行行为）时，就是着手实施犯罪。[②] 如前所述，以铁锅击打他人后脑勺具有导致他人死亡的类型化风险，可以被认定为是故意杀人的实行行为。因此，根据形式客观说的立场，在本案中，B 以铁锅击打 C 的后脑勺时，其已经开始实施故意杀人罪的实行行为，应当认定 B 已经着手实施故意杀人罪。

c. 实质客观说认为，当行为人的行为对刑法所保护的法益造成了直

[①] 对该说的介绍，参见张明楷：《外国刑法纲要》（第 3 版），法律出版社 2020 年版，第 233 页。

[②] 参见高铭暄、马克昌主编：《刑法学》（第 10 版），北京大学出版社、高等教育出版社 2022 年版，第 151 页以下。

接或紧迫的危险时,即应认定其已经着手实施犯罪。然而,学界对于应当以何种标准认定刑法意义上的"危险",却存在着显著的见解分歧。根据认定"危险"的不同标准,实质客观说在本案中可能得出不同的分析结论：

(a)客观危险说主张,应当以行为时存在的一切客观情况为基础,事后以科学的因果法则为标准,判断行为人的行为是否对法益造成了紧迫的危险。[①] 如前所述,根据存疑有利于被告的原则,在本案中应当认为C的致命伤由A造成,B后续击打C后脑勺的行为与C的死亡结果之间并无因果关系,因此,根据客观危险说的立场,就不能认为B击打C后脑勺的行为客观上造成了对C生命法益的紧迫危险。此时应当认为B属于不能犯,不能认定其着手实施了故意杀人罪。

(b)修正的客观危险说主张,虽然原则上应当基于案件的全部客观事实,根据客观的因果法则判断行为人的行为是否对法益造成了紧迫的危险,但是,对于一些只有事后才能查明、在行为时不可能为行为人和一般人认识到的细节事实,应当将之从判断资料中排除,不能将之作为危险判断的基础。[②] 在本案中,B在击打C时,C虽已受伤倒地,但尚未死亡。即便按照存疑有利于被告的原则,认为此时C已经因A的击打遭受致命伤,但是,在B后续击打C的后脑勺时,不论是B还是一般人,都难以认识到当时C已受致命伤的事实,故根据修正的客观危险说,不能基于该事实认定B的行为未对C的生命法益造成紧迫危险。换言之,基于修正的客观危险说的立场,B以铁锅击打气息尚存的C的后脑勺,仍然具有造成C遭受致命伤、导致C死亡的高度可能性(盖然性)。因此,本案中仍然应当肯定B的击打行为具有危害C生命安全的紧迫危险,构成故意杀人罪的着手。

(c)具体危险说主张,应当以行为时一般人可能认识到的事实以及行为人特别认识到的事实为基础,根据一般人的观念判断行为人的行为是

[①] 对该说的介绍,参见周光权：《刑法总论》(第4版),中国人民大学出版社2021年版,第299页以下。

[②] 参见张明楷：《刑法学》(第6版),法律出版社2021年版,第461页。

否对法益造成了紧迫的危险。① 按照该说的立场,即便认为 B 在击打 C 后脑勺时,C 已经身负致命伤,但由于 C 已受致命伤的事实当时无法为 B 和一般人所认知,同样不能成为否定 B 的行为危险性的依据。由于在一般人看来,用铁锅击打他人的后脑勺的行为明显具有导致他人死亡的危险,故具体危险说在本案中也会得出 B 已经着手实施杀人行为的结论。

(d)纯粹主观说与抽象危险说则认为,应当以行为人在行为时的主观认识为基础,根据行为人自身或者一般人的判断认定行为人的行为是否具有造成法益损害的危险。② 依该说的立场,由于本案中 B 在以铁锅击打 C 后脑勺时认为自己可以据此杀害 C,故根据 B 的这种主观认知,应当认定其行为具有造成 C 死亡的紧迫危险,构成故意杀人罪的着手。

d. 折中说认为,当根据行为人的犯罪计划,其行为与构成要件的实现之间已经不再具有明显的中间步骤时,就应当认定行为人已经着手实施犯罪。③ 依该说的立场,在本案中,B 使用铁锅击打 C 后脑勺的行为具有导致 C 死亡的高度危险,按照 B 的主观设想,其行为与造成 C 的死亡结果、实现故意杀人的构成要件之间已经不存在明显的中间步骤,故应当认为 B 已经着手实施杀人行为。

以上分析表明,除采取实质客观说中的客观危险说外,其他学说都会得出 B 已经着手实施杀人行为的结论。实质客观说中的客观危险说虽然最大程度地坚持了刑法客观主义的立场,但是,其以完全客观的标准判断行为人的行为是否具有发生结果的具体危险,而任何犯罪行为未能达于既遂,几乎总是具有相应的客观原因,故该说必然严重限缩未遂犯的成立范围,甚至可能导致将所有的未遂犯都认定为不能犯,殊为不当。因此,本案例分析不采该说。④ 综上,应当认为,在本案中,B 已经着手实施故意杀人罪。

---

① 参见周光权:《刑法总论》(第 4 版),中国人民大学出版社 2021 年版,第 302—304 页。
② 对相关学说的介绍,参见黎宏:《刑法学总论》(第 2 版),法律出版社 2016 年版,第 241 页以下。
③ 参见[德]约翰内斯·韦塞尔斯:《德国刑法总论:犯罪行为及其构造》,李昌珂译,法律出版社 2008 年版,第 342 页。
④ 此处可以主张相反的结论,但论证难度较大。

3. 违法性

在违法性阶层应当考察 B 着手实施故意杀人行为的举动是否能例外地通过违法阻却事由合法化。本案中可能适用的违法阻却事由主要有正当防卫和紧急避险两项。

(1) 正当防卫

根据《刑法》第 20 条第 1 款的规定,正当防卫的成立要求在实施防卫行为时存在正在进行的不法侵害。在本案中,B 以铁锅击打 C 的后脑勺时,C 已经受伤倒在血泊中,其未正在实施任何不法侵害。虽然在本案发生前,C 曾长期虐待 B,但是,正当防卫中"正在进行"的不法侵害仅限于迫在眉睫、正在发生或者仍在持续的侵害行为。当 B 击打 C 的后脑勺时,C 显然未在对 B 或他人实施虐待行为,故也不能基于 C 之前的虐待行为认定其不法侵害正在进行。因此,B 击打 C 后脑勺时,客观上并不存在正在进行的不法侵害,B 的行为不符合正当防卫的成立条件。

(2) 紧急避险

根据《刑法》第 21 条第 1 款的规定,紧急避险的成立要求存在正在发生的危险。如前所述,在本案中,当 B 击打 C 的后脑勺时,C 已经倒在血泊之中,故同样难以认为存在正在发生的危险。退一步而言,即使考虑到 C 曾长期虐待 B,其伤势恢复后仍然可能继续殴打、虐待 B,并据此肯定在 B 实施击打行为时即存在对 B 的人身法益的正在发生的危险(也即认为,若 B 当时不立即采取行动就难以制止 C 将来侵犯 B 的人身权益),B 使用铁锅连续击打 C 后脑勺的行为也绝非最轻微的避险手段。因此,B 的行为不能通过紧急避险合法化。

4. 责任

(1) 责任能力

本案中,B 已经达到了须对故意杀人行为负责的刑事责任年龄。根据《刑法》第 17 条第 2 款的规定,已满 14 周岁不满 16 周岁的人,犯故意杀人、故意伤害致人重伤或者死亡、强奸、抢劫、贩卖毒品、放火、爆炸、投放危险物质罪的,应当负刑事责任。根据 2002 年 7 月 24 日全国人大法工委《关于已满十四周岁不满十六周岁的人承担刑事责任范围问题的答复意见》,《刑法》第 17 条第 2 款规定的八种犯罪是指具体的行为而非具体的罪名。因此,只要行为人实施了该款规定的八种行为,即可据此判断其是否具有相应的刑事责任能力,其行为是否达于既遂,则非所问。在本案中,B已经年满14周岁,也不存在精神疾病等影响其辨认控制能力的因素,故B应当就其实施的故意杀人行为承担刑事责任。

(2)其他责任要素

本案中,B也具备了其他责任要素。其能够认识到杀人行为为法律所禁止的性质,故具有违法性认识。尽管B长期受到C的虐待,但是,案发时B并未处于C的虐待之下,其意志决定的自由未受外在压力的影响,故此时法秩序仍然能够期待B放弃实施杀人行为。同时,B在本案中也不存在对正当化事由前提事实的认识错误(容许构成要件错误),故其也具有责任故意。

5. 犯罪中止

在本案中,B在确信C不可能生还时,就放弃继续实施杀害行为,转而离开了案发现场,故仍须考察其是否可能因此构成犯罪中止。

(1)中止的时间性

根据《刑法》第24条第1款的规定,中止必须发生在犯罪过程中,即在行为人开始实施犯罪行为之后且犯罪呈现出终局形态之前。在本案中,当B放弃继续击打C的后脑勺时,C尚未死亡,此时不存在难以逾越的物理或心理障碍致使B无法继续实施杀人行为,故B的杀人行为并非止于障碍未遂。B此时放弃继续实施杀人行为,符合中止的时间性要求。

(2)中止行为

根据《刑法》第24条第1款的规定,行为人自动放弃犯罪或者自动有效地防止犯罪结果发生的,才构成犯罪中止。行为人是自动放弃犯罪即可构成中止,还是必须自动有效防止犯罪结果发生才能构成中止,取决于行为人的犯罪行为是否已经实行终了。所谓实行终了,是指行为人认为自己已经实施了全部使犯罪达于既遂所必需的行为。若根据案件的情形,行为人认为自己即便不再实施任何行为,其罪行也将达于既遂,则其罪行已经实行终了。相反,若根据案件的情形,行为人认为自己还必须再进一步实施相应的行为才能实现构成要件,则其罪行尚未实行终了。在本案中,B确信C已经不可能生还才离开现场,这表明B认为自己已经实施了使杀人行为达于既遂所必需的全部行为,故其杀人罪行已经实行终了。在实行终了的场合,行为人单纯自动放弃犯罪的,不能构成中止,唯有在其自动有效防止犯罪结果发生,或者至少为防止犯罪结果发生作出了真挚的努力时,才能认定其成立犯罪中止。在本案中,B只是单纯离开现场,未采取任何措施防止C的死亡结果,故不能认定其自动有效防止犯罪结果发生,从而也就不能认定其构成犯罪中止。

6. 小结

B击打C后脑勺的行为符合故意杀人未遂的构成要件且具有违法性,此外,B具有全部的责任要素,也不构成犯罪中止,因此,其击打C后脑勺的行为根据《刑法》第232条和第23条的规定构成故意杀人罪(未遂)。

(三)B击打C后脑勺的行为是否根据《刑法》第234条构成故意伤害罪

根据《刑法》第234条的规定,B使用铁锅多次击打C后脑勺的行为,可能构成故意伤害罪。就故意伤害罪的构成要件而言,由于前文已经肯定B的举动构成杀人行为,且杀人行为在规范的意义上包含了伤害行为,故可以认为B也对C实施了伤害行为。但是,我国故意伤害罪的成立以行为人对被害人造成了轻伤以上的伤害结果为前提,根据本案的案件事实,无法确定B的行为是否在A造成的损害之外又对C造成了轻伤以上的伤害结果,因此,根据存疑有利于被告原则,应当认定B未对C造成新的伤害结果,故B不构成故意伤害既遂。

(四)B击打C后脑勺的行为是否根据《刑法》第234条和《刑法》第23条构成故意伤害罪(未遂)

根据《刑法》第234条和第23条的规定,B使用铁锅多次击打C后脑勺的行为,可能构成故意伤害未遂。如前所述,根据存疑有利于被告的原则,应当认为B的击打行为未对C造成轻伤以上的伤害结果,故B的伤害行为未达于既遂。由于在规范的意义上,杀害故意包含了伤害故意,杀害行为包含了伤害行为,且前文已经确定,B对C具有杀害故意并对C实施了杀害行为,因此,可以认为B对C同样具有伤害故意并实施了伤害行为,从而符合了故意伤害未遂的构成要件。对 B 伤害行为的违法性、有责性以及犯罪中止的判断与前述对 B 构成故意杀人未遂的判断相同,故可以认定 B 在本案中同时还构成故意伤害罪(未遂)。

(五)B 未对 C 施以救助而离开现场的行为是否根据《刑法》第 232 条构成以不作为的方式实施的故意杀人罪

根据《刑法》第 232 条的规定,B 未对 C 施加救助就离开现场的行为,可能成立以不作为的方式实施的故意杀人罪。构成以不作为的方式实施的故意杀人罪,客观上要求行为人可以实施救助行为却违反作为义务未对被害人加以救助,并因此造成被害人死亡。本案中,C 已经死亡,出现了故意杀人罪的构成要件结果。此外,B 至少可以通过报警、叫救护车等方式对 C 加以救助,但其却未采取任何救助措施。但是,C 的死亡是否因 B 未加救助所致,却并不明确。案件事实并未表明,如果 B 及时对 C 施救,就能够以近似必然的可能性避免 C 的死亡结果。因此,B 的不作为与 C 的死亡结果之间的因果关系(结果回避可能性)存疑。根据存疑有利于被告的原则,应当认为本案中即便 B 对 C 及时施救,也无法避免 C 的死亡结果,即认为 B 的不作为与 C 的死亡结果之间欠缺因果关系。据此,B 不能构成以不作为的方式实施的故意杀人罪。

> ▶ **思维导引**
>
> 如前所述,若行为人的行为因不符合客观构成要件而不能构成故意犯罪既遂,就应当检视该行为是否构成故意犯罪未遂。因此,此处以欠缺因果关系为由否定不作为犯罪既遂,接下来就应当考察 B 的行为是否构成以不作为的方式实施的犯罪未遂。在司法实务中,不作为的未遂犯往往难以案发,故相对较为少见,我国学界对不作为的未遂犯也少有关注,这些都导致在案例分析时容易遗漏对不作为的未遂犯的考察。若能在案例分析过程中坚持"客观构成要件不符合时就转入对未遂犯的考察"这一原则,便能有效防止这种疏漏。

(六)B 未对 C 施以救助而离开现场的行为是否根据《刑法》第 232 条和第 23 条构成以不作为的方式实施的故意杀人罪(未遂)

根据《刑法》第 232 条和第 23 条的规定,B 未对 C 加以救助而离开现场的行为,可能成立以不作为的方式实施的故意杀人罪(未遂)。前文已经提及,根据存疑有利于被告的原则,应当认为 B 的不救助与 C 的死亡结果之间缺乏因果关系,故 B 不作为的杀人行为没有达于既遂。但是,不作为犯也有未遂形态,企图以不作为的方式实施杀人行为而未能得逞的,同样可能因故意杀人未遂而受到刑事处罚。

然而,本案中认定 B 构成不作为的故意杀人罪(未遂)的障碍在于,根据现有案件事实,同样难以确定 B 在放弃实施救助行为时,主观上具有通过以不作为的方式杀害 C 的犯罪决意。未遂犯中的犯罪决意要求行为人认识到与客观构成要件要素相关的事实并且希望或者放任客观构成要件的实现。在本案中,尽管 B 在离开现场时认识到 C 当时仍然存活并且确信 C 不能生还,但是,现有案件事实并未表明,B 是否认识到若自己施以救助,C 就不会死亡。若 C 未能认识到这一点,其就缺乏以不作为的方式造成 C 死亡的犯罪决意,自然无法认定其构成不作为的故意杀人未遂。根据存疑有利于被告的原则,应当认为 B 缺少对结果回避可能性的认识,故 B 在离开现场时不存在以不作为的方式杀害 C 的犯罪决意,不能成立以不作为的方式实施的故意杀人罪(未遂)。

> **思维导引**
>
> 在案例分析中,若行为人因欠缺主观构成要件而不能构成故意犯罪,就应当继而考察行为人是否构成相应的过失犯罪。本案中同样如此。在否定 B 具有通过不作为的方式造成 C 死亡的犯罪决意后,就应当继而考察 B 是否构成不作为的过失致人死亡。

(七) B 未对 C 施以救助而离开现场的行为是否根据《刑法》第 233 条构成以不作为的方式实施的过失致人死亡罪

根据《刑法》第 233 条的规定,B 未对 C 施加救助而离开现场的行为,可能构成不作为的过失致人死亡罪。然而,尽管客观上确实出现了 C 的死亡结果,B 也未采取措施挽救 C 的生命,但是,根据现有事实无法确定,如果 B 对 C 加以救助,是否就能以近似必然的高度盖然性避免 C 的死亡结果。根据存疑有利于被告的原则,应当否定结果回避可能性,即认为在 B 离开现场时,C 已经负有无可挽回的致命伤,故 B 离开现场的行为与 C 的死亡结果之间不具有因果关系,不能符合过失致人死亡的构成要件。

> **思维导引**
>
> 在前文的分析中,B 之所以不对 C 构成不作为的犯罪,是因为根据存疑有利于被告之原则,应当认为系 A 的击打行为造成了 C 的致命伤,而 B 的不救助则与 C 的死亡结果之间不具有因果关系。根据这一特征,就应当考虑在侵犯人身权利的犯罪中,是否存在不要求发生危害结果(死亡结果)或者不需要行为人的不作为与危害结果之间具有因果关系的罪名。根据这种思路便不难发现,遗弃罪就是如此。既然遗弃罪的成立不以行为人造成死亡结果为前提,便应当进而考察,B 是否可能构成遗弃罪。

(八) B 未对 C 施以救助而离开现场的行为是否根据《刑法》第 261 条构成遗弃罪①

根据《刑法》第 261 条的规定,B 未对 C 施以救助便离开现场的行为,可能构成遗弃罪。

1. 构成要件符合性

(1) 客观构成要件

我国《刑法》第 261 条规定,对于年老、年幼、患病或者其他没有独立生活能力的人,负有扶养义务而拒绝扶养,情节恶劣的,构成遗弃罪。以下对该罪的构成要件要素逐一予以检视。

a. 行为对象

遗弃罪的行为对象是年老、年幼、患病或者其他没有独立生活能力的人。在本案中,C 不属于年幼或者患病的人,其是否属于年老的人,案件事实也未予交待。但是可以确定的是,当 B 离开现场时,C 受伤倒在血泊之中,已经丧失了独立生活的能力,因此,C 至少可以作为没有独立生活能力的人成为遗弃的对象。

b. 扶养义务

遗弃罪的成立要求行为人对被害人具有扶养义务。对于本罪中的"扶养义务",应当进行较为宽松的理解。行为人对被害人所负有的任何

---

① 该部分的分析可以进行简单处理。由于 B 明显对遗弃行为不具有刑事责任能力,且本案中不涉及 A 是否就 B 的行为构成共同犯罪的问题,可以在案例分析时直接以 B 未达刑事责任年龄为由,否定其构成遗弃罪。

救助义务,均属于遗弃罪意义上的"扶养义务"。在本案中,C 与 B 之间存在紧密的亲属关系,家庭成员之间负有相互保护的义务,故 B 对 C 也具有扶养义务。即便认为 B 与 C 的关系极度紧张,两人已经不存在家庭成员之间的相互信赖,从而否定 B 仅因与 C 身处家庭关系而对 C 负有扶养义务,也同样应当肯定 B 有义务对 C 加以救助。因为,B 之前多次使用铁锅击打 C 的后脑勺,其行为至少从事前来看提升了 C 死亡的危险,这一先行行为也导致 B 相对于 C 处于保证人地位,对 C 负有扶养义务。

c. 拒绝扶养

所谓拒绝扶养,是指使他人生命、身体产生危险,以及在他人生命、身体处于危险状态时不予救助。本案中,B 在 C 重伤倒在血泊中时离开现场,未采取任何措施挽救 C 的生命,属于在 C 生命、身体处于危险状态时不予救助,故对 C 构成拒绝扶养。

d. 情节恶劣

2015 年 3 月 2 日最高法、最高检、公安部、司法部《关于依法办理家庭暴力犯罪案件的意见》规定,"负有扶养义务且有扶养能力的人,拒绝扶养年幼、年老、患病或者其他没有独立生活能力的家庭成员,是危害严重的遗弃性质的家庭暴力。根据司法实践,具有对被害人长期不予照顾、不提供生活来源;驱赶、逼迫被害人离家,致使被害人流离失所或者生存困难;遗弃患严重疾病或者生活不能自理的被害人;遗弃致使被害人身体严重损害或者造成其他严重后果等情形,属于刑法第二百六十一条规定的遗弃'情节恶劣',应当依法以遗弃罪定罪处罚"。

在本案中,B 未对 C 加以救助的遗弃行为是否属于情节恶劣,可能会存在争议。考虑到 C 长期虐待 B,导致 C 和 B 关系紧张的事实,或许可以认为,B 在 C 遭受伤害丧失独立生活能力时,能救助而不予救助并非情节恶劣。但是,B 是在家庭成员 C 面临生命危险,不救助可能导致 C 死亡的场合却仍然不予救助,其行为对 C 的生命法益造成了巨大的威胁,属于前述意见规定的"遗弃……生活不能自理的被害人"的情形,故应当按照该意见的精神,认定其对 C 构成拒绝扶养"情节恶劣"。①

---

① 在进行充分论述的基础上,此处可以主张相反的结论。

(2)主观构成要件

遗弃罪要求行为人主观上具有遗弃的故意。在本案中,B对前述遗弃罪的客观构成要件要素的相关事实均存在正确的认识,但仍然未对C加以救助就离开现场,应当认为B具有对遗弃罪客观要件的认识和意欲,具有遗弃故意。

2.违法性

如前所述,本案中,B在离开现场时并不存在正在进行的不法侵害或正在发生的危险,故B的遗弃行为不能通过正当防卫或紧急避险合法化。

3.责任

根据《刑法》第17条第2款的规定,已满14周岁不满16周岁的人,犯故意杀人、故意伤害致人重伤或者死亡、强奸、抢劫、贩卖毒品、放火、爆炸、投放危险物质罪的,应当负刑事责任。本案中,B虽然年满14周岁,但遗弃罪不在上述几种行为之列,故B因未达刑事责任年龄而不构成遗弃罪。

(九)罪数

综上所述,根据存疑有利于被告原则,B对C构成故意杀人罪(未遂)与故意伤害罪(未遂)。故意伤害罪(未遂)与故意杀人罪(未遂)之间存在法条竞合关系,故对B仅按故意杀人罪(未遂)定罪量刑。

二、A的刑事责任

(一)A击打C后脑勺的行为是否根据《刑法》第232条构成故意杀人罪

根据《刑法》第232条的规定,A使用铁锅击打C后脑勺的行为,可能构成故意杀人罪。

1.构成要件符合性

(1)客观构成要件

> ▶ **思维导引**
>
> 由于在本案中不能确定C的死亡结果是否确系由A造成,故在考察A是否构成故意杀人罪时,显然也会遭遇因果关系的问题。该问题与前文分析B的刑事责任时所须处理的问题基本一致。但是,尽管在分析A和B的刑事责任时所遇到的问题相仿,却不可轻易认为对两人的分析结论也一定相同。在刑法案

例分析中,细微的案件事实差异往往可能导致迥然相异的处理结果,因此,对 A 是否能够以及应当如何适用存疑有利于被告之原则,不能简单套用对 B 的分析结论,而应当结合 A 的行为和相关情节对各种可能的事实情形细致地加以检视。

与前述 B 对 C 构成故意杀人罪(未遂)的分析相同,A 使用铁锅击打 C 后脑勺的行为具有导致 C 死亡的高度危险,属于杀害行为。在本案中,C 已经死亡,出现了故意杀人罪的构成要件结果。问题仍然在于对因果关系的认定。在本案中,无法确定 C 的死亡结果究竟是由 A 还是由 B 造成,亦不能排除由两人共同引起死亡结果的可能,故需要区分不同的情形分别进行判断:

a. 若 A 的击打造成了 C 的死亡结果,则没有 A 的击打行为,C 就不会死亡。因此,根据条件公式,应当认为 A 的击打行为与 C 的死亡之间具有因果关系。

b. 若 A、B 两人共同造成了死亡结果,则 A 和 B 的击打行为均对 C 的死亡起作用(累积的因果关系),如果没有 A 的击打行为,C 同样不会死亡。因此,A 的击打行为与 C 的死亡结果之间存在因果关系。

c. 若 B 的击打造成了死亡结果,则 A 的击打行为与 C 的死亡结果之间是否具有因果关系,需要谨慎进行判断。单纯从条件公式来看,即便 C 的致命伤是 B 的击打所致,A 的击打行为与 C 的死亡结果之间也仍然具有因果关系。因为,若 A 不先将 C 击倒在地,B 就不可能有机会击打 C 致其死亡。但是,仅凭条件关联尚不足以肯定刑法意义上的因果关系。在这种介入了第三人行为(本案中为 B 的行为)的场合,前行为人(本案中为 A)的行为与危害结果(本案中为 C 的死亡结果)之间是否仍然具有因果关系,需要在条件关系的基础上再进行规范意义上归责考察。对此,学界存在着不同的判断标准:

(a)日本学者前田雅英教授认为,在这种第三人介入的场合,判断前行为人的行为与危害结果之间的因果关系,需要综合考虑如下三个因素:①前行为人的行为对结果发生的贡献程度,即其行为的危险性的大小;②介入情况的异常性的大小,即后行为人的行为是否与前行为人的行为相联结,是否由前行为人的行为所诱发;③介入行为对结果发生的贡献程度,即后行为人的行为引发危害结果的可能性。前行为人行为的危险性越大,后行为人的介入越不异常,后行为人行为的危险性越低,就越可能认定应由前行为人对危害结果负责,反之则应当认定由后行为人对危害结果负责。① 这种见解亦为我国部分学者所采纳。②

(b)德国学界的通说主张,应当考察在危害结果中实现的究竟是前行为人的行为所创设的风险,还是后行为人的行为所创设的风险,并据此认定应当由前行为人还是后行为人对危害结果负责,抑或前后行为人均需对危害结果负责。原则上,在后行为人故意或者重大过失地介入其中造成危害结果时,应当认定后行为人创设了新的风险并因此造成了危害结果,此时应当由后行为人对危害结果负责,前行为人不再对危害结果的发生负担刑事责任。但是,若后行为人的介入是由前行为人的行为所引起,则即便后行为人故意地造成了危害结果,前行为人的行为也与危害结果之间存在风险关联,前行为人仍然应当对危害结果负责。③

根据上述判断标准,在本案中,即便C的致命伤是由B后续的击打所造成,也应当认为A的击打行为与C的死亡结果之间具有因果关系。因为,B后续介入对C进行击打,恰恰是由A的击打行为所引发的风险。在本案中,A、B和C之间的关系极度紧张,A将C击倒在地后,B便极有可能进而对C进行攻击。有鉴于此,B后续介入对C进行击打的行为在本案中并不异常,其与A之前的击打行为之间存在紧密的风险关联。因此,虽然B后续是故意地对C进行攻击并因此造成了C的死亡结果,A也仍然应当对C的死亡结果负责。

综上,不论C的死亡结果是否由A的击打行为直接造成,A的击打行为与C的死亡结果之间均具有条件关系和归责关系,从而具有刑法意义上的因果关系。因此,此处没有适用存疑有利于被告原则的余地,A的击

---

① 参见[日]前田雅英:《刑法总论讲义(第7版)》,曾文科译,北京大学出版社2024年版,第121—128页。
② 参见张明楷:《刑法学》(第6版),法律出版社2021年版,第242—246页。
③ 参见[德]约翰内斯·韦塞尔斯:《德国刑法总论:犯罪行为及其构造》,李昌珂译,法律出版社2008年版,第117页。

打行为符合故意杀人罪的客观构成要件。

(2)主观构成要件

构成故意杀人罪要求行为人主观上具有杀人故意,即行为人必须认识到与故意杀人罪客观构成要件要素相关的事实,并且希望或者放任该客观构成要件的实现。本案中,在故意的意志因素方面,并无问题。A 决心了断这一切,并且实施了具有导致 C 死亡的高度危险的行为,应当认为 A 积极地追求 C 死亡的发生。

问题是,A 是否满足了杀人故意的认识因素方面的要求。在本案中,A 对于自己行为危害 C 的生命法益的危险性以及可能出现的 C 的死亡结果均有认识,但是,若客观上确实是 B 后续的击打行为才造成了 C 的致命伤,A 就存在对因果关系的认识错误。即:其未能正确认识到,C 并非因自己的击打行为而死亡,而是 B 后续的击打行为才造成了 C 的死亡结果。因果关系认识错误是否影响对行为人犯罪故意的认定,取决于客观的因果流程偏离行为人预想的程度。若实际发生的因果流程虽然与行为人的设想不一致,但其偏离的程度不大,仍然处于根据日常生活经验所能预见的范围之内,则这种因果关系的偏离并不影响对行为人犯罪故意的认定。因为,认定刑法上的因果关系原本也不要求行为人认识到了因果流程的全部细节,而只要行为人认识到了大致的因果流程即可。若实际发生的和行为人所预想的因果流程之间的偏离并未超过根据一般生活经验所能预见的范围,即可认定行为人仍然认识到了大致的因果流程。相反,若因果关系的偏离已经超出了日常生活经验所能预见的范围,就无法再肯定行为人认识到了大致的因果流程,应当否定其对因果关系具有故意。

在本案中,如前所述,由于 A、B 和 C 的关系极为紧张,在 A 将 C 击倒后,B 后续介入对 C 进行攻击的举动并不异常。换言之,虽然 A 未能认识到 B 后续介入对 C 的攻击,但 B 后续介入对 C 进行攻击仍然是根据日常生活经验所能预见的,故即便是 B 后续对 C 的击打造成了 C 的致命伤,也应当认为 A 大致认识到了自己行为造成 C 死亡的因果流程,其认识错误并不阻却其杀害故意的成立。因此,应当肯定 A 在本案中符合了故意杀人罪的主观构成要件。

2. 违法性

本案中，A 对 C 的击打行为也可能通过违法阻却事由合法化。与判断 B 的刑事责任时相似，可以考虑的违法阻却事由主要有正当防卫和紧急避险两项。

（1）正当防卫

正当防卫的成立以客观上具有正在进行的不法侵害为前提。在本案中，在 A 击打 C 的后脑勺时，C 对 A 的殴打已经结束，其已经转身准备离开厨房，故不存在正在进行的不法侵害。因此，A 的击打行为不能构成正当防卫。

（2）紧急避险

a. 避险势态

相较于正当防卫中"正在进行"的不法侵害而言，紧急避险中"正在发生"的危险范围更广。即便造成损害的危险并非极为紧迫，但如果不立即采取措施就难以制止将来发生损害结果，就仍然可以认为存在"正在发生的危险"。在本案中，C 由于赌博输钱心情郁闷，在殴打 A 之后虽然心情有所好转，但不能排除 C 随时都可能会再次殴打 A，相应的危险随时都可能转化为现实的法益损害。因此，应当认为此时存在着"持续的危险"，从而肯定 A 在击打 C 时存在着"正在发生的危险"。

b. 避险行为

（a）必要性。只有当根据案件的具体情况，避险行为是避免危险的必要措施时，才能肯定紧急避险的成立。换言之，避险行为必须是迫不得已的选择，必须是避免危害结果的最轻微的手段。如果行为人可以通过其他造成更小损害的方式避免危险，其避险行为就并非防止危害结果的必要措施，不能构成紧急避险。在本案中，A 击打 C 后脑勺的行为是否属于必要的避险措施，存在较大的疑问。一般而言，A 应当优先尝试通过报警、向亲友或邻里求助等方式避免危险，只有当这些方式都无效时，才能考虑通过伤害 C 的方式规避危险。直接实施危及 C 生命的行为难以被认定为最轻微的、不得已的避险手段。

（b）利益衡量。紧急避险的成立要求行为人所保护的利益明显大于避险行为所损害的利益。刑法学界的通说认为，生命价值无法权衡，故对生命的紧急避险不具有合法性。① 在本案中,A 的击打行为危及了 C 的生命,其所保护的只是自己的身体法益,两相权衡之下,难以认为 A 的行为维护了更为重要的利益,故不宜认定其构成紧急避险。

3. 责任

在本案中,A 已年满 16 周岁且未患有精神疾病,在行为时具有辨认控制能力,应当肯定其刑事责任能力。同时,A 能够认识到自己行为为法律所禁止的性质,法秩序也可以期待 A 放弃实施杀害行为,且 A 不存在对正当化事由前提事实的认识错误,故不能阻却 A 的责任。

4. 小结

综上所述,A 构成故意杀人罪。

(二)A 击打 C 后脑勺的行为是否根据《刑法》第 234 条构成故意伤害罪(致人死亡)

根据《刑法》第 234 条的规定,A 使用铁锅击打 C 后脑勺的行为,可能构成故意伤害罪(致人死亡)。如前所述,杀人行为和杀人故意在规范的意义上包含了伤害行为和伤害故意,在故意伤害罪的范围内,对 A 的行为的违法性和有责性的判断与前述对故意杀人罪的判断并无区别,因此,A 在本案中同时还对 C 构成故意伤害罪(致人死亡)。

(三)A 未对 C 施以救助而离开现场的行为是否根据《刑法》第 232 条构成以不作为的方式实施的故意杀人罪

根据《刑法》第 232 条的规定,A 击倒 C 后未对之加以救助就离开现场,可能构成以不作为的方式实施的故意杀人罪。

1. 构成要件符合性

(1)客观构成要件

在本案中,C 已经死亡,由此就出现了故意杀人罪的构成要件结果。A 在击倒 C 后,至少可以通过报警、叫救护车等方式对 C 加以救助,但其未实施任何救助行为。问题是,在本案中,根据现有事实无法确定,如果 A 对 C 施以救助,C 是否就不会死亡。根据存疑有利于被告

---

① 参见王钢:《对生命的紧急避险新论——生命数量权衡之否定》,载《政治与法律》2016 年第 10 期,第 97 页。

的原则,应当否定结果回避可能性,认为 A 的不救助与 C 的死亡结果之间没有因果关系。

(2)主观构成要件

本案中,A 在击倒 C 之后,误以为 C 已经丧命,从而离开现场。因此,A 主观上欠缺以不作为的方式造成 C 死亡的犯罪故意,也不符合不作为的故意杀人的主观构成要件。同时,由于 A 缺乏通过不作为造成 C 死亡的故意,其也不可能就 C 的死亡构成不作为的故意杀人未遂。

(四)A 未对 C 施以救助而离开现场的行为是否根据《刑法》第 233 条构成不作为的过失致人死亡罪

根据《刑法》第 233 条的规定,A 击倒 C 后离开现场的行为,可能构成不作为的过失致人死亡罪。虽然客观上确实出现了 C 的死亡结果,A 也未采取措施挽救 C 的生命,但是,根据现有事实无法确定,如果 A 实施救助行为,是否就能以近似必然的高度盖然性避免 C 的死亡结果。根据存疑有利于被告的原则,应当否定结果回避可能性,否定 A 的不作为与 C 的死亡结果之间的因果关系,从而也就不能认为 A 对 C 构成过失致人死亡罪。

(五)A 未对 C 施以救助而离开现场的行为是否根据《刑法》第 261 条构成遗弃罪

根据《刑法》第 261 条的规定,A 击倒 C 后,未对之加以救助就离开现场的行为可能构成遗弃罪。就遗弃罪的客观构成要件而言,对 A 遗弃行为的判断与前述对 B 遗弃行为的判断相同,应当认为 A 的不作为符合了遗弃罪的客观构成要件。但是,与 B 不同的是,A 是因误以为 C 已经死亡而离开现场,故其主观上缺乏遗弃罪的犯罪故意,由于不符合遗弃罪的主观构成要件而不构成该罪。

(六)罪数

综上所述,A 对 C 构成故意杀人罪与故意伤害罪,两罪之间存在法条竞合关系,故仅以故意杀人罪对 A 定罪量刑。

三、结论

根据前述分析,在本案中,应当认定 A 构成故意杀人罪,B 构成故意杀人罪(未遂)。

案例 2　错上加错案

案件事实

A 与 B 经常在夜间出没于街道,如果发现停在路边的车辆中有贵重物品,就砸破车窗窃走。案发当晚,两人在连续从五辆私家车中窃取了价值不菲的财物之后,来到了 T 的住所外。两人先试图砸破 T 的私家车车窗窃取车内物品,但是未能成功,于是转而砸破旁边 T 的儿子的私家车车窗,企图窃取车内的物品。此时,T 被街上的动静惊醒,一边让妻子报警,一边取出自己合法持有的左轮手枪(有效射程约 50 米),塞满六发子弹,独自走到街上查看情况。A 和 B 马上就发现了 T,赶紧放弃窃取 T 儿子的财物,立即逃跑。B 跑在前面,所以 T 没有发现 B,而只看见了逃跑中的 A。T 以为 A 窃走了自己儿子车内的驾照和收音机(价值约 50 元),为了抓捕 A 并取回自己儿子的财物,对已经距离自己 20 米的 A 大声喊道:"站住!不然我开枪了!"并顺势向仍然逃跑的 A 的腿部开枪射击。子弹穿过 A 的腿肚(事后鉴定为轻伤),但 A 却忍住疼痛继续逃跑。T 以为自己没有打中,于是马上决定向 A 再次射击。第二发子弹没有打中 A,但却打中了 40 米外邻居家的金属栅栏,弹起之后击中了跑在前面的 B 的头部,导致 B 当场死亡。根据当时的情形,一般社会公众能够认识到 A、B 未窃得 T 儿子的财物,也可以发现 B 在现场。

请分析 T 的刑事责任。

> **思维导引**
>
> 在思考对本案的分析路径时,可能须注意以下几个方面的问题:
>
> 1. 本案仅涉及对单个行为人 T 的刑事责任,故原则上按照时间顺序对 T 所实施的行为加以检视即可。本案中,T 实施了两次射击行为,如此便须考虑,是应当将其两次射击行为合并分析还是分别加以考察。这里要考虑的因素有两个:其一,T 的两次射击行为造成的损害结果显然存在差异,如果将两个行为合

并考察,可能难以条分缕析地对每次行为所涉及的不同问题加以检视。其二,T的两次射击行为虽然是在紧密的时空关联中接续实施的举动,即其是在同一场所实施且相互间仅具有极短的时间间隔。但是,T的两次射击举动系基于两次不同的意思决定而实行。换言之,T刚开始仅欲向A开枪射击一次,后认为自己没有击中A,才决定进行第二次射击。既然如此,就不宜将T的两次射击举动合并视为一个射击行为。有鉴于此,建议在本案中根据时间顺序,将T的两次射击行为分别予以考察。

2. 本案中T的两次射击行为均涉及正当防卫,故对正当防卫的认定显然是本案的核心问题。同时,由于T对A、B二人所实施的不法侵害存在认识错误,本案又可能会涉及对假想防卫的认定。关于假想防卫的定性是刑法理论中具有较大争议的难题,熟练掌握相关学说理论是妥善处理相关案例的前提。

3. 本案中T向A第二次射击的行为旨在损害A的人身法益,但却造成了B的死亡结果。这就意味着,T的第二次射击行为因打击错误而同时涉及A和B的法益。在这种情况下,也需要考虑是将T第二次射击行为对A、B两人的影响合并处理,还是分别根据T的行为对A、B造成损害的情况检视其可罚性。考虑到对于打击错误的处理存在具体符合说和法定符合说的分歧,且在本案中,T的第二次射击行为对A和B造成损害的情形也并不相同,故还是建议分别在T相对于A和T相对于B的关系上检视T的第二次射击行为。

4. 本案涉及众多具有极大争议的理论问题,例如,假想防卫的处理、防卫限度的认定、法定符合说与具体符合说的分歧,等等。在这些理论问题上的不同立场都会影响案件分析的结论,因此,本案的分析结论必然具有高度的开放性。相比追求所谓的唯一正确结论而言,更为重要的是在分析过程中发现相关的问题,并将自己选择的理论立场一以贯之地适用于全案的分析之中。

▶ **分析提纲**

一、第一枪的可罚性

(一)射中A,第232条,故意杀人

    1. 构成要件符合性

        (1)客观构成要件

            a. 危害结果(-)

(二)射中A,第232条结合第23条,故意杀人(未遂)
  1.构成要件符合性
    (1)犯罪决意
        a.对死亡结果的决意?(-)
(三)射中A,第234条,故意伤害
  1.构成要件符合性
    (1)客观构成要件(+)
    (2)主观构成要件(+)
  2.违法性
    (1)正当防卫
        a.保护T自己的财物
            (a)防卫势态(-)
        b.保护T儿子的财物
            (a)防卫势态(-)
        c.保护A和B已经窃取的他人财物
            (a)防卫势态(-)
            (b)防卫意思
                (-),T不知道A和B已经窃取了他人财物
    (2)《刑事诉讼法》第84条:扭送权
        a.对象:正在实行犯罪或者在犯罪后即时被发觉的人(+)
        b.行为
            (-),公民原则上不得使用枪支实施扭送
    (3)紧急避险
        a.紧急势态
           正在发生的危险?
        b.避险行为
            (a)损害法益保护法益(+)
            (b)必要性
                (-),使用枪支不是唯一的最轻微的手段
  3.偶然防卫?
    (1)防卫势态
        正在进行的不法侵害(-)

4. 责任

   (1) 责任故意:假想防卫?

   如果 T 的认识是正确的,那么:

   a. 防卫势态(+)

   b. 防卫行为

   (a) 针对不法侵害人(+)

   (b) 必要性

   i. 适于制止不法侵害(+)

   ii. 必要限度

   (i) 手段是否过当?

   (+),不符合使用枪支防卫的限制,未鸣枪示警

   (ii) 结果是否过当?

   (-),未造成重伤以上的损害结果,结果不过当

   c. 防卫意识(+)

(四) 过失致人重伤

1. 构成要件符合性

   (-),未造成重伤结果

二、第二枪的可罚性

(一) 针对 A,故意杀人或故意杀人未遂(-)

(二) 针对 A,第234条,故意伤害(-)

(三) 针对 A,第234条结合第23条,故意伤害(未遂)

1. 构成要件符合性

   (1) 犯罪决意(+)

   (2) 着手实施(+)

2. 违法性

   (1) 正当防卫(-)

   (2) 扭送权(-)

   (3) 紧急避险(-)

3. 偶然防卫(-)

4. 责任

   (1) 责任故意:假想防卫?

   如果 T 的认识是正确的,那么:

a. 防卫势态(+)

b. 防卫行为

(a)针对不法侵害人(+)

(b)必要性

i. 适于制止不法侵害(+)

ii. 必要限度

(i)手段是否过当?

问题:使用枪支防卫的限制,与第一枪的区别?

问题:通过造成不法侵害人伤亡防卫财产法益?

(ii)结果是否过当? (−)

c. 防卫意思(+)

(四)针对B,第232条,故意杀人

1. 构成要件符合性

(1)客观构成要件:结果、行为、因果关系(+)

(2)主观构成要件(−)

(五)针对B,第234条,故意伤害(致人死亡)

1. 构成要件符合性

(1)客观构成要件:结果、行为、因果关系

问题:加重结果与基本构成要件之间的直接关联(+)

(2)主观构成要件:对B的伤害故意?

法定符合说(+)/具体符合说(−)

若采具体符合说,则否定对B的伤害故意

(六)针对B,第233条,过失致人死亡

1. 构成要件符合性

(1)结果、行为、因果关系(+)

(2)注意义务违反(+)

2. 违法性

(1)正当防卫(−)

(2)扭送权(−)

(3)紧急避险(−)

3. 偶然防卫?

   (1)防卫势态(-)

4. 责任(+)

【若采用法定符合说】

(伍)针对B,第234条,故意伤害(致人死亡)

1. 构成要件符合性

   (1)客观构成要件:结果、行为、因果关系(+)

      问题:加重结果与基本构成要件之间的直接关联?(+)

   (2)主观构成要件:对B的伤害故意?

      法定符合说(+)

2. 违法性

   (1)正当防卫(-)

   (2)扭送权(-)

   (3)紧急避险(-)

3. 偶然防卫(-)

4. 责任

   (1)责任故意:假想防卫?(T对A的防卫意思转移为对B的防卫意思)

      如果T的认识是正确的,那么:

      a. 防卫势态(+)

      b. 防卫行为

         (a)针对不法侵害人(+)

         (b)必要性

            i. 适于制止不法侵害(+)

            ii. 必要限度(注意:与前述对A第2枪的考察有所不同)

               (i)手段是否过当?(+)

               (ii)结果是否过当?

                  (+),造成了B的死亡结果

   (2)其他责任要素(+)

参考答案

一、T第一次开枪射击的可罚性

（一）T向A腿部开枪射击的行为是否根据《刑法》第232条构成故意杀人罪

本案中，T向A开枪射击，该行为可能根据《刑法》第232条的规定，构成故意杀人罪。

1. 构成要件符合性

(1)客观构成要件

a. 杀害行为与死亡结果

故意杀人罪要求行为人实施杀人行为，即实施具有导致他人死亡的类型性风险的行为，同时造成他人的死亡结果。在本案中，T向A腿部开枪射击，该行为明显具有导致他人死亡的类型化风险，属于故意杀人的实行行为。但是，本案中该行为只是对A造成轻伤，没有造成A死亡的结果。因此，T的行为不符合故意杀人罪的客观构成要件，无法成立故意杀人罪（既遂）。

（二）T向A腿部开枪射击的行为是否根据《刑法》第232条和第23条构成故意杀人罪（未遂）

T向A开枪射击的行为未造成死亡结果，故不构成故意杀人既遂，但是，根据《刑法》第232条和第23条的规定，该行为可能构成故意杀人未遂。

1. 构成要件符合性

(1)犯罪决意

成立犯罪未遂要求行为人主观上具有实现犯罪构成要件的决意，即其必须决意实施构成要件行为并因此造成构成要件结果。在本案中，T明显系决意向A开枪射击，故具有实施构成要件行为的决意，但问题是，其是否也决意造成故意杀人罪的危害结果，即其是否决意造成A的死亡。在判断行为人是否具有造成相应损害结果的决意时，需要综合考察案件的事实细节，推断行为人的主观意志。特别是，行为人在攻击被害人时使用的攻击手段、对被害人的打击部位等因素,对于认定行为人是否具有杀害故意极为重要。根据案情,T 在开枪前首先对 A 发出警告:"站住!不然我开枪了!"并且 T 在开枪时是瞄准 A 的腿部而非其他要害部位。这些事实表明,T 开枪的动机主要是制止 A 逃跑,而非意在造成 A 死亡,从而难以认为 T 具有追求或放任 A 死亡的犯罪决意。因此,T 向 A 腿部开枪射击的行为不构成故意杀人罪(未遂)。

(三) T 向 A 腿部开枪射击的行为是否根据《刑法》第 234 条构成故意伤害罪

T 向 A 第一次开枪射击,造成了 A 的轻伤,可能构成故意伤害罪。

1. 构成要件符合性

(1) 客观构成要件

故意伤害罪的客观构成要件包括故意伤害行为、轻伤以上的伤害结果以及因果关系。本案中,T 向 A 腿部开枪射击的行为具有导致他人受到伤害的类型化的危险,应当认为 T 实施了伤害行为。并且,T 的此次射击行为击穿了 A 的腿肚造成轻伤结果。因此 T 的行为完全符合故意伤害罪的客观构成要件。

(2) 主观构成要件

故意伤害罪的主观构成要件为伤害的故意,其要求行为人认识到自己的行为可能造成他人轻伤以上的损害结果,并且希望或者放任该损害结果发生。在本案中,T 向 A 开枪射击,该行为明显具有造成 A 轻伤的高度危险性,同时,T 也未采取措施避免射击行为对 A 造成伤害。据此,可以认为 T 至少对 A 所遭受的伤害结果具有间接故意,故应当肯定 T 符合了故意伤害罪的主观构成要件。

2. 违法性

> ▶ **思维导引**
>
> 在本案中考察 T 的行为是否因符合违法阻却事由而合法化时,要注意以下三点:
>
> 其一,行为人的行为只须符合任何一个违法阻却事由即可以被正当化。因此,在案例分析过程中,遇有行为人的行为可能符合违法阻却事由的情形时,要尽量对所有可能适用的违法阻却事由加以考察,以防疏漏。刑法中的违法阻却

> 事由并不限于《刑法》明确规定的正当防卫和紧急避险。基于法秩序统一性原则,其他部门法中的容许规范在刑法中也属于违法阻却事由。此外,还存在法律未明文规定的超法规的违法阻却事由。在本案中,不难发现T的行为可能符合正当防卫或紧急避险,但是,除此之外,T的行为还可能符合《刑事诉讼法》中关于扭送权的规定,故也需要对扭送权的适用可能性加以检视。
>
> 其二,虽然各个违法阻却事由的适用没有逻辑上的绝对先后次序,但是,在个案中,若行为人的行为可能符合正当防卫等多个违法阻却事由,原则上建议先考察其行为构成正当防卫的可能性。因为,在全体违法阻却事由中,正当防卫赋予行为人最大的行为权限,在此意义上是最有利于行为人的违法阻却事由。
>
> 其三,在考察行为人的行为是否构成正当防卫时,特别要注意检视,行为人究竟制止了何种不法侵害。在案例分析过程中不能笼统认定行为人制止了不法侵害,从而草率肯定正当防卫的成立。只有在明确了行为人可能制止的不法侵害之后,才能进而根据该不法侵害考察,在行为人实施正当防卫时,该不法侵害是否"正在进行",以及行为人的防卫行为是否超出了制止该不法侵害的必要限度。

在违法性阶层应当考察T故意伤害A的举动是否能例外地通过违法阻却事由合法化。本案中可能适用的违法阻却事由主要有正当防卫、扭送权和紧急避险三项。

(1)正当防卫

根据《刑法》第20条第1款的规定,正当防卫的成立要求在实施防卫行为时存在正在进行的不法侵害。在本案中,可以考察T是否就以下不法侵害构成正当防卫:

a. A与B对T自己财物的侵害

(a)防卫势态:正在进行的不法侵害

所谓不法侵害正在进行,是指不法侵害迫在眉睫、已经发生或者仍在持续。根据2020年8月28日最高法、最高检、公安部发布的《关于依法适用正当防卫制度的指导意见》(以下简称《正当防卫指导意见》),"对于不法侵害已经形成现实、紧迫危险的,应当认定为不法侵害已经开始;对于不法侵害虽然暂时中断或者被暂时制止,但不法侵害人仍有继续实施侵害的现实可能性的,应当认定为不法侵害仍在进行;在财产犯罪中,不法侵害人虽已取得财物,但通过追赶、阻击等措施能够追回财物的,可以视为不法侵害仍在进行;对于不法侵害人确已失去侵害能力或者确已放弃侵害的,应当认定为不法侵害已经结束"。就行为人 A 与 B 对 T 的财物的侵害而言,两人先试图砸破 T 的私家车车窗窃取车内物品,但是未能成功,于是转而砸破旁边 T 儿子的私家车车窗,应当认为 A 与 B 已经放弃了对 T 的财产权益的侵害。换言之,T 在开枪射击 A 腿部时,A 与 B 对 T 的财物的不法侵害已经结束,T 不能因防卫了自己的财产法益而成立正当防卫。

b. A 与 B 对 T 儿子财物的侵害

(a)防卫势态

本案中,A 与 B 在砸破 T 儿子的私家车车窗的过程中惊醒了 T,当 T 走到街上查看情况时,A 和 B 马上就发现了 T,于是放弃窃取 T 儿子的财物立即逃跑。就 A、B 毁坏 T 儿子私家车的车窗而言,该行为固然属于侵犯 T 儿子财产权益的不法侵害,但是,在 T 向 A 开枪射击时,该不法侵害已经结束。同理,A、B 尝试窃取 T 儿子私家车内的财物而未能得逞,其行为虽然也属于对 T 儿子财物的不法侵害,但在 T 开枪射击时,该不法侵害已经止于未遂,同样并非仍在持续的不法侵害。虽然 T 误以为 A、B 携带自己儿子的财物逃跑,然而,A、B 客观上从未取得过 T 儿子的财物,立足于行为时的视角,一般社会公众也能认识到 A、B 未窃得 T 儿子的财物,故不能以 T 的认识错误为由主张 A、B 对 T 儿子财物的不法侵害尚未结束。因此,本案中 T 不能因防卫了对自己儿子财产法益的不法侵害而构成正当防卫。

c. A 与 B 对其他人财物的侵害

(a)防卫势态

对于状态犯而言,若相关罪行已经既遂或实害结果已经发生,原则上就不能再将该犯罪行为视为正在进行的不法侵害。但是,在窃取他人财物的场合,即便盗窃行为已经既遂(即行为人已取得对财物的占有),若被害人或其他第三人通过采取追赶、反击等措施还能够当场及时挽回损失,则仍然应当肯定对财产法益的不法侵害尚未结束。① 在本案中，A 与 B 两人先前已经连续从五辆私家车中窃取了价值不菲的财物，故须考虑，T 的行为是否可以因保护了这些其他被害人的财物而构成正当防卫。对此应予以否定。正当防卫是允许公民在无法及时获得公权力救济时自行制止不法侵害的法律制度，其仅能在不法侵害人所造成的权利冲突状态中得以适用。换言之，不法侵害人企图通过实施侵害行为将自身恣意凌驾于被侵害人的法律权利之上，取得对被侵害人的优势地位，从而造成了其自身利益与被侵害人权益之间的对立冲突。在这种现实的冲突之中，被侵害人来不及求助于国家公权力，故其可以实行防卫，通过损害侵害人的利益制止不法侵害。但是，一旦不法侵害已经结束（例如，被侵害人的法益损害结果已经发生），则不再存在侵害人与被侵害人之间现实的、紧迫的权利冲突，基于国家暴力垄断的原则，此时被侵害人便只能诉诸国家公权力追究侵害人的法律责任而不得擅自使用暴力进行防卫。因此，在盗窃他人财物的场合，若侵害人于犯罪既遂之后即刻被发现，被害人或其他第三人仍有可能通过对侵害人施以强制当场夺回财物，则应当认定侵害人尚未实质性地造成财产损失，其与被害人之间的权利冲突仍未结束，此时应当允许对侵害人进行正当防卫。相反，若侵害人已经取得了对相关财物的平稳占有，被害人或其他第三人在一段时间间隔之后才发现侵害人侵犯财产法益的事实，则应当肯定侵害人窃取他人财物的不法侵害已经实质性完结，因其盗窃行为所导致的侵害人与被侵害人之间的权利冲突也已经不复存在，故不能再对其盗窃犯罪实行防卫。本案中的情形即是如此。在 T 向 A 开枪射击时，A 与 B 针对其他人财物的盗窃行为不仅既遂，也已经实质性完结，两人就窃取的财物已经形成了较为平稳的占有，故 T 不得再采取防卫措施将相关财物追回。因此，本案中不存在正在进行的不法侵害。

（b）防卫意思

本案中，即使认为 A 与 B 对其他人财物的不法侵害仍在进行，也应当基于防卫意思的欠缺否定 T 因制止了这种不法侵害而成立正当防卫。

---

① 参见周光权：《刑法总论》（第 4 版），中国人民大学出版社 2021 年版，第 211 页。

成立正当防卫要求防卫人主观上必须具有防卫意思,也即防卫人必须认识到不法侵害正在进行,且系为保护国家、公共利益,本人或者他人的人身、财产等合法权利而决意制止正在进行的不法侵害。简言之,防卫意思包括两个方面的内容:其一为防卫认识,即防卫人认识到了正在进行的不法侵害;其二为防卫意志,即防卫人主观上具有制止正在进行的不法侵害的决意。① 本案中,T因误以为A取走了自己儿子的财物而向A开枪射击,其行为仅旨在防卫自己儿子的财产法益。T并不知晓A和B之前已经窃取了其他人的财物,自然便不具有通过防卫行为来制止A、B侵害其他人财产权利的防卫意思,因此,不能肯定T就A、B窃取的其他人财物构成正当防卫。

(2)扭送权

根据我国《刑事诉讼法》第84条的规定,任何公民都可以将符合一定情形的犯罪嫌疑人扭送公安机关、人民检察院或者人民法院处理。

a. 扭送对象

我国《刑事诉讼法》第84条规定,对于正在实行犯罪或者在犯罪后即时被发觉的人,或者有通缉在案、越狱逃跑、正在被追捕等情形的人,任何公民都可以立即将之扭送公安机关、人民检察院或者人民法院处理。在本案中,当T发现A时,A刚刚结束对T和T儿子财产法益的侵害行为,同时,A此前还从他人处窃取了价值不菲的财物,故即便不能认为A是"正在实行犯罪"的人,A至少也应当属于"在犯罪后即时被发觉"的人,从而符合实行扭送的对象要件。

b. 扭送行为

问题是,本案中T向A开枪射击的举动是否可以被认定为"扭送"行为。扭送权旨在赋予公民强制将相关人员送交司法机关进行处理的权利,其是基于国家刑事追诉权而衍生的辅助性权利。在现代法治国家中,国家的刑事追诉行为必须符合比例原则,故扭送权的行使也必须受到比例原则的严格限制。因此,与正当防卫不同,扭送权只能赋予公民较为有限的行为权限。一般而言,扭送权只能使那些与扭送行为紧密相关的、轻

---

① 参见周光权:《刑法总论》(第4版),中国人民大学出版社2021年版,第211页。

微干涉被扭送人人身权利和财产权利的举止正当化。例如,在扭送过程中必然会限制被扭送人的人身自由,这种对人身自由的限制便可以通过扭送权合法化。又如,在扭送时往往需要压制被扭送人反抗,故可能对被扭送人造成轻微的身体伤害或者损害其衣物,这些伤害行为和毁损财物的举动当然也基于扭送权的行使而不构成犯罪。但是,既然扭送的目的在于将被扭送人交由司法机关处理,且扭送行为必须符合比例原则的要求,那么,公民原则上就不得使用对他人人身法益具有高度危险的强制手段实行扭送。因此,鉴于枪支的巨大杀伤性,应当禁止公民以开枪射击的方式行使扭送权。[1] 在被扭送人并不涉嫌严重的恶性犯罪时,就更是如此。在本案中,A仅涉嫌盗窃、毁坏财物等相对轻微的财产犯罪,而T向A开枪射击的举动却严重威胁到了A的人身安全,故应否定T的举动属于法律所允许的扭送行为,其行为不能基于扭送权得以正当化。

(3) 紧急避险

a. 紧急势态:正在发生的危险

根据《刑法》第21条第1款的规定,紧急避险的成立要求存在正在发生的危险。所谓"正在发生的危险"也即"现实的危险",是指若不立即加以制止、放任其继续发展就极可能导致或者扩大损害的状态。相比正当防卫中"正在进行"的不法侵害而言,紧急避险中"正在发生"的危险在时间维度的要求更为宽松。[2] 即便造成损害的危险并非极为紧迫,但是,如果不立即采取行动就难以制止将来发生损害结果,也仍然应当认定存在着"正在发生的危险"。在本案中,如前所述,不能认为A的行为构成正在进行的不法侵害。然而,A与B经常在夜间行窃,从行为时一般人的视角看来,若T不在案发当晚制止两人逃跑,A和B将来极有可能会继续实施盗窃行为,继续侵害他人的财产法益。因此,可以基于A、B将来实施盗窃行为的高度可能性肯定在本案中存在着对他人财产法益的正在发生的危险。

---

[1] 参见[德]乌韦·穆尔曼:《德国刑法基础课(第7版)》,周子实译,北京大学出版社2023年版,第441页。
[2] 参见[德]约翰内斯·韦塞尔斯:《德国刑法总论:犯罪行为及其构造》,李昌珂译,法律出版社2008年版,第170页以下。

b. 避险行为

构成紧急避险除了要求某种合法权益面临正在发生的危险之外,行为人的行为还必须符合避险行为的要求。避险行为必须是为了拯救一个法益而损害另一个法益,其必须是规避危险的必要行为,而且要满足利益权衡的要求。

(a)损害法益保护法益

避险行为首先要求行为人客观上是损害某种利益而保护法益。本案中,T在向A开枪射击时,是试图通过损害A的人身法益保护其他的财产权益,在这一点上符合避险行为的要件。

(b)必要性

避险行为的必要性意味着,避险行为必须适于规避危险,而且在行为时是规避危险的最轻微手段。在正当防卫的场合,防卫行为不必是防卫人迫不得已的选择。即便防卫人可以通过逃跑等方式免受不法侵害,其原则上也无须选择退避,而是可以就地对不法侵害进行反击。但是,与正当防卫不同,在紧急避险中,避险行为必须是避险行为人的无奈之举,也即只有在避险行为人确实无法以其他更为缓和的方式保护法益时,才被允许实行紧急避险。① 在本案中,即便认为T开枪射击的行为有利于防止A在此后继续实施盗窃犯罪,但是,通过报警等求助国家公权力的方式也完全有可能有效止A、B将来的盗窃罪行,故难以认为向A开枪射击是消除这种潜在危险的唯一方法。鉴于开枪射击行为的高度危险性,更无法认为此种举动是消除危险的相对最缓和的手段。因此,不能认为T开枪射击A是必要的避险行为,应当否定T的行为构成紧急避险。

▶ 思维导引

在本案中,T在向A开枪射击时并不知晓A客观上已经窃得了其他人的财物,如此便可能出现偶然防卫的问题。在阶层式案例分析的过程中应当如何处理对偶然防卫的考察,取决于对偶然防卫之法律后果的理解:

---

① 参见黎宏:《刑法学总论》(第2版),法律出版社2016年版,第146页。

部分结果无价值论者认为,正当防卫的成立不以防卫人具有防卫意思为必要,故偶然防卫就是正当防卫。① 若采用这种立场,偶然防卫的问题就完全是正当防卫的问题,从而无须在案例分析中特别对之加以处理。

行为无价值论者则认为,正当防卫要求防卫人具有防卫意思,故偶然防卫不构成正当防卫。但是,在偶然防卫中,行为人虽然创设了行为无价值(其行为从事前视角看来具有侵害法益的高度危险),却未能造成结果无价值(因为偶然防卫所造成的损害结果恰恰是法秩序所接受的结果),而具有行为无价值、欠缺结果无价值是未遂犯的典型结构,因此,偶然防卫阻却故意犯罪既遂,导致行为人仅能构成故意犯罪未遂。② 若采用这种观点,偶然防卫的法律后果就超出了正当防卫的范围(不构成正当防卫的行为完全可能构成故意犯罪既遂,但偶然防卫仅能导致故意犯罪未遂),同时,也只有在肯定相关行为不能构成任何违法阻却事由、确实具有违法性的前提下,才有必要讨论该行为是否构成偶然防卫(若相关行为符合其他某个违法阻却事由,其就得以正当化,自然也不可能构成犯罪未遂)。有鉴于此,建议在案例分析过程中,于违法性阶层的考察之后单独插入对偶然防卫的考察。若得出否定结论,则继续进入责任阶层的检视。若得出行为人的行为符合偶然防卫的结论,则在此处终止对故意犯罪既遂的考察,转而进入对故意犯罪未遂的分析。

3. 偶然防卫

本案中,A 此前已经窃取了其他被害人价值不菲的财物,而 T 对此并不知情,故 T 对 A 开枪射击的行为可能偶然地保卫了其他人的财产法益,因此需要判断 T 的行为是否能成立偶然防卫。若肯定 T 的行为构成偶然防卫,则应当认定其行为并未造成结果无价值,从而不能构成故意伤害既遂。

(1)防卫势态:正在进行的不法侵害

所谓偶然防卫,是指行为人的行为偶然符合了正当防卫的客观要件。因此,偶然防卫虽然在体系上并不属于违法阻却事由,但其成立要件与正当防卫的客观要件完全相同。本案中,要认定 T 对 A 开枪射击的行为构

---

① 参见张明楷:《刑法学》(第 6 版),法律出版社 2021 年版,第 271 页。
② 参见周光权:《刑法总论》(第 4 版),中国人民大学出版社 2021 年版,第 295 页。但该书认为偶然防卫同时也具有结果无价值。

成偶然防卫,就要求 T 的行为制止了正在进行的不法侵害。然而,如前所述,在本案中,A、B 窃取其他人财物的盗窃罪行不仅已经既遂,而且两人也取得了对相关财物的平稳占有,其盗窃行为已经实质性完结,不能再被认定为正在进行的不法侵害。与此相应,T 开枪射击的行为也就不可能因为制止了 A 的这种不法侵害而构成偶然防卫。

4. 责任

> ▶ **思维导引**
>
> 本案中,T 之所以向 A 开枪射击,是因为其误以为 A 窃取了自己儿子的财物,故此处还涉及假想防卫的问题。在案例分析中如何处理假想防卫(以及其他容许构成要件错误),也取决于对理论立场的选择。按照消极构成要件要素理论和故意说,容许构成要件错误阻却犯罪故意,故应当在构成要件故意中考察假想防卫的问题(如果采取结果无价值论,则在责任阶层考察犯罪故意时处理相关问题)。① 若采用严格责任说,容许构成要件错误影响违法性认识,故应该在责任阶层考察违法性认识这一责任要素时讨论假想防卫。② 狭义的限制责任论认为应当类推适用构成要件错误的处理原则解决容许构成要件错误的问题,③若采该说,就只能在完成违法性阶层的考察之后,在开始责任阶层的考察之前,单独插入一个对假想防卫的处理环节。若认定个案中行为人构成假想防卫,则应否定故意的不法,转而考察行为人是否可能构成过失犯。指向法律后果的限制责任说则主张,应当区分构成要件故意与责任故意,前者为构成要件要素,后者为责任要素,两种故意在犯罪构成体系中同时存在并负担不同的功能。容许构成要件错误虽然不影响对构成要件故意的认定,但会阻却责任故意。④ 因此,在假想防卫的场合,行为人因欠缺责任故意而不构成故意犯罪,只能考察其是否构成过失犯罪。若采该说,案例分析中就应当在责任阶层考察责任要素时检视假想防卫的成立。

---

① Vgl. Roxin/Greco, Strafrecht Allgemeiner Teil, Bd. 1, 5. Aufl., 2020, §14 Rn. 54 ff.
② 参见[德]汉斯·韦尔策尔:《目的行为论导论:刑法理论的新图景(增补第 4 版)》,陈璇译,中国人民大学出版社 2015 年版,第 86 页。
③ 参见[德]乌尔斯·金德霍伊泽尔:《刑法总论教科书(第六版)》,蔡桂生译,北京大学出版社 2015 年版,第 279 页以下。
④ Vgl. Rengier, Strafrecht Allgemeiner Teil, 13. Aufl., 2021, §30 Rn. 11.

> 以上诸说尺短寸长,难有定论。分析者在案例分析过程中可以自行选择相关立场并根据自己的立场选择将对假想防卫的考察融入阶层式犯罪分析的过程之中。从案例分析的角度而言,指向法律后果的限制责任说可能是逻辑上最为顺畅的方案,该说也能最为妥善地解决实务中的相关问题,故本书采取该说的立场。与此相应,本案例分析接下来在责任阶层的责任故意中对假想防卫的问题加以检视。

(1)责任故意

a. 假想防卫的处理原则

本案中,T误以为A窃取了自己儿子放在车内的驾照和收音机,其在行为时误以为存在正在进行的不法侵害,从而可能构成假想防卫。假想防卫属于容许构成要件错误,对于应当如何处理假想防卫等容许构成要件错误的问题,刑法理论存在巨大的争议:

消极构成要件要素理论主张两阶层的犯罪构成体系,将违法阻却事由视为消极的构成要件要素,因此,容许构成要件错误作为对违法阻却事由之前提事实的认识错误,也同样是对(消极)构成要件相关事实的认识错误,应依构成要件错误处理。据此,容许构成要件错误阻却构成要件故意。该说的缺陷在于,其导致将构成要件符合性与违法性合并为同一个阶层,不符合当今主流的三阶层犯罪构成体系。

故意说认为,违法性认识是犯罪故意的组成部分。在容许构成要件错误中,行为人没有认识到自己行为的违法性,故容许构成要件错误阻却构成要件故意。该说的缺陷在于,违法性认识与犯罪故意存在实质的差异,故不宜将违法性认识视为故意的内容。[①]

严格责任说认为,任何与违法性认识相关的错误论问题都应当在责任阶层作为违法性认识错误处理,故容许构成要件错误也是违法性认识错误。该说的缺陷在于,其忽视了容许构成要件错误与违法性认识错误的根本不同。在违法性认识错误的场合,行为人误认了自己行为不为法律所允许的性质,行为人的价值判断已经偏离了法秩序的要求。相反,在

---

① 参见[德]汉斯·韦尔策尔:《目的行为论导论:刑法理论的新图景(增补第4版)》,陈璇译,中国人民大学出版社2015年版,第78页以下。

容许构成要件错误的场合,行为人的价值判断其实与法秩序完全一致。因此,将容许构成要件错误作为违法性认识错误处理,忽视了容许构成要件错误的特殊性。①

狭义的限制责任说认为,容许构成要件错误虽然不是构成要件错误,但二者高度相似,故对容许构成要件错误的处理应当类推适用构成要件错误的处理原则,即阻却构成要件故意。但该说的缺陷在于:首先,"类推"多少存在逻辑上难以自圆其说之嫌,且这种类推也模糊了该说与消极构成要件要素理论之间的界限。其次,容许构成要件错误实质上还是和构成要件错误有所差别:在容许构成要件错误中,刑法仍然期待行为人经由构成要件的警示注意到自己的行为可能被法律所禁止,从而促使行为人更为谨慎地判断自己行为的性质,而在构成要件错误中,行为人经常无法接收到构成要件的警示,更无从据此反思自己的行为是否合法。因此,难以认为行为人在构成要件错误和容许构成要件错误中所处的状态完全一致,不宜将两种错误等同视之。最后,该说还可能在共犯场合导致处罚漏洞。②

指向法律后果的限制责任说认为,在容许构成要件错误中,行为人所实施的行为仍然构成故意的不法。但是,行为人内心并没有反对法秩序的意念和心态,因而不构成故意的责任。或者说,行为人虽然具备构成要件故意,但却不具备责任故意,故其不能因故意犯罪而受到谴责,最多只能成立过失犯。该说充分承认了容许构成要件错误与构成要件错误、违法性认识错误的区别,其在容许构成要件错误的场合仅否定责任故意而不否定故意的不法,从而也不会在共犯的场合造成处罚漏洞,总体而言最为令人满意,故本案例分析也采用该说。

b. 假想防卫的认定

▶ **思维导引**

在判断行为人是否因构成容许构成要件错误(包括假想防卫、假想避险等)而阻却责任故意时,特别需要注意的是,并非只要行为人误以为存在违法阻却

---

① Vgl. Roxin/Greco, Strafrecht Allgemeiner Teil, Bd. 1, 5. Aufl., 2020, §14 Rn. 66.
② 参见[德]汉斯·海因里希·耶赛克、[德]托马斯·魏根特:《德国刑法教科书》(上),徐久生译,中国法制出版社2017年版,第622页以下。

> 事由的前提事实,就当然构成容许构成要件错误。认定容许构成要件错误的必要前提条件是:倘若行为人的认识是正确的,其行为就可以成立相应的违法阻却事由。只有在这种前提条件下,才能认为行为人缺乏反对法秩序的心态,其容许构成要件错误才能具有阻却责任故意的法律效力。假如即便行为人的认识是正确的,其行为也不能构成违法阻却事由,则该认识错误不属于容许构成要件错误,也不能排除行为人故意犯罪的责任。据此,要在本案中判断T是否构成假想防卫,就也应该考察,如果T关于不法侵害的认识是正确的,其开枪射击的行为是否构成正当防卫。换言之,这里的考察应当以T的设想为事实基础,即在肯定A确实窃取了T儿子的驾照和收音机的基础上,判断T向A第一次开枪射击的行为能否成立正当防卫。若得出肯定结论,则T在本案中构成假想防卫,应否定其具有责任故意;若得出否定结论,则应肯定T的责任故意,从而导致T构成故意伤害既遂。

根据指向法律后果的限制责任说,假想防卫阻却行为人的责任故意。然而,认定行为人构成假想防卫的前提是,倘若行为人关于不法侵害的认识是正确的,其行为就可以成立正当防卫。因为,只有在这种情况下,才能认定行为人的价值判断与法秩序的要求保持了一致,其内心不具有反对法秩序的意念和心态,从而否定其责任故意。相反,若即便客观上确实存在行为人所设想的不法侵害,其行为也不能构成正当防卫,则行为人的认识错误不属于假想防卫。此时行为人内心的价值判断仍然偏离了法秩序的要求,故不能否定其责任故意。据此,在本案中要考察T对A第一次开枪射击的行为是否构成假想防卫从而阻却其责任故意,就应当分析,若T的认识是正确的,其行为是否构成正当防卫。换言之,这里的问题是,若客观情况确如T在行为时所设想,即A当时确实是窃得T儿子的驾照和收音机后逃跑,则T开枪射击的举动是否构成正当防卫。

(a)防卫势态:正在进行的不法侵害

若T的认识正确,即A窃取了T儿子车内的驾照和收音机,则客观上存在A对T儿子财产权益的不法侵害。如前所述,在财产犯罪的场合,即便侵害行为已经既遂,但只要侵害人尚未建立起对相关财物的平稳占有,被害人或其他第三人还可以通过当场采取强制措施取回财物,就应当肯定该不法侵害仍在持续。在本案中,若A确实窃取了T儿子的驾照和收音机,则在T进行第一次射击时,A对T儿子的财物尚未形成稳定占有,应当肯定其不法侵害正在进行。

(b)防卫行为

防卫行为必须针对不法侵害人实施。本案中,若A确实窃取了T儿子的财物,则T的第一次射击行为所针对的便是不法侵害人A,从而符合了防卫对象的要求。问题是,防卫行为还必须满足限度条件,只有当相应的防卫行为适于制止不法侵害且没有超过必要限度时,才能构成正当防卫。

首先,只有适于制止不法侵害的行为才可能是必要的防卫行为。所谓"适于"制止不法侵害,是指防卫行为要么能够立即、确定并且终局性地完全终止侵害行为,要么至少能够在一定程度上阻碍侵害行为的实施。防卫行为的适于性并不要求防卫行为必须可以确定地抵御不法侵害,而只要防卫行为从事前的角度看来有可能增加实施侵害行为的难度即可。在本案中,若A确实窃取了T儿子的财物,则T向A开枪射击的行为从事前来看至少可以增加A盗窃行为的实施难度,故应当肯定该行为是适于制止不法侵害的防卫举措。

> ▶ **思维导引**
>
> 本案中,判断T是否构成假想防卫的核心问题在于,若A确实窃取了T儿子的财物,T向A开枪射击的举动是否超过了防卫的必要限度,是否属于防卫过当。这就涉及对正当防卫限度条件的界定问题。该问题也是正当防卫认定中最为关键的问题,我国学界和实务界对此存在较为显著的见解分歧,故下文分析须对各种不同见解进行辨析并选择立场。

其次,制止不法侵害的防卫行为也只在必要限度范围内具有正当性。关于防卫行为的必要限度的认定,是刑法学界和司法实务中存在较大争议的难题。

我国传统刑法理论采用基本相适应说,认为只有当防卫行为造成的损害结果与不法侵害的危害性大致相当时,才能认定防卫行为未超过必要限度。该说要求防卫行为与不法侵害"对等",严重限缩了正当防卫的成立范围,殊为不当。因此,我国学者对该说进行了修正。修正的基本相适应说同样要求在防卫行为所避免的损害和其所造成的损害之间进行权衡,但认为防卫行为是向不法侵害的反击,具有维护法秩序的一面,故在权衡中应当倾向于保护防卫人的利益。① 在该说看来,除非造成不法侵害人重伤以上的损害结果,否则不可能构成防卫过当。根据这种修正的基本相适应说,在本案中,T第一次向A开枪射击的行为仅造成了A的轻伤,没有造成不法侵害人重伤及以上的损害,故应当认定T的第一次射击行为没有超过必要限度。

必需说原则上反对在正当防卫的场合进行利益权衡。其认为,判断防卫行为是否过当的重点不在于结果方面的比较,即不应当对比防卫行为所保护的利益和防卫行为对不法侵害人造成的损害,而是应当以制止不法侵害的事实必要性作为认定防卫行为必要限度的标准。只要是事实上制止不法侵害所必需的行为,不论其对不法侵害人造成了何种损害,均未超出防卫限度。② 至于防卫行为是否在个案中确实属于制止不法侵害的必要举措,则应当立足于事前的视角,综合考察全案事实加以认定。应当考虑的因素主要有:不法侵害行为的危险程度,双方人员的数量、强弱和装备,防卫人可能选择的防卫方式等。根据必需说,在防卫人使用枪支进行防卫的场合,由于枪支对于普通人而言具有极大的杀伤力,因此要特别谨慎地判断防卫行为是否确系制止不法侵害的必要措施。一般而言,在使用枪支进行防卫时,防卫人须遵循"口头警告、鸣枪示警、开枪射击"等三个步骤。析言之,防卫人应当首先尝试通过口头警告制止不法侵害,若据此不能有效制止侵害行为,则可以鸣枪示警。在鸣枪示警还不能制止不法侵害时,防卫人才能尝试通过开枪射击保护法益。在开枪射击时,防卫人也须注意选择射击不法侵害人的手、脚等非致命部位,尽量避免射击不法侵害人的头部、胸部等致命部位。当然,这种使用枪支进行防卫的三步骤要求只是理论上的限制。换言之,在个案中,只有当防卫人有条件按照上述三个步骤进行防卫,也即当防卫人按照这三个步骤实施防卫亦能有效制止不法侵害时,才要求其如此实施防卫行为。根据正当防卫的基本原则,防卫人不必冒着防卫失败的风险选择虽然对不法侵害人造成

---

① 参见张明楷:《刑法学》(第6版),法律出版社2021年版,第257—258页。
② 参见劳东燕:《结果无价值逻辑的实务透视:以防卫过当为视角的展开》,载《政治与法律》2015年第1期,第19页以下。

的损害更小、但却不能有效制止不法侵害的防卫措施。相反,若防卫人选择更为缓和的防卫措施可能无法有效制止不法侵害,则其可以选择实施对不法侵害人造成更为严重的损害、但能更为确定地保护法益的防卫行为。在使用枪支防卫的案件中也同样如此。若根据案件的具体情况,按照上述三个步骤实行防卫可能明显提升防卫失败的风险(例如,不法侵害已经十分紧迫,防卫人来不及口头警告,或者防卫人枪中仅有一发子弹,鸣枪示警后就无法有效进行防卫),则防卫人可以不履行上述步骤,以直接开枪射击的方式进行正当防卫。

在本案中,T 正是使用枪支实行防卫,故依据必需说,也要考察 T 第一次开枪射击的行为是否确系必要的防卫举措。T 对 A 大声喊道:"站住!不然我开枪了!"这一举动可以视为 T 对 A 进行了口头警告。但 T 随即直接向 A 开枪射击,忽略了鸣枪示警的要求,故其防卫行为不符合使用枪支实行防卫的三个步骤。问题是,本案中若要求 T 于口头警告之后,先鸣枪示警再开枪射击,是否可能显著增加其防卫失败的风险,从而使得 T 可以不必遵守上述使用枪支防卫的三个步骤。根据本案事实,T 在行为时使用的手枪装有六发子弹,故鸣枪示警不会造成 T 后续因缺乏弹药而无法有效实行防卫。此外,T 使用的是有效射程 50 米的左轮手枪,左轮手枪具有可以快速连续射击的特性,而在 T 第一次开枪射击时,A 距离 T 仅 20 米,其不能在左轮手枪两次射击的间隔期间迅速脱离手枪的有效射程。事实上,T 第二次开枪射击时甚至击中了相较于 A 而言距离更远的 B 并造成 B 死亡,这也从侧面印证了,即便 T 进行鸣枪示警后再开枪射击,也不会因 A 在此期间逃脱至手枪的有效射程之外而显著增加 T 防卫失败的风险。因此,在本案中,若 A 确实窃取了 T 儿子的财物,T 也应当先鸣枪示警再开枪射击,其在口头警告后便直接向 A 开枪射击的行为超过了必要限度。

2020 年 8 月 28 日最高法、最高检、公安部联合发布的《正当防卫指导意见》则对防卫限度的认定主张双重过当说。该《正当防卫指导意见》第 11 条规定,认定防卫过当应当同时具备"明显超过必要限度"和"造成重大损害"两个条件,缺一不可。换言之,防卫行为超过所必需的限度,并且造成了不法侵害人重伤以上结果的,才可能构成防卫过当。若两个过当条件没有同时具备,就应当肯定相应的防卫行为并未过限。根据该说,在本案中,即便认为 T 第一次开枪射击的行为并非制止不法侵害所必需的举动,但因该行为没有造成 A 重伤以上的损害结果,故还是应当肯定 T 第一次开枪射击的行为不属于防卫过当。

综上所述,在本案中,假设 A 确实窃取了 T 儿子的财物,若采用必需说,则应认定 T 向 A 的第一次射击行为超出了防卫限度,不能构成正当防卫;若采用修正的基本相适应说或《正当防卫指导意见》的立场,则应当肯定 T 的第一次射击举动不构成防卫过当。虽然《正当防卫指导意见》所采用的双重过当说可能在部分场合下过于扩张正当防卫的成立范围(例如,面对相对轻微的不法侵害,只要防卫行为未造成不法侵害人重伤,便可以构成正当防卫,即便该防卫行为事实上毫无必要,也在所不问),但鉴于该指导意见是我国当前司法实务中所采用的立场,且该指导意见对于纠正我国司法实践长期过于严苛地限制正当防卫的弊端具有重要的现实意义,本案例分析也采用《正当防卫指导意见》的双重过当说。[①] 据此,若 A 确实窃取了 T 儿子的驾照和收音机,则 T 向 A 第一次开枪射击的行为符合正当防卫的客观要件。

(c) 防卫意思

认定正当防卫在主观方面要求防卫人认识到正在进行的不法侵害,并且具有以防卫手段制止不法侵害、保护合法权益的意愿。在本案中,T 正是为了维护自己儿子的财产利益免受侵害而实施防卫行为,故其主观上明显具备防卫认识和防卫意志。

5. 小结

若 T 的主观认识是正确的,即假设 A 确实窃取了 T 儿子的财物,则 T 向 A 第一次开枪射击的行为构成正当防卫。与此相应,在当前真实的案

---

① 若纯粹从学理上考察,本书认为必需说的立场可能更为妥当。分析者在此处当然也完全可以采用必需说的立场。根据必需说,T 向 A 第一次开枪射击的行为不构成假想防卫,不能阻却 T 的责任故意,同时,T 在本案中也完全具备其他责任要素,故应当认定 T 第一次开枪射击的行为构成故意伤害罪。既然已经肯定 T 第一次开枪射击构成故意伤害,且该行为亦未造成重伤结果,后续也不必再考察该行为是否还构成过失致人重伤,而是可以直接转入对 T 第二次开枪射击行为的分析。

件中,应当肯定 T 的第一次射击行为构成假想防卫,从而阻却 T 的责任故意。因此,T 的第一次射击行为虽然符合故意伤害罪的构成要件并且具有违法性,但因欠缺故意的责任而不能构成故意伤害罪。

(四)T 向 A 腿部开枪射击的行为是否根据《刑法》第 235 条构成过失致人重伤罪

在假想防卫的场合,行为人因缺乏责任故意而不能构成故意犯罪的,应当进而检视其是否可能构成相应的过失犯。根据《刑法》第 235 条的规定,构成过失致人重伤罪要求伤害行为造成他人重伤的结果。然而,在本案中,T 第一次向 A 开枪射击的行为仅造成了 A 轻伤的结果,故该行为不符合过失致人重伤罪的构成要件。由于我国刑法未将过失导致他人轻伤的行为规定为犯罪,应当认定 T 向 A 第一次开枪射击的行为不符合任何犯罪的成立要件。

二、T 第二次开枪射击的可罚性

> ▶ **思维导引**
>
> T 第二次开枪射击的行为没有击中 A,但却造成了 B 的死亡,这就涉及打击错误的问题。在案例分析中遇到打击错误时,建议将行为人意图侵害的对象与其实际上所侵害的对象区分开来判断,分别考察行为人对二者是否构成以及构成何种犯罪。如此方能更为清晰、全面地分析行为人的刑事责任。根据这种思路,本案中也应当分别考察 T 的第二次射击行为对 A 和对 B 是否构成犯罪。对 A 而言,T 的第二次射击行为没有击中 A,故只有是否构成犯罪未遂的问题。对 B 而言,T 究竟是构成故意犯罪还是过失犯罪,便存在法定符合说和具体符合说的分歧。此外还需要注意的是,在打击错误的场合,也仍然要坚持三阶层的分析路径,不能遗忘违法性阶层和责任阶层的考察。

(一)T 第二次开枪射击的行为是否根据《刑法》第 232 条和第 23 条构成对 A 的故意杀人罪(未遂)

T 向 A 第二次开枪射击的行为没有击中 A,未对 A 造成任何法益损害,明显不符合故意杀人罪的构成要件。但是,该行为客观上创设了导致他人死亡的类型化风险,因此可能根据《刑法》第 232 条和第 23 条的规定构成故意杀人罪(未遂)。

1. 构成要件符合性
(1)犯罪决意

认定故意杀人未遂以行为人主观上具有导致他人死亡的犯罪决意为前提。前文分析已经证明,T 在第一次向 A 开枪射击时主要是为了制止 A 逃跑,而非意在造成 A 死亡,故难以认为 T 具有追求或放任 A 死亡的犯罪决意。本案中并无案件事实表明,在进行第二次射击时,T 的主观心态有所变化。事实上,T 之所以向 A 进行第二次射击,只是因其以为自己的第一枪没有打中 A,因此,可以推断 T 第二次开枪射击的行为仍然仅旨在阻止 A 逃跑。换言之,应当认定 T 在进行第二次射击时的主观意图与其第一次开枪射击时的意图相同,其不具有造成 A 死亡的犯罪决意,故不构成故意杀人罪(未遂)。

(二)T 第二次开枪射击的行为是否根据《刑法》第 234 条构成对 A 的故意伤害罪

认定故意伤害罪要求行为人对他人造成了轻伤以上的损害结果。在本案中,T 第二次向 A 开枪射击的行为也未能造成 A 轻伤以上的身体损害,故其亦不符合故意伤害罪的构成要件。

(三)T 第二次开枪射击的行为是否根据《刑法》第 234 条和第 23 条对 A 构成故意伤害罪(未遂)

T 向 A 第二次开枪射击的行为具有导致他人受伤的类型化风险,该行为虽然没有造成 A 的伤害结果,但却有可能根据《刑法》第 234 条和第 23 条的规定对 A 构成故意伤害未遂。

1. 构成要件符合性
(1)犯罪决意

本案中,T 虽然主要是为了制止 A 逃跑而向 A 开枪射击,但是,鉴于枪支的极大杀伤力,T 的射击行为明显具有造成 A 轻伤的高度危险性,同时,T 也未采取措施避免射击行为对 A 造成伤害。据此,可以认为 T 至少对 A 所遭受的伤害结果具有间接故意,故应当肯定 T 符合了故意伤害未遂的主观构成要件。需要指出的是,我国部分论者认为,只有当行为人对危害结果的发生持直接故意时,才能肯定未遂犯的成立。① 这种见解并不正确。直接故意与间接故意主要是学理上区分,对二者的法律评价原则上并无不同。直接故意与间接故意的区分更多地只是影响量刑,一般不影响对于犯罪成立的认定。我国刑法更没有规定何种犯罪只能由直接故意构成而不能由间接故意构成。② 因此,没有理由将未遂犯的成立限制在行为人对危害结果的发生持直接故意的场合。行为人放任危害结果发生,而相应结果因行为人意志以外的原因未发生的,同样应当肯定行为人构成故意犯罪未遂。在本案中,虽然 T 在进行第二次射击时,可能仅具有造成 A 身体伤害的间接故意,但这一点已经足以肯定 T 具有对 A 实施故意伤害罪行的犯罪决意。

(2)着手实施

根据《刑法》第 23 条的规定,只有在行为人"已经着手实行犯罪"时,才能认定其构成犯罪未遂。关于着手的认定,刑法理论上存在着主观说、形式客观说、实质客观说和折中说等多种不同的见解。但是,在本案中,T 已经实施了第二次向 A 开枪射击的行为,故不论何种学说均会得出 T 已经着手实施伤害罪行的结论。

2. 违法性

在违法性阶层应当考察 T 故意伤害 A 的举动是否能例外地通过违法阻却事由合法化。如前文所述,本案中可能适用的违法阻却事由主要有正当防卫、扭送权和紧急避险三项。

(1)正当防卫

根据《刑法》第 20 条第 1 款的规定,正当防卫的成立要求在实施防

---

① 参见高铭暄、马克昌主编:《刑法学》(第 10 版),北京大学出版社、高等教育出版社 2022 年版,第 143 页以下。

② 当然,出于刑事政策上的考虑,刑法理论可能对个别故意犯罪的成立范围进行限缩解释,将其主观要件限定为直接故意。例如,为了防止不当扩张举报人的刑事责任,应当认为诬告陷害罪的成立以行为人具有直接故意为前提。换言之,只有行为人明知是虚假事实而以此进行控告的,才构成诬告陷害罪。若行为人对于事实的虚假性仅持有间接故意,即其认为相关事实可能是真实的也可能是虚假的,则不宜认定行为人构成诬告陷害罪。因为,在现实生活中,举报人往往难以绝对保证其所举报之事实的真实性,若认定间接故意即可构成诬告陷害罪,恐有过度限制公民举报权之嫌,故将诬告陷害罪的主观要件限制为直接故意更为妥当。

行为时存在正在进行的不法侵害。如前文所述,在本案中可能存在以下不法侵害:A、B对T的财物的侵害,A、B对T儿子财物的侵害,A、B对其他人财物的侵害。但这些不法侵害均已结束,并非正在进行的不法侵害,其中部分不法侵害也不为T所认知,因此,T的第二次开枪射击行为不能因制止了这些不法侵害而构成正当防卫。

(2)扭送权

如前文所述,T开枪射击A的行为不符合公民扭送权的手段要求,也不能基于《刑事诉讼法》中关于扭送权的规定而合法化。

(3)紧急避险

关于紧急避险的判断也与T进行第一次射击时的情形相同。在本案中,即便可以认定存在着正在发生的危险(A、B将来会继续实施盗窃),但是,使用枪支向A射击既不是消除这种潜在将来危险的唯一方法,也不是消除该危险的相对最缓和的手段。因此,不能认为T第二次向A开枪射击属于必要的避险行为,仍然应当否定T的行为构成紧急避险。

3. 偶然防卫

与T第一次开枪射击的情形相似,T第二次开枪射击的行为也不能构成偶然防卫。如前所述,本案中A、B窃取他人财物的不法侵害已经实施完毕,故T的第二次射击行为客观上并未制止正在进行的不法侵害。其行为不符合正当防卫的客观要件,自然也就不可能构成偶然防卫。

4. 责任

(1)责任故意

本案中,T之所以第二次向A开枪射击,也同样是因为其误以为A窃取了自己儿子的财物,从而误以为存在正在进行的不法侵害,故需要考察T是否构成假想防卫。如前所述,本案例分析采取指向法律后果的限制责任说,肯定假想防卫阻却行为人的责任故意。但是,认定行为人构成假想防卫的前提是,倘若行为人关于不法侵害的认识是正确的,其行为就可以成立正当防卫。因此,此处同样需要检视,若客观情况确如T在第二次射击行为时所设想的,即A当时确实是窃得T儿子的驾照和收音机后逃跑,则T第二次开枪射击的举动是否构成正当防卫。

a. 防卫势态

若 T 的主观认识是正确的,即 A 确实窃取了 T 儿子车内的驾照和收音机,则在 T 第二次开枪射击时,A 的不法侵害仍在持续。如前所述,在财产犯罪的场合,不法侵害人虽已取得财物,但若被害人或其他第三人能够通过追赶、阻击等措施当场追回财物,则应当肯定针对财产权益的不法侵害仍在进行。

b. 防卫行为

(a)对象条件

正当防卫行为必须是针对不法侵害人实施,也即通过损害不法侵害人的法益来反抗、制止其侵害行为。本案中,若 T 的设想正确,即 A 确实窃取了其儿子的财物,则 A 无疑属于不法侵害人,T 对 A 第二次开枪射击的行为也是针对不法侵害人实行防卫,符合防卫对象的要求。

(b)限度条件

防卫行为还必须满足限度条件,只有当相应的防卫行为适于制止不法侵害且没有超过必要限度时,才能构成正当防卫。在本案中,若 A 确实窃取了 T 儿子的财物,则 T 向 A 开枪射击的行为从事前来看至少可以增加 A 盗窃行为的实施难度,故应当肯定该行为是适于制止不法侵害的防卫举措。

> ▶ **思维导引**
>
> 在本案中,T 的两次射击行为之间的间隔极为短暂,两次行为实施时的周遭情境基本没有发生变化,这也就导致对于 T 第二次开枪射击行为的可罚性检视与对其第一次开枪射击行为的考察具有极大的相似性。直到此处,除了构成要件上既未遂的差异之外,对 T 第二次射击行为的法律评价与对第一次射击行为的认定基本相同。但是,在案例分析的过程中,分析者务必要小心避免所谓的"分析惯性",即要时刻注意,不能在此前多个考察要点上得出了对第二次射击行为的分析与第一次射击行为相同的结论之后,便草率认为对两次行为的评价不会有所不同。不论案件事实表面上看起来如何没有差异,都应当细致地对每个犯罪成立条件进行充分的检视。在本案中,判断 T 第二次开枪射击行为是否构成假想防卫时,就会涉及与第一枪不同的问题。

然而,若假设A确实窃取了T儿子的财物,T第二次开枪射击的行为是否超过了必要限度,则是需要谨慎考察的问题。

根据修正的基本相适应说,在判断防卫行为是否过当时,须在防卫行为所避免的损害和其所造成的损害之间进行权衡。但是,由于防卫行为是向不法侵害的反击,具有维护法秩序的一面,故在权衡中应当倾向于保护防卫人的利益,除非造成不法侵害人重伤以上的损害结果,否则不可能构成防卫过当。根据该说,在本案中,若A确实窃取了T儿子的财物,T向A第二次开枪射击的行为是否超过了防卫限度,就取决于是否应当将该行为所造成的B的死亡结果纳入权衡范围。若认为在结果权衡中只能考察T对A所造成的损害,则T向A第二次射击的行为没有现实造成A的身体伤害,该行为就不可能构成防卫过当。相反,若认为在结果权衡中须将T的防卫行为所造成的一切损害结果均纳入考量,即在判断T的防卫行为是否相当时,也要将B的死亡结果作为权衡要素加以考察,就应当得出T的第二次射击行为超出了必要限度的结论。因为,即便A确实窃取了T儿子的驾照和收音机,由于两者均属于价值极为轻微的财物,相较于B的死亡结果而言,无法认为T的第二次射击行为所保护的利益与其所损害的法益之间仍然能保持大体均衡。我国持修正的基本相适应说的论者鲜有关于此问题的明确论述,但其相关著述表明,在该说看来,防卫人在实施防卫行为时因打击错误而造成第三人伤亡的,其对不法侵害人仍然构成正当防卫,但对误伤的第三人构成空间的防卫过当。[①] 由此或可推断,在防卫行为发生打击错误的场合,在判断针对本欲打击之不法侵害人的防卫行为是否过当时,该说并不将防卫人客观上现实造成的损害结果视为相关的权衡要素。根据这种立场,本案中若假定A确实窃取了T的财物,在判断T向A第二次开枪射击的行为是否构成对A的正当防卫时,便也不应将B的死亡结果纳入权衡范围。据此,由于T对A的第二次射击没有造成对A的现实损害,仍然应当得出T对A的第二次射击在相对于A的关系上不属于防卫过当的结论。

必需说则反对通过对结果的权衡来认定防卫行为是否过当,而是主张

---

① 参见张明楷:《刑法学》(第6版),法律出版社2021年版,第274页。

应当以制止不法侵害的必要性作为标准,判断防卫行为是否超出了必要限度。原则上,只要是事实上制止不法侵害所必需的行为,不论其对不法侵害人造成了何种损害,均未超出防卫限度。依据该说,本案中在判断 T 对 A 的第二次射击行为是否对 A 构成正当防卫时,需要注意两方面的问题:

首先,如前所述,根据必需说,在使用枪支进行防卫的场合,需要特别谨慎地判断防卫行为是否确系制止不法侵害的必要措施。一般而言,在使用枪支进行防卫时,防卫人需遵循"口头警告、鸣枪示警、开枪射击"等三个步骤。在本案中,T 在第一次对 A 开枪射击时,由于 T 仅进行了口头警告而未鸣枪示警,故根据必需说应当否定 T 第一次开枪射击的举动属于制止不法侵害的必要防卫措施。但是,当 T 第二次对 A 开枪射击时,情形却有所不同。在 T 第二次开枪射击时,其之前已经完成了一次射击行为,T 的第一次开枪射击可以被评价为鸣枪示警。据此,T 在进行第二次射击时,其实际上就已经履行了口头警告和鸣枪示警两个步骤,故应当肯定 T 的第二次射击行为遵循了使用枪支进行防卫的特殊限制,在这一点上符合了防卫行为的必要限度。

其次,必需说虽然原则上拒绝在正当防卫的场合下进行利益权衡,但是,若防卫人仅防卫了价值极为轻微的财产法益,但却对不法侵害人的人身权益造成了严重的威胁或损害时,即便该防卫行为事实上是制止不法侵害的必要措施,必需说也会要求限缩防卫人的防卫权,从而否定正当防卫的成立。这种对防卫权的限制源自正当防卫的正当性根据。析言之,正当防卫是旨在维护自由权利的法律制度,故只有在防卫行为所保护的对象是权利人应当享有的自由权利的体现时,防卫该对象的举措才可能构成正当防卫。在现代法治社会,每个国民所应享有的自由权利当然不可能来自某种超越人类社会的权威,其只能是理性人平等协商的结果。然而,在理性人关于自由权利分配的协商过程中,所有人都能够想见,自己在日常生活中难免有意无意地损害他人的轻微权益,而任何人都不会希望自己在这种情形下遭受他人防卫行为的强烈反击,从而致使自身的重大法益陷于危险之中。因此,自利的理性人此时不会要求寸步不让地维持自身的权利,而是会同意,不得以严重威胁人身法益的方式保护价值轻微的财产法益。基于理性人的这种共识,在正当防卫的场合,防卫人也不得采用危及不法侵害人生命、身体的方式防卫价值轻微的财产利益。这种对正当防卫的限制在外观上表现为被侵害人为顾及不法侵害人的重大利益而放弃自身的轻微权利，因而也体现出了社会团结的理念。① 与此相应，在本案中，即便肯定 A 窃取了 T 儿子的驾照和收音机，也不难发现，这些财物的价值极为轻微。补办驾照预计仅须花费 10 余元，而收音机的价值也仅有 50 元，故在必需说看来，T 虽然事实上不能通过其他方式制止 A 的不法侵害，其也不能以开枪射击、严重威胁 A 的人身安全的方式实行防卫。基于这种对防卫权的限制，T 向 A 第二次开枪射击的行为仍然超出了必要限度。

根据《正当防卫指导意见》所主张的双重过当说，认定防卫过当应当同时具备"明显超过必要限度"和"造成重大损害"两个条件。换言之，只有在防卫手段超过必要限度（手段过当）且造成了不法侵害人重伤或死亡的严重结果（结果过当）时，才能肯定防卫人构成防卫过当。在本案中，就手段方面而言，根据上述必需说所确定的立场，即便认定 A 窃取了 T 儿子的财物，T 也不得以严重威胁他人生命、身体的方式实行防卫，故 T 开枪射击的行为超出了必要限度。从结果方面而言，则存在与修正的基本相适应说大体相同的问题，即判断结论取决于是否能够基于 T 第二次开枪射击所造成的 B 的死亡结果认定 T 的行为造成了重大损害。本案例分析认为，在判断 T 相对 A 是否构成正当防卫时，只能在 T 对 A 的关系上考察 T 的防卫手段是否过当以及是否造成了重伤以上的重大损害结果。由于 T 向 A 第二次开枪射击的行为未对 A 实际造成损害，故根据《正当防卫指导意见》的立场，应当认定 T 第二次射击行为不构成防卫过当。

如前所述，本案例分析采纳《正当防卫指导意见》的立场，故认为，若 A 确实窃取了 T 儿子的财物，则 T 第二次向 A 开枪射击的行为符合正当防卫的客观要件，不构成防卫过当。

c. 防卫意思

本案中，T 是误以为 A 窃走了自己儿子车内的驾照和收音机，为了维

---

① 参见王钢：《正当防卫的正当性依据及其限度》，载《中外法学》2018 年第 6 期，第 1609 页以下。

护自己儿子的财产利益免受侵害而实施防卫行为,故与对第一次射击行为的检视相同,此处同样应当肯定T具备防卫意思。

5. 小结

综上所述,若A确实窃取了T儿子的财物,则T向A第二次开枪射击的行为也对A构成正当防卫。与此相应,在当前的真实案件中,应当肯定T的第二次射击行为构成假想防卫,从而阻却T的责任故意,导致T对A不能构成故意伤害未遂。由于T的第二次射击行为没有对A造成任何实际的损害,该行为也不可能对A构成过失犯罪,故T的第二次射击行为对A仍然不构成犯罪。

> ▶ **思维导引**
>
> 在考察完T的第二次射击行为对A的侵害之后,就应当进而分析T的第二次射击行为是否对B构成犯罪。由于在本案中,客观上出现了B的死亡结果,故推荐从故意杀人罪切入探讨T的刑事责任。

(四)T第二次开枪射击导致B死亡的行为是否根据《刑法》第232条对B构成故意杀人罪

在本案中,T向A第二次开枪射击的行为造成了B的死亡结果,故其行为可能根据《刑法》第232条的规定对B构成故意杀人罪。

1. 构成要件符合性

(1)客观构成要件

构成故意杀人罪要求行为人客观上实施了杀人行为,造成了他人的死亡结果,且其行为与死亡结果之间须具备因果关系。在本案中,T开枪射击的行为具有致人死亡的类型化风险,应当肯定T实施了杀人行为。同时,客观上也确实出现了B的死亡结果。同时,T的第二次开枪射击行为与B的死亡之间也具有刑法上的因果关系。在事实归因的层面,若T不开枪射击,B就不会死亡,故T的射击行为与B的死亡结果之间存在条件关系。在规范归责的层面,虽然T并非针对B开枪射击,而是子弹在击中金属栅栏后弹起击中了B的头部造成B死亡,但是,根据社会一般生活经验,在开枪射击的场合发生跳弹造成死伤结果并非难以预见的因果流程。因此,同样应当肯定B的死亡结果应当被归责于T。据此,应当肯定

T的第二次射击行为符合了故意杀人罪的客观要件。

(2)主观构成要件

在主观方面,故意杀人罪要求行为人具有造成他人死亡的犯罪故意。在本案中,T在开枪射击时并不知晓B也在场,其对B的死亡结果欠缺故意。这一结论与法定符合说和具体符合说的分歧无关。若按具体符合说的立场,T没有现实地认识到B在场,其对B明显不具有杀害故意。即便按照法定符合说的立场,由于如前文所述,T在对A开枪射击时,其对A不具有杀害故意,因此,根据法定符合说对于具体打击错误的处理原则,同样无法肯定T对B具有杀害故意。换言之,法定符合说也只是认为,行为人想杀甲却错误击杀了乙时,才能认定其"想杀人也杀了人",从而肯定行为人对乙也具有杀害故意。然而,在本案中,T对A本就缺乏杀害故意,故即便按照法定符合说,也无法将T对A并不存在的杀害故意转移至T对B的关系上,自然也就无法肯定T对B具有杀人故意。因此,本案中不能认定T符合了故意杀人罪的构成要件。

> ▶ **思维导引**
>
> 在认定T因缺乏杀害故意而不构成故意杀人罪之后,不要急于转入对过失致人死亡罪的分析。因为,过失致人死亡罪在刑法体系中处于补充性地位,一般应当在行为人对他人的死亡结果缺乏故意,同时又不构成其他更为严重的犯罪时,才考察行为人是否构成过失致人死亡罪。本案中,T完全可能对B构成故意伤害致人死亡,故应首先对T成立故意伤害罪的可能性加以检视。在考察T是否构成故意伤害罪的过程中,在客观要件方面要注意,故意伤害致人死亡属于故意伤害罪的结果加重犯,因此,要小心分析结果加重犯的成立要件,特别是要注意考察加重结果与基本构成要件行为之间的直接性关联。在主观方面则可能要处理打击错误的问题。对于打击错误的处理,学界存在法定符合说与具体符合说的激烈争论,两种学说没有对错之分,当前的国家统一法律职业资格考试也不以其中任何一种学说为标准答案,故刑法研习者须对这两种学说均熟练加以掌握并要能对之准确加以适用。法定符合说和具体符合说的分歧主要体现在,应当如何就行为人实际侵害的对象认定行为人的刑事责任。与此相应,在案例分析的过程中也应当在检视行为人就其实际侵害之对象所须承担的刑事责任时,处理打击错误的问题。在本案中,便应当在考察T对B的犯罪中探讨打击错误如何影响T的刑事责任。

(五) T 第二次开枪射击导致 B 死亡的行为是否根据《刑法》第 234 条对 B 构成故意伤害罪(致人死亡)

本案中,T 的第二次射击行为旨在伤害 A,但却造成了 B 死亡,故其可能根据《刑法》第 234 条构成故意伤害致人死亡。

1. 构成要件符合性

(1)客观构成要件

故意伤害致人死亡是故意伤害罪的结果加重犯,其成立要求行为人实施伤害行为、造成他人的死亡结果,且伤害行为与死亡结果之间应当具有直接因果关系(直接风险关联)。在本案中,T 向 A 开枪射击,该行为具有导致他人死伤的类型性风险,无疑属于伤害行为。此外,客观上也出现了 B 的死亡结果。问题是,T 的射击行为与 B 的死亡结果之间是否具有直接的因果关联。由于结果加重犯明显提升了基本犯的法定刑,为了使这种法定刑的提升得以正当化,避免过度扩张结果加重犯的处罚范围,刑法理论认为,在结果加重犯的场合,符合基本构成要件的实行行为不仅应当与加重结果之间具有一般意义上的因果关系,其还必须与加重结果之间具有直接的因果关系或者说直接的风险关联。所谓直接的因果关系,是指符合基本犯的实行行为必须蕴含有造成加重结果的高度风险,而且正是由于这种实行行为本身所蕴含的内在风险现实地造成了加重结果。据此,在故意伤害致人死亡的场合,也同样要求行为人的伤害行为与被害人的死亡结果之间存在这种直接的因果关系。

但是,对于如何认定伤害行为与死亡结果之间的直接因果关系,学理上又存在致死性说与行为危险说的分歧。致死性说主张,死亡结果必须源自伤害行为所造成的伤害结果,即行为人的伤害行为必须先造成被害人的身体伤害,而后再因这种伤势的恶化而导致死亡结果。如此方能肯定行为人构成故意伤害致人死亡。[①] 若根据该说,本案中 T 并非先造成 B 的身体伤害,再由这种身体伤害进一步发展导致 B 的死亡,故不能肯定 T 的行为符合故意伤害致人死亡的客观要件。然而,致死性说过于僵化地限制了伤害行为与加重结果(死亡结果)之间的关联性,其忽视了对伤害

---

① Vgl. Roxin/Greco, Strafrecht Allgemeiner Teil, Bd. 1, 5. Aufl., 2020, §10 Rn. 115.

行为本身之危险性的考察,故不为本案例分析所采。相较而言,行为危险说更为妥当。该说主张以符合基本构成要件的伤害行为中所蕴含的类型性危险作为判断直接性关联的依据,只要伤害行为中蕴含了引起加重结果产生的类型化危险,并且该危险在因果进程中也直接导致了相应的死亡结果时,就能够肯定伤害行为与死亡结果之间存在直接性关联。① 据此,行为人以具有造成死亡结果之危险的手段对被害人施加伤害,并因此直接造成了被害人死亡的,同样构成故意伤害致人死亡。根据该说,在本案中,T 向 A 开枪射击,该行为自身就具有造成死亡结果的危险,而 B 又确系被 T 射出的子弹击中而身亡,可以认为是 T 的伤害行为直接造成了 B 的死亡结果,故应当肯定 T 的第二次射击行为符合了故意伤害致人死亡的客观构成要件。

(2)主观构成要件

认定故意伤害致人死亡要求行为人对于伤害行为具有故意,对于死亡结果至少具有过失。然而,本案中的问题是,T 在第二次开枪射击时并没有看到 B,其实际上是向 A 开枪射击,也即 T 的伤害故意指向的是 A 而非 B。这就需要探讨,能否认定 T 对 B 也具有伤害故意,从而肯定 T 对 B 符合故意伤害致人死亡的主观要件。

此处涉及的问题是,同一构成要件范围内的打击错误应当如何处理。对此,学界存在法定符合说和具体符合说之间的分歧。法定符合说认为,在同一构成要件范围内,打击错误不影响故意犯罪的认定,行为人欲打击甲目标而实际上却打击了乙目标的,若甲、乙在构成要件的意义上具有同等价值,则应当肯定行为人对于实际打击的乙目标也具有犯罪故意。相反,具体符合说则认为,行为人始终只对于其所认识到的、被其特定化的打击目标具有犯罪故意。在欲打击甲目标而实际上却打击了乙目标的场合,若行为人在行为时没有认识到乙,则只能肯定行为人对于甲目标具有犯罪故意,对乙目标则不具有犯罪故意。两说各据其理,难言对错。若在此处采取具体符合说,则应当否定 T 对 B 具有伤害故意,从而否定 T 对 B

---

① 参见[德]乌韦·穆尔曼:《德国刑法基础课(第 7 版)》,周子实译,北京大学出版社 2023 年版,第 299 页。

符合故意伤害致人死亡的主观要件。①

（六）T 第二次开枪射击导致 B 死亡的行为是否根据《刑法》第 233 条对 B 构成过失致人死亡罪

T 第二次开枪射击的行为导致了 B 死亡，且其并无杀害或伤害 B 的犯罪故意，故其行为可能根据《刑法》第 233 条构成过失致人死亡。

1. 构成要件符合性

（1）结果、行为、因果关系

认定过失致人死亡罪要求行为人客观上实施了可能导致死亡结果的行为，且该行为与他人的死亡结果之间须具有因果关系。在本案中，客观上出现了 B 的死亡结果，T 开枪射击的行为也具有造成他人死亡的类型性风险，同时，如前所述，T 的射击行为也与 B 的死亡结果之间具有因果关系。

（2）客观注意义务违反

根据新过失论，所谓过失就是指对注意义务的违反。注意义务的内容又由结果预见义务和结果避免义务构成。结果预见义务，是指行为人在社会共同体所要求的程度上谨慎判断自己行为危险性、预见自己行为可能造成损害结果的义务。结果避免义务，是指行为人根据社会共同交往的规则控制自己行为的危险性，甚至放弃实施危险行为的义务。根据二阶的过失犯论，在构成要件阶层判断行为人是否违反注意义务时，应当适用审慎、理性的一般人标准，即考察行为人是否在一般人能够预见危害结果发生的可能性或一般人会采取措施控制行为的危险性的情形下，却没有预见到危害结果的发生或没有注意降低自己行为的危险。在本案中，一般人都能认识到开枪射击行为所蕴含的致人死伤的高度危险性，因此 T 在射击时负有较高的注意义务以避免造成损害结果。此外，案件事实也表明，T 在向 A 开枪射击时，一般人可以认识到 B 也在场。因此，在本案中应当认为，在 T 向 A 第二次开枪射击时，一般人都能够认识到该行为可能会导致 B 死伤并且会注意避免这种死伤结果的出现，而 T 却既没

---

① 若采取法定符合说，则 T 对 B 的伤亡结果符合故意伤害罪（致人死亡）的构成要件，应继续分析 T 是否具备违法阻却事由。详见下文（伍）的内容。

有认识到自己射击行为的这种危险性,更没有采取措施防范损害结果的发生,故其具有客观注意义务违反。

2. 违法性

在本案中,T过失造成B死亡的行为也无法通过违法阻却事由合法化。此处的考察与前文T对A的射击行为不符合违法阻却事由的判断基本相同。就正当防卫而言,本案中,在T第二次开枪射击时,B所实施的不法侵害(与A实施的不法侵害相同)均已结束,故不存在正在进行的不法侵害。就扭送权而言,如前文所述,T开枪射击的行为不符合公民扭送权的手段要求。就紧急避险而言,T开枪射击的行为也不符合避险行为的必要性条件。

3. 偶然防卫

T开枪射击导致B死亡的行为可能偶然地防卫了其他人的财产法益。但是,如前文所述,由于本案中A和B已经窃取了他人财物,二人对于其他人的财产法益的侵害已经结束,故T开枪射击的行为不符合正当防卫的客观要件,也就不能构成偶然防卫。

4. 责任

(1) 责任过失:主观注意义务违反

根据二阶的过失犯论,在责任阶层须考察行为人是否具有责任过失即主观的注意义务违反。所谓主观注意义务违反,是指根据行为人的个人能力,其能够预见自己的行为可能导致危害结果却没有预见到,或者其应当采取措施控制自己行为的危险性却没有采取措施避免危害结果的发生。主观注意义务的内容与客观注意义务相同,认定主观注意义务违反与客观注意义务违反的区别仅在于标准上的差异,前者以行为人的个人能力为标准,后者以一般人为标准。因此,在个案判断中,若没有事实表明行为人的认知能力低于一般人,则在肯定行为人具有客观注意义务违反的前提下,也应当肯定行为人具有主观注意义务违反。本案的情形即是如此。在本案中,没有证据表明T的认识能力低于一般人,故应当肯定T同样违反了主观的结果预见义务和结果避免义务。

(2) 其他责任要素

在本案中,T达到了刑事责任年龄,具有相应的辨认控制能力。向他人开枪射击的行为具有造成他人死伤的高度危险,故 T 至少有可能认识到自己行为的违法性。此外,T 也不具有任何责任阻却事由。因此,应当肯定 T 具备了全部责任要素。

5. 小结

综上所述,T 第二次开枪射击的行为对 B 构成过失致人死亡罪。

> ▶ 思维导引
>
> T 对 B 构成过失致人死亡罪,是采用具体符合说,否定 T 对 B 具有伤害故意而得出的结论。为了全面检视本案中的相关问题,下文继续探讨,若采用法定符合说,肯定 T 对 B 具有伤害故意,则可能得出何种结论。

(伍) T 第二次开枪射击导致 B 死亡的行为是否根据《刑法》第 234 条对 B 构成故意伤害罪(致人死亡)(采取法定符合说的观点)

1. 构成要件符合性

(1)客观构成要件

如前文所述,T 开枪射击的行为包含了致人死伤的高度危险,也确实因此造成了 B 的死亡结果,故 T 第二次开枪射击的行为符合故意伤害致人死亡的客观构成要件。

(2)主观构成要件

认定结果加重犯要求行为人对于符合基本犯的实行行为具有犯罪故意,对所造成的加重结果则至少具有过失。在本案中,T 虽然是出于伤害故意向 A 开枪射击,但是,根据法定符合说,在同一构成要件范围内,T 对 A 的伤害故意可以被转移至 B,视为 T 对 B 也具有伤害故意。同时,如上文所述,T 对 B 的死亡结果至少具有过失。因此,在法定符合说的立场下,应当肯定 T 第二次开枪射击的行为符合了故意伤害致人死亡的主观构成要件。

2. 违法性

如前文所述,在本案中,T 第二次开枪射击的行为无法通过正当防卫、扭送权或紧急避险而合法化。

3. 偶然防卫

如前文所述,在本案中,B 所实施的不法侵害均已结束,故 T 开枪射击的行为不可能符合正当防卫的客观要件,也就无法对 B 成立偶然防卫。

4.责任

> ▶ **思维导引**
>
> 法定符合说认为,同一构成要件范围内的打击错误不阻却犯罪故意。但本案的特殊之处在于,T 是出于实行防卫的意思造成了打击错误。在这种防卫行为的打击错误中,要贯彻法定符合说的立场,就不仅应当将行为人的犯罪故意转移至其实际打击的对象上,同时也应当将行为人的防卫意思转移至其实际打击的对象(当然,若认为正当防卫不需要具有防卫意思,从而否定防卫意思是影响犯罪成立的要素,自然便无须再就防卫意思的转移进行考察)。换言之,行为人出于防卫意图造成打击错误时,也应当肯定行为人是为了实行防卫而对其现实损害的对象进行了打击。相反,若只根据法定符合说转移犯罪故意却不转移行为人的防卫意思,就会导致一方面在构成要件符合性阶层放弃对行为对象的具体性要求,另一方面却又在违法阻却事由上坚持行为对象的具体化,从而造成学说自身的分裂。因此,在本案中,若采用法定符合说,则不仅应当肯定 T 对 B 具有伤害故意,还应当认为 T 是出于防卫意思造成了 B 的死亡。由于前文已经确定,在 T 第二次开枪射击时,B 没有正在实施不法侵害,因此,肯定 T 对 B 具有防卫意思就会导致 T 对 B 是否构成假想防卫的问题。根据本案例分析采用的指向法律后果的限制责任说,对该问题仍然应当在责任故意中加以考察。同样需要注意的是,在法定符合说下,关于 T 对 B 是否构成假想防卫的考察,与 T 对 A 是否构成假想防卫的考察并不完全相同,切不可简单将 T 对 A 的检视结果照搬至此处。

(1)责任故意

如前文所述,T 是误以为 A 窃取了自己儿子的财物,为制止其误以为存在的不法侵害而向 A 开枪射击。虽然 T 在进行第二次开枪射击时并没有注意到 B 也在场,但是,根据法定符合说的立场,不仅应当将 T 对 A 的伤害故意转移至 B,视为 T 对 B 具有伤害故意,同时,也应当将 T 对 A 的防卫意思转移至 B,认为 T 是出于防卫意图造成 B 的死亡。然而,如前文所述,在 T 第二次向 A 开枪射击时,B 所实施的不法侵害其实已经结束,而 T 以防卫意思造成 B 死亡,便存在 T 的行为是否对 B 构成假想防卫的问题。故下文需要检视的是,若 T 的设想是正确的,即假设在 T 第二次开枪射击时,B 确实窃取了 T 儿子的驾照和收音机,是否能够认定 T 的行为构成正当防卫。

a. 防卫势态

如前所述,在财产犯罪的场合,即便不法侵害人已经取得财物,但若被害人或者其他第三人通过追赶、阻击等措施能够当场追回财物,则应当认为相应的不法侵害仍在持续。因此,假设在 T 第二次开枪射击时,B 确实窃取了 T 儿子的财物,则应当肯定 B 对 T 儿子财物的不法侵害正在进行。

b. 防卫行为

(a) 对象条件

正当防卫行为必须针对不法侵害人实施,也即通过损害不法侵害人的法益来制止其侵害行为。本案中,若 T 的设想正确,即 B 确实窃取了其儿子的财物,则 B 属于不法侵害人,T 第二次开枪射击的行为便是针对不法侵害人实行防卫,符合防卫对象的要求。

(b) 限度条件

防卫行为还必须满足限度条件,只有当相应的防卫行为适于制止不法侵害且没有超过必要限度时,才能构成正当防卫。在本案中,若 B 确实窃取了 T 儿子的财物,则 T 开枪射击、导致 B 死亡的行为可以立即、有效地制止 B 的不法侵害,故应当肯定该行为是适于制止不法侵害的防卫举措。

这里最为紧要的问题仍然是,若假设 B 确实窃取了 T 儿子的财物,T 第二次开枪射击的行为是否超过了必要限度,是否构成防卫过当。对此,同样须结合几种不同主要的学说加以考察:

根据修正的基本相适应说,在判断防卫行为是否过当时,须在防卫行为所避免的损害和其所造成的损害之间进行权衡,且在权衡中应当倾向于保护防卫人的利益,除非造成不法侵害人重伤以上的损害结果,否则不可能构成防卫过当。根据该说,在本案中,若 B 确实窃取了 T 儿子的财物,则一方面,T 开枪射击的行为造成了 B 的死亡结果,另一方面,T 的该行为仅保护了自己儿子的驾照和收音机。由于驾照与收音机皆为价值轻微的财物,故相较于 T 所造成的 B 的死亡结果而言,无法认为 T 的射击行为所保护的利益能够与其所造成的损害基本相适应。因此,根据修正的基本相适应说,应当认为T开枪射击的行为属于防卫过当,不构成正当防卫。

根据必需说,只要是事实上制止不法侵害所必需的行为,不论其对不法侵害人造成了何种损害,原则上均未超出防卫限度。然而,依据该说,也难以在本案中认定T的第二次射击行为对B构成正当防卫。其原因在于,首先,如前所述,在使用枪支进行防卫的场合,需要特别谨慎地判断防卫行为是否确系制止不法侵害的必要措施。一般而言,在使用枪支进行防卫时,防卫人须遵循"口头警告、鸣枪示警、开枪射击"等三个步骤。在本案中,T的口头警告和第一次开枪射击均指向A而非指向B,因此,在T相对于B的关系上,应当认为T并未对B进行口头警告和鸣枪示警,故T对B的防卫行为违反了使用枪支防卫的限制。其次,亦如前所述,必需说也认为,在正当防卫的场合,防卫人不得采用危及不法侵害人生命、身体的方式防卫价值轻微的财产利益。在本案中,即便肯定B窃取了T儿子的驾照和收音机,但由于这些财物价值轻微,T造成B死亡的防卫行为也超出了必要限度。

根据《正当防卫指导意见》所主张的双重过当说,认定防卫过当应当同时具备"明显超过必要限度"和"造成重大损害"两个条件。上述根据必需说与基本相适应说的分析表明,在本案中,即便假设B确实窃取了T儿子的财物,T开枪射击导致B死亡的行为也显然超过了必要的防卫限度并且同时造成了重大损害(B的死亡),故根据《正当防卫指导意见》的立场,在本案中也不能认定T开枪射击的行为对B构成正当防卫。

综上所述,假设B确实窃取了T儿子的财物,则不论根据何种学说,都无法认定T开枪射击导致B死亡的行为对B构成正当防卫。因此,在本案中,不能认为T对B构成假想防卫,也便不能据此否定T的责任故意。

(2)其他责任要素

在本案中,T达到了刑事责任年龄,具有相应的辨认控制能力。向他人开枪射击的行为具有造成他人死伤的高度危险,故T至少有可能认识到自己行为的违法性。此外,T也不具有任何责任阻却事由。因此,应当肯定 T 具备了全部责任要素。

5. 小结

若采取法定符合说,在本案中应当认定 T 第二次开枪射击导致 B 死亡的行为成立故意伤害罪(致人死亡)。

三、结论

综合全文所述,在本案中,T 第一次对 A 开枪射击的行为不构成犯罪。T 第二次开枪射击的行为对 A 亦不构成犯罪。若采用具体符合说,T 第二次开枪射击的行为对 B 构成过失致人死亡罪;若采用法定符合说,T 第二次开枪射击的行为对 B 构成故意伤害罪(致人死亡)。

案例3　乡间小屋案

案件事实

A在偏僻郊野的小山中合法搭建了一间小屋,平时不住人,只是供A偶尔休闲之用。虽然屋内并无值钱财物,但总是不时有驴友侵入其中取走A存放在屋内的食物。尽管A已经报警并且加固了小屋的窗户和门锁,也无济于事。在小屋再一次被窃后,忍无可忍的A决定在屋内设置自动发射装置,只要有人侵入屋内就会引发该装置射出利箭杀伤入侵者。然而,A自己并不懂相关技术,买回装置之后还得找来职业技工B帮助自己安装。B在确定该装置只会伤及侵入者之后,便满足了A的愿望。为了避免误伤,B也让A在小屋前后都设置了显著的告示牌说明屋内设有自动发射装置,擅自闯入有死伤危险。

数日后,困饿交加的驴友C和D来到了A的小屋前。见屋内无人,两人便计划去屋内过夜歇息,也取些食物补充体力。走近之后,D很快发现了A在屋外设置的告示牌,也赶紧告诉了C。然而,C却对D声称,自己有丰富的经验应对类似的设施,不必多虑,要是D不放心的话,自己(C)可以先进屋开门。于是C打破窗户进入屋内。刚一进屋,一支利箭迎面射来,C顿时重伤倒地,血流不止。仍在屋外的D听见声响,发现C已经倒地,确信进屋真的有风险。但是,为了挽救C,D也只得硬着头皮从已经打破的窗户翻入屋内,对C进行了简单的包扎。然而,如此不足以挽救C的生命。由于手头没有通讯工具,D决定到山下找人帮忙将C送到六公里外的医院。正当D从窗户翻出屋外时,又触发了自动发射装置的机关,一支利箭与D擦肩而过。D惊出一身冷汗,但也顾不得这些,慌忙赶到山下的公路上,站在路中间准备拦车。

过了一会儿,E驾车经过此地,由于D站在道路中间,E被迫停车。D

向 E 详细解释了情况,说明如果 E 不帮忙将 C 送往医院的话,C 肯定会失血身亡。但是,E 认为这一切都是 C 咎由自取,因此不想提供帮助,并要求 D 让开道路。D 拒绝让路。争辩无效后,愤怒的 E 下车一拳将 D 打倒在地,D 顿时昏迷。E 驾车扬长而去。一个小时之后,D 才恢复知觉,赶忙跑到医院叫来救护车。但是,当医护人员赶到现场时,C 已经因失血过多死亡。事后查明,如果当时 E 立刻提供帮助,C 几乎肯定可以获救,如果 D 没有昏迷一小时,直接跑到医院求助,C 也有 70% 的可能性幸免于难。

请分析 A、B、D、E 的刑事责任。

> **思维导引**
>
> 在思考对本案的分析路径时,可能须注意以下几个方面的问题:
>
> 1.本案涉及的行为人较多,案件事实相对复杂,需要确定大致的分析进路。首先,在涉及多个行为人的场合,原则上应当从最直接地实现了构成要件或者说与危害结果最为接近的行为人切入进行考察。本案的损害结果是 C 的死亡,而 B 的行为则是造成 C 死亡的直接原因(正是 B 安装的防卫装置造成了 C 的死亡),因此,从 B 的行为开始对本案的分析较为妥当。A 的行为与 B 的行为紧密相连,故在完成对 B 的分析之后应当继而对 A 的刑事责任加以检视。至于对 D 和 E 的检视次序,鉴于 D 的行为与其他人罪责的关联性不大且在时间顺序上发生于 E 的举动之前,可以先考察 D 再考察 E。如此安排更为符合案件事实的时间次序。当然,如果考虑到相较于 D 的行为而言,E 的举动与本案中的损害结果(C 的死亡)的关联更为密切,也可以先对 E 的刑事责任加以考察,而后再考察 D 的罪责。两种方式都可以较为符合逻辑地完成对本案的分析。
>
> 2.在考察 B 和 A 的刑事责任时须注意,首先,两人的行为与 C 的死亡结果之间介入了 C 自己的举动,这种被害人自身行为的介入是否以及会如何影响 B、A 两人的刑事责任,在案例分析过程中要审慎加以考察。其次,B、A 两人的行为不仅造成了 C 的死亡,也威胁到了 D 的人身法益,在案例分析的过程中也要注意检视两人是否对 D 构成犯罪。
>
> 3.在对 E 的行为进行分析时要注意,E 在本案中实际上实施了两个不同的举止,其首先拒绝对 C 加以救助,而后再将 D 打昏。前者可能涉及不作为犯的问题,后者则同时涉及两个行为对象:E 打昏 D 的举动不仅可能侵害了 D 的权益,也可能损害了 C 的利益。因此,在分析 E 的刑事责任时要注意将其两次不同的举止和所涉及的不同行为对象区分开来,逐一考察 E 是否构成犯罪。

▶ 分析提纲

一、B 的刑事责任

（一）对 C 的犯罪

    1. 第 232 条，故意杀人

      （1）构成要件符合性

        a. 客观构成要件

          （a）危害结果(+)

          （b）实行行为(+)

          （c）因果关系

            问题：被害人自我答责原则？

    2. 第 232 条结合第 23 条，故意杀人（未遂）

      （1）构成要件符合性

        a. 犯罪决意

          （a）危害结果、实行行为(+)

          （b）因果关系(-)

    3. 第 234 条，故意伤害

      （1）构成要件符合性

        a. 客观构成要件(-)

    4. 第 234 条结合第 23 条，故意伤害（未遂）

      （1）构成要件符合性

        a. 犯罪决意(-)

（二）对 D 的犯罪

    1. 第 232 条结合第 23 条，故意杀人（未遂）

      （1）构成要件符合性

        a. 犯罪决意

          （a）实行行为、危害结果(+)

          （b）因果关系(-)

    2. 第 234 条结合第 23 条，故意伤害（未遂）

      （1）构成要件符合性

        a. 犯罪决意(-)

（三）危害公共安全的犯罪
　　1. 第115条，以危险方法危害公共安全
　　　（1）构成要件符合性
　　　　　a. 客观构成要件
　　　　　　（a）危害结果（+）
　　　　　　（b）实行行为
　　　　　　　　问题："其他危险方法"的范围？
　　2. 第114条，以危险方法危害公共安全
　　　（1）构成要件符合性
　　　　　a. 客观构成要件（-）

二、A 的刑事责任

（一）对 C 的犯罪
　　1. 第232条，故意杀人
　　　（1）构成要件符合性
　　　　　a. 客观构成要件
　　　　　　（a）危害结果（+）
　　　　　　（b）实行行为
　　　　　　　　问题：A 并没有自己安装发射装置？
　　　　　　　　问题：共同正犯的认定标准？
　　　　　　（c）因果关系
　　　　　　　　（-），被害人自我答责原则
　　2. 第234条，故意伤害（-）
　　3. 故意杀人（未遂）或故意伤害（未遂）（-）
（二）对 D 的犯罪
（三）危害公共安全的犯罪

三、D 的刑事责任

（一）第245条，非法侵入住宅
　　1. 构成要件符合性
　　　（1）客观构成要件
　　　　　a. 行为对象：住宅（+）
　　　　　b. 侵入行为（+）

(2)主观构成要件(+)

2.违法性

(1)正当防卫

 a.防卫势态(-)

(2)紧急避险

 a.避险势态(+)

 b.避险行为(+)

 c.避险意思(+)

(3)推定的承诺(+)

四、E的刑事责任

(一)拒绝提供帮助

1.对C,第232条,故意杀人

(1)构成要件符合性

 a.客观构成要件

  问题:作为与不作为的区分?

  (a)危害结果(+)

  (b)未实施救助行为(+)

  (c)作为可能性(+)

  (d)结果回避可能性(+)

  (e)作为义务

   问题:作为义务的来源?

(二)打昏D的行为

1.对D,第234条,故意伤害

(1)构成要件符合性

 a.客观构成要件

  (a)危害结果(-)

2.对D,第234条结合第23条,故意伤害(未遂)

(1)构成要件符合性

 a.犯罪决意

  (a)伤害结果和伤害行为

   (-),单纯的殴打故意不等于伤害故意

案例3 乡间小屋案

3. 对 C,第 232 条,故意杀人
 (1) 构成要件符合性
    a. 客观构成要件
       问题:作为与不作为的区分?
       (a) 危害结果(+)
       (b) 实行行为(+)
       (c) 因果关系
          问题:被害人自我答责?
          问题:风险升高理论? 存疑有利于被告?

4. 对 C,第 232 条结合第 23 条,故意杀人(未遂)
 (1) 构成要件符合性
    a. 犯罪决意
       (a) 实行行为(+)
       (b) 危害结果、因果关系
          问题:间接故意能否构成未遂?
          问题:误以为被害人自我答责?
    b. 着手实施(+)
 (2) 违法性
    a. 正当防卫
       (a) 防卫势态
          i. 不法侵害
             问题:D 拦住 E 的车是否是"不法"的侵害?
                (-),拦车属于紧急避险
    b. 紧急避险
       (a) 避险势态(+)
       (b) 避险行为
          i. 损害法益保护法益(+)
          ii. 必要性(+)
          iii. 利益权衡
             (-),C 的生命法益相比 E 的行为自由更为重要

(3) 责任

    a. 责任故意

        问题：假想防卫或假想避险？

    b. 责任能力

    c. 违法性认识

        问题：违法性认识错误（禁止错误）？

    d. 期待可能性

参考答案

一、B 的刑事责任

（一）对 C 的犯罪

▶ **思维导引**

本案中出现了 C 的死亡结果，故在考察 B 对 C 的犯罪时，首先应当考虑 B 是否构成故意杀人罪或者故意伤害罪（致人死亡）。本案的特殊情节是，B 并非直接实施杀害或伤害行为造成了 C 的死亡，而是通过设置防卫装置，在 C 自己的介入之下才造成了损害结果。刑法理论一般将设置防卫装置导致不法侵害人伤亡的情形作为正当防卫的问题处理。这种处理方式本身也是合理的。因为，设置防卫装置的行为能否构成正当防卫，确实需要对正当防卫的众多成立条件加以审慎检视。但是，分析者不能因此就当然地认定，在案例分析的过程中，所有与设置防卫装置相关的问题都应当在正当防卫的环节加以检视。相反，阶层式案例分析的基本要旨在于，应根据三个阶层依次判断行为人的行为是否确实在个案中具备了全部的犯罪成立要件。因此，在涉及设置防卫装置的案件中，也不能直接进入对正当防卫的考察，而应当先判断行为人的行为是否确实符合了构成要件。只有在得出肯定结论之后，才能进而检视，行为人的行为是否构成正当防卫而合法化。若行为人设置防卫装置的举动根本不符合构成要件，自然也就没有必要（实际上也不能）再分析其是否构成正当防卫。同理，在本案中，虽然案件事实确实涉及设置防卫装置的问题，但分析者也仍然应当先考察，B 的行为是否符合故意杀人罪或故意伤害罪的构成要件。若能坚持这种阶层式的分析秩序，就不难发现，本案其实并不涉及设置防卫装置是否构成正当防卫的问题。

1. B 安装自动发射装置的行为是否根据《刑法》第 232 条对 C 构成故意杀人罪

根据《刑法》第 232 条的规定，B 安装自动发射装置的行为，可能对 C 构成故意杀人罪。

(1)构成要件符合性

a. 客观构成要件

(a)实行行为与危害结果

故意杀人罪的客观构成要件要求行为人实施了杀害行为，并因此造成了他人的死亡结果。所谓杀害行为，是指具有导致人死亡的类型化风险的行为，即根据日常生活经验，一般会造成死亡结果的行为。至于相应的行为是否在其被实施时就直接作用于被害人的身体，则非所问。特别是在隔隙犯的场合，行为人的举动往往都不会直接作用于行为对象，但这并不妨碍对实行行为的认定。例如，行为人在被害人必经之路上挖好陷阱导致被害人次日落入陷阱坠亡的，当然应当认定行为人实施了故意杀人的实行行为。同理，在本案中，行为人 B 安装自动发射装置的行为虽然没有在行为当时就直接作用于 C 的身体，但该举动从事前看来仍然具有导致他人死亡的类型性的危险，故应当认为 B 实施了杀害行为。同时，在本案中，C 最终死亡，由此也存在故意杀人罪所要求的构成要件结果。

(b)因果关系

故意杀人罪客观构成要件的成立要求死亡结果与行为人的杀害行为之间存在因果关系，其具体判断包括事实归因与规范归责两个层次。

事实归因的判断采"条件说"。根据条件公式，若某个行为不存在，相应的危害结果就不会发生，则该行为就是导致相应危害结果的原因。在本案中，B 如果不安装自动发射装置，则 C 死亡的结果就不会发生，B 安装自动发射装置与 C 的死亡结果之间满足条件关系，故应认为二者间存在事实因果关系。

规范归责则着眼于考察，事实上可以被归因于行为人的结果是否也应当由行为人负责。其中特别要重点考察规范保护目的、义务违反的关联性、被害人自我答责、第三者介入、异常因果流程等情形。在本案中，虽然是 B 安装了自动发射装置，但是，C 擅自进入 A 的小屋并触发自动发射装置也是C死亡的重要原因,故需要讨论C是否因其自己危险化的参与而应当对死亡结果自我答责。根据刑法学理,认定被害自我答责须具备两方面的要件:第一,客观上应当是被害人自己实施了导致损害或者危险的行为;第二,主观上,被害人应当认识到相应的损害或危险,并且自主决定地追求或者容忍危害结果的发生。①

就客观方面而言,在个案中判断究竟是被害人自己还是由其他行为人招致了相应的损害或风险时,应当适用类似于对正犯与共犯的判断标准,也即应当考察是否是被害人自己掌控着整个事态,是否是被害人自己支配着导致损害结果的行为。若能得出肯定结论,则应认定被害人属于自我损害或自招风险。在被害人与行为人以类似共同正犯的关系共同支配了造成损害结果的行为时,被害人自己的参与对于损害结果的发生仍然起到了不可或缺的重要作用,故还是应当肯定被害人自己造成了损害。本案中,虽然是B安装了防卫装置,但若没有C的触发行为,该装置显然不会造成C的死亡。因此,在客观方面应当认为是C的触发行为与B的安装行为共同支配了损害结果的发生,从而肯定是C自己实施了导致损害的行为。

就主观方面而言,认定被害人自我答责以被害人自主决定地自愿接受了相应危险为前提。也即被害人必须是在有能力充分评价自我损害或自陷风险行为的后果和影响的基础上,自愿实施相应的行为,而且其选择相应行为的意志决定不能存有重大意思瑕疵。至于被害人是否自愿接受了损害结果,则非所问。换言之,被害人明知自己行为的危险性而自主决定实施该行为的,即便其主观上并不希望发生该行为所造成的损害结果,也仍然应当肯定被害人对相应的损害结果自负其责。在本案中,A在小屋前后都设置了显著的告示牌说明屋内设有自动发射装置,擅自侵入有死伤危险,且C也确实看到了A设置的告示牌。因此,C明确知晓小屋内安装了自动发射装置,贸然进屋可能触发该装置造成自身伤亡的后果。然而,在此情况下,C仍然决意进入小屋,故应当认定C系自主决定地接

---

① 参见[德]乌尔斯·金德霍伊泽尔:《刑法总论教科书(第六版)》,蔡桂生译,北京大学出版社2015年版,第103页以下。

受了相应的危险。虽然C并不想造成自身伤亡的实害结果,但这并不影响对其自我答责的认定。

综合上述两个层次的判断,在本案中应当认定C须对其自身的死亡结果自我答责,与此相应,便不能将C的死亡结果归责于B安装自动发射装置的行为。简言之,B安装自动发射装置的行为与C死亡的结果之间不具有因果关系,不符合故意杀人罪的客观构成要件。①

> ▶ 思维导引
>
> 在行为人的行为因不符合客观构成要件而不构成犯罪的场合,应当继而考察其行为是否构成故意犯罪未遂。故在本案中否定B的行为与C的死亡结果之间具有因果关系之后,就应当再考察B的行为是否构成故意杀人未遂。在考察B是否构成犯罪未遂时,需要注意检视其是否确实具有相应的犯罪决意。

2. B安装自动发射装置的行为是否根据《刑法》第232条和第23条对C构成故意杀人罪(未遂)

根据《刑法》第232条和第23条的规定,B安装自动发射装置的行为,可能对C构成故意杀人罪(未遂)。

(1)构成要件符合性

a. 犯罪决意

构成故意杀人罪(未遂)要求行为人主观上具有故意杀人的犯罪决意。犯罪决意包括实现构成要件的故意以及其他可能存在的主观构成要件要素(即不法目的)。据此,只有根据行为人的设想,其行为能够实现某一具体犯罪的构成要件时,行为人才具有实施该罪的犯罪决意。《刑法》第232条要求行为人客观上实施杀人行为、造成死亡结果,且其行为与死亡结果之间须具有因果关系。与此相应,只有根据行为人的设想,其行为

---

① 在本案中之所以能认定C自负其责,是因为C在明知他人设有可能致死伤的防卫装置的情况下仍然擅自闯入A的小屋。这当然并不意味着但凡涉及设置防卫装置的案件,就都应当肯定被害人(侵害人)须自我答责。因为,在绝大多数涉及防卫装置的案件中,被害人并不知晓防卫装置的存在,其无从评估自己行为的危险性,更不可能认定其自愿接受了相应的危险,从而也就无法认定其应当对防卫装置所造成的损害负责。在这些案件中,既然被害人不构成自我答责,就还是应当肯定行为人设置防卫装置的行为与危害结果的发生之间存在因果关系。若该行为也符合了其他构成要件要素,就应当进而考察行为人是否构成正当防卫。

属于杀害行为,可能导致死亡结果,并且其行为与死亡结果之间具有因果关系时,才能肯定行为人具有故意杀人的犯罪决意。在本案中,B明知设置防卫装置可能对他人造成杀伤,却仍然根据A的要求安装了相关装置,应当肯定其对于实施杀害行为、造成他人死亡结果至少具有间接故意。但是,B是在确定自动发射装置只会伤及入侵者之后才安装了该装置,并且其还要求A设置显著的告示牌说明屋内的危险。因此,根据B的设想,涉案自动发射装置能够射杀的对象仅限于自我答责的侵入者,若以B所设想的事实为基础,则该装置造成的伤亡结果与B设置自动发射装置的行为之间不可能具备刑法上的因果关系。换言之,根据B的设想,自己设置自动发射装置的行为不会实现故意杀人罪的构成要件。既然如此,本案中就不能认定B具有故意杀人的犯罪决意,从而也就不能认定其构成故意杀人罪(未遂)。

3. B安装自动发射装置的行为是否根据《刑法》第234条对C构成故意伤害罪

本案中,B通过安装防卫装置造成了C的身体损害结果,根据《刑法》第234条的规定,B安装自动发射装置的行为可能对C构成故意伤害罪。就故意伤害罪的构成要件而言,由于前文已经肯定B的举动构成杀人行为,且杀人行为在规范的意义上包含了伤害行为,故可以认为B对C实施了伤害行为。同时,在本案中,C重伤倒地,血流不止,也可以认为出现了故意伤害罪意义上的损害结果。但是,故意伤害罪的成立要求客观上出现的伤害结果能够被归责于行为人的行为。而如前所述,C明知闯入A的小屋具有致使自身死伤的危险,却仍然自主决定实施该危险行为,其应当对自己的伤亡结果自负其责。因此,同样不能将C的伤害结果归责于B安装自动发射装置的行为,故B不构成故意伤害罪。

4. B安装自动发射装置的行为是否根据《刑法》第234条和第23条对C构成故意伤害罪(未遂)

根据《刑法》第234条和第23条的规定,B安装自动发射装置的行为可能对C构成故意伤害罪(未遂)。故意伤害罪(未遂)的成立也同样要求行为人具有实施故意伤害的犯罪决意,即根据行为人的设想,其行为要能够符合故意伤害罪的构成要件。在本案中,根据B的设想,相关装置只会射伤自我答责的侵入者,不会实现故意伤害罪的构成要件。因此,B缺少故意伤害的犯罪决意,不构成故意伤害罪(未遂)。

(二) 对 D 的犯罪

> ▶ **思维导引**
>
> B 对 D 可能构成的犯罪与其对 C 可能构成的犯罪较为相似,但在分析过程中须注意,两者还是存在部分差异。首先,B 造成了 C 的实际损害,但 B 所设置的防卫装置没有击中 D,故 B 对 D 仅存在是否构成犯罪未遂的问题,没有认定 B 对 D 构成犯罪既遂的余地。其次,B 对 C 不能构成犯罪的主要原因在于,C 明知存在危险却还是自主决定闯入小屋,故 C 应当自负其责,而 B 则无须对 C 的死伤结果负责。但是,D 进入小屋的原因却与 C 不同,D 是为了救助 C 而被迫进入小屋。因此,B 是否对 D 也不构成犯罪,仍然是需要谨慎考察的问题。

1. B 安装自动发射装置的行为是否根据《刑法》第 232 条和第 23 条对 D 构成故意杀人罪(未遂)

本案中,B 没有现实损害 D 的生命和身体法益,但是,B 所设置的防卫装置射出的利箭也险些伤及 D,故根据《刑法》第 232 条和第 23 条的规定,B 安装自动发射装置的行为可能对 D 构成故意杀人罪(未遂)。

成立故意杀人罪(未遂)要求行为人具有实施杀人行为的犯罪决意,即根据行为人的主观设想,其行为可以符合故意杀人罪的构成要件。在本案中,如前所述,C 明知闯入小屋存在致自己死伤的危险却仍然自主决定实施闯入行为,故 C 须对其死亡结果自我答责。但是,D 进入小屋的原因却与 C 有所不同。D 虽然也明知闯入小屋会有导致死伤的危险,但 D 却是为了救助 C 而不得不进入小屋。换言之,与 C 不同,D 并不是自愿地承担了进入小屋被射死射伤的危险,故不能肯定 D 也应当对其险些被射中的危险自负其责。问题是,D 无须自我答责这一因素是否导致 B 对 D 构成故意杀人未遂。对此仍然应当给予否定回答。原因在于,在考察行为人是否具有犯罪决意时,需要考察的是根据行为人的设想,其行为是否符合某一具体犯罪的构成要件,而不是其行为是否在客观上确实实现了相关犯罪的构成要件。只要根据行为人所设想的事实,其行为不能符合某一具体犯罪的构成要件,那么,即便行为人的行为客观上确实符合了该罪的成立要件,也不能认定行为人具有实施相应犯罪的犯罪决意。据此,在本案中判断B是否具有故意杀人的犯罪决意时,重要的也不是D事实上是否应当自负其责,而是根据B的主观设想,B设置防卫装置的行为是否会与现实发生的损害结果具有因果关系。虽然就真实发生的现实情况而言,D不应自我答责,但是,在B的主观设想中,其所设置的防卫装置仍然只会伤及不顾警告擅自闯入小屋的人员。换言之,尽管D实际上不必自我答责,但根据B所设想的事实,其行为只会导致自我答责的侵入者死伤,从而无法符合故意杀人罪的构成要件。因此,虽然D与C进入小屋的原因不同,但同样应当认定B对D也缺少故意杀人的犯罪决意,不能构成故意杀人罪(未遂)。

2. B安装自动发射装置的行为是否根据《刑法》第234条和第23条对D构成故意伤害罪(未遂)

根据《刑法》第234条和第23条的规定,B安装自动发射装置的行为可能对D构成故意伤害罪(未遂)。然而,如前所述,根据B的设想,相关装置只会射伤自我答责的侵入者,不会实现故意伤害罪的构成要件。因此,B也没有对D实施故意伤害的犯罪决意,不构成故意伤害罪(未遂)。

(三)危害公共安全的犯罪

> ▶ **思维导引**
>
> 在我国司法实务中,安装防卫装置的行为时而被认定为危害公共安全的犯罪,因此,在本案中完成了对故意杀人和故意伤害犯罪的考察之后,还须进而检视B的行为是否构成危害公共安全罪。可以考虑的条款主要有《刑法》第115条第1款和第114条。由于B的行为明显不属于这两条规定中的"放火、决水、爆炸、投放危险物质"行为,故只须考察,B是否可能构成以危险方法危害公共安全罪。

1. B安装自动发射装置的行为是否根据《刑法》第115条第1款构成以危险方法危害公共安全罪

根据《刑法》第115条第1款的规定,B安装自动发射装置的行为可能构成以危险方法危害公共安全罪。以危险方法危害公共安全罪的成立要求行为人以放火、决水、爆炸、投放危险物质以外的其他危险方法实施了危害公共安全的行为。根据同类解释的规则,只有在行为人的行为与《刑法》第115条明确规定的行为类型(即放火、决水、爆炸、投放危险物质等)具有程度相当的危险性时,才能将其行为视为该条意义上的"其他危险方法"。显而易见,放火、决水、爆炸、投放危险物质等行为的特征是,相应行为一旦被实施就难以控制其影响范围,从而可能导致不特定多数人的人身和财产权益遭受损害。① 与此相应,行为人以其他危险方法危害公共安全的,就也只有在其举止能够损害不特定多数人的合法权益时,其行为才可能成立以危险方法危害公共安全罪。在本案中,B于小屋内安装自动发射装置,该装置难以被公众触发,且其在被触发之后也仅会侵害少数人的人身和财产权益。因此,应认为B安装自动发射装置的行为不属于《刑法》第115条意义上的"其他危险方法",B不构成以危险方法危害公共安全罪。

2. B安装自动发射装置的行为是否根据《刑法》第114条构成以危险方法危害公共安全罪

根据《刑法》第114条的规定,B安装自动发射装置的行为可能构成以危险方法危害公共安全罪。《刑法》第114条和《刑法》第115条第1款对于行为方式的要求完全一致,故不符合第115条规定的行为也不能符合第114条的规定。由于前文已经否定B安装自动发射装置的行为属于第115条规定的行为方式,因此,B的行为也不符合第114条的规定,不构成以危险方法危害公共安全罪。

(四)小结

综上所述,B在本案中不构成犯罪。

二、A的刑事责任

> ▶ **思维导引**
>
> 对A的刑事责任的考察与对B的考察基本相同。但不同之处在于,由于A自己并未安装防卫装置,故须注意检视,A是否确实实施了相关的实行行为。此时应当考虑,是否能通过共同犯罪的理论将B所实施的安装行为归责于A。若能得出肯定结论,就应当视为A自己安装了防卫装置,从而符合了犯罪的行为要件。

---

① 参见张明楷:《刑法学》(第6版),法律出版社2021年版,第891页。

(一)对C的犯罪

1. A雇用B为自己安装自动发射装置的行为是否根据《刑法》第232条对C构成故意杀人罪

根据《刑法》第232条的规定,A雇用B为自己安装自动发射装置的行为,可能对C构成故意杀人罪。

(1)**构成要件符合性**

a. 客观构成要件

(a)危害结果

故意杀人罪要求行为人造成了他人死亡的危害结果。在本案中,C最终死亡,故存在故意杀人罪意义上的危害结果。

(b)实行行为

故意杀人罪的客观要件还要求行为人实施了杀害行为,即行为人的行为必须具有导致他人死亡的类型性风险。本案中,A没有自己安装防卫装置,其购买相应装置的行为本身不具有造成他人死亡的危险,不能被视为故意杀人罪的实行行为。事实上毋宁是B安装防卫装置的行为才造成了C的死亡结果。由此需要讨论,B安装自动发射装置的行为能否被归责于A,被视为是A自己实施的行为。根据刑法中的共同犯罪理论,若能肯定A与B构成共同正犯,便可要求其相互对彼此行为负责,从而将B的行为归属于A。因此,这里须考察A与B是否构成共同正犯。①

对于正犯性的认定,刑法学理上存在较大的争议。具体而言,有如下几种较具代表性的观点:

主观说认为,仅仅从客观方面区分正犯和共犯存在很多困难,故而应根据各参与人的主观方面来做出区分,将基于正犯意思、为自己利益实施犯罪者视为正犯。②依据该说,本案中小屋为A所有,且B系受A的雇用

---

① 在本案中,由于C应当对自己的死亡结果自负其责,故即便肯定A实施了故意杀人罪的实行行为,也难以认定A的行为与C的死亡结果之间存在因果关系,最终还是只能否定故意杀人罪的构成要件符合性。因此,对此处关于实行行为的检视可以进行更为简略的处理。

② 对该说的介绍,参见周光权:《刑法总论》(第4版),中国人民大学出版社2021年版,第337页。

为其安装自动发射装置,应当认为 A 是基于正犯意思、为自己利益而实施犯罪行为,构成杀害 C 的(共同)正犯。

形式的客观说认为,实施了部分或全部构成要件所规定的实行行为的人即为正犯。共同正犯是指二人以上共同实行构成要件行为的情形,故没有实施构成要件行为的参与人不可能成立共同正犯。① 依据形式的客观说,本案中 A 只是雇用 B 为自己安装发射装置,没有亲自实施杀害被害人的构成要件行为,属于没有实施构成要件行为的参与人,从而不可能成立共同正犯。

规范的综合判断理论虽然也认为具有正犯意思的行为人才是正犯,但该说主张,正犯意思并不是行为人纯粹的内心事实,而是一种评价性的判断。行为人是否具有正犯意思,需要对案件的全部状况进行评价后得出结论,这种评价所依据的事实应包括行为人从犯罪结果中获得利益的程度、行为人参与犯罪的程度、行为人是否具有对犯罪事实的支配或意欲支配犯罪事实等。② 依该说,在本案中,A 雇用 B 为自己所有的小屋安装自动发射装置,系为自身的利益实施犯罪,同时 A 积极参与、对犯罪事实有所支配,故应认为 A 与 B 构成故意杀人罪的共同正犯。

犯罪事实支配理论或重要作用说则强调,共同正犯是指在共同犯罪中起重要作用、对犯罪的成功实施具有功能性支配的参与形态。共同正犯人既可能实施了部分或全部的构成要件行为,也可能没有实施构成要件行为,但其必须对共同犯罪及结果发生起到了重要作用,对构成要件的实现作出了不可或缺的贡献。③ 该说一般认为,成立共同正犯需要满足具备共同的犯罪计划、共同参与实施且为犯罪作出重大贡献等三个条件。根据这一认定规则,应当认为本案中 A 与 B 构成共同正犯。首先,共同的犯罪计划并不要求行为人相互间精细协商,而是只要能够认定其具有共同的犯罪意愿即可。本案中,A 雇用技工 B 为自己安装自动发射装置,B 答应了 A 的请求,故 A 与 B 具有共同的犯罪计划。其次,共同参与实

---

① 对该说的介绍,参见周光权:《刑法总论》(第 4 版),中国人民大学出版社 2021 年版,第 337 页。
② 对该说的介绍,参见张明楷:《刑法学》(第 6 版),法律出版社 2021 年版,第 511 页。
③ 参见张明楷:《刑法学》(第 6 版),法律出版社 2021 年版,第 511 页以下、第 533 页。

施也不等于实施构成要件行为。行为人参与实施预备行为的,就已经属于共同参与实施犯罪。本案中,涉案自动发射装置系由 A 购买,A 的举动为 B 直接实施杀害行为创造了条件,故应肯定 A 参与实施了犯罪。最后,应当根据行为人共同的犯罪计划,从事前的角度判断其是否为犯罪的成功实施作出了巨大的、不可或缺的贡献。本案中,若没有 A 购买自动发射装置并委托 B 进行安装,B 就不会实施导致 C 死亡的安装行为,故 A 的行为也对共同犯罪的实施作出了不可或缺的重大贡献。因此,应当认为 A 与 B 构成共同正犯。

在上述各学说中,主观说存在标准不确定、难以有效检验等缺陷,也可能导致在诉讼过程中过分依赖口供定罪等问题,①故已为学界所不采。形式客观说虽然能够通过构成要件对共同正犯的成立范围予以限制,但却会导致对正犯的认定范围过窄,特别是该说难以将间接正犯和大量的共同正犯认定为正犯,故亦不妥当。规范的综合判断理论本质上系对主观说与犯罪事实支配理论或重要作用说的折中,但其并未明确各个判断因素之间的位阶关系,故在个案中经常难以给出较为清晰的判断标准。犯罪事实支配理论或重要作用说能够避免上述三种学说的缺陷,也契合我国关于共同犯罪的刑事立法重视各犯罪人所发挥作用之大小的主旨,有鉴于此,本案例分析采取犯罪事实支配理论或重要作用说的立场,认为 A 与 B 构成故意杀人罪的共同正犯。因此,根据共同正犯的归责原理,B 导致 C 死亡的行为也应被归责于 A,视为是 A 自己安装了防卫装置,故在本案中应肯定 A 实施了故意杀人罪所要求的实行行为。

(c)因果关系

故意杀人罪的客观构成要件还要求死亡结果与行为人的杀害行为之间存在刑法意义上的因果关系。然而,如前所述,在本案中,C 明知存在导致自己死伤的危险却仍然自主决定闯入小屋,其应当对自身的伤亡结果自我答责,故不能将该危害结果归责于 A 的行为。因此,C 的死亡结果与 A 的行为之间缺少因果关系,A 不构成故意杀人罪。

---

① 参见周光权:《刑法总论》(第 4 版),中国人民大学出版社 2021 年版,第 337 页。

2. A雇用B为自己安装自动发射装置的行为是否根据《刑法》第234条对C构成故意伤害罪

与前述关于故意杀人罪的分析同理,C应当对伤亡结果自我答责,A的行为与C的伤亡结果之间没有因果关系,故A不构成故意伤害罪。

3. A雇用B为自己安装自动发射装置的行为是否根据《刑法》第232条、第234条和第23条对C构成故意杀人罪(未遂)或故意伤害罪(未遂)

根据《刑法》第232条、第234条和第23条的规定,A雇用B为自己安装自动发射装置的行为,可能对C构成故意杀人罪(未遂)和故意伤害罪(未遂)。在本案中,A通过在小屋外设置告示牌的方式说明了闯入小屋的危险,故根据A的设想,被自动装置射杀和射伤的均是自我答责的侵入者,其行为不会实现故意杀人罪和故意伤害罪的构成要件。因此,A缺少故意杀人和故意伤害的犯罪决意,不构成故意杀人罪(未遂)和故意伤害罪(未遂)。

(二)对D的犯罪

1. A雇用B为自己安装自动发射装置的行为是否根据《刑法》第232条、第234条和第23条对D构成故意杀人罪(未遂)或故意伤害罪(未遂)

如前所述,本案中根据A的设想,自动发射装置只会射杀和射伤自我答责的侵入者,而A的行为则不会实现故意杀人罪和故意伤害罪的构成要件,故A缺少对D实施故意杀人和故意伤害的犯罪决意,其行为不能对D构成故意杀人罪(未遂)或故意伤害罪(未遂)。

(三)危害公共安全的犯罪

1. A雇用B为自己安装自动发射装置的行为是否根据《刑法》第114条构成以危险方法危害公共安全罪

如前所述,安装自动发射装置的行为不属于以危险方法危害公共安全罪意义上的"其他危险方法",故A雇用B为自己安装自动发射装置的行为也不符合以危险方法危害公共安全罪的构成要件。

(四)小结

综上所述,A在本案中也不构成犯罪。

三、D 的刑事责任

(一) D 进入 A 小屋的行为是否根据《刑法》第 245 条构成非法侵入住宅罪

根据《刑法》第 245 条的规定,D 进入 A 小屋的行为,可能构成非法侵入住宅罪。

1. 构成要件符合性

(1) 客观构成要件

a. 行为对象:住宅

根据我国《刑法》第 245 条的规定,非法侵入住宅罪的行为对象是住宅。所谓"住宅",是指旨在为他人提供住宿的、相对封闭的场所。刑法意义上的"住宅"的范围比"户"(例如入户抢劫、入户盗窃等)的范围更为宽泛。"户"仅指供他人家庭生活并且与外界相对隔离的住所,而"住宅"则包括一切供他人居住的、相对封闭的场所在内,至于权利人在该场所内逗留的频次和时间则不影响对"住宅"的认定。即便是权利人短暂或者临时住宿的场所,也同样构成非法侵入住宅罪意义上的"住宅"。在本案中,A 的小屋明显属于相对封闭的场所。虽然该小屋平时并不住人,仅供 A 偶尔休闲使用,但其仍然属于供他人临时住宿的场所,故应当将其认定为非法侵入住宅罪意义上的"住宅"。

b. 侵入行为

所谓"侵入",是指行为人违背权利人的意志进入他人的住宅。在本案中,为了挽救 C,D 在未获得权利人许可的情况下从已经打破的窗户翻入小屋,其整个身体均已进入 A 的小屋,故应认为 D 实施了侵入行为。因此,D 的行为符合了非法侵入住宅罪的客观构成要件。

(2) 主观构成要件

非法侵入住宅罪是故意犯罪,只有当行为人认识到自己侵入的是他人的住宅,却仍然违背被害人的意志实施侵入行为时,行为人才能构成该罪。在本案中,D 与 C 本就意欲进入小屋过夜歇息,这说明 D 完全认识到了涉案小屋可以供人住宿的功能属性。同时,D 也明知自己是在未取得权利人许可的情况下就进入 A 的小屋,因此,应当肯定 D 具有非法侵入住宅的犯罪故意。

2. 违法性

本案中，D 进入 A 小屋的行为可能通过违法阻却事由合法化，其中可以考虑的违法阻却事由主要有正当防卫、紧急避险和推定的承诺等。

(1) 正当防卫

正当防卫的成立以客观上存在正在进行的不法侵害为前提。所谓"不法"侵害，是指侵害行为必须具有违法性。部分结果无价值论者认为，只要相关行为客观上确实造成了对法益的实害或威胁，其就属于不法侵害。至于行为人是否对此存在过错，则非所问。相反，行为无价值论者主张，"不法"侵害要求行为人对于侵害行为和危害结果的发生具有过错。行为人无过错地引起了对法益的威胁或损害的，虽然能肯定其实施了侵害行为，但不能将之评价为"不法"侵害。根据前种见解，在本案中，客观上确实是 A (和 B) 的行为造成了对 C 的生命法益的危险，故应当肯定存在着 A (和 B) 实施的不法侵害。根据后种见解，由于 C 应当对自身的伤亡结果自负其责，A (和 B) 对于 C 的伤亡结果并无过错，故不能认定 A 和 B 设置自动发射装置的行为构成对 C 的不法侵害。

当然，只有针对正在进行的不法侵害才能实行防卫。在本案中，即便肯定存在着 A (和 B) 对 C 的不法侵害，在 D 进入小屋时，C 也已经被自动发射装置射伤倒地。此时 A (和 B) 对 C 实施的不法侵害已经结束，故不存在"正在进行"的不法侵害。因此，D 进入小屋的行为不能构成正当防卫。

(2) 紧急避险

a. 避险势态

根据《刑法》第 21 条第 1 款的规定，为使合法权益免受正在发生的危险，才能构成紧急避险。其中，"危险"是指生命、身体、自由、财产等权益处于可能遭受损害的状态之中。"正在发生"的危险是指，若不立即加以制止、放任危险继续发展就极可能导致或者扩大损害。在本案中，C 重伤倒地、血流不止，若不对 C 加以救助，其就极有可能死亡，故应认为在 D 进入小屋时，客观上存在着对 C 生命法益的正在发生的危险。

b. 避险行为

(a) 损害其他利益保护法益

紧急避险的基本特征是通过损害一个合法权益去保护另外一个合法

利益。在本案中,D为了挽救C的生命进入小屋,并因此侵犯了A的居住权,其行为符合紧急避险以损害法益的方式保护法益的基本特征。

(b)必要性

只有当根据案件的具体情况,避险行为是避免危险的必要措施时,才能肯定紧急避险的成立。换言之,避险行为必须是迫不得已的选择,必须是避免危害结果的最轻微的手段。若行为人可以通过其他造成更小损害的方式避免危险,其避险行为就并非防止危害结果的必要措施,不能构成紧急避险。本案发生于偏僻的郊野,案发时D无法通过报警、向亲友或邻里求助等方式避免危险,除了D自己进入小屋挽救C之外没有其他救助法益的可能,故应当认为D进入小屋的举动是最轻微的、不得已的避险手段。

(c)利益衡量

紧急避险的成立要求行为人所保护的利益大于避险行为所损害的利益。刑法理论认为,在自招危险的场合也不能一概排除成立紧急避险的可能。只要行为人不是为了达到某种不法目的而故意招致危险,并借口实施紧急避险损害他人的合法权益(挑拨避险),其就并不当然丧失紧急避险权。当然,自招危险的事实在利益权衡中应当被视为不利于行为人的因素加以考虑。[①] 在本案中,D的行为仅短暂侵犯了A的居住权,而其所保护的却是C的生命和身体法益。由于生命、身体法益的级别都明显高于居住权,因此,即便考虑到C是自招危险,在整体的利益权衡中,还是应当肯定D的行为维护了更为重要的利益,符合了刑法对避险行为的要求。

c. 避险意思

紧急避险的成立还要求行为人主观上具有避险意思,即行为人必须认识到现实存在的正在发生的危险并且出于救助法益的意思而实施避险行为。在本案中,D认识到C面临着生命危险,且其进入小屋也是为了挽救C,故D主观上明显具有避险意思。

---

① 参见[日]佐伯仁志:《刑法总论的思之道·乐之道》,于佳佳译,中国政法大学出版社2017年版,第162页以下。

综上所述,在本案中,应当认定 D 进入小屋的行为成立紧急避险。

(3)推定的承诺

在本案中,D 进入小屋的行为也可以通过被害人推定的承诺合法化。所谓推定的承诺,是指行为人在事实上无法取得或无法及时取得被害人承诺的情况下,根据被害人被推定的意志实施行为。虽然被害人此时由于客观原因无法现实地作出承诺,但根据其自身的价值观念,可以推定被害人会在行为人实施行为时作出承诺。基于被害人这种被推定的意志而实施的行为,就因符合推定的承诺而合法化。本案中,小屋的权利人 A 不在场,无法及时允许 D 进入小屋。但是,D 进入小屋是为了挽救 C 的生命,而案件事实也未表明 A 具有无论如何都要将非法侵入者(C)置于死地的特殊价值观念。相反,A 在小屋周边设置告示牌提示风险的举动表明,A 其实并不希望在自己小屋内发生死亡结果。因此,基于 A 的价值观念可以推断,若 A 当时在场,应该会允许 D 进入小屋对 C 加以救助。既然如此,本案中 D 进入小屋的行为就符合权利人 A 被推定的意志,从而可以据此合法化。

3. 小结

D 进入 A 小屋的行为虽然符合非法侵入住宅的构成要件,但可以通过紧急避险或被害人推定的承诺合法化,故 D 不构成犯罪。

四、E 的刑事责任

> **思维导引**
>
> 在本案中,E 其实实施了两次不同的身体举止,其首先拒绝对 C 提供帮助,而后又将 D 打昏。两次身体举止所指向的行为对象并不完全相同,对其的法律评价也可能存在差异,故在分析过程中应当将两次举止区分开来,分别加以检视。

(一)拒绝提供帮助

1. E 拒绝提供帮助的行为是否根据《刑法》第 232 条对 C 构成故意杀人罪

根据《刑法》第 232 条的规定,E 拒绝提供帮助的行为,可能对 C 构成故意杀人罪。

> **思维导引**
>
> 作为犯与不作为犯的成立要件(特别是二者的构成要件要素)存在较为显著的差异,将行为人的行为归类为作为或者不作为,直接决定着后续应当围绕哪些犯罪成立要件展开考察,从而也经常会影响到案例分析的结论。因此,在案例分析中,对作为和不作为的判定可谓是一个极端重要的"岔路口",不可不察。若分析者在这一点上发生错误,就会造成后续考察"下笔千言,离题万里"。为避免谬误,在案例分析中遇到疑似不作为犯的情形时,分析者须首先谨慎考察,当前被检视的行为举止是否确实属于不作为。① 在大多数案件中,其实不难判断行为人的举止是否属于不作为,故分析者也不必在案例分析中设置特定环节单独讨论不作为的认定问题。但是,在部分案件中(特别是涉及中断或放弃援助措施的场合),对作为与不作为的区分可能存在疑问。此时分析者就应当在案例分析中明确对此加以讨论,确定是否应当将行为人的举止视作不作为,并进而依据不作为犯的成立要件对之进行检视。本案中,E 的两次身体举止(尤其是第二次举止,即打昏 D 的行为)都涉及其究竟是构成作为还是不作为的问题,故应当对此加以检视。

(1)预先考察

作为犯与不作为犯的成立条件不尽相同,故在开始分析前需要先确定行为人的行为属于作为还是不作为。关于作为与不作为的区分,刑法理论上主要存在着几种不同的观点:

原因力说认为,应当以行为是否积极地为结果发生提供了原因力为标准区分作为与不作为,行为人积极地对结果发生给予了原因力、导致法益状况恶化的,是作为,没有更改已经发生的因果进程的,是不作为。② 依据该说的立场,在本案中,C 生命垂危,导致 C 死亡的因果流程已经在进展之中,E 拒绝提供帮助则只是放任了 C 死亡结果的发生,而没有积极改变已经发生的因果进程,故应认为 E 拒绝提供帮助的行为系不作为。

规范性质说认为,应根据行为违反的规范类型区分作为与不作为,违

---

① 要注意的是,这里并不是直接肯定行为人构成不作为的犯罪,而仅涉及对行为类型的判断。换言之,此处仅是将行为人的举止归类为作为或者不作为,并据此决定后续是根据作为犯还是不作为犯的成立要件对之加以检视。若认定行为人的举止属于不作为,其也只有在符合不作为犯的成立要件时,才能构成不作为的犯罪。

② 参见黎宏:《不阻止他人犯罪的刑事责任》,载《中国法学》2020 年第 4 期,第 203 页。

反禁止性规范的是作为,违反命令性规范的是不作为。① 依据该说的立场,在本案中,E 违反的规范为"应当救助他人",该规范为命令性规范,故 E 拒绝提供帮助的行为系不作为。

非难重点说认为,作为与不作为的区分是规范性价值判断的结果,故应当规范性地考察行为的社会意义,并根据对相应行为的谴责重点判定其是作为还是不作为。若谴责的重点在于行为人实施了特定行为,就应当将其举止评价为作为,反之,若谴责的重点是行为人没有实施特定的行为,就应当将其举止评价为不作为。② 依据该说的立场,在本案中,对 E 拒绝提供帮助之举止的谴责重点是 E 没有给予 C 救助从而导致 C 死亡,故应将 E 拒绝提供帮助的行为评价为不作为。

补充性说认为,刑法以处罚作为犯为原则,以处罚不作为犯为例外补充,故在个案中首先应当将行为人的举止认定为作为,考察其是否构成作为犯,而后再将行为人的举止认定为不作为,考察其是否构成不作为犯。③ 若同时得出行为人构成作为犯和不作为犯的结论,则不作为犯原则上被作为犯所吸收。根据该说,由于在本案中 E 拒绝提供救助的行为无法构成作为犯,便还是只能考察 E 是否因此构成不作为的犯罪。

综上所述,各种主要学说均认为,本案中应当从不作为犯的角度考察 E 拒绝提供救助的行为能否构成故意杀人罪。下文将对此予以检视。

(2) 构成要件符合性

a. 客观构成要件

(a) 危害结果

以不作为的方式实施的故意杀人罪也要求出现他人死亡的危害结果。在本案中,C 因失血过多死亡,存在故意杀人罪所要求的死亡结果。

---

① 参见高铭暄、马克昌主编:《刑法学》(第 10 版),北京大学出版社、高等教育出版社 2022 年版,第 63 页。但该书认为,不作为可能同时也违反禁止性规范。

② 参见[德]约翰内斯·韦塞尔斯:《德国刑法总论:犯罪行为及其构造》,李昌珂译,法律出版社 2008 年版,第 425 页。

③ 参见[日]山口厚:《刑法总论(第 3 版)》,付立庆译,中国人民大学出版社 2018 年版,第 77 页。

(b)未实施救助行为

在本案中,E未对C采取任何救助措施,明显没有对C实施救助行为。

(c)作为可能性

成立不作为犯要求行为人具有现实的作为可能性,即其必须客观上有可能实施挽救法益的行为。若特定的行为可以避免危害结果,但是行为人在客观上却不具备实施该行为的可能性,则不能成立不作为犯。在本案中,综合考虑案件发生时的客观情况,E完全能够通过驾车送C去医院等方式对C加以救助,故E具有作为可能性。

(d)结果回避可能性

只有当行为人实施了救助行为就将以近似必然的高度可能性阻止危害结果发生时,行为人的不作为才与危害结果之间具有因果关系(结果回避可能性),从而成立不作为犯。本案事实表明,若当时E立刻提供帮助,则C几乎肯定可以获救,故E的及时救助能够以近似必然的高度可能性避免C的死亡结果。与此相应,E的不作为便与C的死亡结果之间存在因果关系。

(e)作为义务

只有当行为人负有防止结果发生的作为义务时,其不作为才可能成立(不真正的)不作为犯。关于作为义务的来源,传统见解主张形式的四分说。该说从形式上认定作为义务的来源,认为作为义务来自法律规定、职务或业务上的要求、法律行为(主要是合同约定)、先前的危险行为等四个方面。[①] 当今学界则经常采用实质的二分说,结合法益保护的实质目的将作为义务区分为保护义务和监管义务两类。其中,保护义务包括基于紧密家庭关系产生的保护义务、基于紧密生活或者危险共同体产生的保护义务、基于自愿接受而产生的保护或者救助义务、基于公职人员身份或机构地位产生的保护义务等;监管义务则包括对危险物的管理义务(社会往来安保义务)、对他人危险行为的监管义务和因自身的违法先前行为而

---

① 参见高铭暄、马克昌主编:《刑法学》(第10版),北京大学出版社、高等教育出版社2022年版,第64—66页。

产生的结果防止义务等。① 在本案中,E只是恰巧驾车经过,其与C之间不存在紧密的家庭成员关系,也未与C形成生活共同体或危险共同体。同时,E没有自愿承担保护C的义务,其也不具备公职人员的身份,故难以认为E对C负有保护义务。不仅如此,E对A的小屋也不负有危险物管理义务,对A和B的行为不具有监督义务,而且,也不是E先前的违法行为导致C陷入死亡危险之中,故同样不能认为E违反了监管义务。因此,在本案中,E没有义务对C加以救助,不能认定其因拒绝提供帮助而构成以不作为的方式实施的故意杀人罪。

(二)打昏D的行为

> ▶ 思维导引
> E打昏D的行为同时涉及两个行为对象,除了对D造成影响之外,该行为还导致C丧失了获救的机会,故在分析过程中要注意分别在E对D和E对C的关系上考察E是否因打昏D而构成犯罪。相较而言,E对D是否构成犯罪的问题比较简单,但E是否因影响C获救而构成犯罪,就涉及作为与不作为的区分、因果关系认定等疑难问题,须谨慎加以检视。

1. E打昏D的行为是否根据《刑法》第234条对D构成故意伤害罪

根据《刑法》第234条的规定,E打昏D的行为可能对D构成故意伤害罪。故意伤害罪的成立以行为人对被害人造成了轻伤以上的伤害结果为前提。在本案中,E虽然将D打昏,但案件事实并未表明其因此对D造成了轻伤以上的损害结果,故不能认定E对D构成故意伤害罪。

2. E打昏D是否根据《刑法》第234条和第23条对D构成故意伤害罪(未遂)

根据《刑法》第234条和第23条的规定,E打昏D的行为可能对D构成故意伤害罪(未遂)。成立故意伤害罪(未遂)要求行为人主观上具有故意伤害的犯罪决意。由于我国的故意伤害罪要求行为人对他人造成轻伤以上的损害结果,因此,只有当行为人认识到自己的行为可能造成他人轻伤,并且希望或者放任他人的轻伤结果出现时,才能肯定行为人具有实

---

① 参见[德]约翰内斯·韦塞尔斯:《德国刑法总论:犯罪行为及其构造》,李昌珂译,法律出版社2008年版,第434—442页。

施故意伤害罪的犯罪决意。相反,若行为人只是希望造成被害人暂时的肉体痛苦或者轻微的神经刺激,则不能认定行为人具有故意伤害他人的犯罪决意。本案即属于这种情况。在本案中,E仅挥拳击打D一次,而通常情况下,普通人拳击被害人一次的举动仅会造成被害人暂时的肉体疼痛,远不至于导致轻伤以上的损害结果。有鉴于此,在本案中就难以认为E具有造成D轻伤的犯罪决意,因此也不能认定E对D构成故意伤害罪(未遂)。

3. E打昏D的行为是否根据《刑法》第232条对C构成故意杀人罪

根据《刑法》第232条的规定,E打昏D的行为可能对C构成故意杀人罪。

(1)预先考察

E打昏D的行为对D而言无疑属于作为,但是,该行为还间接地导致C丧失了获救的机会,因此须讨论,E的行为相对于C而言究竟是作为还是不作为。如前所述,关于作为与不作为的区分,刑法理论上主要存在着以下几种不同的观点:

原因力说以行为人是否对危害结果的发生提供了原因力为标准区分作为与不作为。依据该说的立场,在本案中,E将D打昏,同时便中断了D对于C的救助努力,从而导致C陷入更加无助的境地,恶化了C的法益状态,故应当认定E积极地对C的死亡结果提供了原因力,从而肯定E的举动属于作为。

规范性质说认为,违反禁止性规定的是作为,违反命令性规范的是不作为。依据该说的立场,在本案中,E违反的规范为"不得中断他人的救助行为",该规范为禁止性规范,故E打昏D的举动应当属于作为。

非难重点说认为,若对相关行为的谴责重点在于行为人实施了特定行为,就应将之评价为作为,若谴责的重点是行为人没有实施特定的行为,就应评价为不作为。依据该说的立场,在本案中,就E与C的关系而言,E打昏D的行为之所以可能受到谴责,是因为其举动降低了C的获救机会,而不是因为E没有对C加以救助,故应当将E打昏D的举动评价为作为。

补充性说要求在个案中分别考察行为人的举止是否成立作为犯与不

作为犯。依据该说的立场,也应当先考察 E 打昏 D 的举动是否构成对 C 的作为犯。

总而言之,当今学界大体上均认为,暴力阻止第三者救助被害人的,其举动属于作为。① 上述主流学说也会得出 E 打昏 D 的行为属于作为的结论,因此,应当从作为犯的角度考察 E 的行为能否对 C 构成故意杀人罪。下文将对此予以检视。

(2)构成要件符合性

a. 实行行为与危害结果

在本案中,E 通过打昏 D 中断了 D 对于 C 的救助,该行为具有导致 C 死亡的类型性危险,故应当肯定 E 实施了杀害行为。同时,C 也确实因失血过多死亡,从而发生了故意杀人罪所要求的死亡结果。

b. 因果关系

故意杀人罪的成立还要求行为人的行为与死亡结果之间具有因果关系。在本案中考察 E 打昏 D 的行为是否与 C 的死亡结果存在因果关联时,可能须检视两个方面的问题。

(a)首先需要考察,能否认定 C 应当对其死亡结果自负其责,从而否定 E 的举动与 C 的死亡结果之间的因果关系。前文论述表明,由于 C 明知存有导致自己死伤的危险却仍然自主决定闯入 A 的小屋,故 C 应当对就此造成的自身伤亡结果自我答责。正因如此,本案中 A 和 B 均不对 C 构成犯罪。但是,这一结论却不能被简单套用在 E 对 C 的关系上。如前文所述,认定被害人自我答责要求被害人主观上认识到相应行为的危险性,并且自主决定地接受了这种危险。然而,在本案中,C 只是认识到闯入小屋可能被防卫装置所伤的危险,其也仅接受了这种危险,相反,C 并未放弃在被射伤后获得救助的利益。换言之,C 不可能事前认识到,在自己负伤之后,对自己的救助行为会遭遇他人的暴力阻碍,也更不可能之前就自愿接受因此而造成的对自己生命法益的危险。与此相应,C 对因 E 阻止 D 的救援行为而产生的危险不构成自我答责,故不能以 C 须自负其责为由否定 E 的行为与 C 的死亡结果之间可能存在因果关系。

---

① 参见张明楷:《外国刑法纲要》(第 3 版),法律出版社 2020 年版,第 79 页。

(b)其次,本案事实表明,即便 E 没有打昏 D,D 直接到医院求助,C 也只有 70% 的可能性幸免于难,而非必定能够获救。换言之,即便 E 没有实施打昏 D 的举动,C 也同样有 30% 的可能性无法幸免于难。由此便需要讨论,E 打昏 D 的行为与 C 的死亡结果之间是否确实具有因果关系。对此,刑法理论上存在着不同的见解:

通说认为,只有当能够确定没有行为人的行为,危害结果就绝对不会或者以近似必然的高度盖然性不会发生时,才能肯定行为人的行为与危害结果之间存在因果关系。① 相反,若即便行为人未实施行为,危害结果也同样可能会发生,就应当根据存疑有利于被告的原则,认定行为人的行为与危害结果之间没有因果关系。依据这种观点,在本案中,由于即便没有 E 打昏 D 的行为,C 也有 30% 的可能性会死亡,故无法确定正是 E 打昏 D 的行为导致了 C 的死亡结果。因此,根据存疑有利于被告的原则,应当认为 E 的行为与 C 的死亡之间不具有因果关系。

相反,风险升高理论则认为,如果行为人不实施相应行为,危害结果就可能不会发生,那么,行为人的行为至少提升了发生危害结果的风险,从而应当肯定该行为与危害结果之间的因果关联。该说实际上是尝试根据盖然性法则建构刑法上的因果关系。② 依据这种观点,在本案中,若 E 没有打昏 D,则 C 仍有 70% 的可能性获救,其死亡可能性仅为 30%。与此相应,E 打昏 D 的举动就是致使 C 的死亡可能性从 30% 上升至 100%,从而应当肯定 E 的行为与 C 的死亡结果之间具有因果关系。

在以上两种学说中,风险升高理论虽然能够最大限度地避免处罚"漏洞",达到保护法益和预防犯罪的目的,但是,该说以盖然性替代对刑法因

---

① 参见[德]约翰内斯·韦塞尔斯:《德国刑法总论:犯罪行为及其构造》,李昌珂译,法律出版社 2008 年版,第 109 页。

② 参见[德]英格博格·普珀:《德国刑法总论:以判例为鉴(第四版)》,徐凌波、喻浩东译,北京大学出版社 2023 年版,第 20—24 页。当然,这种"风险升高理论"与通说意义上的风险升高理论存在区别。通说意义上的风险升高理论是在肯定行为人的行为与危害结果之间存在条件关系的前提下,进而考察是否能够因行为提升了危害结果发生的可能性而要求行为人对危害结果负责。换言之,其不是在处理事实归因的问题,而是在处理规范归责的问题。本案此处所涉及的则主要是事实归因问题(若没有 E 的击打行为,C 是否也会死亡),故严格来说,通说意义上的风险升高理论在此处其实并不适用。

案例 3 乡间小屋案

果关系的考察,容易将实害犯转化成危险犯,从而不当扩大刑事不法的成立范围。例如,在该说的立场之下,不仅实施行为导致他人死亡的可以构成故意杀人罪,实施行为"可能"导致他人死亡(即提升了发生死亡结果的风险)的,也可能构成故意杀人罪,这便将故意杀人罪从实害犯转化成了危险犯。此外,该说的判断标准也不清晰。行为人的行为究竟应当在什么程度上提升了发生危害结果的可能性,才能因风险升高而肯定因果关系,对此,该说不可能给出明确的回答。鉴于风险升高理论的这些不足,本案例分析不采该说。因此,应当根据存疑有利于被告之原则,认为在本案中,E 的行为与 C 的死亡结果之间没有因果关系。

(3)小结

虽然 E 打昏 D 的举动对 C 而言属于杀人行为,并且客观上也确实出现了 C 的死亡结果,但是,E 的行为与 C 的死亡之间不存在因果关系,因此,E 不构成故意杀人罪。

4. E 打昏 D 的行为是否根据《刑法》第 232 条和第 23 条对 C 构成故意杀人罪(未遂)

根据《刑法》第 232 条和第 23 条的规定,E 打昏 D 的行为,可能对 C 构成故意杀人罪(未遂)。

(1)构成要件符合性

a. 犯罪决意

构成故意杀人罪(未遂)要求行为人主观上具有故意杀人的犯罪决意,即根据行为人的主观认识,其行为可以符合故意杀人罪的构成要件。在本案中,D 向 E 详细解释了情况,说明如果不及时将 C 送往医院的话,C 肯定会因失血过多而死亡。因此,E 已经认识到自己的行为可能导致 C 死亡。

但是,在本案中,E 并非通过打昏 D 的行为积极追求 C 的死亡结果。换言之,E 仅对 C 的死亡持放任态度,或者说,E 对 C 的死亡结果只具有间接故意。对于间接故意行为是否存在犯罪未遂,我国刑法学界和司法实务存在一定的争议。其中,否定说主张,间接故意犯罪的主观要件表现为放任特定危害结果的发生,根本不存在对完成特定犯罪的追求。而犯罪未遂的成立要求行为人主观上具有完成特定犯罪的意志和追求。因此,间接故意犯罪不符合犯罪未遂的主观特征,不可能存在未遂形态。① 依据该说,在本案中,E仅具有造成C死亡的间接故意,不能对C构成故意杀人罪(未遂)。相反,肯定说则认为,行为人主观上对实现犯罪构成要件持积极追求还是消极放任的态度,对于犯罪未遂的认定没有影响。因此,不仅直接故意犯罪可以成立犯罪未遂,间接故意犯罪也同样可以构成犯罪未遂。② 依据该说,虽然本案中E对C的死亡仅持放任的心态,但仍然可以对C成立故意杀人罪(未遂)。

在以上两种学说中,否定说的观点存在明显的缺陷。我国《刑法》第14条将直接故意和间接故意规定于同一条款当中,这就意味着在规范意义上,间接故意与直接故意没有质的区别,从而也就没有理由认为只有直接故意犯罪存在未遂形态,而间接故意犯罪没有未遂形态。此外,从未遂犯本身的构成来看,既遂与未遂的区分标准仅在于行为人的行为是否实现了犯罪的全部客观构成要件,二者在主观要件上没有本质差异。既然间接故意可以构成犯罪既遂,就难以认定只有直接故意才能成立犯罪未遂。若依否定说之见,认为未遂的成立要求行为人主观上具有完成特定犯罪的追求,就会导致在行为人对危害结果持间接故意,而危害结果又因行为人意志以外的因素未能发生时,无法追究行为人的刑事责任。然而,为何应当给予间接故意的行为人这等优待,也难以从学理上加以解释。因此,间接故意犯罪的主观特征是放任危害结果的发生,这一点不能成为否定其存在未遂形态的理由。与此相应,本案例分析采取肯定说,认为E对C的死亡结果仅持放任心态这一事实不影响对故意杀人未遂的认定。

此外还需要讨论的是,本案中E误以为C应当对自身的死伤结果自我答责,E的这种认识错误是否会影响其犯罪决意的成立。此处须注意的是,虽然在判断行为人是否具有犯罪决意时,应当根据行为人的主观设想考察其行为是否能实现相应的构成要件,但是,应当被纳入考量的只是行为人主观认识到的事实,或者说行为人内心所设定的事实,而不包括行

---

① 参见高铭暄、马克昌主编:《刑法学》(第10版),北京大学出版社、高等教育出版社2022年版,第143页以下。

② 参见张明楷:《刑法学》(第6版),法律出版社2021年版,第428页以下。

为人自身的价值判断。换言之,只有行为人主观上对于事实的设想是判断其是否具备犯罪决意的资料,至于行为人自身对这些事实作何种价值评价,则非所问。在本案中,通过 D 的解释,E 已经知晓自己打昏 D 的行为可能会导致 C 死亡,基于 E 所认识到的事实,其行为完全可以符合故意杀人罪的构成要件。因此,应当肯定 E 主观上具有故意杀人的犯罪决意。至于 E 误以为 C 应当自我答责,则是 E 对于涉案事实所进行的错误价值评价,这种错误认识不具有法律意义,不能据此否定 E 的犯罪决意。

b. 着手实施

根据《刑法》第 23 条的规定,只有当行为人"已经着手实行犯罪",才能认定其构成犯罪未遂,从而对之科处刑罚。虽然刑法理论对于认定着手的具体标准存在巨大争议,但在本案中,E 已经将 D 打昏并因此导致 C 未能及时获得救助。因此,主观说、形式客观说、实质客观说与折中说均会肯定,E 打昏 D 的行为已经构成对 C 的杀人着手。

(2)违法性

本案中,E 打昏 D 的行为可能通过违法阻却事由合法化,其中可以考虑的违法阻却事由主要有正当防卫和紧急避险两项。

a. 正当防卫

(a)防卫势态

正当防卫的成立以客观上存在正在进行的不法侵害为前提。在本案中,E 打昏 D 的直接意图是为了使自己脱身离去,故要认定 E 打昏 D 的行为构成正当防卫,就必须将 D 阻拦 E 驾车前行的举动评价为不法侵害。所谓"不法"侵害,是指侵害行为具有违法性,即其必须客观上违反法秩序且不能基于任何违法阻却事由合法化。然而在本案中,D 是为了挽救 C 的生命而拦住 E 的车辆,其行为本身构成紧急避险:

首先,就避险势态而言,在本案中,C 已身负重伤,若不能及时获得救助就极有可能死亡,故存在着针对 C 生命法益的正在发生的危险。其次,就避险行为而言,本案发生于偏僻的郊野,虽然 D 已经对 C 进行简单包扎,但此举不足以挽救 C 的生命,而 D 又无法通过报警、叫救护车等方式避免危险,故 D 拦下 E 的车辆确属最轻微的、不得已的避险手段。同时,D 的行为仅侵害了 E 的行动自由,而其所保护的则是 C 的生命法益。由于生命法益在级别上明显高于行动自由,故即便在利益权衡时考虑到 C 是自招危险这一因素,也应当肯定 D 的行为旨在维护更为重要的利益,从而符合紧急避险中利益权衡的要求。最后,就避险意思而言,在本案中,D 拦下 E 的车辆就是为了劝说 E 将 C 送往医院,故 D 明显是出于挽救法益的避险意思实施行为。

因此,在本案中,D 拦住 E 的车辆的行为符合紧急避险的全部要件,其行为通过紧急避险合法化。该行为虽然妨碍了 E 的行动自由,但却并非对 E 的"不法"侵害。与此相应,E 打昏 D 的举动就不是对不法侵害的反击,故而不能构成正当防卫。

b. 紧急避险

E 打昏 D 的行为不能构成正当防卫,但其可能符合紧急避险的成立要件,下文即对此予以检视。

(a)避险势态

成立紧急避险以某种合法权益面临正在发生的危险为前提。在本案中,E 之所以打昏 D,是因为 D 拦住了 E 的车辆,限制了 E 的行动自由。因此,应当认为在 E 打昏 D 时,E 的行动自由确实面临着正在发生的危险。

(b)避险行为

i.损害法益保护法益。紧急避险的基本特征为通过损害一个合法权益去保护另外一个合法利益。在本案中,E 为了保护自己的行动自由而损害 C 的生命法益,符合紧急避险的基本特征。

ii.必要性。只有当根据案件的具体情况,避险行为是避免危险的必要措施时,才能肯定紧急避险的成立。换言之,避险行为必须是迫不得已的选择,必须是避免危害结果的最轻微的手段。若行为人可以通过其他造成更小损害的方式避免危险,其行为就并非防止危害结果的必要措施,不能构成紧急避险。在本案中,案件发生的地点较为偏僻,并且 D 一直站在路中央阻止 E 驾车通过,E 在多次要求 D 让开道路被拒绝后才将 D 打昏,故可以认为将 D 打昏是最轻微的避险手段。

iii.利益权衡。紧急避险的成立要求行为人所保护的利益大于避险行为所损害的利益。通说认为,鉴于生命法益的特殊价值,对生命的紧急避险不具有合法性。① 在本案中,E打昏D的行为降低了C获得救助的可能性、危及了C的生命,而E所保护的却只是自己的行动自由。两相权衡之下,难以认为E的行为维护了更为重要的利益,故不能认定其构成紧急避险。

(3)责任

a. 责任故意

在本案中,E已经认识到D是为了挽救C的生命而拦住自己的车辆,其也知晓自己将D打昏的行为可能导致C的死亡,故E对于防卫势态和避险势态不存在错误认识,不能成立假想防卫或假想避险。因此,应肯定E具有责任故意。

b. 责任能力

本案中,E也达到了刑事责任年龄,具有相应的辨认、控制能力。

c. 违法性认识

违法性认识是指行为人认识到或者应当认识到自身行为不为法律所允许的性质。只有当行为人没有现实地认识到自己行为为法律所禁止的性质(违法性认识错误),并且这种认识错误也无法避免时,行为人才因欠缺违法性认识而不构成犯罪。在本案中,虽然E误以为C应当对自身死伤结果自我答责,误以为自己的行为并不违法,从而陷入了违法性认识错误,但是,E的违法性认识错误并非不可避免。原则上,只有涉及法定犯时,才有承认不可避免的违法性认识错误的余地。在涉及自然犯时,几乎不可能存在不可避免的违法性认识错误。② 本案涉及的故意杀人罪是典型的自然犯,E在认识到自己的行为可能危及C的生命时,应当调用其全部的认知能力确证自己的行为是否合法,在不能确认行为的合法性时,也须谨慎行事。因此,在本案中难以认为E的违法性认识错误无法避免,应当认定E具有违法性认识。

d. 期待可能性

所谓期待可能性,是指根据个案具体情况,可以期待行为人不实施违

---

① 参见王钢:《对生命的紧急避险新论——生命数量权衡之否定》,载《政治与法律》2016年第10期,第97页。

② 参见周光权:《刑法总论》(第4版),中国人民大学出版社2021年版,第255页。

法行为而实施其他的合法行为。在本案中,E 的行动自由虽然受到妨碍,但 E 将 D 打昏却可能危及 C 的生命。在此情境中,法秩序虽然不能期待 E 向 C 提供救助(如前所述,E 不对 C 负有救助义务),但完全可以期待 E 放弃实施致使 C 的处境进一步恶化的过激行为。因此,在本案中也不能以欠缺期待可能性为由否定 E 的刑事责任。

五、结论

综合本案的前述分析,在本案中,A 与 B 不构成犯罪,D 同样不构成犯罪,E 构成故意杀人罪(未遂)。

案例4 夺命连环案

案件事实

有妇之夫A和B长期通奸,两人希望能正式结婚。但是,A知道自己的妻子C肯定不会同意离婚,于是A与B合谋杀害C。由于A与B觉得自己无法完成杀人行为,遂决定雇用杀手D和E帮忙。D、E二人与A关系不错,而且也都因数年前的过节对C怀恨在心,因此,数日后,当A找到D和E,向二人说明来意,要求二人在C回家的路上将其杀害时,两人果然满口答应。

在随后的几天里,D和E开始在预想的犯罪场所踩点。两人发现,C每天回家的路线有两条,但无法确定C每天究竟会选择哪条道路回家。案发当天,为了确保成功实施犯罪,D和E决定分头行动,分别潜伏在C可能回家的其中一条道路旁,相互约定若看到C从自己潜伏的道路回家就开枪将其射杀。到了C下班回家的时间,天色已经非常阴暗,负责在废石场堵截的D看到路上走来一人,身材相貌几乎与C一模一样。D认为来人肯定是C(其实是C的双胞胎妹妹F),于是从潜伏的废石堆中一跃而起,抬手就向F开枪射击。F惊恐之下转身就逃。D知道自己没有射中对方,但看到对方惊恐的样子,忽然又心生怜悯,觉得数年前虽与C有过节,但也没必要杀害对方,于是收起枪支准备离开现场。然而,正在此时,慌乱逃跑的F却不慎在黑暗中被路边的石块绊倒,头部着地,血流不止。黑暗中,D并没有发现F已经摔倒,遂径直离开。而潜伏在另一条道路上的E听见D这边的枪响,认为D已经得手,也离开了现场。F最终因未能获得及时救治,失血过多身亡。

事后查明,C之前已经偶然得知了D和E的计划,为了骗取保险金,故意让已经在保险公司投保了人身意外险的F在案发时替自己去D潜的路上送信。案件发生后,C企图去保险公司谎称F意外死亡从而骗取保险金,但途中即被警察抓获。

请分析A、B、C、D、E的刑事责任。

> **思维导引**
>
> 在思考对本案的分析路径时,可能须注意以下几个方面的问题:
>
> 1.本案明显涉及共同犯罪,且参与者人数较多。在对共同犯罪的案件进行分析时,尤其需要注意对分析次序的选择。对共同犯罪的认定应当采取二元参与体系并坚持共犯的限制从属性,与此相应,在分析共同犯罪的案件时必须以正犯为中心,在确定正犯的刑事责任之后,再考虑其他的参与者是否构成共犯。析言之,在涉及多个行为人的案件中,最直接实现构成要件、与危害结果最为接近的行为人往往构成相应犯罪的正犯,故在案例分析时应当从这些行为人切入,首先考察其行为是否构成犯罪。本案中最为显著的法益损害结果是F的死亡,而最直接造成了该损害结果的是D,故对本案的分析应当从D的刑事责任切入。除了D之外,与F的死亡结果具有较为密切关系的是E,故在完成了对D的检视之后,可以进而考察E的刑事责任。而D、E两人之所以实施行为,又与A、B相关,因此,对A、B的考察可以紧随E之后。最后,当然还应当考察C的行为构成何种犯罪。如此,根据各个行为人与危害结果发生的关系及行为人相互间的关系,便可大致形成D→E→A/B→C这样的逻辑思路。当然,在本案中,也可以在完成对E的分析之后,先考察C的刑事责任再考察A、B行为的可罚性。但是,考虑到A、B与D、E行为的关系更为紧密,先考察A、B的刑事责任可能在逻辑上显得更为顺畅一些。
>
> 2.在检视D的刑事责任时,不难注意到本案中的两个特殊情节。其一,D误认了F的身份,这里可能涉及对象错误的问题。这种对象错误可能并不影响对D的刑事责任的认定,但需要留意的是,这种对象错误是否会对其他参与者的罪责产生影响。其二,并非是D直接射杀了F,而是在D放弃了杀害计划时,F才因被石块绊倒且未能及时获得救治而身亡。这里可能会涉及因果关系方面的问题。
>
> 3.在分析E的行为时可能会遇到的问题是,E自己并没有实施杀人行为。此时是否能通过共同犯罪的认定肯定E的刑事责任,显然是分析过程中要解决的重要问题。

4. A、B 两人联系 D、E 杀害 C,结果却导致了 F 的死亡,也即客观上发生的损害结果偏离了 A、B 两人的计划。问题是,这种偏离是否以及如何影响 A、B 两人的刑事责任。此外,在本案中,虽然是 A、B 共同决定联系 D、E 实施杀人行为,但却只有 A 前往联系 D 和 E,B 并没有实施教唆行为。因此,是否能肯定 B 应当与 A 负相同的刑事责任,也是应当考察的问题。

5. C 实际上是利用 D、E 造成了 F 的死亡,对这种行为的定性直接决定了 C 的刑事责任,故应当着重加以考察。同时,C 企图骗取保险金而作案,也不能遗漏对其是否构成保险诈骗罪的检视。

▶ **分析提纲**

一、D 的刑事责任

(一) 开枪射击 F,对 F,第 232 条,故意杀人罪

  1. 构成要件符合性

    (1) 客观构成要件

      a. 危害结果(+)

      b. 实行行为(+)

      c. 因果关系(+)

        问题:被害人的举动是否中断因果关系?

    (2) 主观构成要件:故意

      a. 认识因素(+)

        问题:对象错误、因果关系认识错误

      b. 意志因素(+)

        问题:放弃继续实施?

  2. 违法性(+)

  3. 责任(+)

(二) 开枪射击 F,对 C,第 232 条、第 23 条,故意杀人罪(未遂)

  1. 构成要件符合性

    (1) 犯罪决意

      问题:动机错误?双重故意?

    (2) 着手实施

      (-),只是针对眼前的 F 着手

(三) 离开现场
    1. 不作为的故意杀人、遗弃等罪名
        (-), 均欠缺主观故意

二、E 的刑事责任
(一) 针对 F, 第 232 条, 故意杀人罪
    1. 构成要件符合性
        (1) 客观构成要件
            a. 危害结果(+)
            b. 实行行为(+)
                问题:E 没有自己实施杀害行为?
                问题:共同正犯?
            c. 因果关系(+)
        (2) 主观构成要件(+)
            问题:D 的对象错误对 E 的影响?
    2. 违法性(+)
    3. 责任(+)
    4. 犯罪中止
        (-), 认为 D 已经得手
(二) 针对 C, 第 232 条、第 23 条, 故意杀人罪(未遂)
    1. 构成要件符合性
        (1) 犯罪决意(-)
        (2) 着手实施
            (-), 潜伏等待被害人并非着手
(三) 离开现场
    1. 不作为的故意杀人、遗弃等罪名
        (-), 均欠缺主观故意

三、A 的刑事责任
(一) 对 F, 第 232 条, 故意杀人罪
    1. 构成要件符合性
        (1) 客观构成要件
            a. 危害结果(+)

b. 实行行为(-)

　　问题:A构成间接正犯?

　　问题:A与D(和E)构成共同正犯?

(二)对F,第232条、第29条,故意杀人的教唆犯

1. 构成要件符合性

    (1)客观构成要件

        a. 不法主行为(+)

        b. 教唆行为(+)

    (2)主观构成要件:双重故意

        a. 对主行为的故意(+)

            问题:D的对象错误对A的影响?

        b. 教唆故意(+)

2. 违法性(+)

3. 责任(+)

(三)对C,第232条、第23条、第29条,故意杀人(未遂)的教唆

1. 构成要件符合性

    (-),不存在相应主行为

四、B的刑事责任

(一)对F,第232条,故意杀人罪

1. 构成要件符合性

    (1)客观构成要件

        a. 危害结果(+)

        b. 实行行为

            (-),B与D(和E)不构成共同正犯

(二)对F,第232条、第29条,故意杀人的教唆犯

1. 构成要件符合性

    (1)客观构成要件

        a. 不法主行为(+)

        b. 教唆行为

            (-),B没有对D和E进行教唆。

            问题:共同教唆?连锁教唆?

（三）对F，第232条、第27条，故意杀人的帮助犯
    1. 构成要件符合性
      （1）客观构成要件
        a. 不法主行为(+)
        b. 帮助行为(+)
      （2）主观构成要件
        a. 对主行为的故意(+)
        b. 帮助故意(+)
    2. 违法性(+)
    3. 责任(+)
（四）对C，第232条、第23条、第27条，故意杀人（未遂）的帮助
    1. 构成要件符合性
      (-)，不存在相应主行为

五、C的刑事责任

（一）对F，第232条，故意杀人罪
    1. 构成要件符合性
      （1）客观构成要件
        a. 危害结果(+)
        b. 实行行为(-)
          问题：利用对象错误构成间接正犯？
（二）对F，第232条、第29条，故意杀人的教唆犯
    1. 构成要件符合性
      （1）客观构成要件
        a. 不法主行为(+)
        b. 教唆行为
          (-)，未引起正犯（D与E）的犯罪决意
（三）对F，第232条、第27条，故意杀人的帮助犯
    1. 构成要件符合性
      （1）客观构成要件
        a. 不法主行为(+)
        b. 帮助行为(+)

(2) 主观构成要件
　　　　a. 对主行为的故意(+)
　　　　b. 帮助故意(+)
　　　　　问题:片面共犯?
　　2. 违法性(+)
　　3. 责任(+)
(四)对保险公司,第198条、第23条,保险诈骗罪(未遂)
　　1. 构成要件符合性
　　　(1) 犯罪决意(+)
　　　(2) 着手实施(-)
　　　　问题:形式的客观说?
(五)对保险公司,第198条、第22条,保险诈骗罪(预备)
　　前提:未着手实施犯罪(+)
　　1. 构成要件符合性
　　　(1) 为了实施犯罪(+)
　　　(2) 预备行为:准备工具、制造条件(+)
　　2. 违法性(+)
　　3. 责任(+)
　　4. 犯罪中止
　　　(-),因意志以外的原因未能着手
(六)罪数
　　问题:《刑法》第198条第2款?

参考答案

一、D的刑事责任

> **思维导引**
> 　　构成共同犯罪的行为人完全可能负有不同的刑事责任,因此,在案例分析中,即便能肯定多个行为人构成共同犯罪,也不应将之作为一个整体加以考察,而是要分别检视每个行为人是否构成犯罪。在本案中,虽然D与E可能构成共

同犯罪,但也应当分别讨论其各自的刑事责任。相较于 E 而言,D 直接造成了本案中的损害结果(F 死亡),故应先对 D 的罪行加以分析。

(一) D 开枪射击 F 的行为是否根据《刑法》第 232 条构成对 F 的故意杀人罪

根据《刑法》第 232 条的规定,D 开枪射击 F 的行为可能构成故意杀人罪。

1. 构成要件符合性

(1) 客观构成要件

a. 实行行为与危害结果

故意杀人罪的客观要件要求行为人实施了杀害行为,并因此造成了他人的死亡结果。所谓杀害行为,是指具有导致人死亡的类型化风险的行为,即根据日常生活经验,一般会造成死亡结果的行为。在本案中,行为人 D 开枪射击 F 的行为具有导致他人死亡的类型化的危险,故应当认为 D 实施了杀害行为。同时,在本案中,F 最终死亡,由此也存在故意杀人罪所要求的构成要件结果。

b. 因果关系

故意杀人罪客观构成要件的成立要求死亡结果与行为人的杀害行为之间存在因果关系,其具体判断包括事实归因与法律归责两个层次。

事实归因的判断采"条件说",根据条件公式,若某个行为不存在,相应的危害结果就不会发生,则该行为就是导致相应危害结果的原因。在本案中,D 如果不向 F 开枪射击,则 F 就不会逃跑并摔倒,F 死亡的结果也就不会发生,故 D 的开枪射击与 F 的死亡结果之间存在条件关联,应认为二者间存在归因关系。

法律归责的判断则须考察,事实上可以归因于行为人的结果,在法律上是否也应当由行为人负责。本案中,D 并未击中 F,其开枪行为没有直接导致 F 的死亡,F 是在逃跑过程中不慎被路边石块绊倒,头部着地负伤身亡。换言之,在 D 的杀害行为与 F 的死亡结果之间介入了 F 的逃跑举动。需要讨论的是,F 逃跑行为的介入是否会阻断对行为人 D 的归责。对此,需要着重考虑的两点是:第一,被害人的行为是否由行为人的行为所诱发;第二,被害人的行为是否理性,或者说,根据个案的情况,被害人的行为是否明显不自然、不适当。① 若被害人所实施的介入行为系由行为人的行为所诱发,且并非显著不自然、不适当,则应认为被害人的反应是理性的举动,其介入行为不阻断对行为人的归责。此时行为人就仍须对被害人介入行为所造成的损害结果负责。在本案中,被害人 F 的逃跑行为由行为人 D 的枪击行为诱发,是普通人遭遇枪击后几乎必然会实施的正常反应。同时,D 潜伏实施射击的地点系废石场,周边环境复杂且危险,再加之案发时的天色也已经非常昏暗,故 F 在遭遇伏击后惊慌逃跑时不慎被石块绊倒而负伤,也完全符合日常生活经验。因此,应当认为本案中 F 的逃跑行为是理性的、正常的反应,不妨碍将 F 的死亡结果归责于 D 的射击行为。

综合上述两个层次的判断,应当认为本案中行为人 D 的射杀行为与 F 的死亡之间具有因果关系。

(2)主观构成要件:故意

故意杀人罪的主观要件要求行为人具备杀人的故意,包括认识因素与意志因素两个方面。

a. 认识因素

根据《刑法》第 14 条第 1 款,故意的认识因素是指,行为人明知自己的行为会发生危害社会的结果,也即行为人需要认识到所有与客观构成要件相关的情状。具体到故意杀人罪中,杀人故意也要求行为人认识到自己的行为会造成被害人的死亡。

在本案中,D 明知自己的开枪行为能够造成行为对象的死亡。但是,D 误以为来人是 C 而向其开枪,实际上被射击的却是 C 的双胞胎妹妹 F。问题是,这一认识错误是否会影响对 D 的犯罪故意的认定。该认识错误为同一构成要件内的对象错误。根据法定符合说,刑法规定故意杀人罪是为了保护人的生命,而不只是保护特定某个被害人的生命,因此,只要行为人主观上认识到自己是在实施杀人行为,就具备了杀人故意的认识

---

① 参见[日]前田雅英:《刑法总论讲义(第 7 版)》,曾文科译,北京大学出版社 2024 年版,第 129 页。

因素。与此相应,无论D认识到的是朝C开枪还是朝F开枪,都不影响对其杀人故意的认定。具体符合说虽然要求行为人认识到具体的行为对象,但在同一构成要件的对象错误中,因行为人已经认识到其要杀的就是眼前的"这个人",满足了具体符合的要求,故无论D认为眼前"这个人"究竟是谁,也同样不会影响对其杀害故意的判断。① 因此,无论采取法定符合说还是具体符合说,都应当在本案中认定行为人D对其所实施的杀人事实有所认识,具备了杀人故意的认识因素。

在本案中,D也没有正确认识到导致F死亡的因果流程。其在开枪射击时的企图是,通过击中行为对象(F)造成死亡结果,但却没有认识到F是在逃跑过程中跌倒身亡。然而,如前所述,鉴于行为时的客观环境,D的射击行为引起F的逃跑举动并因此造成F摔倒死亡,完全可以为日常生活经验所预见。据此,这种因果流程的偏离并未超出日常生活经验所能预见的范围,不足以阻却犯罪故意的成立。与此相应,便不能基于因果关系认识错误否定D具有杀人故意的认识因素。

b. 意志因素

根据《刑法》第14条第1款,故意的意志因素是指,行为人希望或放任危害社会的结果发生。具体到故意杀人罪中,杀人故意也要求行为人对被害人的死亡结果持希望或放任的态度。本案中,D在开枪射击时固然希望造成行为对象(F)的死亡,但成为问题的是,在F的死亡结果发生时,D已经放弃了杀害意图,亦未再继续实施杀害行为。那么,是否能据此认定D缺乏故意杀人罪所要求的意志因素,从而否定其杀害故意? 结论是否定的。根据"故意与行为同时存在"原则,判断行为人是否具有犯罪故意的时间点应当是其着手实施犯罪的时刻。行为人在这一时刻的心态决定了其行为是否构成故意犯罪。行为人在这一时刻之前和在这一时刻之后的内心态度则都不影响犯罪故意的认定,正因如此,所谓的"事前故意"和"事后故意"都不属于犯罪故意。根据这一认定犯罪故意的基本原理,行为人在故意着手实施犯罪之后随即放弃犯意的,也同样具有犯罪故意。例如,行为人以杀害意图造成被害人受伤,随即回心转意将被害人

---

① 参见张明楷:《刑法学》(第6版),法律出版社2021年版,第352页。

送往医院抢救,但被害人仍然不幸身亡的,行为人仍然构成故意杀人既遂。同理,在本案中,判断 D 是否具有杀人故意的时点仅在于 D 着手实施杀人行为时,即 D 向行为对象(F)开枪射击的时刻。在这一时间点上,D 显然具有杀害故意,故应肯定 D 满足了杀人故意所要求的意志因素。至于 D 之后放弃杀人意图,则并不影响故意的认定,仅属于可能影响量刑的情节。①

综合上述两点,应认为 D 具备了对 F 的杀人故意。

2. 违法性

本案中,不存在可能适用的违法阻却事由,D 的行为具有违法性。

3. 责任

本案中,行为人 D 具备责任能力及违法性认识、期待可能性等其他责任要素,具备有责性。

> ▶ **思维导引**
>
> 本案中,在肯定 D 对 F 构成故意杀人既遂之后,还有必要再简要考察,D 是否能够对 C 构成故意杀人未遂。原因在于:其一,D 的本意是杀害 C,其企图杀害 C 而未能得逞,表面上看来似乎有对 C 构成故意杀人未遂的可能性。其二,D 是否对 C 构成故意杀人未遂,可能还会影响对其他共犯人刑事责任的认定。例如,在认定 A、B 的刑事责任时,若肯定 D 对 C 构成故意杀人未遂,则 A、B 可能就 D 故意杀人未遂的不法主行为构成共犯。相反,若否定 D 对 C 构成故意杀人未遂,A、B 便不能据此与 D 构成共同犯罪。

(二)D 开枪射击 F 的行为是否根据《刑法》第 232 条、第 23 条构成对 C 的故意杀人罪(未遂)

根据《刑法》第 232 条和第 23 条的规定,D 误认为眼前人是 C 并开枪射击的行为,可能构成故意杀人罪(未遂)。

1. 构成要件符合性

(1)犯罪决意

构成故意杀人罪(未遂)要求行为人主观上具有故意杀人的犯罪决意。犯罪决意包括实现构成要件的故意以及其他可能存在的主观构成要

---

① 参见张明楷:《刑法学》(第 6 版),法律出版社 2021 年版,第 345 页以下。

件要素(即不法目的)。《刑法》第232条要求行为人对杀害行为、死亡结果、因果关系等故意杀人罪的客观构成要件要素具有故意。

本案中,D虽然本欲杀害C,但其在开枪射击时错认眼前的F为C,其犯罪决意即指向眼前的"这个人"(即F)。由于D主观上只有一个杀人决意,且D的杀人决意已经被D对F的故意杀人既遂所评价(正是因为D具有杀害眼前的F的犯罪故意,才能肯定其对F构成故意杀人既遂),根据禁止重复评价原则,就不能再肯定D主观上对C还具有犯罪决意。若认为D在开枪射击时既具有对眼前的F的杀人故意,又具有对C的杀人决意,就拟制了D主观上并不存在的多个杀害意图,殊为不当。因此,应当认为在实施开枪射击行为时,行为人D并不具有对C实施故意杀人罪的犯罪决意。

(2)着手实施

即便退一步而言,肯定D对C具有犯罪决意,也应当否定D着手实施了对C的杀害行为。根据《刑法》第23条的规定,只有当行为人"已经着手实行犯罪"时,才能认定其构成犯罪未遂,从而对之科处刑罚。虽然对着手的具体认定标准多有争议,但无论采何种学说,都不应忽视,本案中C自始至终不曾出现在行为现场。D向F开枪射击的行为不可能对并未到场的C造成任何意义上的危险。因此,行为人D的开枪射击行为仅可能被评价为对F的杀人着手,而不可能被评价为对C的杀人着手。由此,本案中不存在对C着手实施的故意杀人行为,故不能认定D开枪射击的行为还构成对C的故意杀人未遂。

> ▶ **思维导引**
>
> 案例分析中,遇有行为人离开现场的情节,一般都需要考察该行为是否构成不作为犯。故本案中也要考察,D是否因未对F加以救助而离开现场构成不作为的故意杀人或遗弃罪等犯罪。当然,在本案中,D明显缺乏相应的犯罪故意,其没有认识到F在逃跑过程中负伤、处于需要救助的状态,也非意图通过不作为的方式造成F的死亡结果,因此,对D是否构成不作为犯罪的考察可以简略处理。

(三)D离开现场的行为能否根据《刑法》第232条、第261条等构成不作为的故意杀人罪、遗弃罪等罪名

根据《刑法》第232条和第261条等的规定,D离开现场未对受伤的F

案例4 夺命连环案 365

进行救助的行为,可能构成以不作为的方式实施的故意杀人罪、遗弃罪等犯罪。

但是,本案中,D在离开现场时并未发现F已经摔倒,D只知晓自己没有射中F且认为F已经逃走。因此,对于F在逃跑过程中摔倒负伤、需要救助的情况,D主观上缺乏认识。同时,在射击行为结束后,D也因心生怜悯,认为没必要再实施杀害行为,故其主观上也并非希望或放任通过不作为的方式造成F死亡。由此,应认为D离开现场时既未认识到F处于需要救助的状态中,也未认识到其离开现场的行为会导致F死亡的后果,更非希望或放任该死亡结果发生,故D不具有不作为故意杀人及遗弃的主观故意,不能构成故意杀人罪、遗弃罪等不作为的犯罪。

(四)小结

D朝F开枪射击的行为符合故意杀人罪的构成要件且具有违法性,D也具备全部的责任要素,因此,其行为根据《刑法》第232条的规定构成故意杀人罪。

二、E的刑事责任

> **思维导引**
>
> 在分析E的刑事责任时,鉴于本案中出现了F的死亡结果,还是应当考察E是否构成故意杀人罪。然而问题在于,就客观方面而言,在本案中,仅有D直接实施了杀害行为,E自己没有亲自实施向被害人开枪射击等杀人举动。单就E自身来看,其行为显然不符合故意杀人罪的构成要件。因此,这里的核心问题是,是否能基于共同犯罪的理论要求E对D的杀人行为负责,从而将D的杀人举动归属于E,视为是E自己向被害人(F)开枪射击。若能实现这种归责,则可以肯定E符合了故意杀人罪的客观要件。在主观方面,E本欲杀害的是C,而D却造成了F的死亡结果,这里也要处理D的这种对象错误是否影响认定E的犯罪故意这一难题。

(一)E潜伏于与D不同的道路以堵截伏击F的行为是否根据《刑法》第232条构成对F的故意杀人罪

根据《刑法》第232条的规定,E潜伏在与D不同的道路以堵截伏击F的行为可能构成故意杀人罪。

1. **构成要件符合性**
(1) **客观构成要件**
a. 危害结果

故意杀人罪的客观要件要求发生他人死亡的结果。本案中被害人F死亡,符合了故意杀人罪的结果要件。

b. 实行行为

故意杀人罪的客观要件要求行为人实施了杀害行为。本案中,E没有自己实施杀害F的行为,枪击射杀F的行为系由D实施。由此便需要讨论,D射杀F的行为能否归责于E,从而被视为E自己的行为。根据刑法中的共同犯罪理论,若能肯定E与D构成共同正犯,便可要求其相互对彼此行为负责,从而将D的杀害行为归属于E。因此,这里须考察E与D是否构成共同正犯。

对于正犯性的认定,刑法学说上存在较大的争议。具体而言,有如下几种较具代表性的观点:

主观说认为,仅仅从客观方面区分正犯和共犯存在很多困难,故而应根据各参与人的主观方面来做出区分,将基于正犯意思、为自己利益实施犯罪者视为正犯。① 依据该说,本案中D、E受雇于A,且基于与C数年前的过节而企图杀害C,应当认为其是基于正犯意思、为自己利益而实施的杀害C的行为,构成杀害C的共同正犯。

形式客观说认为,实施了构成要件所规定的实行行为,或者至少部分实施了实行行为的人才是正犯。共同正犯是指二人以上共同实行构成要件行为的情形,故没有实施构成要件行为的参与人不可能成立共同正犯。② 依据形式客观说,本案中E仅在路上潜伏等待C,没有亲自实施杀害被害人的构成要件行为,故其并非实施构成要件行为的参与人,从而不可能成立共同正犯。

规范的综合判断理论虽然也认为具有正犯意思的行为人才是正犯,

---

① 对该说的介绍,参见周光权:《刑法总论》(第4版),中国人民大学出版社2021年版,第337页。
② 对该说的介绍,参见周光权:《刑法总论》(第4版),中国人民大学出版社2021年版,第337页;张明楷:《刑法学》(第6版),法律出版社2021年版,第533页。

但该说主张,正犯意思并不是行为人纯粹的内心事实,而是一种评价性的判断。行为人是否具有正犯意思,需要对案件的全部状况进行评价后得出结论,这种评价所依据的事实应包括行为人从犯罪结果中获得利益的程度、行为人参与犯罪的程度、行为人是否具有对犯罪事实的支配或意欲支配犯罪事实等。① 依该说,在本案中,行为人 D、E 本就因与 C 数年前的过节而企图杀害 C,二人受雇于 A 也系为自身的利益实施犯罪,同时两人都积极参与犯罪、对犯罪事实有所支配,故应倾向于认为二人成立故意杀人罪的共同正犯。

犯罪事实支配理论或重要作用说则强调,共同正犯是指在共同犯罪中起重要作用、对犯罪的成功实施具有功能性支配的参与形态。共同正犯人既可能实施了部分或全部的构成要件行为,也可能没有实施构成要件行为,但其必须对共同犯罪及结果发生起到了重要作用,对构成要件的实现作出了不可或缺的贡献。② 该说一般认为,成立共同正犯需要满足具备共同的犯罪计划、共同参与实施且为犯罪作出重大贡献三个条件。其中,共同的犯罪计划并不要求行为人就犯罪的实施进行精细协商,而只要能够认定行为人之间存有共同的犯罪意愿即可;共同参与实施也并不等于实施构成要件行为,行为人在预备阶段参与犯罪的,也可以被认为是共同参与实施。本案中,E 与 D 合谋杀害 C,且一起在预想的犯罪场所踩点,后在实行阶段按计划,E 又与 D 分头行动在不同道路上准备伏击 C,就此而言,E 确与 D 具备共同的犯罪计划,也共同参与了实施。于是,剩下需要讨论的问题为,E 参与分头伏击的行为是否为犯罪作出了重大贡献,即 E 是否对犯罪的成功实施承担了不可或缺的重要功能。在判断行为人是否对共同犯罪作出了不可或缺的贡献时,应当立足于事前的视角,根据行为人之间的共同犯罪计划加以认定。若依据共同的犯罪计划,行为人的行为对于犯罪的成功实施不可或缺,那么,即便从事后的立场看来,该行为人的参与是无足轻重的,也应当认定其成立共同正犯。正因如此,所谓的"择一共同正犯"也构成共同正犯。在择一共同正犯的案件中,

---

① 对该说的介绍,参见张明楷:《刑法学》(第 6 版),法律出版社 2021 年版,第 511 页。
② 参见张明楷:《刑法学》(第 6 版),法律出版社 2021 年版,第 511 页以下、第 533 页。

单个行为人无法确保犯罪成功实施,但多个行为人却通过分工合作达到了保障犯罪成功实施的效果。此时,即便部分参与人并未亲自实施构成要件行为,但从事前角度来看,这些行为人的参与仍然是使整个犯罪计划能够被顺利实施的关键要素,故应肯定这些行为人也对犯罪的成功实施负担了不可或缺的重要功能。① 本案中的情形即是如此。在本案中,C可能经过的路线只有两条,E和D通过相互配合、分别伏击,从事前来看几乎杜绝了C逃生的可能性,从而使得对C的杀害行为能够按计划成功实施。由此可以认为,E虽然没有亲手实施杀害行为,但仍对D实施的杀人罪行作出了不可或缺的重要贡献,确属该枪击案件的共同正犯。

在上述各学说中,主观说存在标准不确定、难以有效检验等缺陷,也可能导致在诉讼过程中过分依赖口供定罪等问题,②已为学界所不采。形式客观说虽然能够有效地通过构成要件对共同正犯的成立范围予以明确限制,但却会导致正犯的认定范围过窄。在间接正犯的场合,幕后者没有实施形式上符合构成要件的行为,在诸多共同正犯的场合,行为人也并未参与实施实行行为,因此,形式客观说会造成无法将间接正犯和大量的共同正犯认定为正犯,殊为不当。规范的综合判断理论本质上系对主观说与犯罪事实支配理论或重要作用说的折中。该说要求基于案件客观情节判断正犯意思的立场固然有其合理性,但其并未明确各个判断因素之间的位阶关系,故在个案中经常难以给出较为清晰的判断标准。犯罪事实支配理论或重要作用说能够避免上述三种学说的缺陷,也契合我国关于共同犯罪的刑事立法重视各犯罪人所发挥作用之大小的主旨,有鉴于此,本案例分析采取犯罪事实支配理论或重要作用说的立场,认为D、E构成故意杀人罪的共同正犯。根据共同正犯的归责原理,D对F的枪击行为可被归责于E,视为E自己的行为,故应认为E实施了构成故意杀人罪所要求的杀害行为。

c. 因果关系

故意杀人罪客观构成要件的成立要求死亡结果与行为人的杀害行为

---

① 参见张明楷:《刑法学》(第6版),法律出版社2021年版,第544页。
② 参见周光权:《刑法总论》(第4版),中国人民大学出版社2021年版,第337页。

之间存在因果关系。在本案中,根据共同正犯"部分实行全部责任"的原则,应将 D 开枪射击的行为归责于 E,视为是 E 自己实施了向 F 开枪射击的举动。故 E 的杀害行为与 F 死亡结果之间的因果判断,与前文对 D 的射杀行为与 F 的死亡结果之间的因果判断完全相同,此处不赘。由此,应认为 E 的杀害行为与 F 的死亡结果之间存在因果关系。

(2)主观构成要件

故意杀人罪的主观要件要求行为人具备杀人的故意,如前所述,即要求行为人明知自己的行为可能造成被害人死亡,且希望或放任被害人的死亡结果发生。在本案中,E 明知其与 D 合谋实施的犯罪行为可能会导致 C 的死亡,且 E 也希望该危害结果发生。但问题是,由于 D 在实施射杀行为时的对象错误,实际的被害人为 F 而非 C。因此便须讨论,D 的对象错误会对 E 的故意认定造成何种影响。在共同正犯的案件中,实施实行行为的正犯发生同一构成要件内的对象错误时,是否还能肯定其他共同正犯人对于现实造成的损害结果具有犯罪故意,是在刑法理论中存在较大争议的难题。对此存在如下不同观点:

a. 对象错误说认为,共同正犯的案件中,实行行为人的对象错误对于其他共同正犯人而言也是对象错误。该说的主要理由在于,当共同犯罪人将部分行为交由他人实行时,就无法完全避免实行行为人发生认识错误的危险。其他共同犯罪人自始能够充分认识到这种危险,故也须对这种危险负责。换言之,共同犯罪人所意图侵害的行为对象原本就只能是为实行行为人特定化了的对象。① 譬如,对于想要杀害 A 的共同犯罪人而言,其当然应当考虑到,在实行者将对象特定的时间点,如果不由实行者将某人特定化为"A",就不可能将 A 杀害,故共同犯罪人认识中想要杀害的"A"原本就是指向"被正犯特定化为 A"的人,只不过该人可能实际上其实是"B"。② 因此,应认为实行行为人的对象错误对于其他共同犯罪人而言也是对象错误。依据此种观点,本案中 E 的认识内容其实是:"D

---

① 参见[日]西田典之:《日本刑法总论》(第 2 版),王昭武、刘明祥译,法律出版社 2013 年版,第 200 页。

② 参见[日]山口厚:《刑法总论(第 3 版)》,付立庆译,中国人民大学出版社 2018 年版,第 359 页;黎宏:《刑法学总论》(第 2 版),法律出版社 2016 年版,第 307 页。

会杀死被其特定化为 C 的被害人"。只不过 E 误认为该"被 D 特定化为 C 的被害人"是 C,但实际上是 F。此种误认系对象错误。

b. 打击错误说认为,共同正犯的案件中,实行行为人的对象错误对于其他共同正犯人而言是打击错误。该说的主要理由是,共犯情形下应以各参与者自身的认识为基础区分对象错误与打击错误,而与实行行为人的认识错误类型无关。在实行行为人发生对象错误时,对其他共同正犯人而言,系因其预想之外的因果进程偏离导致了同一构成要件内的错误结果,故该错误对于其他共同正犯人属于打击错误。① 譬如,在想要共同杀害 A 时,所有共同正犯人的故意都只会针对 A,对其而言,实际杀死 B 的行为仍属打击错误。② 依据该说,本案中 E 企图以与 D 合作的方式杀害 C,后因 D 的认识错误导致误杀 F,D 的此种误杀行为相对于 E 来说是其实现杀害 C 这一目标的方法出现了预想之外的因果进程偏离,故属于打击错误。

c. 折中说认为,在共同正犯的案件中,实行行为人的对象错误对于其他共同正犯人而言是对象错误还是打击错误不能一概而论,应该根据不同情况分别确定。析言之,若按照行为计划,实行者负有辨认、判断行为对象的任务,那么,因其错误判断而发生的对象错误,对于其他共同正犯人而言就仍然是对象错误。相反,若实行者不承担辨认、判断行为对象的任务,则其对象错误对于其他共同犯罪人而言就是打击错误。③ 本案中,依照 D、E 二人的犯罪计划,二人系于不同道路上分别伏击 C,在行动时均应独立判断行为对象的身份。因此,若采折中说,考虑到 D 在实施射杀行为时负有判断行为对象是否确系 C 的任务,应认为其所发生的对象错误对 E 来说也是对象错误。

在上述学说争议的基础上,法定符合说与具体符合说的选择同样会影响此处的分析结论:若采取法定符合说,认为刑法规定故意杀人罪是为了保护人的生命,而不只是保护特定某个被害人的生命,故只要是同一构成要件

---

① 参见[日]松原芳博:《刑法总论重要问题》,王昭武译,中国政法大学出版社 2014 年版,第 348 页以下。
② 参见[日]山口厚:《刑法总论(第 3 版)》,付立庆译,中国人民大学出版社 2018 年版,第 359 页。
③ 参见[德]约翰内斯·韦塞尔斯:《德国刑法总论:犯罪行为及其构造》,李昌珂译,法律出版社 2008 年版,第 310 页以下。

内的认识错误,无论是对象错误还是打击错误,都不影响犯罪故意的认定,上述三种学说的选择便不会造成结论上的差异。因此,只要采取法定符合说,就应认为本案中 D 的认识错误并不阻却 E 对 F 的死亡结果具有故意。相反,依据具体符合说,在同一构成要件范围内,对于对象错误与打击错误的处理方式并不相同,对象错误不影响故意的认定,但打击错误却导致应当否定行为人对现实造成的损害结果具有犯罪故意。① 由此,若采取具体符合说,且同时采取上述对象错误说或折中说,便会认为 D 误认 F 是 C 的对象错误不影响 E 的杀人故意认定;若采取具体符合说,且同时采取上述打击错误说,就应当基于 D 的对象错误否定 E 对 F 的死亡结果具有故意。

综上所述,除了同时采取打击错误说和具体符合说的立场会否定 E 对 F 的杀人故意之外,其他学说都会肯定 E 对 F 具有杀人故意。然而,打击错误说本质上是在共同犯罪的场合将实行行为人看成了其他人实现自身犯罪目的的工具,忽视了实行行为人亦是作为有自主意志的人来参与犯罪计划的实现这一事实,是对其主体性的贬损。同时,若采打击错误说且采具体符合说,便会在本案中导致 E 所负的刑事责任低于 D,从罪刑均衡的角度来看,对 E 的此种优待也有失公允。因此,本案例分析不采纳这种立场,而是认为 D 的对象错误不影响 E 的犯罪故意认定,即 E 对 F 也具备作为故意杀人罪主观构成要件的杀害故意。

2. 违法性

本案中,不存在可能适用的违法阻却事由,E 的行为具有违法性。

3. 责任

本案中,行为人 E 具备责任能力及违法性认识、期待可能性等其他责任要素,具备有责性。

> ▶ **思维导引**
>
> 上文已经确定 E 的行为符合了故意杀人罪的构成要件,故 E 实际上不可能再构成犯罪中止,此处可以不再进而考察 E 离开现场的举动是否符合中止犯的要求。但是,从形式上看,E 似乎具有因放弃罪行而脱离共同犯罪的可能性,因此,为保证考察的全面性,也可以对 E 为何不构成犯罪中止略加阐释。

---

① 参见黎宏:《刑法学总论》(第 2 版),法律出版社 2016 年版,第 204 页以下。

4. 犯罪中止

E在D并未击中被害人F时即放弃继续实施杀害行为,转而离开了案发现场,故须考察其是否可能因此构成犯罪中止。

根据《刑法》第24条第1款的规定,犯罪中止要求行为人在犯罪过程中自动放弃犯罪或者自动有效地防止犯罪结果发生。在本案中,E认为D已经得手而离开现场,其主观上并无自动放弃犯罪的意图,故不能认为其是自动实施中止行为。此外,F终因失血过多死亡,E也未能有效防止该危害结果发生。因此,E的离去并不满足犯罪中止的成立条件,不能认定E构成犯罪中止。

(二)E潜伏于与D不同的道路以堵截伏击F的行为是否根据《刑法》第232条、第23条构成对C的故意杀人罪(未遂)

1.构成要件符合性

(1)犯罪决意

构成故意杀人罪(未遂)要求行为人主观上具有故意杀人的犯罪决意。若认定E的主观心态已经能被评价为对F的杀人故意,则与上文分析D对C是否构成故意杀人罪时类似,根据禁止重复评价原则,同样不能再认定E对C还具有犯罪决意。相反,若认为D的对象错误对E系打击错误且采具体符合说,认为E对F不具有杀人故意,则可以肯定E具备对C的杀人决意。上文已经表明,本案例分析不采后一种立场,故此处应认为E不具有对C的犯罪决意。

(2)着手实施

根据《刑法》第23条的规定,构成犯罪未遂要求行为人已经着手实施犯罪。如前所述,考虑到预想中的被害人C从未真实出现于犯罪地点,本案中不应认为D对F的射击行为构成对C的杀人着手。同理,E于路上潜伏的行为也不能被认为是对C的杀人着手。由此,应认定E并未对C着手实施杀人行为,故其不能构成对C的故意杀人罪(未遂)。

(三)E离开现场的行为能否根据《刑法》第232条、第261条等构成不作为的故意杀人罪、遗弃罪等罪名

根据《刑法》第232条和第261条等的规定,E离开现场未对受伤的F进行救助的行为,可能构成不作为的故意杀人、遗弃等犯罪。但是,本案中,E离开现场时以为D已经得手,其并不知晓被害人处于需要救助的危难状况之中,也未认识到其离开现场的举动会造成被害人死亡的危害后果,因此,E不具有以不作为的方式实施杀人行为或遗弃被害人的主观故意,不构成相应犯罪。

(四)小结

综上所述,根据本案例分析的立场,E与D成立故意杀人的共同正犯,D的杀害行为可以直接归责于E,且D的对象错误不影响对E犯罪故意的认定,故E也实现了故意杀人罪的构成要件,根据《刑法》第232条的规定构成故意杀人罪。

三、A的刑事责任

> ▶ 思维导引
>
> 在完成了对D、E的分析之后,可以进而考察A、B二人的刑事责任。在检视A、B的罪行时须注意两点:首先,如前所述,在共同犯罪的场合,仍然应当坚持分别判断共犯人的刑事责任,故同样不能将A、B二人作为一个整体来加以检视,而是应当分别认定其是否构成犯罪。在A、B二人之中,A直接联系D、E,相较于B而言与D、E罪行的联系更为紧密,故建议先对A加以考察。其次,在对任何行为人的行为加以检视时,都要先考察行为人是否构成相应犯罪的正犯,只有在其不能构成正犯时,才考察其是否应当作为共犯承担刑事责任。即便行为人的行为从外观上看来完全不可能符合正犯的成立条件,也须坚持这一基本思路。因此,在分析A的刑事责任时,也应先检视其是否作为正犯实现了故意杀人罪的构成要件。

(一)A雇用D与E杀害C的行为是否根据《刑法》第232条构成对F的故意杀人罪

1.构成要件符合性

根据《刑法》第232条的规定,A雇用D与E杀害C的行为可能构成故意杀人罪。

(1)客观构成要件

a.危害结果

故意杀人罪的客观要件要求发生他人死亡的结果。本案中被害人F死亡,符合了故意杀人罪的结果要件。

b. 实行行为

故意杀人罪的客观要件要求行为人实施了杀害行为。本案中,A 仅雇用 D 与 E 实施犯罪,A 没有亲自实施杀人行为,明显不构成故意杀害 F 的直接正犯。故此处需要讨论,D 杀害 F 的行为能否归责于 A,从而被视为 A 自己实施的行为。根据共同犯罪的理论,只有在能肯定 A 支配了 D 的罪行,构成间接正犯,或者能肯定 A 与 D、E 二人构成共同正犯时,才能将 D 的杀害行为归属于 A,使 A 成为实施杀害行为的正犯。

然而,根据本案例分析所采纳的犯罪事实支配理论或重要作用说,基于本案的案件事实,不能认定 A 构成间接正犯。间接正犯的成立以幕后者形成了对实施者的意志支配为前提。本案中,A 系雇用 D 和 E 实施杀害行为,D、E 完全可以自主决定是否实施杀人行为。在杀人犯罪的各个成立要件上,A 相对于 D(和 E)均不具有优势认知,其对 D 的罪行毫无支配性可言,故不可能认为 A 是将 D(和 E)作为工具加以利用。

此外,A 与 D(和 E)也不构成共同正犯。如前所述,共同正犯的成立要求具备共同的犯罪计划、共同参与实施且为犯罪作出重大贡献三个条件。本案中,A 雇用了 D 和 E,要求其在 C 回家的路上杀害 C,故 A 与 D、E 二人存在共同的犯罪意图。但是,在雇用二人之后,A 并未参与对具体杀害行为的谋划,也未对犯罪的具体实施加以干预。A 仅仅起到了引起犯罪意思的作用,不能认为其共同参与实施犯罪且为犯罪作出了不可或缺的重大贡献。

因此,A 既不构成间接正犯,也不与 D、E 构成共同正犯,D 杀害 F 的行为不能被归责于 A。与此相应,本案中,应当认定 A 没有实施故意杀人的实行行为,不能构成故意杀人罪的正犯。

> **思维导引**
>
> 根据分析共同犯罪的基本思路,在否定行为人成立某个故意犯罪的正犯之后,切忌草率得出行为人不构成该罪的结论,此时应当进而分析行为人是否构成该罪的共犯。狭义共犯有教唆犯和帮助犯两种情形,因教唆犯处罚较重,在检视共犯的可罚性时,应当先考察行为人是否构成教唆犯。若其也不构成教唆犯,则须再继而考察行为人是否构成帮助犯。因此,在本案中,否定 A 构成杀害 F 的正犯之后,应当继续检视 A 是否就 D 杀害 F 的罪行构成教唆犯。

(二)A 雇用 D 与 E 杀害 C 的行为是否根据《刑法》第 232 条、第 29 条构成对 F 的故意杀人罪的教唆犯

根据《刑法》第232条和第29条的规定,A 雇用 D 与 E 杀害 C 的行为可能构成故意杀人罪的教唆犯。

1. 构成要件符合性

(1)客观构成要件

> ▶ **思维导引**
>
> 在判断行为人是否构成教唆犯或帮助犯时,务必要谨记共犯限制从属性的要求,只有在存有正犯的不法主行为的前提下,才可能认定行为人就该主行为构成教唆犯或帮助犯。因此,在检查 A 是否实施了教唆行为之前,应当先确定本案中是否存在正犯的不法主行为。

a. 不法(符合构成要件并且违法)主行为

构成故意杀人罪的教唆犯要求存在符合构成要件并且违法的正犯主行为。本案中,如前所述,D 开枪射杀 F 的行为符合了故意杀人罪的构成要件,该行为也不因任何违法阻却事由而合法化,故其可以被认定为本案中的不法主行为。

b. 教唆行为

构成故意杀人罪的教唆犯要求行为人实施了引起正犯犯罪决意的教唆行为,至于行为人引起正犯犯罪决意的具体方式,则非所问。在本案中,D 和 E 虽然都因为数年前的过节对 C 怀恨在心,但二人原本并没有杀害 C 的意思。其杀害 C 的犯罪决意系因 A 的雇用行为而引起。因此,应认为 A 的雇用行为属于引起正犯犯罪决意的教唆行为。

(2)主观构成要件:双重故意

> ▶ **思维导引**
>
> 在认定教唆犯和帮助犯时须注意,由于共犯的客观构成要件表现为两个层面的要求(其一为正犯的不法主行为,其二为教唆行为或帮助行为),故共犯的犯罪故意也体现为双重故意。一方面,行为人必须对正犯的不法主行为持有故意,即其至少希望或放任正犯的不法主行为达于着手实施;另一方面,行为人也必须具有实施共犯行为的故意,即其必须是故意引起了正犯的犯罪决意(教唆犯),或者是故意促进了正犯主行为的实施(帮助犯)。

a. 对主行为的故意

认定故意杀人罪的教唆犯要求教唆者在主观方面具有对正犯不法主行为的故意,即教唆者必须对所教唆之罪行的全部客观与主观构成要件以及该罪行的违法性具有认识,并希望或放任正犯罪行达于着手。在本案中,A 系为杀害 C 而雇用 D 与 E,其对 D、E 将对 C 实施的杀害行为具有明确的认识,并且希望 C 的死亡结果发生。但问题是,由于 D 在射杀时的对象错误,实际的被害人为 F 而非 C。此处同样需要讨论,D 的具体对象错误对于 A 而言是何种类型的认识错误,亦即在教唆犯的案件中,正犯的具体对象错误是否影响认定教唆者对正犯错误实施的犯罪行为具有犯罪故意。

此处同样存在前述对象错误说、打击错误说与折中说的争论。若采对象错误说,则 D 的具体对象错误对 A 而言也是对象错误;若采打击错误说,则 D 的对象错误对 A 而言是打击错误;若采折中说,考虑到 A 雇用 D、E 后并未干涉后者对杀害行为的具体实施,D、E 在实行杀害行为时皆负有独立判断行为对象之身份的任务,故 D 的对象错误对 A 而言也应当是对象错误。在此基础上,法定符合说与具体符合说的立场选择也会影响案件的分析结论。与认定 E 的犯罪故意时一样,若兼采打击错误说与具体符合说,则应当否定 A 对 D 的主行为(杀害 F)具有犯罪故意,此时只能认定 A 对 D 构成教唆未遂(因为 D 没有犯被教唆的罪,即没有杀害 C)和过失致人死亡(A 通过其教唆行为过失导致了 F 的死亡结果)的想象竞合。相反,若采取法定符合说,或是在采取具体符合说的同时采取对象错误说或折中说,则都会得出 D 的具体对象错误不影响认定 A 具有犯罪故意的结论。与上文立场一致,本案例分析此处也认为 D 的对象错误不影响对 A 的故意认定,故应肯定 A 对 D 的不法主行为(杀害 F)具有故意。

b. 教唆故意

认定故意杀人罪的教唆犯还要求教唆者在主观上具有教唆故意,即教唆者必须是故意地引起了正犯实施主行为的犯罪决意。本案中,A 雇用 D 与 E 即是为了引起其杀害 C 的犯罪决意,故 A 主观上具备教唆故意。

2. 违法性

本案中,不存在可能适用的违法阻却事由,A 的行为具有违法性。

3. 责任

本案中,行为人 A 具备责任能力及违法性认识、期待可能性等其他责任要素,具备有责性。

> ▶ 思维导引
>
> 本案中,A 本意是引起 D、E 杀害 C,但 D、E 未能造成 C 的死亡,故还须考察,A 是否能对 C 构成故意杀人未遂的教唆犯。

(三)A 雇用 D 与 E 杀害 C 的行为是否根据《刑法》第 232 条、第 23 条、第 29 条构成对 C 的故意杀人罪(未遂)的教唆犯

根据《刑法》第 232 条、第 23 条和第 29 条的规定,A 雇用 D 与 E 杀害 C 的行为可能构成对 C 的故意杀人未遂的教唆犯。

1. 构成要件符合性

构成故意杀人罪的教唆犯要求存在符合构成要件并且违法的正犯主行为。正犯主行为不必既遂,但必须达于着手实行。换言之,若正犯着手实施犯罪行为而未遂,则教唆者仍然可以对正犯未遂的主行为构成教唆犯(对未遂的教唆)。然而,在本案中,如前所述,D 与 E 皆未着手实施对 C 的杀害行为,故不存在故意杀害 C 未遂的不法主行为。与此相应,A 也就不能构成对 C 的故意杀人罪(未遂)的教唆犯。

(四)小结

综上所述,A 雇用 D 与 E 杀害 C,最终却导致 F 死亡的行为,符合故意杀人罪教唆犯的全部构成要件且具有违法性,A 也具备全部责任要素,因此,根据《刑法》第 232 条、第 29 条,A 成立故意杀人罪的教唆犯。

四、B 的刑事责任

(一)B 与 A 合谋雇用 D 与 E 杀害 C 的行为是否根据《刑法》第 232 条构成对 F 的故意杀人罪

1. 构成要件符合性

根据《刑法》第 232 条的规定,B 与 A 合谋雇用 D 与 E 杀害 C 的行为

可能构成故意杀人罪。

(1) **客观构成要件**

a. 危害结果

故意杀人罪的客观要件要求发生他人死亡的结果。本案中被害人F死亡,符合了故意杀人罪的结果要件。

b. 实行行为

故意杀人罪的客观要件要求行为人实施了杀害行为。本案中,B仅与A合谋雇用D与E杀害F,而没有自己实施杀害F的行为。由此便需要讨论,D射杀F的举动能否归责于B,被视为是B自己的行为。然而,如上所述,本案中,直接雇用D、E二人实施犯罪的A尚因缺乏对D、E罪行的支配性而不成立间接正犯,A也因未对犯罪作出重大贡献而不与D、E构成共同正犯,那么,仅与A就雇用行为进行合谋的B就更不可能被认为支配了D、E的罪行,或者为D、E的罪行作出了不可或缺的重要贡献。因此,B在本案中既不成立间接正犯,也不可能与D、E构成共同正犯,不能认定B实施了故意杀人的实行行为。

(二) B与A合谋雇用D与E杀害C的行为是否根据《刑法》第232条、第29条构成对F的故意杀人罪的教唆犯

根据《刑法》第232条和第29条的规定,B与A合谋雇用D与E杀害C的行为可能构成故意杀人罪的教唆犯。

1. 构成要件符合性

(1) **客观构成要件**

a. 不法(符合构成要件并且违法)主行为

构成故意杀人罪的教唆犯要求存在符合构成要件并且违法的正犯主行为。本案中,D开枪射杀F的行为构成故意杀人既遂,系不法的正犯主行为。

b. 教唆行为

> ▶ **思维导引**
>
> 在本案中考察B是否对D、E构成教唆犯时,会发现B其实并未亲自对D、E实行教唆。那么,是否能够认定B符合了教唆行为的要求,就成为问题。与认定正犯的情形一样,此处应当考虑,是否可能通过某种理由,要求B对他人

(本案中为 A)实施的教唆行为负责,从而足以在规范的意义上视为 B 自己实施了教唆行为。在教唆犯的场合,存在两种可以要求行为人为他人教唆行为负责的理论路径:其一为利用类似于正犯归责的标准。即:若行为人支配了他人的教唆行为,或者基于与他人共同的教唆意思参与他人的教唆行为并为该教唆行为的成功实施作出了不可或缺的重大贡献,则应当将他人的教唆行为归属于行为人,视为行为人亲自对正犯实施了教唆行为。其二为连锁教唆。所谓"连锁教唆"是指,行为人引起他人的教唆决意,教唆他人对正犯实施教唆。若正犯着手实施犯罪,则处于连锁教唆链条上的唆使者全部成立教唆犯。例如,张三引起李四的教唆决意,唆使李四去教唆正犯王五实施犯罪。若王五因此而实施犯罪行为,则不仅李四成立教唆犯,张三也因连锁教唆而构成教唆犯。须注意的是,在每个环节都满足教唆犯的成立条件的前提下,连锁教唆的链条可以无限延长。对于连锁教唆这种特殊的教唆类型,可以通过"对教唆的教唆是教唆"这一口诀加以记忆。与此相应,在本案中,B 没有亲自对 D、E 实施教唆行为,要肯定 B 构成教唆犯,就只能考察 B 是否因支配了 A 的教唆行为或与 A 构成共同教唆,或者因构成连锁教唆而符合了教唆犯的客观构成要件。

构成故意杀人罪的教唆犯要求存在引起正犯犯罪决意的教唆行为。本案中,B 仅与 A 合谋雇用 D 与 E 杀害 F,而没有亲自对 D、E 进行教唆。由此需要讨论,A 对 D、E 的教唆行为能否归责于 B,视为是 B 自己实施了教唆行为。要肯定这种行为归责,就要求 B 要么支配了 A 的教唆行为,要么与 A 构成共同教唆,要么因引起了 A 的教唆决意而构成连锁教唆。然而,根据本案的事实,A 的教唆决意不是由 B 引起,即并非 B 教唆 A 前去教唆 D、E 犯罪,故 B 不构成连锁教唆。同时,B 对 A 所实施的教唆行为也显然不具有支配性,其并非将 A 作为工具加以利用而间接唆使 D、E 实施犯罪。此外,B 与 A 也不构成共同教唆。与共同正犯的判断标准相似,共同教唆的成立也要求多个教唆者具备共同的教唆意思、共同参与实施教唆行为、为教唆行为作出重大贡献等三个条件。本案中,B 虽然与 A 具有共同的教唆意思,但 B 没有直接参与实施教唆行为,特别是,案件事实并未表明 B 对 A 成功实施教唆行为作出了不可或缺的重大贡献。因此,在本案中不能将 A 对 D、E 的教唆行为归责于 B,不能认为 B 实施了引起正犯犯罪决意的教唆行为,从而也就不能肯定 B 构成故意杀人罪的教唆犯。

(三) B 与 A 合谋雇用 D 与 E 杀害 C 的行为是否根据《刑法》第 232 条、第 27 条构成对 F 的故意杀人罪的帮助犯

根据《刑法》第 232 条和第 27 条的规定,B 与 A 合谋雇用 D 与 E 杀害 C 的行为可能构成故意杀人罪的帮助犯。

1. 构成要件符合性

(1) 客观构成要件

a. 不法(符合构成要件并且违法)主行为

构成故意杀人罪的帮助犯要求存在符合构成要件并且违法的正犯主行为。本案中,D 开枪射杀 F 的行为构成故意杀人既遂,系不法的正犯主行为。

b. 帮助行为

> ▶ 思维导引
>
> 在本案中,B 也没有对 D、E 直接加以帮助,但这并不妨碍认定 B 实施了帮助行为。刑法理论对于帮助行为的认定本就十分宽泛,任何对正犯主行为的实施起到了促进作用的举止,都应当被认定为帮助行为。至于行为人是直接对正犯加以帮助还是间接对正犯加以帮助,则非所问。因此,为教唆犯的教唆行为提供帮助的,也是间接帮助了正犯主行为的实施,同样构成帮助行为,故"对教唆的帮助是帮助"。同理,帮助他人实施对正犯的帮助行为的,其自身也属帮助行为,故"对帮助的帮助是帮助"。不仅如此,教唆他人为正犯提供帮助的,也同样构成对正犯的帮助,故"对帮助的教唆是帮助"。

构成故意杀人罪的帮助犯要求行为人实施了帮助行为,即其必须促进了正犯不法主行为的实施。一切形式的物理帮助或心理帮助都可以被认定为帮助行为。本案中,B 与 A 合谋雇用 D、E 杀害 C,B 的行为至少对 A 的教唆行为存在心理上的帮助,从而也间接地对 D、E 所实施的不法主行为起到了促进作用,故应当肯定 B 帮助了 D、E 不法主行为的实施。

(2) 主观构成要件

a. 对主行为的故意

构成故意杀人罪的帮助犯要求帮助者对正犯主行为存在故意,即帮助者必须对所帮助之罪行的全部客观与主观构成要件以及违法性具有认

识,并希望或放任正犯主行为达于着手实施。在本案中,B与A合谋雇用D、E即是为了杀害C,故B对D、E将对C实施的杀害行为具有明确的认识,其也希望C的死亡结果发生。但问题是,由于D在射杀时的对象错误,实际的被害人为F而非C。此处同样需要讨论,D的具体对象错误对于B而言是何种类型的认识错误,亦即在帮助犯的案件中,正犯的具体对象错误是否影响认定帮助者对正犯错误实施的犯罪行为具有犯罪故意。

此处的问题与前述认定E和A的犯罪故意的情形基本一致。若采对象错误说,则D的具体对象错误对B而言也是对象错误;若采打击错误说,则D的对象错误对B而言是打击错误;若采折中说,由于在具体实施杀害行为时是D、E各自负担辨认被害人身份的任务,故D的对象错误对B而言也应当是对象错误。在此基础上,还要考虑法定符合说与具体符合说的立场选择。若兼采打击错误说与具体符合说,则须否定B对D实施的罪行(杀害F)具有故意;若采法定符合说,或是在采取具体符合说的同时采取对象错误说或折中说,则都应认定D的具体对象错误不影响B的犯罪故意。与上文立场一致,本案例分析认为D的对象错误不影响B的故意认定,故B对杀害F的主行为具有故意。

b. 帮助故意

认定故意杀人罪的帮助犯还要求帮助者在主观方面存在促进正犯主行为实施的故意,即其必须是在认识到主行为的实质不法内涵的基础上,故意对正犯的主行为加以帮助。本案中,B对雇凶杀人会造成他人死亡的危害结果有所认识,其也希望这种危害结果发生,并因此有意实施了帮助行为,故应肯定其具备帮助故意。

2. 违法性

本案中,不存在可能适用的违法阻却事由,B的行为具有违法性。

3. 责任

本案中,行为人B具备责任能力及违法性认识、期待可能性等其他责任要素,具备有责性。

(四)B与A合谋雇用D与E杀害C的行为是否根据《刑法》第232条、第23条和第27条构成对C的故意杀人罪(未遂)的帮助犯

根据《刑法》第232条、第23条和第27条的规定,B与A合谋雇用D

与 E 杀害 C 的行为可能构成对 C 的故意杀人未遂的帮助犯。

1. 构成要件符合性

构成故意杀人罪的帮助犯要求存在符合构成要件并且违法的正犯主行为。但如前所述,本案中,D 与 E 皆未着手实施对 C 的杀害行为,故不存在对 C 故意杀人未遂的不法主行为。因此,B 与 A 合谋雇用 D、E 杀害 C 的行为也就不构成对 C 的故意杀人罪(未遂)的帮助犯。

(五)小结

综上所述,B 与 A 合谋雇用 D、E 杀害 C,其行为符合故意杀人罪帮助犯的构成要件并具有违法性,B 也具备全部责任要素,因此,根据《刑法》第 232 条、第 27 条,B 成立故意杀人罪的帮助犯。

五、C 的刑事责任

(一)C 指示 F 替自己去 D 潜伏的路上送信的行为是否根据《刑法》第 232 条构成对 F 的故意杀人罪

根据《刑法》第 232 条的规定,C 指示 F 替自己去 D 潜伏的路上送信的行为可能构成故意杀人罪。

1. 构成要件符合性

(1)客观构成要件

a. 危害结果

故意杀人罪的客观要件要求发生他人死亡的结果。本案中被害人 F 死亡,符合了故意杀人罪的结果要件。

b. 实行行为

故意杀人罪的客观要件要求行为人实施了杀害行为。本案中,C 没有自己实施杀害 F 的行为,而是利用了 D、E 的犯罪计划,利用 D、E 的认识错误杀死了 F。由此需要讨论的是,C 利用 D、E 杀死 F 的行为是否构成杀死 F 的间接正犯。这就涉及利用同一构成要件内对象错误能否构成间接正犯的问题。对此,刑法理论上存有争议:

肯定说认为,当实施者存在同一构成要件内的对象错误时,可以认为利用该对象错误的幕后者对现实发生的死亡结果具备主控全局、进行意思支配的地位,因而构成间接正犯。① 依据该说,本案中,D、E 虽然本就具有杀人故意(杀害 C 的意图),但两人原本不具有杀害 F 的意思,杀害 F 对于 D、E 二人而言毫无意义。然而,C 借机计诱不知情的 F 赴死,引起并利用 D、E 的对象错误使二人实施了其本不欲实施的杀害 F 的行为,故应当肯定 C 对 D、E 的杀害行为和 F 的死亡结果具有事实支配,从而构成杀害 F 的间接正犯。

否定说认为,在认定间接正犯时应当在个案中考察,幕后者对被利用的实施者的意思支配能否达到与直接正犯等同视之的程度。② 在利用他人认识错误的场合,原则上只有当被利用的实施者缺乏幕后者所具有的犯罪故意时,才能认定幕后者在其所欲实现之构成要件的范围内形成了对实施者的意思支配,从而构成间接正犯。③ 依据该说,在本案中,如前所述,D、E 均具有杀人故意,故在故意杀人罪的范围之内,C 相对于 D、E 不具有更为优势的意思支配。虽然 D、E 并不知其所杀害者为 F,但被害人的身份本就不是杀人故意的认识内容,故 C 关于被害人身份的优势认知不能在故意杀人罪的范围内形成对 D、E 的意思支配,从而也就不能认为 C 成立杀害 F 的间接正犯。

如前所述,本案例分析采纳犯罪事实支配理论。根据该说的立场,间接正犯的正犯性在于,幕后者通过对实施者的意思支配掌控了犯罪事实,实质性地控制着构成要件的实现。④ 在实施者于同一构成要件范围内产生对象错误的案件中,实施者虽然存在认识错误,但这种同一构成要件范围内的对象错误仅为动机层面的错误,不应对正犯性的认定造成影响。因此,本案例分析认为,上述否定说更具有说服力,应当否定 C 成立杀害 F 的间接正犯。与此相应,就也不能将 D 杀害 F 的行为归责于 C,不能认定 C 对 F 实施了杀害行为。

还须说明的是,虽然本案中 F 对于自己所面临的危险并不知情,但不

---

① 参见林山田:《刑法通论(下册)》(增订 10 版),北京大学出版社 2012 年版,第 27 页。
② 参见[日]前田雅英:《刑法总论讲义(第 7 版)》,曾文科译,北京大学出版社 2024 年版,第 78 页以下。
③ 参见张明楷:《刑法学》(第 6 版),法律出版社 2021 年版,第 530 页。
④ 参见张明楷:《刑法学》(第 6 版),法律出版社 2021 年版,第 511 页。

能因 C 的欺骗导致不知情的 F 身陷险境而认定 C 构成间接正犯。诚然，在幕后者利用不知情的被害人实施自我损害的情形中，幕后者也构成间接正犯。例如，欺骗被害人自杀的，构成故意杀人罪的间接正犯。但在本案中，却不是被害人 F 自己的行为造成了损害结果，而是 D 的杀害行为才造成了 F 死亡。因此，本案不属于幕后者利用被害人进行自我损害的情形，不能简单基于 C 对 F 的欺骗而认定 C 构成杀害 F 的间接正犯。

（二）C 指示 F 替自己去 D 潜伏的路上送信的行为是否根据《刑法》第 232 条、第 29 条构成对 F 的故意杀人罪的教唆犯

根据《刑法》第 232 条和第 29 条的规定，C 指示 F 替自己去 D 潜伏的路上送信的行为可能构成故意杀人罪的教唆犯。

1. 构成要件符合性

（1）客观构成要件

a. 不法（符合构成要件并且违法）主行为

构成故意杀人罪的教唆犯要求存在符合构成要件并且违法的正犯主行为。本案中，D 开枪射杀 F 的行为构成故意杀人既遂，系不法的正犯主行为。

b. 教唆行为

构成教唆犯要求唆使者通过教唆行为引起了正犯的犯罪决意。若正犯已经具有实施相应罪行的决意，则唆使者对该罪行不能再构成教唆。如前所述，本案中，正犯 D 与 E 的犯罪决意系由 A 的雇用行为所引起，C 指示 F 替自己去 D 潜伏的路上送信的行为不可能对已有犯罪决意的 D、E 再次引起犯罪决意。因此，应认为 C 并未对 D、E 实施教唆行为，不能构成故意杀人罪的教唆犯。

（三）C 指示 F 替自己去 D 潜伏的路上送信的行为是否根据《刑法》第 232 条、第 27 条构成对 F 的故意杀人罪的帮助犯

根据《刑法》第 232 条和第 27 条的规定，C 指示 F 替自己去 D 潜伏的路上送信的行为可能构成故意杀人罪的帮助犯。

1. 构成要件符合性

（1）客观构成要件

a. 不法（符合构成要件并且违法）主行为

构成故意杀人罪的帮助犯要求存在符合构成要件并且违法的正犯主

行为。本案中,D开枪射杀F的行为符合了故意杀人罪的构成要件,并且不存在违法阻却事由,系不法的正犯主行为。

b. 帮助行为

构成故意杀人罪的帮助犯要求帮助者促进了不法主行为的实施。本案中,正是因为C指示F替自己去D潜伏的路上送信,才使得后续D的射杀行为得以发生,故C的行为对不法主行为的实施确有促进作用。由此,应当认为C的行为系对D的不法主行为的物理帮助,构成故意杀人罪的帮助行为。虽然D的本意是杀害C,C指示F前往送信并利用D的对象错误造成F的死亡,似乎是破坏了D的犯罪计划。但是,刑法上的帮助行为并不是指行为人帮助正犯得偿所愿,而是指帮助正犯实现构成要件。既然C让F前往送信的安排客观上促进D实施了杀人行为、实现了故意杀人罪的构成要件,认定C构成杀害F的帮助犯才是妥当的见解。

(2)主观构成要件

a. 对主行为的故意

构成故意杀人罪的帮助犯要求帮助者对主行为存在故意,即帮助者必须对所帮助之罪行的全部客观与主观构成要件以及违法性具有故意,并希望或放任正犯主行为达于着手实施。本案中,C提前知悉了D、E的犯罪计划,认识到指示F替自己去D潜伏的路上送信会发生后续D对F的射杀行为。因此,应当认为C对于D会造成F死亡的犯罪事实有所认识且希望该死亡结果发生,存在对主行为的故意。

b. 帮助故意

认定故意杀人罪的帮助犯还要求帮助者在主观方面具有帮助故意,即帮助者必须是在认识到主行为的实质不法内涵的基础上,故意促进正犯主行为实施。此处需要讨论的是,C并无让正犯D知晓其帮助行为的意图,这一情节是否会影响对其帮助故意的认定。换言之,是否可以承认C构成片面的帮助犯。所谓片面的帮助,是指正犯没有认识到帮助者对自己的帮助行为,但帮助者却知道自己在帮助正犯实现构成要件。虽然刑法理论对于是否承认以及在何种范围内承认片面共犯的问题多有争议,但仅就帮助犯而言,由于单纯的物理帮助也可构成帮助犯,故除了个别观点外,刑法学界普遍承认片面的帮助犯,①认为即使正犯对帮助者的帮助行为并无认识,也不影响帮助犯的成立。本案例分析亦采此种立场,因此,C虽无使D、E知晓其帮助行为的意图,但是C充分认识到了D的主行为会造成F死亡且对该杀害行为积极加以促进,应认为C具有帮助故意。

2. 违法性

本案中,不存在可能适用的违法阻却事由,C的行为具有违法性。

3. 责任

本案中,行为人C具备责任能力及违法性认识、期待可能性等其他责任要素,具备有责性。

(四)C企图谎称F意外死亡以骗取保险金的行为是否根据《刑法》第198条、第23条构成保险诈骗罪(未遂)

本案中,C企图实施保险诈骗,但其保险诈骗行为显然未能达于既遂。但根据《刑法》第198条和第23条的规定,C企图去保险公司谎称F意外死亡从而骗取保险金的行为可能构成保险诈骗罪(未遂)。

1. 构成要件符合性

(1)犯罪决意

构成保险诈骗罪(未遂)要求行为人主观上具有保险诈骗的犯罪决意。犯罪决意包括实现构成要件的故意以及其他可能存在的主观构成要件要素(即不法目的)。具体到保险诈骗罪中,则是指依据行为人的行为计划,能够认为行为人具备实现保险诈骗罪构成要件的故意及非法占有目的。就此,可从如下三个方面讨论。

a. 对实行行为的决意

根据《刑法》第198条,构成保险诈骗罪要求行为人通过该条规定的5种保险诈骗行为骗取保险金,其中包括投保人、被保险人或者受益人对发生的保险事故编造虚假的原因或者夸大损失的程度以骗取保险金,以及投保人、受益人故意造成被保险人死亡以骗取保险金的情形。本案中,依照C的认识,其有资格因F的意外死亡获得保险金,可以看出其认为自

---

① 参见张明楷:《刑法学》(第6版),法律出版社2021年版,第597页以下。

已系该人身意外险的受益人。同时，C是利用D、E的犯罪计划促成了F的死亡，但C却企图对保险公司谎称F系意外死亡，属于故意造成被保险人死亡且对发生的保险事故编造虚假的原因。由此可见，依照C的行为计划，其行为的确符合保险诈骗罪的构成要件。

b. 对危害结果的决意

根据《刑法》第198条的规定及诈骗罪的一般理论，构成保险诈骗罪要求发生骗取保险金、给保险公司造成财产损失的危害结果。按照C的行为计划，若其能顺利向保险公司谎称F系意外死亡，则保险公司应向其给付保险金，同时也会由此对保险公司造成财产损害。因此，依照C的行为计划，其确有意图实现构成要件结果。

c. 非法占有目的

保险诈骗罪作为诈骗罪的特别法条，其成立还需要行为人具有非法占有保险金的目的。本案中，C的最终目的就是为了非法获取保险金，故应当认为其具有对保险金的非法占有目的。

综上所述，C主观上具有实现保险诈骗罪构成要件的故意，也具备保险诈骗罪所要求的非法占有目的，应认为其具有保险诈骗的犯罪决意。

（2）着手实施①

根据《刑法》第23条的规定，犯罪未遂以行为人已经着手实行犯罪为前提。关于着手的认定，刑法理论上存在着多种不同的见解：

a. 主观说认为，当行为人通过其行为表征出其内心的犯罪意思时，其行为即属于着手实施犯罪。② 根据该说，在本案中，C故意造成F死亡以及企图去保险公司实施欺骗行为等举动均表征出了其内心实施保险诈骗犯罪的意思，故应当肯定C已经着手实施保险诈骗行为。

b. 折中说认为，当根据行为人的犯罪计划，其行为与构成要件的实现之间已经不再具有明显的中间步骤时，就应当认定行为人已经着手实施

---

① 刑法理论对于着手的认定存在较大的见解分歧，但在本案中，除了主观说之外，其他学说得出的结论基本相同，故此处的考察可以做更为简略的处理。

② 对该说的介绍，参见张明楷：《外国刑法纲要》（第3版），法律出版社2020年版，第233页。

犯罪。① 本案中,即便根据 C 的行为计划,其也不能当即取得保险金,而是要经过诸多后续的中间环节才可能完成其保险诈骗罪行。例如,其必须先到达保险公司,再向保险公司谎称 F 意外死亡,此外还需要历经一段时间等待才可能真正获得保险金。鉴于这些明显的中间步骤,不应认为 C 在本案中已经着手实施保险诈骗罪。

c. 形式客观说主张,行为人开始实施一部分符合构成要件的行为(即实行行为)时,就是着手实施犯罪。② 由此,何时可以认定行为人已经着手实施保险诈骗罪就取决于对保险诈骗罪构成要件行为的理解。考虑到保险诈骗罪系诈骗罪的特别法条,其仍要符合诈骗罪的一般原理,故应当认为,保险诈骗罪的构成要件行为是通过《刑法》第 198 条所规定各种欺骗方法骗取数额较大的保险金。相反,行为人制造保险事故的行为则只是在为诈骗保险金创造条件,不属于保险诈骗罪的实行行为。③ 本案中,C 仅制造保险事故并企图前往保险公司谎称 F 意外死亡以骗取保险金,其虽欲对发生的保险事故编造虚假的原因,但事实上却还未开始对保险公司实施欺骗行为,更未据此骗得保险金。由此看来,即便采用形式客观说,也应认为 C 制造保险事故并前往保险公司的行为仅属于为欺骗行为进行犯罪预备,尚不属于《刑法》第 198 条所规定的构成要件行为。因此,根据形式客观说,C 也尚未着手实施保险诈骗罪。

d. 实质客观说认为,当行为人的行为对刑法所保护的法益造成了直接或紧迫的危险时,即应认定其已经着手实施犯罪。对于危险的具体判断方式,则又存在如下不同的学说:

首先,客观危险说主张,应当以行为时存在的一切客观情况为基础,以科学的因果法则为标准,事后判断行为人的行为是否对法益造成了紧迫的危险。④ 依据该说,C 前往保险公司的行为本身尚不足以对保险公司

---

① 参见[德]约翰内斯·韦塞尔斯:《德国刑法总论:犯罪行为及其构造》,李昌珂译,法律出版社 2008 年版,第 342 页。
② 参见高铭暄、马克昌主编:《刑法学》(第 10 版),北京大学出版社、高等教育出版社 2022 年版,第 151 页。
③ 参见张明楷:《刑法学》(第 6 版),法律出版社 2021 年版,第 1051 页以下。
④ 对该说的介绍,参见周光权:《刑法总论》(第 4 版),人民大学出版社 2021 年版,第 299 页以下。

的财产造成任何紧迫危险,故应认为 C 尚未着手实施保险诈骗行为。

其次,修正的客观危险说主张,虽然原则上应当基于案件的全部客观事实,根据客观的因果法则判断行为人的行为是否对法益造成了紧迫的危险,但是,对于一些只有从事后才能查明、在行为时不可能为行为人和一般人认识到的细节事实,则应当将之从判断资料中排除,不能将之作为危险判断的基础。① 本案中,由于并不存在只能从事后才能查明、在行为时却不可能为行为人和一般人认识到的细节事实,故而该说选取的判断资料与客观危险说没有区别,二者在判断结论上也应一致。因此,依据该说,也应认为 C 尚未着手实施保险诈骗罪。

再次,具体危险说主张,应以行为时一般人可能认识到的事实以及行为人特别认识到的事实为基础,根据一般人的观念判断行为人的行为是否对法益造成了紧迫危险。② 依据该说,在本案中,一般人也会认为 C 前往保险公司的举动本身尚不足以对保险公司的财产法益造成危险,故该说亦否定 C 的保险诈骗行为已经达于着手。

最后,纯粹主观说与抽象危险说则认为,应当以行为人在行为时的主观认识为基础,根据行为人自身或者一般人的判断认定行为人的行为是否具有造成法益损害的危险。③ 由于在本案中,C 自己也知晓其无法当即取得保险金,故该说同样会认为 C 在前往保险公司途中时尚未着手实施保险诈骗行为。

综上所述,除了主观说以外,任何关于着手认定的学说都会倾向于认定 C 在本案中尚未着手实施保险诈骗罪。由于主观说对于着手的认定太过依赖行为人内心的主观想法,容易倒向主观主义刑法,在司法实践中亦可能助长刑讯逼供之风,且其也会导致将大量的犯罪预备行为认定为着手,殊为不当,因此,该说已为今日学界与司法实务所不采。本案例分析亦不采主观说的立场,故认定 C 尚未着手实施保险诈骗罪,其不能构成保险诈骗罪(未遂)。

---

① 参见张明楷:《刑法学》(第 6 版),法律出版社 2021 年版,第 461 页。
② 参见周光权:《刑法总论》(第 4 版),人民大学出版社 2021 年版,第 302—305 页。
③ 对相关学说的介绍,参见黎宏:《刑法学总论》(第 2 版),法律出版社 2016 年版,第 241 页以下。

(五)C 指示 F 替自己去 D 潜伏的路上送信及在 F 死后前往保险公司的行为是否根据《刑法》第 198 条、第 22 条构成保险诈骗罪(预备)

前文已确定,C 尚未着手实施保险诈骗罪行。但根据《刑法》第 198 条和第 22 条的规定,C 指示 F 替自己去 D 潜伏的路上送信及在 F 死后前往保险公司的行为可能构成保险诈骗罪(预备)。

1. 构成要件符合性

(1)为了实施犯罪

根据《刑法》第 22 条的规定,构成犯罪预备要求行为人的行为旨在实施犯罪。本案中,C 之所以指示 F 替自己去 D 潜伏的路上送信,正是因为其希望造成 F 的死亡,并借之对保险公司实施保险诈骗罪。而 C 前往保险公司的举动亦是为了谎称 F 意外死亡从而骗取保险金。由此可见,C 的指示行为与前往保险公司的行为都是为了实施保险诈骗罪。

(2)预备行为:准备工具、制造条件

根据《刑法》第 22 条的规定,犯罪预备要求行为人实施了准备工具、制造条件的预备行为。本案中,C 要以 F 所投人身意外险对保险公司进行保险诈骗,就需要以 F 的死亡为前提条件,而 C 指示 F 替自己去 D 潜伏的路上送信、造成 F 死亡,正是在为实施保险诈骗罪创造条件,无疑属于保险诈骗的犯罪预备行为。同时,C 前往保险公司的行为也是骗取保险金的前提条件,故其前往保险公司的举动同样属于保险诈骗罪的预备行为。

2. 违法性

本案中,不存在可能适用的违法阻却事由,C 的行为具有违法性。

3. 责任

本案中,行为人 C 具备责任能力及违法性认识、期待可能性等其他责任要素,具备有责性。

4. 犯罪中止

根据《刑法》第 22 条的规定及犯罪预备的一般理论,构成犯罪预备还要求行为人是由于意志以外的因素未能着手实施犯罪。若行为人系自动放弃着手实施犯罪,则构成预备阶段的犯罪中止。本案中,C 企图前往保险公司谎称 F 意外死亡从而实施骗取保险金的罪行,但却因途中即被警察抓获而未能着手实施。被警察抓获系 C 意志以外的因素,故应当认定 C 是因意志以外的因素未能着手实施犯罪,其行为不构成犯罪中止,从而符合保险诈骗罪(预备)的成立要件。

(六)罪数

综上所述,C 构成故意杀人罪的帮助犯与保险诈骗罪的预备犯。虽然存在《刑法》第 198 条第 2 款数罪并罚的规定,但该规定的适用以行为人实施了保险诈骗的实行行为为前提,而在本案中,如前所述,C 的保险诈骗行为尚未着手,故不能根据该款规定对 C 实行数罪并罚。考虑到本案中 C 对故意杀人的帮助行为同时就是在造成保险事故,与保险诈骗的预备行为存在实质上的重合,故宜认定其所犯两罪构成想象竞合。

六、结论

综合本案例分析所述,应认为 D 与 E 构成故意杀人罪,A 成立故意杀人罪的教唆犯,B 成立故意杀人罪的帮助犯,C 成立故意杀人罪的帮助犯与保险诈骗罪(预备)的想象竞合犯。

案例 5　浪子回头案

案件事实

穷困潦倒的黑帮马仔 T 企图盗窃他人财物缓解经济压力。一天,在经过一家律所门口时,T 无意中看见律师 A 正在办公室将一幅价值数十万的名画装订在墙上,遂起意将该画窃走。当天晚上,T 来到律所的办公楼,撬开了律所的大门,潜入了 A 的办公室。正当 T 将画取下准备装进自己的背包时,律所门口传来声响,原来是 B 律师晚上回自己办公室取材料。为避免被发现,T 赶忙将画放下,从走廊的另一头离开律所。出了办公楼,T 发现 B 律师办公室的灯光熄灭,B 已经离开。而 A 办公室的窗户却开着。于是 T 再度起意实施盗窃,从办公楼的窗户爬进 A 的办公室。当 T 再度准备将画装进背包时,却发现到手的画其实只是外观极为逼真的高仿品。虽然高仿品也价值近万,但是离 T 的预期相差太远。T 非常失望,放下高仿画空手离去。

T 取财未成,心情烦闷,接连几晚都去自家附近的酒吧借酒浇愁。一天夜里,T 发现酒吧里来了一位陌生的顾客 C。T 顿时警觉起来,认定自己前几日在律所行窃的罪行已经败露,C 应该是来抓捕自己的便衣警察。于是 T 赶忙起身离开酒吧。走在回家的小巷里,T 借着昏暗的路灯发现 C 居然尾随自己而来。为抗拒抓捕,T 出于杀害的故意掏出随身携带的手枪转身向距离自己 20 米左右的 C 开枪射击。在 T 再次扣动扳机前的间歇,C 转身便逃。T 感觉自己没有射中 C,但是也觉得只要自己能顺利逃脱就好,因此,尽管知道枪中仍有数发子弹,T 也未再度开枪,而是回头径直往家走去。

刚走两步,T 就发现自己的钱包不见了。心想一定是丢在了酒吧,于是又返回酒吧寻找。在小巷子里没走多远,T 意外发现了躺在地上血流不止的 C。这时 T 才知道自己数分钟之前其实已经射中了 C。眼见 C 身负重伤奄奄一息，T 担心要是 C 死了自己恐怕也要被判死刑，于是赶紧叫来出租车送 C 前往医院。然而，在快到医院时，T 又担心自己黑帮马仔的身份和射中 C 的事情被发现，便没有将 C 送到医院里，而是将 C 放在距离医院大门口 50 米处便离开。随后，躺在夜色中的 C 被偶然路过的医护人员发现，经过抢救后幸免于难。

事后查明，C 并非警察，他只是看到 T 将钱包忘在了酒吧，想将钱包还给 T 而已。

请分析 T 的刑事责任。

> **思维导引**
>
> 在思考对本案的分析路径时，可能须注意以下几个方面的问题：
>
> 1.本案仅涉及单个行为人，故原则上可以按照行为人实施行为的顺序检视其行为是否构成犯罪。但是，分析过程中也要注意本案的特殊性：
>
> 首先，在本案中，T 先后实施了多个举动，且其数次行为之间存在着较为明显的场景切换。本案案件事实涉及律所办公室、小巷、医院等三个情境，故需要考虑如何进行场景单元的划分。不难发现，T 在律所办公室的行为主要涉嫌盗窃罪行，这部分的行为相对独立。其既不影响对后续行为的分析，对这部分罪行的定性也与后续行为无关。相反，T 在小巷内射伤 C 的行为与其之后又将 C 送往医院的行为则均涉嫌侵犯人身权利的犯罪，两个情境内的行为存在相对紧密的时间联系和前因后果的关联，且 T 将 C 置于医院门口的举动可能影响对 T 在小巷所实施之行为的定性。因此，应当将 T 在小巷和医院的行为作为一个整体加以考察。由此，便可以考虑将本案事实区分为两个场景单元，其一为律所办公室，其二是小巷和医院，再在两个场景单元中分别检视 T 的刑事责任。
>
> 其次，即便在每个相对独立的场景单元中，T 也分别实施了多次举动。在律所办公室，T 接续实施了两次盗窃行为，在小巷和医院，T 也实施了向 C 开枪射击和对 C 加以救助等行为。因此需要考虑，在每个场景单元中，是应当将 T 的每次举动都单独加以检视，还是可以将 T 在每个场景单元中的多个举动作为一个整体加以考察。原则上，在案例分析的过程中应当尽量对行为人每一个可能构成犯罪的行为分别加以检视。但本案的情形比较特殊，T 在律所办公室的两次盗窃举动，以及 T 在巷子和医院的举动均涉及犯罪中止的问题。在律所办

公室,T 的两次盗窃行为之间具有紧密的时空关联,其举动涉及放弃重复侵害时的中止认定问题。在重复侵害的场合认定犯罪中止时,更为妥当的见解是将行为人在紧密时空联系下的数个侵害行为视作一个整体加以考察。若采用这种整体考察说,则在分析本案时,也应当将 T 在律所办公室的举动做整体性的处理,即不是将其当作两次独立的盗窃行为分别予以考察,而是将之视为一个盗窃行为加以检视。至于 T 在小巷和医院的多个举动,虽然其中涉嫌犯罪的主要是 T 对 C 开枪射击这个行为,但是,T 事后对 C 加以救助的举动可能因构成犯罪中止而影响 T 的刑事责任,故在考察 T 射击 C 的犯罪时,也须注意同时将 T 对 C 的救助举动一并在中止环节加以考虑。

2. T 在本案两个场景单元中的行为均涉及犯罪中止的问题,故本案的分析重点在于对犯罪中止的考察。刑法理论对于中止犯的诸多成立要件均存有显著的见解分歧,这一方面决定了本案在分析结论上的开放性,另一方面也要求分析者能掌握主要的学说观点,并在分析过程中注意结合不同的学说考察 T 的刑事责任。

> **分析提纲**
> 一、在办公室的犯罪
> (一) 对名画,第 264 条,盗窃罪
>   1. 构成要件符合性
>   (1) 客观构成要件
>   a. 危害结果(−)
> (二) 对名画,第 264 条结合第 23 条,盗窃罪(未遂)
>   1. 构成要件符合性
>   (1) 犯罪决意
>   a. 行为对象:他人数额较大的财物(+)
>   b. 窃取行为(+)
>   c. 非法占有目的(+)
>   (2) 着手实施
>   问题:不能犯?
>   2. 违法性(+)
>   3. 责任(+)

4. 犯罪中止

 (1)在犯罪过程中(非障碍未遂)

  (-),T认识到窃取名画的计划不可能实现

(三)对高仿画,第264条,盗窃罪

 1. 构成要件符合性

  (1)客观构成要件

   a. 危害结果(-)

(四)对高仿画,第264条结合第23条,盗窃罪(未遂)

 1. 构成要件符合性

  (1)犯罪决意

   a. 行为对象:他人数额较大的财物(+)

   b. 窃取行为(+)

   c. 非法占有目的(+)

  (2)着手实施(+)

 2. 违法性(+)

 3. 责任(+)

 4. 犯罪中止

  (1)在犯罪过程中(非障碍未遂)

   问题:重复侵害的中止?

   个别行为说/犯行计划说/整体考察说

  (2)中止行为

   (+),未实行终了,以放弃犯罪为已足

  (3)自动性

   问题:自动性的判断标准?

    主观说(弗兰克公式)/限定主观说/犯罪人理性说

(五)第245条,非法侵入住宅

 1. 构成要件符合性

  (1)客观构成要件

   a. 行为对象:住宅(-)

(六)第275条,故意毁坏财物

 1. 构成要件符合性

  (1)客观构成要件(-)

(七)第276条,破坏生产经营

    1.构成要件符合性

      (1)客观构成要件(-)

二、在巷子与医院的犯罪

(一)第232条,故意杀人

    1.构成要件符合性

      (1)客观构成要件

        a.危害结果(-)

(二)第232条结合第23条,故意杀人(未遂)

    1.构成要件符合性

      (1)犯罪决意(+)

        问题:误认C的身份?

      (2)着手实施(+)

    2.违法性(+)

    3.责任(+)

    4.犯罪中止

      (1)在犯罪过程中(非障碍未遂)

      (2)中止行为

        a.实行终了

          问题:修正的整体考察

        b.有效防止犯罪结果发生

          问题:有效性的判断?

          机会提升说/真挚努力说

      (3)自动性

        主观说(弗兰克公式)/限定主观说/犯罪人理性说

(三)第234条,故意伤害(致人重伤)

    1.构成要件符合性

      (+),导致了重伤结果

    2.违法性(+)

    3.责任(+)

```
(四)第261条,遗弃罪
    1.构成要件
      (1)客观构成要件
         a.行为对象
            (+),其他没有独立生活能力的人
         b.扶养义务
         c.拒绝扶养
            (-),T的行为使C的处境有所改善
```

参考答案

一、在律所办公室的犯罪

本案中,T在律所办公室先后实施了两次盗窃举动,但是,这两次盗窃行为是在紧密的时空联系中接续发生,且T最终放弃取走高仿画,可能构成犯罪中止。因此,T在律所办公室的举止涉及在放弃重复侵害的场合应当如何认定犯罪中止的问题。如后文所述,在处理该问题时,较为妥当的立场是将行为人的多个重复侵害的举动整体上视为一个侵害行为加以考察,故本案例分析也将T在律所办公室的先后两次盗窃举动作为整体上的一个盗窃行为检视其可罚性。

> ▶ 思维导引
>
> 在本案中,T企图窃取名画,但客观上存在的却只有高仿画,此时需要分别检视,T对想象中的名画和现实存在的高仿画是否可能构成犯罪。在财产犯罪中,行为对象的经济价值是决定罪责轻重的重要因素,而名画的价值显然高于高仿画,故根据案例分析中重罪优先的原则,应当先考察T可能对名画构成的犯罪。

(一)T的行为是否根据《刑法》第264条就名画构成盗窃罪

根据《刑法》第264条的规定,T在律所办公室可能因盗窃名画而构成盗窃罪。

1. 构成要件符合性

(1) 客观构成要件

a. 窃取行为及其结果

构成盗窃罪要求行为人客观上实施了窃取行为,即行为人必须违背权利人的意志破除了权利人对于财物的占有,并建立起自己或者其他第三人对财物的新的占有。换言之,行为人必须造成了占有转移的结果,亦即排除他人对财物的支配关系,并建立对财物的新的支配关系。① 本案中,律师办公室客观上仅存有高仿画,故 T 不可能实现对名画的占有转移,无法完成对名画的窃取行为。因此,T 的行为不能就名画构成盗窃罪。

(二) T 的行为是否根据《刑法》第 264 条、第 23 条就名画构成盗窃罪(未遂)

> ▶ **思维导引**
>
> 在否定 T 对名画构成犯罪既遂之后,根据案例分析的基本思路,就应当进而探讨 T 是否可能对其假想中的名画构成犯罪未遂。这里可能遇到的问题是,既然客观上并不存在 T 企图窃取的名画,而 T 在行为时的意志也只是指向其眼前的对象(高仿画),似乎就应当直接否定 T 可能对名画构成犯罪未遂。
>
> 这种认识并不正确。此处不能简单类比侵犯人身法益而发生具体对象错误的情形。在行为人欲侵犯他人的人身法益但却误认了被害人身份的场合,由于行为人所欲侵犯的对象与其实际侵害的对象是不同的法益主体,只能肯定行为人对行为时所针对的对象具有犯罪故意,不能同时认定行为人还对其设想中的侵害对象具有犯罪故意。例如,甲欲杀乙,将丙误认为乙而杀害的,应当肯定甲对丙具有杀人故意。此时不能认为甲同时还对乙构成故意杀人未遂,因为,甲在行为时的故意仅指向眼前的"这个人(丙)",其主观上只具有针对眼前的丙的犯罪决意。换言之,此时甲的杀害故意被具体到了其当前所针对的对象丙,由于乙和丙是两个不同的法益主体,甲侵害丙生命法益的意思不能同时被视为侵害乙的犯罪决意。在犯罪未遂的场合也同样如此,例如,甲欲杀乙,将丙误以为乙而对丙实施杀害行为,但因意志以外的原因未能造成丙死亡的,甲也仅对丙构成故意杀人未遂。

---

① 参见张明楷:《刑法学》(第 6 版),法律出版社 2021 年版,第 1237 页。

但本案的情形却有所不同。在本案中,T所欲侵害的对象(名画)与其实际上可能侵害的对象(高仿画)均为同一主体(A)的财产法益。在同一法益主体内部,行为人对其同类法益的认识偏差和打击偏差均不影响犯罪故意的成立。例如,行为人欲射伤被害人左手,却因被害人忽然起身而射中了被害人左腿的,成立故意伤害既遂。因为,此时不论行为人客观上侵犯的是被害人的哪个身体部分,其主观上均具有侵害被害人身体法益的犯罪故意(而不是侵犯被害人左手的犯罪故意)。在财产犯罪的场合,就更是如此。例如,行为人企图盗窃被害人的三星手机但却窃取了被害人的苹果手机的,行为人欲毁坏被害人的电脑但却因打击偏差毁坏了被害人的电视的,都应当肯定行为人就其实际侵犯的财物构成财产犯罪既遂。虽然行为人此时实际侵犯的对象(苹果手机、电视)与其所欲侵犯的对象(三星手机、电脑)并不相同,但所有对象均属于被害人的财产法益,故不论客观上现实存在的是何种财物、行为人实际侵犯的是何种财物,都应当肯定行为人具有侵害被害人财产的犯罪故意。换言之,行为人即便意图针对被害人的特定财物实施财产犯罪,其犯罪意图也只能被具体化为对被害人财物(而不是对被害人的某个特定财物)的犯罪故意。因此,行为人企图侵犯被害人的甲财物,却将其乙财物误以为系甲财物而加以侵犯的,应当肯定行为人的犯罪故意同时包括甲、乙财物在内,故行为人可能同时对甲财物成立犯罪未遂。同理,在本案中,既然T所设想的名画和实际存在的高仿画均为A的财产,那么,即便T客观上只是针对高仿画实施盗窃行为,也不能将其主观上的犯意具体到高仿画,更不能因此否定T对其所欲盗窃的名画也具有犯罪故意。与此相应,也就不能不经检视而否定T对名画构成盗窃未遂的可能性。

根据《刑法》第232条和第23条的规定,T的行为可能构成对名画的盗窃未遂。

1. 构成要件符合性

(1)犯罪决意

构成盗窃罪(未遂)要求行为人主观上具有盗窃的犯罪决意。犯罪决意包括实现构成要件的故意以及其他可能存在的主观构成要件要素(即不法目的)。《刑法》第264条要求行为人对行为对象、窃取行为等盗窃构成要件要素具有故意。同时,依照刑法理论,行为人还应该具有非法占有目的。

a. 行为对象

根据《刑法》第 264 条的规定,盗窃罪的行为对象是他人数额较大的财物。本案中,依据 T 的主观认识,其所欲窃取的名画由律师 A 占有并所有,且价值数十万,属于他人数额较大的财物,符合盗窃罪的行为对象。因此,T 对盗窃对象具备犯罪决意。

b. 窃取行为及结果

如上所述,构成盗窃罪要求行为人实施盗窃行为,即违背权利人意志破除权利人对于财物的占有,并建立起自己或者其他第三人对财物的新的占有。根据 T 的主观认识,其行为将违背律师 A 的意志将 A 对名画的占有转移为自己占有,从而符合盗窃罪中的窃取行为及结果。因此,T 对盗窃罪的窃取行为及结果也具备犯罪决意。

c. 非法占有目的

构成盗窃罪要求行为人具备非法占有目的。非法占有目的的基本内容包括排除意思与利用意思。所谓排除意思,是指行为人企图持续排除权利人对于财物的控制和支配。所谓利用意思,是指行为人意图依据财物可能的用途至少对财物加以短暂的利用。① 所谓"非法"占有,则是指行为人所欲造成的财产状态不符合法秩序的要求,缺乏合法的正当根据。② 本案中,T 企图通过窃得名画而增加收入缓解经济压力,明显具有排除权利人 A 对名画的占有和所有,将之视作自己的所有物,并依其经济价值对之加以利用的意图。同时,T 也不具有任何应当获得该名画的正当权利。因此,T 对其想象中的名画具有非法占有目的。

综上可知,T 具备针对名画实施盗窃的犯罪决意。

(2) 着手实施

> ▶ **思维导引**
>
> 对着手的认定是刑法理论中争议巨大的难题,特别是在客观上并不存在行为人所欲侵犯的行为对象时,各说往往得出不同的结论。本案中,客观上并不存在 T 所欲窃取的名画,因此,能否仍然肯定 T 着手对名画实施了盗窃行为,就需要结合不同观点谨慎加以检视。

---

① 参见张明楷:《刑法学》(第 6 版),法律出版社 2021 年版,第 1248 页以下。
② 参见王钢:《德国判例刑法(分则)》,北京大学出版社 2016 年版,第 168 页。

根据《刑法》第 23 条的规定,行为人已经着手实行犯罪的,才构成犯罪未遂。关于着手的认定,刑法理论上存在着多种不同的见解:

a. 主观说认为,当行为人通过其行为表征出其内心的犯罪意思时,其行为即属于着手实施犯罪。① 本案中,T 两度潜入律师 A 的办公室并取下画作准备装进自己的背包,该行为已经表征出 T 内心实施盗窃行为的决意,属于着手实施犯罪。

b. 折中说认为,当根据行为人的犯罪计划,其行为与构成要件的实现之间已经不再具有明显的中间步骤时,就应当认定行为人已经着手实施犯罪。② 本案中,依据 T 的犯罪计划,其潜入 A 的办公室取下画作与成功窃取该画之间已经没有明显的中间步骤。由此,依据折中说,应当认为 T 已经开始着手实施犯罪。

c. 形式客观说主张,行为人开始实施一部分符合构成要件的行为(即实行行为)时,就是着手实施犯罪。③ 如前所述,盗窃罪的实行行为(窃取行为)是指,行为人违背权利人的意志破除权利人对于财物的占有,建立自己或者其他第三人对于财物的新的占有。本案中,T 取下画作准备装入自己背包的举动属于破除 A 对画作之占有的举动,系盗窃罪实行行为的组成部分。因此,根据形式客观说也应认为 T 已经着手实施犯罪。

d. 实质客观说认为,当行为人的行为对刑法所保护的法益造成了现实的、紧迫的危险时,才应认定其行为已经达于着手。然而,对于应当按照何种标准判断行为人的行为是否造成了对法益的紧迫危险,却存在多种不同学说之间的分歧:

(a)客观危险说主张,应当以行为时存在的一切客观情况为基础,以科学的因果法则为标准,事后判断行为人的行为是否对法益造成了紧迫

---

① 对该说的介绍,参见张明楷:《外国刑法纲要》(第 3 版),法律出版社 2020 年版,第 233 页。
② 参见[德]约翰内斯·韦塞尔斯:《德国刑法总论:犯罪行为及其构造》,李昌珂译,法律出版社 2008 年版,第 342 页。
③ 参见高铭暄、马克昌主编:《刑法学》(第 10 版),北京大学出版社、高等教育出版社 2022 年版,第 151 页。

的危险。① 本案中,依据事后查明的全部事实,T 所欲窃取的名画自始就不存在,故 T 自始不可能创设盗窃名画的危险。因此,根据客观危险说,不能认定 T 在本案中已经着手实施盗窃名画的罪行。

(b)修正的客观危险说主张,虽然原则上应当基于案件的全部客观事实,根据客观的因果法则判断行为人的行为是否对法益造成了紧迫的危险,但是,对于一些只有事后才能查明、在行为时难以为行为人和一般人认识到的细节事实,则应当将之从判断资料中排除,不能将之作为危险判断的基础。② 在本案中,T 所欲窃取的名画自始不存在,主张修正的客观危险说的论者往往认为这种行为对象不存在的事实并非难以查清的细节事实,故一般不将之从判断资料中排除。与此相应,在行为对象不存在的场合,修正的客观危险说仍然会倾向于否定着手和未遂的成立。根据该说,本案中也同样难以认定 T 构成盗窃名画的着手。

(c)具体危险说主张,应以行为时一般人能够认识到的事实和行为人特别认识到的事实为基础,根据一般人的观念判断行为人的行为是否对法益造成了紧迫的危险。③ 本案中,真正存在于律师办公室内的是高仿画。既然是高仿画,就应当认为一般人在未深入了解之前难以仅从该画的外观便判定其并非名画。换言之,立足于行为时的视角,一般人也会认为 T 尝试盗窃的就是名画。同时,T 在实施窃取行为时对涉案画作并非名画这一点也并无特殊认识。因此,根据一般人的观念,在本案中应当认为 T 取下画作准备放进自己背包的行为已经造成了窃取名画的紧迫危险,其盗窃罪行已经着手。

(d)纯粹主观说与抽象危险说则认为,应当以行为人在行为时的主观认识为基础,根据行为人自身或者一般人的判断认定行为人的行为是否具有造成法益损害的危险。④ 依据该说,T 在取下涉案画作准备装进背包时,

---

① 对该说的介绍,参见周光权:《刑法总论》(第 4 版),人民大学出版社 2021 年版,第 299 页以下。
② 参见张明楷:《刑法学》(第 6 版),法律出版社 2021 年版,第 461 页。
③ 参见周光权:《刑法总论》(第 4 版),人民大学出版社 2021 年版,第 302—305 页。
④ 对相关学说的介绍,参见黎宏:《刑法学总论》(第 2 版),法律出版社 2016 年版,第 241 页以下。

其主观上以为该画作是名画。因此,不论是基于T自身的判断还是一般人的判断,T的行为已经造成了盗窃名画的紧迫危险,故属于盗窃的着手。

综上可知,在本案中,除根据实质客观说中的客观危险说和修正的客观危险说有可能得出T并未着手实施盗窃名画的罪行之外,其他见解都会肯定T窃取名画的犯罪行为已经达于着手。客观危险说虽然最大程度地坚持了刑法客观主义的立场,但是,其以完全客观的标准判断行为人的行为是否具有导致结果的具体危险,而任何犯罪行为未能达于既遂,几乎总是具有相应的客观原因,故该说必然严重限缩未遂犯的成立范围,甚至可能导致将所有的未遂犯都认定为不能犯,殊为不当。修正的客观危险说通过对判断资料进行剪裁,将一些只有从事后才能查明、在行为时难以为行为人和一般人认识到的细节事实排除于判断素材之外,从而部分地克服了客观危险说的这一缺陷。但修正的客观危险说难以清晰地界定,究竟哪些案件事实属于应当从判断资料中排除掉的细节事实,从而导致对案件的判断结论经常并不明确。① 因此,这两种学说皆为本案例分析所不采。与此相应,此处就应当认为T对名画的盗窃行为已经着手。

2. 违法性

本案中不存在可能适用的违法阻却事由,故T的行为具有违法性。

3. 责任

本案中,T具备责任能力及违法性认识、期待可能性等责任要素,故具有有责性。

4. 犯罪中止

本案中,T两度放弃将涉案画作放入自己的背包,并最终空手离开了律师A的办公室,故须考察其是否因此构成犯罪中止。

(1)在犯罪过程中

根据《刑法》第24条第1款的规定,行为人在犯罪过程中实施中止行为的,才可能构成犯罪中止。换言之,在单独正犯的场合,认定犯罪中止以行为人的罪行尚未出现既遂、未遂等终局性的犯罪形态为前提。若行为人的罪行已经止于障碍未遂,则其犯罪已经出现终局性的未遂形态,不

---

① 参见周光权:《刑法总论》(第4版),人民大学出版社2021年版,第300—302页。

能再成立中止。在本案中,T虽然两次放弃取得涉案画作并空手离开,但其第一次放弃取得画作是因为当时律师B回办公室取材料,T若不放弃其犯罪行为便极易被发现,故此次放弃犯罪属于欲而不能,系障碍未遂。T第二次放弃取得涉案画作则是因为其已经发现该画作为高仿画而非其所欲窃取的名画,换言之,T此时认识到自己窃取名画的犯罪计划不可能实现,故其对名画的盗窃亦属于欲而不能,同样止于障碍未遂。因此,T在本案中不能就其对名画的盗窃罪行构成犯罪中止。

5. 小结

T在律师办公室企图窃取名画而未得逞,其行为符合盗窃未遂的构成要件并具有违法性和有责性,同时也不构成犯罪中止。因此,该行为根据《刑法》第264条、第23条构成对名画的盗窃罪(未遂)。

(三)T的行为是否根据《刑法》第264条就高仿画构成盗窃罪

根据《刑法》第264条的规定,T在律所办公室的行为可能就高仿画构成盗窃罪。

1. 构成要件符合性

(1) 客观构成要件

a. 窃取行为及其结果

构成盗窃罪要求行为人客观上违背权利人意志破除权利人对于财物的占有,并建立起自己或者其他第三人对于财物新的占有。对于占有的认定,应当根据案件事实,结合社会一般观念加以判断。一般而言,在涉及体积较小的物品时,行为人使该物品进入自己的贴身领域的(例如将小件物品置于自己衣兜内),就可以认定行为人取得了对该物品的占有。即便此时行为人还身处权利人支配的空间领域之中(例如在权利人家中或者在权利人管理的超市、商铺等场所内),也同样如此。但是,对于体积相对较大、难以被掩饰于行为人贴身领域内的物品,原则上就只有在行为人将其携带至权利人支配的空间领域之外时,才能认定行为人取得了对该物品的占有。本案中,涉案高仿画位于律师A的办公室,即处于A所支配的空间领域之中。而画作的体积相对较大,无法被置于T的衣兜等贴身领域,故只有在T携带高仿画离开律所,或者至少只有在T能够将高仿画完全掩饰于自己背包之内时,才可能认定T破除了A对于高仿画的占有,建立起了自己对于高仿画的新的占有。然而,本案案件事实表明,T两次都未能真正将涉案高仿画装入自己背包之中,更没有将高仿画携带至律所之外,因此,应当认定 T 在本案中并未转移对高仿画的占有,从而不能符合盗窃罪的客观构成要件。

(四) T 的行为是否根据《刑法》第 264 条、第 23 条就高仿画构成盗窃罪(未遂)

根据《刑法》第 232 条和第 23 条的规定,T 在律所办公室的行为可能就高仿画构成盗窃罪(未遂)。

1. 构成要件符合性

(1)犯罪决意

构成盗窃罪(未遂)要求行为人主观上具有盗窃的犯罪决意。盗窃的犯罪决意要求行为人对行为对象、窃取行为等盗窃罪的构成要件要素具有故意,此外,行为人还应当具有非法占有目的。

a. 行为对象

根据《刑法》第 264 条的规定,盗窃罪的行为对象是他人数额较大的财物。本案中,T 虽然企图窃取名画,但其意志与行为均直接指向眼前的高仿画。该高仿画明显是 A 的财物且具有较高的经济价值,故 T 具有窃取他人数额较大财物的决意。

b. 窃取行为及结果

构成盗窃罪要求行为人违背权利人的意志破除权利人对于财物的占有,并建立起自己或者其他第三人对于财物新的占有。本案中,T 虽然最终放弃取得高仿画,但其在行为时意图违背 A 的意志取得眼前的高仿画,故其仍然具有对高仿画实施窃取行为的犯罪决意。

c. 非法占有目的

构成盗窃罪要求行为人对所欲窃取的财物具有非法占有目的,即其必须意图排除权利人对于财物的占有,并企图对相关财物加以支配和利用。本案中,T 企图通过实施窃取行为取得眼前的画作并依照其经济价值对之加以利用,故也具有非法占有目的。

(2)着手实施

根据《刑法》第 23 条的规定,行为人已经着手实行犯罪的,才能构成犯罪未遂。本案中,T两度潜入律所办公室并几乎已经将高仿画装进自己的背包之中。T的行为属于破除A对画作之占有的举动,系盗窃罪实行行为的组成部分,该行为也表征出了T内心的犯罪意思。同时,无论依照客观标准还是依照一般人标准,甚至按照T自己的犯罪计划,该行为都已经造成了高仿画被窃的紧迫危险。因此,无论按照何种学说,在本案中都应认为T已经着手实施窃取高仿画的罪行。

2. 违法性

本案中,不存在可能适用的违法阻却事由,T的行为具有违法性。

3. 责任

本案中,T也完全具备责任能力及违法性认识、期待可能性等责任要素。

4. 犯罪中止

本案中,T两度放弃将高仿画放入自己的背包并最终空手离开了律师A的办公室,故须考察其是否可能因此构成犯罪中止。

(1) 在犯罪过程中

> ▶ 思维导引
>
> 本案中,T在紧密的时空联系中先后两次尝试窃取涉案画作,但均未能取得该画。值得注意的是,T两次未能取得涉案画作的原因有所不同。其在第一次尝试窃取画作时,是因遇见B律师回办公室,为防止罪行败露而被迫放弃。其第二次放弃画作,则是因为嫌恶高仿画价值过低而放弃取走该画。这里需要讨论的问题是,能否认为T的盗窃罪行已经止于未遂,从而不可能再肯定其构成犯罪中止。对该问题的回答取决于应当立足于哪个时间点判断T的罪行的犯罪形态,故也须结合学界的不同见解加以检视。

根据《刑法》第24条第1款的规定,行为人在犯罪过程中实施中止行为的,才可能构成犯罪中止。换言之,在单独正犯的场合,认定犯罪中止以行为人的罪行尚未出现既遂、未遂等终局性的犯罪形态为前提。若行为人的罪行已经成功既遂或止于障碍未遂,则其犯罪已经出现终局性的犯罪形态,不能再成立中止。本案中,行为人T两次都未能取得对高仿画的占有,其罪行显然未达既遂。但需要讨论的问题是,T在本案中是否已经止于障碍未遂。

本案的特殊之处在于,T 在紧密的时空范围内连续两次进入律师 A 的办公室对高仿画实施盗窃,故此处涉及在重复侵害的场合应当如何认定犯罪中止的问题。具体而言,此处需要确定,应当以哪个时间点为标准,判断 T 的举动是否止于障碍未遂。对此,学界存在如下不同学说:

a. 个别行为说。该说主张,在行为人实施重复侵害的场合,应当根据行为人所实施的单次犯罪行为分别认定其犯罪形态。行为人每次实施可能导致损害结果的行为,但却因意志以外的原因未能造成损害的,其该次行为就已经止于障碍未遂,不可能再构成犯罪中止。① 根据该说,本案中 T 在第一次实施对高仿画的窃取行为时,因 B 律师回办公室取材料,T 若不放弃盗窃罪行就极易被发现,故 T 对高仿画的盗窃罪行已经止于障碍未遂,不能认定其成立犯罪中止。

b. 犯行计划说。该说认为应当根据行为人主观的犯罪计划判断其行为的犯罪形态,若行为人在穷尽所计划的犯罪手段后仍未能得逞,则构成犯罪未遂,若行为人在执行犯罪计划过程中自动放弃犯罪,则构成犯罪中止。② 根据该说,在本案中,T 原本仅计划实施一次盗窃行为,因此,其在第一次被迫放弃取得画作时就已经穷尽了其犯罪计划中想定的犯罪手段,此时 T 的罪行未能得逞,故属于障碍未遂。

c. 整体考察说。该说主张,在行为人实施了多次重复侵害的场合,应当将其所实施的多次重复侵害整体上视为一个行为,③并基于行为人实施完最后一次侵害行为的时点,从整体上考察行为人是因意志以外的原因未能得逞还是自动放弃犯罪。至于行为人此前还实施了其他的什么侵害举动,其是否自动放弃了之前的侵害行为,则均非所问。④ 根据该说,在本案中就应当将 T 先后实施的两次窃取行为视为一个盗窃罪行,并基于其第二次进入律所办公室实施窃取行为的情状判断 T 是否构成障碍未遂。

---

① Vgl. Eser/Bosch, in: Schönke/Schröder Kommentar StGB, 30. Aufl., 2019, §24 Rn. 21.
② 对该说的介绍,参见张明楷:《外国刑法纲要》(第 3 版),法律出版社 2020 年版,第 254 页。
③ 对该说的介绍,参见黄荣坚:《基础刑法学(下)》,元照出版有限公司 2012 年版,第 546 页。
④ 参见[德]乌韦·穆尔曼:《德国刑法基础课(第 7 版)》,周子实译,北京大学出版社 2023 年版,第 636 页以下。

根据本案事实,T第二次在律所办公室实施窃取行为时,客观上并不存在阻止T窃得高仿画的障碍,也不存在致使T认为自己无法窃得高仿画从而被迫停止犯罪的因素,因此,应当认定T对高仿画的盗窃罪行并未陷于障碍未遂。

上述学说中,个别行为说虽然明确地对行为人每次的法益侵害行为加以考察,在判断标准上极为清晰,但是,该说导致行为人第一次着手实施犯罪时就已经具有了未遂犯的可罚性,过早地排除了构成犯罪中止的可能,从而不利于鼓励行为人中止犯罪行为,不利于保护法益,在刑事政策上难以令人满意。此外,该说将具有紧密时空联系的重复侵害行为拆解为多个独立行为进行评判,多少存在割裂整体生活事实的缺陷。犯行计划说虽然相较于个别行为说推迟了认定障碍未遂的时点,为行为人保留了更多的中止犯罪的可能性。但是,在行为人具有多个犯罪计划的场合,按照该说立场,就只有在行为人实施完了所有犯罪计划时才能肯定其构成障碍未遂。这就使得那些深思熟虑、在实施犯罪行为前进行周密策划的行为人反而难以构成未遂犯。此外,在司法实务中,行为人经常是临时起意实施犯罪,在这种行为人根本未制定犯罪计划的场合,犯行计划说反而缺乏判断行为人犯罪形态的具体标准。相较而言,整体考察说将具有紧密时空联系的重复侵害评价为一个侵害行为,更符合人们对事物的认知方式,该说也更加有利于鼓励行为人中止其罪行,在刑事政策上相对更为合理,故本案例分析采纳该说的立场,认为T在本案中对高仿画的罪行不成立障碍未遂。

(2)中止行为

根据《刑法》第24条第1款的规定,成立中止要求行为人放弃犯罪或者有效防止犯罪结果发生。若犯罪行为尚未实行终了,只要不继续实施就不会发生犯罪结果,则行为人只须放弃继续实施犯罪就已经可能构成中止。相反,若犯罪行为已经实行终了,不采取有效措施就会发生犯罪结果,则行为人只有积极采取措施有效地防止犯罪结果发生,才可能成立中止犯。[①] 在本案中,T只要放弃继续实施窃取行为就不会发生窃得高仿画

---

① 参见张明楷:《刑法学》(第6版),法律出版社2021年版,第474页以下。

的结果,故本案属于犯罪行为尚未实行终了的情形,T单纯放弃取走高仿画就已经实施了刑法所要求的中止行为。

(3)自动性

> ▶ **思维导引**
>
> 在中止犯的各个成立要件中,争议最大的当属自动性要件,各种学说往往在案件中导致迥异的结论。因此,在案例分析中考察行为人是否构成犯罪中止时,要特别注意对中止自动性的检视。在学习相关学说时须注意,对中止自动性的要求取决于如何理解对中止犯减免处罚的根据。一般而言,若认为对中止犯减免处罚的根据在于刑事政策的考量(即立法者希望通过对中止犯的减免处罚鼓励行为人放弃犯罪或防止犯罪结果发生),则不宜对中止自动性提出过高的要求。原则上,行为人自主决定中止犯罪行为的,就可以认定其是自动放弃犯罪。相反,若认为对中止犯减免处罚的根据源于刑罚目的(即认为行为人通过实施中止行为证明自己已经回归法秩序,以至于没有再对其科处刑罚的必要),就会对中止的自动性提出较为严格的标准。根据这种思路,原则上就只有在行为人出于真心悔罪的良善动机实施中止行为时,才能认定没有必要再通过刑罚预防行为人实施犯罪,从而肯定其构成犯罪中止。

根据《刑法》第24条第1款的规定,行为人只有"自动"放弃犯罪或者有效防止犯罪结果发生的,才能构成犯罪中止。关于中止犯自动性的认定,刑法理论中存在巨大的见解分歧。其中最主要的有以下三种观点:

a. 主观说(弗兰克公式)。主观说认为,刑法对中止犯减免处罚的规定是基于刑事政策考量的结果,立法者以此鼓励行为人放弃犯罪或防止犯罪结果发生,从而实现刑法保护法益的目的。因此,只要行为人自主决定地放弃实施犯罪或者阻止犯罪结果发生("能而不欲")的,就符合中止犯的自动性要求。至于行为人实施中止行为的具体动机则非所问。[①] 根据该说,在本案中,若T愿意,其完全可以顺利从办公室中窃取高仿画,但T却因嫌恶高仿画的价值低于预期而放弃取走该画,这种意志决定是T

---

① 参见[日]松宫孝明:《刑法总论讲义(第4版补正版)》,钱叶六译,中国人民大学出版社2013年版,第185页。

自己经过利益权衡而自动做出,属于能而不欲,故应当肯定 T 是自动放弃取走高仿画。

b. 限定主观说。限定主观说认为,对中止犯减免处罚的根据源于刑罚目的,即行为人通过实施中止行为表明其已经回归法秩序,此时通过对其科处刑罚进行犯罪预防的必要性已经不复存在或者至少显著降低,故应当免除或者减轻对行为人的刑罚。与此相应,只有在行为人出于对自己犯罪行为的否定评价、基于规范意识而放弃犯罪或防止犯罪结果发生的场合,才能肯定其属于自动放弃犯罪,构成犯罪中止。[1] 根据该说,在本案中,T 之所放弃窃取高仿画仅是因其嫌恶高仿画价值低于预期,其对自身犯罪行为并无反省、悔改之意,故不能认定 T 已经回归法秩序,不应肯定 T 是自动放弃犯罪。

c. 犯罪人理性说。犯罪人理性说认为,应当将理性的犯罪人在行为时的决策作为判断行为人是否自动放弃犯罪或自动防止犯罪结果发生的标准。[2] 若行为人放弃犯罪或防止犯罪结果发生的决定与理性犯罪人的决定一致,则应认定行为人并非自动实施中止行为,不构成犯罪中止。若行为人在理性犯罪人不会选择放弃犯罪的场合却决定放弃犯罪,或者在理性犯罪人不会防止犯罪结果发生时却选择阻止犯罪结果出现,就应当肯定行为人属于自动实施中止行为,构成犯罪中止。在本案中,虽然律所办公室内悬挂的并非名画,但该高仿画本身也价值近万元,仍有较大价值。由此,或许可以认为理性的犯罪人在 T 所处的情境中不会选择放弃窃取高仿画,故 T 系自动放弃犯罪。

上述学说中,限定主观说对于中止自动性提出了过高的要求。根据我国《刑法》第 24 条第 2 款的规定,犯罪中止并不当然免除处罚,对中止犯也可能只是减轻处罚。而若行为人彻底回归法秩序、对之不再具有预防必要性,则应当完全否定对其科处刑罚的可能性。因此,既然我国刑法并未规定在犯罪中止的场合应当一律免除对行为人的处罚,在学理上就不应将中止犯的成立限定在行为人彻底悔罪的场合。此外,根据限定主

---

[1] Vgl. Jakobs, Strafrecht Allgemeiner Teil, 2. Aufl., 1991, 26. Abschn. Rn. 34a ff.
[2] Vgl. Roxin, Über den Rücktritt vom unbeendeten Versuch, in: FS-Heinitz, 1972, S. 256 ff.

观说,在个案中应当根据何种标准判断行为人是否已经彻底回归法秩序,显然也并不明确。犯罪人理性说虽然尝试通过对比理性犯罪人的选择确定行为人是否已经洗心革面(当行为人的决策偏离理性犯罪人的决定时,就可以认定行为人脱离"犯罪圈"回归了法秩序),但是,普通国民并非犯罪人,并不熟悉犯罪分子在个案中究竟是否会选择放弃犯罪,因此,犯罪人理性说实际上还是无法在个案中提供清晰的判断标准。对于理性犯罪人究竟会如何决策的推断,很大程度上取决于分析者自己内心所臆想的"理性犯罪人"形象。由于每个分析者心目中的理性犯罪人形象并不相同,犯罪人理性说往往难以在个案中得出确定的结论。相较之下,主观说侧重考察行为人是否自主决定地放弃犯罪,其并不以行为人放弃犯罪的具体动机作为认定中止自动性的决定性标准,从而更有利于鼓励行为人放弃实施犯罪行为,达到保护法益的目的,故该说在刑事政策上更为妥当。有鉴于此,本案例分析也采用主观说的立场,认定 T 系自动放弃窃取高仿画的罪行。

5. 小结

就高仿画而言,T 在律所办公室的举动符合盗窃未遂的构成要件并具有违法性,同时,T 也具有有责性。但是 T 自动放弃窃取高仿画,符合犯罪中止的成立要件,故应认定 T 在本案中对高仿画构成盗窃罪(中止)。因 T 未对高仿画造成任何损害,属于没有造成损害的中止犯,根据《刑法》第 24 条第 2 款之规定,不能对 T 盗窃高仿画的行为科处刑罚。

(五)T 进入律所办公室的行为是否根据《刑法》第 245 条构成非法侵入住宅罪

根据《刑法》第 245 条的规定,T 为窃取涉案画作而两度进入律师 A 的办公室的行为可能构成非法侵入住宅罪。

1. 构成要件符合性

(1)客观构成要件

a.行为对象

根据《刑法》第 245 条的规定,非法侵入住宅罪的行为对象为住宅。所谓"住宅",是指旨在为他人提供住宿的、相对封闭的场所。换言之,住宅系指供人日常起居寝食、日常生活而使用的场所。① 本案中，T侵入的是律所的办公室，而律所办公室并非供人住宿或者供人日常起居寝食使用的场所，不属于住宅。因此，T在本案中不构成非法侵入住宅罪。

（六）T撬坏律所大门的行为是否根据《刑法》第275条构成故意毁坏财物罪

根据《刑法》第275条的规定，T为窃取画作而撬坏律所大门的行为可能构成故意毁坏财物罪。

1. 构成要件符合性

（1）客观构成要件

a. 行为对象

《刑法》第275条规定，故意毁坏他人数额较大的财物，或者具有其他严重情节的，才构成故意毁坏财物罪。根据最高检、公安部《关于公安机关管辖的刑事案件立案追诉标准的规定（一）》第33条的规定，故意毁坏财物的入罪数额为5000元。本案中并无证据表明T撬坏的律所大门价值5000元以上，同时，T也不存在其他入罪的严重情节，故不能认定T构成故意毁坏财物罪。

（七）T撬坏律所大门的行为是否根据《刑法》第276条构成破坏生产经营罪

根据《刑法》第276条的规定，T为窃取画作而撬坏律所大门的行为可能构成破坏生产经营罪。

1. 构成要件符合性

（1）客观构成要件

a. 行为对象

虽然《刑法》第276条并未规定只有在造成数额较大的财产损失时才能构成破坏生产经营罪，但最高检、公安部《关于公安机关管辖的刑事案件立案追诉标准的规定（一）》第34条规定，构成破坏生产经营罪也要求行为人造成公私财物损失达5000元以上或者具有其他严重情节。如上所述，在本案中并无证据表明T撬坏的律所大门价值5000元以上，同时，T也不具有

---

① 参见张明楷：《刑法学》（第6版），法律出版社2021年版，第1182页。

其他入罪情节,故同样不能认为T在本案中构成破坏生产经营罪。

(八)小结

在本案中,T在律所办公室的行为对其所欲盗窃的名画构成盗窃罪(未遂),对高仿画构成盗窃罪(中止),二者构成想象竞合。当然,由于T未对高仿画造成损害,其不因对高仿画的盗窃罪(中止)而受处罚,故在想象竞合之后,对T只能以对名画的盗窃罪(未遂)论处。

二、在巷子与医院的犯罪

(一)T开枪射击C的行为是否根据《刑法》第232条对C构成故意杀人罪

根据《刑法》第232条的规定,T开枪射击C的行为可能构成故意杀人罪。

1.构成要件符合性

(1)客观构成要件

a.危害结果

故意杀人罪的客观要件要求行为人造成了他人的死亡结果。本案中,C最终并未死亡,故T没有造成他人死亡的结果,不符合故意杀人罪的客观构成要件。

(二)T开枪射击C的行为是否根据《刑法》第232条、第23条对C构成故意杀人罪(未遂)

根据《刑法》第232条和第23条的规定,T开枪射击C的行为可能构成故意杀人罪(未遂)。

1.构成要件符合性

(1)犯罪决意

构成故意杀人罪(未遂)要求行为人主观上具有故意杀人的犯罪决意。本案中,T在对C开枪时具有杀害C的故意。至于T将C误认为是便衣警察,则属于同一构成要件内的对象错误,不影响犯罪决意的成立。因此,应肯定T在本案中具有杀害C的犯罪决意。

(2)着手实施

根据《刑法》第23条的规定,行为人已经着手实行犯罪的,才能构成犯罪未遂。本案中，T已经向C开枪射击并击中C，造成C生命垂危。因此，无论对着手的认定采取何种学说，都应当肯定T已经着手实施犯罪。

2. 违法性

本案中，不存在可能适用的违法阻却事由，T的行为具有违法性。

3. 责任

本案中，T具备责任能力及违法性认识、期待可能性等责任要素，具有有责性。

4. 犯罪中止

本案中，T放弃再度对C开枪射击，且其后来还将C送往医院附近，最终使得C因此幸免于难。因此，需要考察T是否可能构成犯罪中止。

(1) 在犯罪过程中

根据《刑法》第24条第1款的规定，行为人在犯罪过程中实施中止行为的，才可能构成犯罪中止。若行为人的罪行已经成功既遂或止于障碍未遂，则其犯罪已经出现终局性的犯罪形态，不能再成立中止。本案中，T并未造成C的死亡结果，其杀人罪行未达于既遂。同时，在C逃走时，T知晓自己枪中还有数发子弹，能够继续对C开枪射击，故客观上并不存在妨碍T继续实施杀害行为的障碍，T的杀人行为也未陷于障碍未遂。因此，T的举动满足中止的时间要件，有成立中止犯的可能。

有见解认为，在行为人因实现了与构成要件无关的目的而放弃继续实施犯罪的场合，应当否定行为人构成犯罪中止，此时只能根据行为人是否造成了损害结果认定其罪行已经达于既遂或已经止于未遂。因为，既然行为人已经实现了自己所欲追求的目的，那么其就不可能再放弃自己的犯罪意图，从而也就不可能再成立中止。① 依该说之见，在本案中，T之所以未再继续向C开枪射击，是因为T已经达到了使自己能够逃脱的目的，故T不能再构成犯罪中止。又由于T开枪射击的行为未能造成C的死亡结果，故应当认定T构成故意杀人未遂。然而，该说的立场并不妥当。中止意义上的放弃犯罪，是指行为人放弃（继续）实现构成要件，而不是指行为人放弃实现与构成要件无关的目的。在目的犯中，认定行为人

---

① Vgl. Roxin, Strafrecht Allgemeiner Teil, Bd. 2, 2003, §30 Rn. 58 ff.

放弃实施犯罪当然以其放弃实现犯罪目的为前提。但是,对于非目的犯而言,犯罪目的本就不是构成要件的内容,故即便行为人实现了相关的犯罪目的,其也仍然可能放弃实现构成要件,从而构成犯罪中止。有鉴于此,本案例分析也不采该说,而是肯定 T 仍然可能构成犯罪中止。

(2)中止行为

根据《刑法》第 24 条第 1 款的规定,成立中止要求行为人放弃犯罪或者有效防止犯罪结果发生。若犯罪行为尚未实行终了,只要不继续实施就不会发生犯罪结果,则行为人只须放弃继续实施犯罪就已经可能构成中止。相反,若犯罪行为已经实行终了,不采取有效措施就会发生犯罪结果,则行为人只有积极采取措施有效地防止犯罪结果发生,才可能成立中止犯。在本案中,要判断 T 对 C 能否构成故意杀人中止,需要考察 T 的犯罪行为是否已经实行终了,以及其举动是否能被认定为是有效防止犯罪结果发生。

a. 是否实行终了

刑法理论对于应当如何认定实行终了存在不同的见解。

客观说认为应当以行为人客观上是否确实实施完了造成损害结果所必需的行为为标准,在行为人的行为客观上确实已经足以造成损害结果时,肯定其实行终了。根据该说,在本案中,T 客观上开枪击中了 C 并导致 C 生命垂危,故应当肯定 T 已经实行终了。

主观说则认为应当立足于行为人的主观认识判断其行为是否实行终了。据此,所谓实行终了,是指行为人相信自己已经实施了全部对于导致危害结果、实现构成要件所必需的行为。依主观说,则须讨论应当在哪个时间点上判断 T 是否实行终了的问题。因为,T 在本案中的前后认识有所变化。其在向 C 开枪射击后,起初认为自己没有击中 C。若立足于该时点进行判断,就应当认定 T 尚未实行终了。然而,T 数分钟之后在小巷遇见身负重伤的 C,从而认识到自己之前的射击行为其实已经导致 C 生命垂危。若立足于这个时点进行判断,就应当认定 T 已经实行终了。在选择实行终了与否的判断时点时,同样存在着个别行为说、犯罪计划说和整体考察说之间的分歧。个别行为说主张,应当以行为人实施完每次可能造成损害结果的行为时作为判断时点。根据该说,本案中就应当基于

T开枪射击后的时点判断其行为是否实行终了。因T当时误以为自己没有击中C,故应认定T尚未实行终了。犯罪计划说主张,应当基于行为人在实施犯罪计划过程中的认识或者行为人在实施完其所计划的犯罪行为时的认识,判断行为人是否属于实行终了。整体考察说则认为,应当以行为人实施完最后一次可能导致损害结果的行为时为基准,判断行为人的罪行是否实行终了。但是,若行为人在实施完最后一次可能造成损害结果的行为时误以为自己已经实行终了或尚未实行终了,在短暂的时间间隔之后即发现自己之前的认识有误,从而纠正了自己的认识的,应当以行为人修正后的认识作为判断其罪行是否实行终了的基准(修正的整体考察)。依据该说,在本案中,T虽然起先误以为自己没有击中C,但其随即就修正了自己的认知,故应当以T修正后的认识为准,认定T已经实行终了。

如上文所述,个别行为说与犯罪计划说均存有缺陷,故不为本案例分析所采。本案例分析采整体考察说的立场。根据该说的立场,则与客观说的结论一致,在本案中应当肯定T已经实行终了。

b. 有效防止犯罪结果发生

既然T在本案中已经实行终了,其就只有在有效地防止犯罪结果发生时才能成立犯罪中止。在本案中,T虽然将C送往医院附近,但却没有尽到自己最大的努力对C加以救助、确保C获得救治,而是将C置于医院门口50米处就自行离开。只是因C在夜色中凑巧被医护人员发现,才得以幸免于难。在这种行为人未尽到最大努力救治被害人的情形下,是否能认定其有效地防止了犯罪结果的发生,在学理上也存在争议。

机会提升说认为,行为人不必以最真挚的努力防止犯罪结果发生。只要行为人的救助行为与危害结果未发生之间具有条件关系,就应当肯定行为人的救助行为开创了阻止犯罪既遂的因果流程,创造或者至少提升了拯救法益的机会,从而有效地防止了犯罪结果发生。该说认为中止犯减免处罚的根据在于刑事政策的考量,故将理论重心放置于鼓励行为人积极采取救助措施,从而达到保护法益的目的。[1] 依该说之见,在本案

---

[1] 对该说的介绍,参见[德]乌韦·穆尔曼:《德国刑法基础课(第7版)》,周子实译,北京大学出版社2023年版,第652页。

中,虽然T将C送到了距离医院50米处就自行离开,但是,若不是T将C送往医院附近,生命垂危的C在小巷中定然无法获得救助。因此,T的救助行为仍然对C最终幸免于难具有重要的因果贡献,应当认为T的救助举动已经符合了中止行为的要求。

真挚努力说则认为,只有当行为人为避免犯罪结果发生尽到了真挚的努力时,才能肯定其有效地防止了犯罪结果发生。所谓真挚的努力,是指行为人根据其自身的能力和行为时的客观条件,采取了能够最为确定地避免危害结果发生的救助措施。该说认为中止犯减免处罚的根据源于刑罚目的,即行为人通过实施中止行为证明自己已经回归法秩序,已无必要再对其科处刑罚。而只有在行为人以最真挚的努力防止了犯罪结果发生时,才能肯定行为人彻底回归了法秩序,没有对其科处刑罚的必要,因此,该说也主张,只有在行为人以最真挚的努力避免了危害结果时,才能构成犯罪中止。① 依据该说,T在本案中要构成犯罪中止,就必须尽全力确保C及时获得救助,T至少应当将C送至医院内并联系医护人员对C进行医治。而T实际上却仅将C置于医院外50米处,若不是C偶然被医护人员发现,就难以防止危害结果发生。因此,在本案中不能认为T已经尽到了真挚努力,不能认定其是有效地防止了犯罪结果发生。

如前文所述,本案例分析认为刑法对中止犯减免处罚的规定是基于刑事政策考量的结果,即立法者以此鼓励行为人放弃犯罪或防止犯罪结果发生,从而实现刑法保护法益的目的。有鉴于此,在行为人的救助行为对于防止犯罪结果发生确有因果贡献时,即便行为人并未作出最为真挚的努力挽救法益,也应当肯定其构成犯罪中止。因此,本案例分析在此处采机会提升说,认为T的中止行为具备有效性。

(3)自动性

根据《刑法》第24条第1款的规定,行为人只有"自动"放弃犯罪或者有效防止犯罪结果发生的,才能构成犯罪中止。如前所述,关于中止犯自动性的认定,刑法理论中存在主观说、限定主观说和犯罪人理性说等见解

---

① Vgl. Murmannn, „Aufseben" der weiteren Tatausführung und „Verhindern" von deren Vollendung iSv § 24 I 1 StGB, JuS 2022, S.197 ff.

的分歧。在本案中,若根据限定主观说,则如前所述,因 T 在对 C 加以救助时并未作出最为真挚的努力,无法认定 T 已经回归了法秩序,故仍然会得出 T 并非自动防止犯罪结果发生的结论。根据犯罪人理性说,就应当以 T 在本案中的举动是否符合理性犯罪人的决策为标准,判断 T 是否构成中止。而如前所述,对此难以给出确切的结论。在主观说看来,虽然 T 是担心,若造成 C 的死亡自己就会被判处死刑,故而才将 C 送往医院附近,但是,行为人基于对未来可能遭受刑罚的恐惧而决定对法益加以救助的,仍然是通过自身的利益权衡而自主决定挽救法益,故应当肯定其是自愿地实施了中止行为。本案例分析采主观说,故此处也肯定 T 系自动实施了中止行为。

5. 小结

T 在本案中对 C 开枪射击的行为符合了故意杀人罪(未遂)的构成要件并具有违法性,同时 T 也具有有责性,但 T 自动对 C 加以救助、防止危害结果发生,故应认定 T 对 C 构成故意杀人罪(中止)。

> ▶ 思维导引
>
> 在案例分析的过程中,应当结合特定的构成要件考察行为人是否构成犯罪中止。换言之,对中止犯的考察必须要具体到行为人究竟构成什么犯罪的中止,而不能笼统认定行为人构成犯罪中止。其原因在于,在很多场合,行为人的行为可能同时触犯多个罪名,而行为人仅对其中部分罪名构成中止,对其他罪名则可能构成犯罪未遂或犯罪既遂。在本案中即是如此。虽然前文肯定 T 对 C 构成故意杀人罪的中止,但 T 客观上确实造成了 C 的重伤结果,故在故意伤害罪的范围内,T 对 C 可能构成犯罪既遂。因此,下文要继续讨论 T 对 C 构成故意伤害罪的可能性。

(三)T 开枪射击 C 的行为是否根据《刑法》第 234 条对 C 构成故意伤害罪(致人重伤)

根据《刑法》第 234 条的规定,T 开枪射击 C 的行为可能构成故意伤害罪(致人重伤)。

1. 构成要件符合性

(1)客观构成要件

故意伤害罪(致人重伤)的客观构成要件要求行为人实施伤害行

为,并因此造成了他人的重伤结果,同时,伤害行为与重伤结果之间须具有直接的因果关联。本案中,T向C开枪的行为具有致人受伤的类型化风险,属于故意伤害罪的实行行为。C也确因被T击中而身负重伤、生命垂危,故T的开枪射击行为与C的重伤结果之间存在直接性的因果关系。因此,T向C开枪射击的行为符合故意伤害罪(致人重伤)的客观构成要件。

(2)主观构成要件

故意伤害罪(致人重伤)的主观构成要件要求行为人具有实施伤害行为的犯罪故意且对重伤结果至少具有过失。在本案中,T出于杀害故意向C开枪射击,而杀害故意在规范上又包含有伤害的故意。因此,应当肯定T符合故意杀人罪(致人重伤)的主观构成要件。

2. 违法性

本案中,不存在可能适用的违法阻却事由,T的行为具有违法性。

3. 责任

本案中,T具备责任能力及违法性认识、期待可能性等责任要素,具有有责性。

4. 小结

T向C开枪射击的行为符合了故意伤害罪(致人重伤)的构成要件并具有违法性,同时,T也具有有责性。因此,该行为根据《刑法》第234条的规定构成对C的故意伤害罪(致人重伤)。

> ▶ **思维导引**
>
> 在案例分析的过程中,若遇有行为人离开现场的情节,一般都需要考察行为人是否因此构成不作为的犯罪。本案中,T将C置于医院大门口50米处便离开,故也要考察T是否可能因此构成不作为犯。虽然T此时明显是想避免造成C的死亡结果,几乎不可能认定其构成不作为的故意杀人,但是,仍然要检视T是否可能构成遗弃罪。

(四)T将C放置在医院门口的行为是否根据《刑法》第261条对C构成遗弃罪

根据《刑法》第261条的规定,T将C放置在医院门口的行为可能构成遗弃罪。

1. 构成要件符合性
(1) 客观构成要件

a. 行为对象

根据《刑法》第 261 条的规定,遗弃罪的行为对象为年老、年幼、患病或者其他没有独立生活能力的人。本案中,C 在被 T 击中后,躺在地上血流不止、生命垂危,属于没有独立生活能力的人,系遗弃罪的行为对象。

b. 扶养义务

根据《刑法》第 261 条的规定,成立遗弃罪要求行为人负有扶养义务。由于现行刑法将遗弃罪规定于第四章"侵犯公民人身权利、民主权利罪"中,故应将遗弃罪理解为对生命、身体法益的犯罪而非对家庭成员间伦常关系的犯罪。由此,遗弃罪意义上的扶养义务不能被限定于家庭成员之间的作为义务,而是应当依照不作为犯的一般理论加以认定。① 本案中,C 的受伤状态系由 T 的射击行为导致,故至少应当认为 T 因自己所实施的违法先前行为而对 C 具有扶养义务。

c. 拒绝扶养且情节恶劣

根据《刑法》第 261 条的规定,行为人拒绝对被害人加以扶养且情节恶劣的,才能构成遗弃罪。在本案中,T 虽然将 C 置于医院大门口 50 米处便离开,但是 T 毕竟是将 C 从小巷子里转移至了医院门口,其救助行为使 C 的处境有所改善,没有导致 C 的法益状况进一步恶化,因此,不宜认定 T 实施了拒绝扶养的遗弃行为,更不应认定其行为属于情节恶劣的遗弃罪行。有鉴于此,在本案中不应认定 T 的行为构成遗弃罪。

(五) 小结

在本案中,T 对 C 构成故意杀人罪(中止)和故意伤害罪(致人重伤)。由于我国的中止犯包括造成损害的情形,故 T 所犯故意伤害罪(致人重伤)被故意杀人罪(中止)所吸收,仅对 T 以故意杀人罪(中止)论处。但在量刑时需要注意的是,虽然根据《刑法》第 24 条第 2 款,对 T 的故意杀人罪行应当减轻处罚,不过,由于 T 对 C 的故意伤害罪行已经既遂,故对 T 最终科处的刑罚不能低于故意伤害罪(致人重伤)的刑罚。

---

① 参见张明楷:《刑法学》(第 6 版),法律出版社 2021 年版,第 1128 页以下。

三、罪数

综合全文所述,就其在律所办公室的行为,对 T 应以对名画的盗窃罪(未遂)论处,就其在巷子与医院的犯罪,对 T 应以故意杀人罪(中止)论处。T 在上述两个场景单元中的罪行侵犯了不同被害人的不同法益,故对 T 应以对名画的盗窃罪(未遂)和对 C 的故意杀人罪(中止)数罪并罚。

案例 6　多行不义案

案件事实

长途货运司机 T 接到委托将货物运往外地,出发前驾驶自己剩余油量不多的卡车来到一家位置偏僻的自助加油站加油。加油站的自助加油机出现了故障,无法读取加油卡信息,顾客必须在自己加油之后再到加油站的小卖部找工作人员支付费用。T 给卡车加入价值 5000 元的柴油后,前往小卖部付款,却发现小卖部内空无一人。T 顿时心起犯意,决定在小卖部搞点"外快"开溜,顺便赖掉油钱。在小卖部一阵翻箱倒柜之后,T 找到了十条大中华香烟(价值 1 万元),搂抱在怀里,准备放回卡车上。T 正出门时,加油站工作人员 A 刚好返回。T 虽然发现了 A,但不动声色,继续前行。A 看到 T 镇定地抱着香烟从小卖部出来,以为香烟是 T 自己的财物,便未加阻止。待 A 进入小卖部之后,发现里面被翻得乱七八糟,才想起来刚才 T 抱着的香烟应该是从小卖部拿的,赶紧转身追 T。然而,T 此时却已经偷偷从外部将小卖部的房门锁上,A 撞不开房门,只能眼睁睁看着 T 驾车扬长而去。

既"省"下了油钱又得到了香烟,T 心情大好。驱车到达目的地之后,为了好好犒劳自己,T 特意前往当地一家著名的高档餐馆用餐。T 在餐馆大厅坐下,点了价值 6000 元的山珍海味,吃饱喝足之后,前往卫生间方便,途中,T 发现餐馆厨房的门开着,于是又溜进厨房看看是否有机会再搞点财物。T 首先看中了厨房里的一把价值 200 元的双立人牌菜刀,遂拿过来别在后腰,用大衣遮住。随后,T 又在厨房中找到了一盒价值 500 元的人参,同样将其藏在大衣下,回到餐馆大厅。看到餐馆客人较多,T 又心生一计,企图逃单。T 耐心地等到邻桌几位客人结账之后一同起身离开餐馆时,也起身紧随其后,与之一起走出餐厅。餐厅门口的服务员 B

果然误以为 T 是前面几位客人的同伴,便任由其离去。

T 觉得自己运气真是好到爆,于是决定再去地下赌场捞一笔。然而,这一次 T 的"好运"不再,很快就把 5000 元油款、十条大中华香烟以及人参都输给了庄家 C。气急败坏的 T 为了挽回自己的损失,趁 C 不注意,一拳将其击倒,导致 C 因疼痛倒地不起。T 乘机抓起赌桌上自己输给 C 的 5000 元扭头就跑。地下赌场的"保安"D 见状,立刻尾随追赶,尝试夺回钱款。T 在逃离赌场 1 公里之后,实在无法摆脱 D,想起自己身上还带着从餐馆偷来的菜刀,为使自己能够顺利逃跑,掏出菜刀对 D 猛砍数刀,致 D 重伤倒地,T 顺利逃脱。

请分析 T 的刑事责任(设定诈骗罪与侵占罪"数额较大"的标准均为 5000 元)。

> **思维导引**
>
> 在思考对本案的分析路径时,可能须注意以下几个方面的问题:
>
> 1.本案的考察重点显然在于财产犯罪。财产犯罪的特点在于,行为人的行为可能同时侵犯多个财产对象,而其对每个财产对象又可能同时构成多个犯罪。不仅如此,侵犯财产罪的构成要件还经常具有较大的相似性,相互之间的界限并不明显,这就导致在判断行为人侵犯某个财产对象的行为是否构成犯罪时,经常需要对可能适用的多个构成要件逐一加以检视。例如,在侵犯人身权利的犯罪时,但凡发生了被害人死亡的结果,大多都可以直接考察行为人是否构成故意杀人或者故意伤害致人死亡,但是,在行为人取走被害人财物的场合,往往无法直接确定行为人是构成盗窃罪还是诈骗罪,必须逐一考察其行为是否符合盗窃罪或诈骗罪的构成要件。这些因素都导致了对财产犯罪的分析过程较为复杂,分析者须建立起明确的分析进路才能对财产犯罪案件全面、符合逻辑地加以审查,否则就会导致各种疏漏。
>
> 本书建议,遵照以下主要步骤分析财产犯罪案件:
>
> 首先,务必要仔细审查,究竟有哪些财产对象发生了变动,或者说究竟是谁的什么财产遭受了损害。我国的财产犯罪大多以特定的犯罪数额作为入罪和法定刑升格的标准,而对行为对象的认定将直接影响对行为人犯罪数额的认定,从而决定对行为的定性和处罚。因此,只有先全面、准确地确定了行为对象,才可能对全案事实进行准确评价,也才可能准确认定行为人的刑事责任。在确定财产对象时,比较引人关注的是有体财物。然而,在我国的财产犯罪体

系中,无体财产性利益也同样被作为财产加以保护,故在案例分析过程中要特别注意考察,在有体财物之外,行为人是否还侵害了他人无体的财产性利益(例如债权等各种请求权)。特别是在行为人对无体财产性利益的犯罪相比对有体财物的犯罪更为严重时,切不可遗漏行为人侵害财产性利益的罪行。

其次,在确定了行为对象的基础上,再考察究竟是行为人的什么行为造成了这些行为对象的变动,并对行为人每个造成财产变动的行为分别进行考察。由于在财产犯罪案件中,行为人经常会对多个财产对象实施多个侵害行为,故在检视其可能构成犯罪的行为时,也应当注意遵循一定的逻辑顺序。一般而言,对有体财物的犯罪行为相对比较容易确定,而且我国司法实务原则上也优先根据对有体财物的侵犯判定行为人的刑事责任,故在分析财产犯罪时可以遵循有体财物优先的原则,先考察行为人对相关的有体财物构成何种财产犯罪,在完成对有体财物的考察之后,再考察行为人是否还因侵犯了财产性利益而构成犯罪。

最后,在考察行为人的某个具体行为是否就特定的行为对象构成财产犯罪时,也应当有次序地检视行为人可能构成的犯罪。我国的财产犯罪大体上可以分为取得型犯罪(盗窃、诈骗、侵占等大多数财产犯罪均属此列)、挪用型犯罪(例如挪用资金罪、挪用特定款物罪)、毁弃型犯罪(例如故意毁坏财物罪、破坏生产经营罪)等三种类型。在案例分析时也可以根据行为人造成的财产损害初步判断可能对行为人适用哪种类型的财产犯罪。其中,取得型犯罪在案例分析过程中最为常见。取得型犯罪的基本型是盗窃罪、诈骗罪和侵占罪。恰如色彩中有三原色一样,盗窃罪、诈骗罪和侵占罪可谓是取得型犯罪中的"三原罪",其他的取得型犯罪全部是在这三个犯罪的基础之上,通过增加额外的犯罪成立要件发展而来。因此,若不能根据案件事实简单确定应当适用的构成要件,建议根据"盗窃罪—诈骗罪—侵占罪"的顺序依次考察行为人的具体行为构成何种财产犯罪。根据我国刑法和司法解释的规定,对盗窃罪的处罚重于诈骗罪,而盗窃罪和诈骗罪又明显重于侵占罪,这种检视顺序也符合案例分析中重罪优先的基本原则。

2.本案仅涉及单个行为人,原则上可以按照行为人实施行为的顺序检视其行为是否构成犯罪。不难发现,本案涉及三个相对独立的场景,即加油站、餐馆和赌场。各个场景之间存在较为明显的时空间隔,且行为人在每个场景中实施的行为与其在其他场景中实施的行为并不存在直接关联。因此,在对本案进行分析时可以将加油站、餐馆和赌场划分为三个犯罪场景单元,分别判断行为人在各个场景单元中的行为是否构成犯罪以及构成何种犯罪。

▶ **分析提纲**

一、在加油站的犯罪

(一)对香烟,取出小卖部,第264条,盗窃罪

    1. 构成要件符合性

        (1)客观构成要件

            a. 行为对象:他人财物(+)

            b. 窃取行为(+)

                问题:占有转移?被害人同意?

            c. 数额较大(+)

        (2)主观构成要件(+)

    2. 违法性(+)

    3. 责任(+)

(二)对香烟,取出小卖部,第266条,诈骗罪

    1. 构成要件符合性

        (1)客观构成要件

            a. 欺骗行为(+)

                问题:默示的欺骗?

            b. 认识错误(+)

            c. 财产处分

                (−),A欠缺处分意识

(三)对香烟,锁门逃跑,第269条、第263条,抢劫罪

    1. 构成要件符合性

        (1)客观构成要件

            a. 前提行为:盗窃(+)

            b. 强制手段(+)

                问题:暴力行为?

            c. 时空限制:当场(+)

        (2)主观构成要件

            a. 犯罪故意(+)

            b. 特殊目的(+)

                问题:窝藏赃物?

2. 违法性(+)

3. 责任(+)

(四)对柴油,加油行为,第264条,盗窃罪

 1. 构成要件符合性

  (-),被害人同意,欠缺故意

(五)对柴油,加油行为,第266条,诈骗罪

 1. 构成要件符合性

  (-),欠缺故意

(六)对柴油,锁门逃跑,第264条,盗窃罪

 1. 构成要件符合性

  (-),占有已经转移

(七)对柴油,锁门逃跑,第270条,侵占罪

 1. 构成要件符合性

  (1)客观构成要件

   a. 他人财物(+)

    问题:柴油所有权的归属?

    法律行为/事实行为

   b. 侵占行为:占为己有(+)

   c. 拒不返还(+)

   d. 数额较大(+)

  (2)主观构成要件(+)

 2. 违法性(+)

 3. 责任(+)

(八)对柴油,锁门逃跑,第269条、第263条,抢劫罪

 1. 构成要件符合性

  (-),无前提行为

(九)对支付油款的请求权,锁门逃跑,第263条,抢劫罪

 1. 构成要件符合性

  (1)客观构成要件

   a. 行为对象(+)

    问题:财产性利益?

            b. 强制手段(+)

            c. 取得财物(+)

            d. 因果关系(+)

        (2)主观构成要件(+)

    2. 违法性(+)

    3. 责任(+)

(十)罪数

二、在餐馆的犯罪

(一)对菜刀,第264条,盗窃罪

　　1. 构成要件符合性

　　　　(1)客观构成要件

　　　　　　a. 行为对象(+)

　　　　　　b. 窃取行为:占有的认定(+)

　　　　　　c. 数额较大（-）

　　　　　　d. 其他情形

　　　　　　　　多次盗窃/入户盗窃/携带凶器盗窃/扒窃(-)

(二)对人参,第264条,盗窃罪

　　1. 构成要件符合性

　　　　(1)客观构成要件

　　　　　　a. 行为对象(+)

　　　　　　b. 窃取行为:占有的认定(+)

　　　　　　c. 数额较大（-）

　　　　　　d. 其他情形

　　　　　　　　(a)入户盗窃/扒窃(-)

　　　　　　　　(b)多次盗窃(-)

　　　　　　　　(c)携带凶器盗窃(+)

　　　　　　　　　　问题:"凶器"的定义

　　　　　　　　　　　　客观说/主观说/综合说/折中说

　　　　　　　　　　问题:"携带"的定义

　　　　(2)主观构成要件(+)

　　2. 违法性(+)

　　3. 责任(+)

(三)对菜刀和人参的返还请求权以及支付餐费的请求权,第264条,盗窃罪
    1. 构成要件符合性
        (1)客观构成要件
            a. 行为对象(+)
                问题:盗窃财产性利益?
            b. 窃取行为(-)
                问题:请求权的占有转移?

(四)对菜刀和人参的返还请求权,离开餐馆,第264条,诈骗罪
    1. 构成要件符合性
        (1)客观构成要件
            a. 欺骗行为(+)
                问题:默示的欺骗?
            b. 认识错误
            c. 财产处分
                (-),欠缺处分意识

(五)对支付餐费的请求权,离开餐馆,第266条,诈骗罪
    1. 构成要件符合性
        (1)客观构成要件
            a. 欺骗行为(+)
                问题:默示的欺骗?
            b. 认识错误(+)
            c. 财产处分(+)
                问题:对债权的处分,占有转移?
                问题:处分意识的必要性及其认定
                问题:三角诈骗
            d. 财产损失与取得财产(+)
        (2)主观构成要件(+)
    2. 违法性(+)
    3. 责任(+)

(六)对菜刀和人参的返还请求权以及支付餐费的请求权,第270条,侵占罪
    1. 构成要件符合性
        (1)客观构成要件(-)
(七)罪数

三、在赌场及其附近的犯罪

(一)对5000元赌资,打倒C,第263条,抢劫罪
    1. 构成要件符合性
        (1)客观构成要件
            a. 行为对象:他人财物(+)
                问题:赌资所有权的归属?
            b. 强制手段(+)
            c. 取得财物(+)
            d. 因果关系(+)
        (2)主观构成要件
            a. 犯罪故意(+)
            b."非法"占有目的(+)
                问题:不法原因给付
    2. 违法性(+)
    3. 责任(+)

(二)对5000元赌资,砍伤D,第269条、第263条,抢劫罪(致人重伤)
    1. 构成要件符合性
        (1)客观构成要件
            a. 前提行为(+)
                问题:抢劫作为转化型抢劫的前提行为?
            b. 强制手段(+)
            c. 时空限制(+)
            d. 加重结果:致人重伤(+)
        (2)主观构成要件(+)
    2. 违法性
        (1)正当防卫
            (-),不存在"不法"侵害
    3. 责任(+)

(三)砍伤 D,第234条,故意伤害罪(致人重伤)

    1. 构成要件符合性(+)

    2. 违法性(+)

    3. 责任(+)

(四)罪数

参考答案

一、在加油站的犯罪

▶ **思维导引**

本案中,T在加油站的行为难以对A的人身法益构成犯罪。T虽然将A反锁于小卖部内,但根据我国刑法和司法解释的规定,在行为人未使用械具或者捆绑等恶劣手段非法剥夺他人人身自由,也未造成其他严重后果的场合,行为人非法剥夺他人人身自由24小时以上的,才构成非法拘禁罪。在本案中,没有案件事实表明T将A反锁于小卖部内24小时或者造成了A伤亡的后果,故无法认定T对A构成非法拘禁罪。

因此,对T刑事责任的考察重点在于财产犯罪。T在加油站的行为涉及多个财产对象。比较易确定的是香烟和柴油这两个有体财物。须注意的是,T将A锁在屋内并驾车离去的行为导致A无法再要求T支付油款,故T还损害了A的无体财产性利益(支付油款的请求权)。因此,T在加油站的罪行其实至少涉及三个行为对象,即香烟、柴油和支付油款的请求权,在分析过程中应当逐一检视,T造成这些财产对象发生变动的行为是否构成犯罪。根据有体财物优先的原则,可以先检视T对香烟和柴油是否构成犯罪。由于T取得香烟和柴油的行为相对独立,先考察对香烟的犯罪或者先考察对柴油的犯罪都是可行的方案。

本案例分析先考察对香烟的犯罪。在考察对香烟的犯罪时需要注意,T其实针对香烟实施了两个行为:其首先将香烟取出小卖部,而后再将A反锁于小卖部并逃离。对T的这两个行为应当分别加以考察。就其将香烟取出小卖部的行为而言,可能存在盗窃罪与诈骗罪界分的问题,可以根据"盗窃罪—诈骗罪"的次序对之加以考察。T将A反锁于小卖部逃跑的行为则在取得财物的基础上又增加了强制性的手段,故须注意考察该行为是否构成强制性的取得型犯罪(例如抢劫罪等)。

(一)T 将香烟取出小卖部是否根据《刑法》第 264 条对香烟构成盗窃罪

根据《刑法》第 264 条的规定,T 将香烟取出小卖部的行为,可能对香烟构成盗窃罪。

1.构成要件符合性
(1)客观构成要件
a.行为对象

盗窃罪的行为对象为他人财物。所谓他人财物,是指由行为人之外的其他人所有或占有的财物。在本案中,在 T 将香烟取出小卖部之前,香烟位于加油站小卖部内,属于加油站工作人员占有的财物,故涉案香烟对于 T 而言属于他人财物,可以成为盗窃罪的行为对象。

b.窃取行为

成立盗窃罪要求行为人实施了窃取行为。所谓窃取行为,是指行为人违反权利人的意志,破除权利人对财物的占有并建立起自己或者其他第三人对财物新的占有。而"破除"他人对财物的占有则意味着,行为人必须是在违背权利人的意志或者欠缺占有者相应同意的情况下取得对财物的支配和控制。相反,若存在权利人放弃或转移占有的同意,就不可能认定行为人破除了他人对财物的占有。因此,认定窃取行为需要进行两方面的考察:首先,要确定行为人转移了被害人对财物的占有,其次,要确定这种占有转移并非基于被害人的同意而发生。

(a)占有转移

盗窃罪的根本特征在于,行为人转移了被害人对财物的占有,即其将被害人占有的财物转移为自己或者其他第三人占有。对于财物的占有关系,应当根据个案案件事实,结合社会一般观念加以判断。在本案中,涉案香烟起先位于加油站小卖部内,无疑由加油站的工作人员占有。由于十条香烟的体积较大,故当 T 在小卖部找到涉案香烟时,还不能认定其已经在权利人支配的空间领域内转移了对香烟的占有,此时涉案香烟仍然处于加油站工作人员的占有之下。但是,T 在将香烟抱出小卖部之后,其就是使涉案香烟脱离了权利人控制的空间领域,应当认为此时 T 已经将涉案香烟转移为自己占有。

(b) 被害人同意

在本案中,T 在将香烟取出小卖部时正好遇见加油站工作人员 A 返回,A 虽然也看到 T 抱着香烟从小卖部出来,但误以为香烟是 T 的财物,便未加阻止。由此便需要讨论,T 是否是基于 A 的同意而取得财物,从而不能认定其是"破除"了权利人对财物的占有。对此应予以否定。只有在被害人认识到自己支配下的财物会发生占有关系的变动,而且也认同或容忍了这种占有关系的变化时,才能肯定存在着转移对财物之占有的被害人同意。然而,在本案中,A 之所以未对 T 取走香烟的行为加以阻拦,是因为 A 误以为 T 所抱着的香烟是 T 自己的财物,因此,A 并没有认识到自己占有之下的香烟发生占有关系变化的事实,自然也不可能对这种占有转移予以认可或容忍。有鉴于此,在本案中不能认定 A 同意 T 取得对涉案香烟的占有,应当肯定 T 是违反权利人的意志破除了权利人对于香烟的占有。

c. 数额较大

盗窃罪的成立要求行为人窃取了数额较大的财物。根据 2013 年 4 月 2 日最高法、最高检《关于办理盗窃刑事案件适用法律若干问题的解释》(下文简称《盗窃案件解释》)第 1 条的规定,盗窃罪中数额较大的标准为 1000—3000 元,而本案中涉案香烟的价值为 1 万元,故应认定 T 窃取了他人数额较大的财物,符合盗窃罪的客观构成要件。

(2) 主观构成要件

在本案中,T 明知涉案香烟是他人占有的财物,却仍然决意破除权利人对香烟的占有,建立起自己新的占有,应当认为 T 具有盗窃的犯罪故意。同时,T 主观上也具有排除权利人对香烟的支配并根据香烟可能的经济用途对之加以利用的目的,也应当肯定 T 对涉案香烟具有非法占有目的。

2. 违法性

本案中,不存在可能适用的违法阻却事由,T 的行为具有违法性。

3. 责任

本案中,T 具有全部责任要素。

4. 小结

综上所述,T 从加油站小卖部取走涉案香烟的行为构成盗窃罪,犯罪数额为涉案香烟的价值,即 1 万元。

> **思维导引**
>
> 在我国财产犯罪体系中,盗窃罪与诈骗罪存在互斥关系,也即行为人不可能就同一财产对象同时构成盗窃罪与诈骗罪。① 因此,在肯定 T 对涉案香烟构成盗窃罪之后,可以不再考察 T 对香烟是否还能构成诈骗罪,也可以简单阐释 T 对香烟不可能再构成诈骗罪。但是,若分析者对于诈骗罪的构成要件还不熟悉,也可以结合诈骗罪的构成要件要素细致展开考察,从而加强对诈骗罪的理解。

(二)T 将香烟取出小卖部是否根据《刑法》第 266 条对香烟构成诈骗罪

根据《刑法》第 266 条的规定,T 将香烟取出小卖部的行为,可能对香烟构成诈骗罪。

1. 构成要件符合性

(1)客观构成要件

诈骗罪的客观构成要件表现为,行为人就事实对他人进行欺骗,导致他人陷入认识错误并基于这种认识错误进行财产处分,被害人因这种财产处分遭受财产损失,而行为人或其他第三人则据此取得财物。

a. 欺骗行为

构成诈骗罪要求行为人通过虚构事实或者歪曲、隐瞒真相实施了欺骗行为。诈骗罪中的欺骗行为可以被区分为作为与不作为两种类型。而作为的欺骗行为又可以分为明示的欺骗和默示的欺骗两种情形。所谓明示的欺骗,是指行为人通过言语明确进行了虚假的事实陈述。所谓默示的欺骗,是指行为人虽然没有以言语明确表达虚假的信息,但根据行为时的具体情境和社会的一般观念,行为人的举止之中却隐含着某种意思表达,而这种意思表达的内容并不符合事实。在本案中,T 在发现 A 返回小卖部之后,仍然不动声色抱着香烟离开,其没有以言语形式明确对 A 进行欺骗(例如,其没有明确对 A 声称所抱着的是自己的香烟)。但是,根据社会交往经验,T 的这一举动传递出了这些香烟是其自己财物的信息。

---

① 但是行为人可能同时对不同的财产对象构成盗窃罪和诈骗罪。例如,甲谎称乙家门前的机动车是自己的,将之卖给丙,让丙将车开走。若丙不能构成善意取得,则甲对丙交付的购车款构成诈骗罪,同时,甲利用不知情的丙开走了乙的机动车,其还以间接正犯的方式对乙的机动车实施了盗窃罪行。

然而,T通过其举止默示地表达出来的该信息明显不符合事实,故在本案中应当肯定 T 系以默示的方式对 A 实施了欺骗行为。

b. 认识错误

诈骗罪的成立要求行为人通过欺骗引起或者维持了被害人的认识错误。在本案中,由于 T 的欺骗行为,A 误以为香烟是 T 的财物,从而陷入了认识错误。

c. 财产处分

虽然我国《刑法》第266条没有明确加以规定,但财产处分是诈骗罪必不可少的客观构成要件要素。所谓财产处分,是指被害人(或受骗人)基于处分意识自愿实施了处分行为。其中,处分行为是指被害人(或受骗人)直接造成财产减损的法律性或事实性的作为、容忍和不作为。处分意识则要求被害人(或受骗人)认识到财产移转的外在事实,并且认识到这种财产移转与自己或者自己支配之下的他人财产相关的性质。[①] 在本案中,A 眼见 T 取走香烟却没有加以制止,客观上容忍 T 造成了对香烟的占有关系的变化,可以肯定 A 实施了处分行为。但是,A 之所以允许 T 取走香烟,是因为其误以为 T 所抱走的是 T 的财物,故 A 没有认识到自己是容忍 T 将转移了自己(A)支配下的财物这一事实,不能肯定 A 具有转移香烟占有的处分意识。因此,不能认定 A 在本案中对涉案香烟进行了财产处分,与此相应,T 的行为也就不符合诈骗罪的客观要件。

(三) T 将香烟取出小卖部后锁门逃跑的行为是否根据《刑法》第269条和第263条对香烟构成抢劫罪

根据《刑法》第269条和第263条的规定,T 将香烟取出小卖部并锁门逃跑的行为,可能因转化型抢劫而对香烟构成抢劫罪。

1. 构成要件符合性

(1) 客观构成要件

a. 前提行为:盗窃

成立转化型抢劫要求行为人已经实施了盗窃、诈骗、抢夺等前提行

---

① 参见王钢:《盗窃与诈骗的区分——围绕最高人民法院第27号指导案例的展开》,载《政治与法律》2015年第4期,第36页。

为。在本案中,如前所述,T将香烟取出小卖部的行为构成盗窃罪,故应当肯定T已经就涉案香烟实施了转化型抢劫的前提行为。

b. 强制手段

成立转化型抢劫要求行为人对他人使用暴力或者以暴力相威胁。在本案中,T采取的强制手段是将被害人锁在房屋内,对于这种行为是否可以构成转化型抢劫中的强制手段,我国刑法理论和司法实务存在着不同的看法:

否定说认为,将被害人锁在房屋内的行为不属于抢劫罪(《刑法》第263条)意义上的"暴力"手段,而仅属于抢劫罪中的"其他方法"。[①] 依据该说,虽然将被害人锁于屋内取走其财物的行为可以构成抢劫罪,但由于转化型抢劫的强制手段仅限于暴力和以暴力相威胁,并不包括暴力、威胁以外的其他方法,故将被害人锁在房屋内的行为不能被视为转化型抢劫的强制手段。因此,在本案中,不能认为T实施了转化型抢劫意义上的强制手段,不能据此认定T构成抢劫罪。

肯定说认为,抢劫罪中的暴力方法是指行为人对被害人的身体实施打击或者强制,包括杀伤、殴打、捆绑和禁闭等手段。因此,将被害人锁在房屋内加以禁闭的,也是对被害人的身体施加了强制,属于抢劫罪中的暴力方法。[②] 对转化型抢劫中的"暴力"应当与抢劫罪中的"暴力"作相同解释,因此,将被害人锁在房屋内的,也属于转化型抢劫中的强制手段。依该说,在本案中,T将A锁在小卖部内,就实施了转化型抢劫中的暴力行为,符合转化型抢劫的成立条件。

在上述两种观点中,否定说的见解并不妥当。其原因在于,首先,将被害人锁在房屋内的行为符合对抢劫罪中的"暴力"的定义。抢劫罪中的"暴力"限于对人实施的、足以压制被害人反抗的身体有形力。虽然抢劫罪中的暴力行为必须是对人的暴力,即对人施加身体有形力,但暴力行为并不需要直接作用于被害人的身体。只要能够对被害人的身体造成物理

---

① 参见邹代明抢劫案,载中华人民共和国最高人民法院刑事审判第一庭、第二庭编:《刑事审判参考》2002年第1辑,法律出版社2002年版,第62—66页。

② 参见内蒙古自治区乌海市人民检察院诉白雪云等抢劫案,载《中华人民共和国最高人民法院公报》2008年第5期,第37—41页。

性的影响,从而压制被害人的反抗,就可以成立抢劫罪中的暴力。行为人将被害人锁在房屋内的举动当然也行使了身体有形力,该有形力虽然没有直接作用于被害人的身体,但对被害人的身体产生了物理强制的效果,足以压制被害人的反抗。因此,将被害人锁在房屋内的行为完全符合抢劫罪中暴力手段的成立要件,应将之评价为抢劫罪意义上的暴力方法。

其次,转化型抢劫系抢劫罪的特殊的情形,《刑法》第269条之所以规定对转化型抢劫也以抢劫罪论处,是因为转化型抢劫的不法程度本就与抢劫罪相当,其与抢劫罪的区别仅在于强制手段与取财行为的先后次序不同:在抢劫罪中,行为人是先实施强制手段压制被害人反抗,再进而取得财物,而在转化型抢劫的场合,行为人则是先实施取财行为,之后再对被害人施加强制手段。因此,对转化型抢劫成立要件的解释应当尽可能与对抢劫罪构成要件的理解保持一致。在将被害人锁在房屋内的场合,行为人是先将被害人锁在房屋内再取得其财物,还是在取得财物之后再将被害人锁在房屋内压制其反抗,两种行为的不法程度并无显著差异。既然我国刑法理论和司法实务几无争议地认为,将被害人锁在房屋内再取得其财物的行为可以构成抢劫罪,那么,就没有理由认为行为人在取得财物之后再将被害人锁在房屋内的行为不能构成转化型抢劫。据此,为了保持对转化型抢劫和抢劫罪的一致理解,也不应当采取否定说。有鉴于此,本案例分析采取肯定说,肯定T将A锁在小卖部内的行为属于抢劫罪意义上的暴力方法,可以被视为转化型抢劫的强制手段。

c. 时空限制:当场

转化型抢劫的成立要求行为人"当场"使用暴力或者以暴力相威胁。其中的"当场"是指在盗窃、诈骗、抢夺的现场以及行为人刚离开现场就被他人发现并抓捕的情形。[①] 换言之,只有当行为人所实施的暴力、胁迫行为与其之前实施的盗窃等前提行为具有紧密的时空联系时,才可能认定其构成转化型抢劫。在本案中,T在将香烟取出小卖部之后,立刻将小卖部的门锁上,其暴力行为与前提行为系在紧密的时空范围内接续发生,从而符合转化型抢劫对于当场性的要求。

---

① 参见张明楷:《刑法学》(第6版),法律出版社2021年版,第1281页。

(2)主观构成要件

a. 犯罪故意

在本案中,T 明知自己的行为会侵害他人的财产与意思活动自由,仍然决意将 A 锁在小卖部内,应当认为 T 具有转化型抢劫的犯罪故意。

b. 特殊目的

成立转化型抢劫要求行为人主观上具有窝藏赃物、抗拒抓捕或者毁灭罪证的目的。其中,对"窝藏赃物"目的不能进行过于狭隘的解释,不能将之理解为行为人企图将赃物藏匿或使赃物不为人所知。转化型抢劫意义上的窝藏赃物,是指行为人维持自己对于赃物的非法占有,保护已经取得的赃物不被追缴。① 在本案中,T 将 A 锁在小卖部内也是为了维持自己对于香烟的非法占有,防止香烟被 A 追回,故应当认为 T 具有窝藏赃物的目的。

2. 违法性

本案中,不存在可能适用的违法阻却事由,T 的行为具有违法性。

3. 责任

本案中,T 具有全部责任要素,具有有责性。

4. 小结

综上所述,在本案中,T 将 A 反锁于小卖部后逃跑的行为构成转化型抢劫,故 T 对香烟构成抢劫罪。

> **思维导引**
>
> 在考察完 T 对香烟的犯罪行为之后,就可以继而检视 T 对柴油的犯罪。本案中,T 对涉案柴油实际上也实施了两个行为。其首先将柴油加入自己油箱,之后在驾车逃跑时,T 同时也将加入油箱内的柴油带离了加油站。因此,就 T 对柴油的犯罪,也应当对这两个行为分别予以检视。

(四)T 给货车加油的行为是否根据《刑法》第 264 条对柴油构成盗窃罪

根据《刑法》第 264 条的规定,T 给货车加油的行为可能对柴油构成盗窃罪。盗窃罪的成立要求行为人客观上破除他人对财物的占有并建立

---

① 参见张明楷:《刑法学》(第 6 版),法律出版社 2021 年版,第 1284 页。

起自己或者其他第三人对财物新的占有,并且在主观上具有盗窃的犯罪故意。所谓破除占有,是指违背权利人的意志排除其对相应财物的支配和控制,若存在权利人放弃或者转移占有的同意,就不能认定行为人破除了权利人的占有。在本案中,加油站设置自助加油机就表达出了其同意顾客在正常使用自助加油机的前提下取得对柴油的占有的意思,故 T 正常使用自助加油机给货车加油的行为没有违反权利人的意志,并非破除加油站对柴油的占有。同时,T 在加油时也具有支付油款的意思,其并非企图通过破除加油站对于柴油的占有而取得财物,故也应当认定其缺乏盗窃的犯罪故意。因此,T 给货车加油的行为不构成盗窃罪。

(五)T 给货车加油的行为是否根据《刑法》第 266 条对柴油构成诈骗罪

根据《刑法》第 266 条的规定,T 给货车加油的行为可能对柴油构成诈骗罪。然而,诈骗罪的成立要求行为人客观上对他人加以欺骗,主观上要求行为人具有通过欺骗他人而非法取得财物的犯罪故意。在本案中,T 在给自己卡车加油时,尚未产生非法获取涉案柴油的犯意,故其在加油时既未就内心意欲付款的事实对加油站工作人员进行欺骗,也缺乏实施诈骗行为的犯罪故意。因此,不能认定 T 的加油行为构成诈骗罪。

(六)T 锁门逃跑的行为是否根据《刑法》第 264 条对柴油构成盗窃罪

根据《刑法》第 264 条的规定,T 将 A 锁在小卖部内并驾车逃跑的行为可能对柴油构成盗窃罪。成立盗窃罪要求行为人实施了窃取行为。所谓窃取行为,是指行为人违背权利人的意志破除权利人对相应财物的占有,建立起自己或者其他第三人对财物新的占有。因此,只有当相应财物发生了占有的转移时,行为人才可能对该财物构成盗窃罪。反之,若在犯罪行为实施前后,相关财物的占有关系没有发生变化,行为人就不可能对之成立盗窃罪。在本案中,需要讨论的问题恰是,T 锁门逃跑的行为是否导致对柴油的占有关系发生了变化。T 之前通过自助加油将涉案柴油注入了自己卡车的油箱,此时柴油已经位于 T 所支配的封闭容器(油箱)之中,应当认为加油站已经失去了对柴油的占有,而由 T 获得了对柴油的占有。既然 T 在加油时就已经取得了涉案柴油的占有,其将 A 锁在小卖部内并驾车逃跑的行为就没有再次更改对柴油的占有关系。因此,T 锁门逃跑的行为没有破除加油站对柴油的占有,不能就柴油构成盗窃罪。

> ▶ 思维导引
>
> 由于T锁门逃跑的行为没有造成对柴油占有关系的变化,T也不可能因该行为对柴油构成抢劫罪、抢夺罪、敲诈勒索罪等强制性的取得型犯罪。同时,T在驾车逃跑时也显然没有对任何人进行欺骗,故T也不可能因此构成诈骗罪。由此,可能适用的罪名就只剩下了侵占罪。故下文应进而考察T是否对柴油构成侵占罪。

(七)T锁门逃跑的行为是否根据《刑法》第270条对柴油构成侵占罪

根据《刑法》第270条的规定,T驾车逃跑的行为,可能对柴油构成侵占罪。

1. 构成要件符合性

(1)客观构成要件

a. 行为对象

> ▶ 思维导引
>
> 刑法中的财产犯罪旨在保护被害人的财产权益,而被害人的财产权益又主要通过民事法律规范确定,因此,财产犯罪案件经常呈现刑民交叉的样态。当然,在大部分案件中,对民事法律关系的判断较为简单,不必特别对之加以探讨。例如,在诸多财产犯罪案件中,行为人明显不可能对相关财物享有所有权,故不需要单独分析对涉案财物的所有权关系。但是,在部分财产犯罪案件中,涉案财产的民事权益归属并不明晰,而对民事财产关系的认定又会直接决定行为人的刑事责任。此时,就有必要着重探讨民事法律规范对于财产关系的界定。在本案中即是如此。侵占罪的基本结构是行为人将自己占有的他人财物(即他人享有所有权的财物)非法转为自己所有,故要在本案中认定T是否因驾车逃跑而对柴油构成侵占罪,就必须先确定,T在实施该行为时是否已经取得了对柴油的所有权。若T此时已经享有对柴油的所有权,则涉案柴油已经属于T的财产,T当然不可能再对之构成侵占罪。相反,若T没有取得柴油的所有权,涉案柴油仍然由加油站所有,T便具有对涉案柴油构成侵占罪的可能性。

侵占罪的行为对象为行为人占有的他人财物,也即相关财物必须处于行为人的占有之下,但却由行为人之外的其他人享有所有权。在本案中,如前所述,T在给货车加油时就取得了对涉案柴油的占有。但需要探讨的问题是,此时涉案汽油是仍然由加油站保有所有权,还是已经归为 T 所有。对此,学界存在一定的争议,本案例分析认为,在 T 支付油款之前,涉案柴油的所有权仍然归于加油站,T 对之不享有所有权:

首先,T 没有通过法律行为取得柴油的所有权。在本案中,肯定涉案柴油的所有权在 T 付款前仍然由加油站保有,才能更为合理地平衡 T 和加油站的利益。若认为在加油之后 T 便取得了柴油的所有权,那么,当 T 加油之后拒绝付款时,加油站就只能向 T 主张不当得利返还请求权等债权请求权,而无法主张物权返还请求权等物权请求权。然而,在民法体系中,债权通常具有平等性,不具有优先受偿的效力,当债务人无法清偿所有债务时,债权人只能与债务人的其他债权人按照数额比例进行受偿。① 这就导致债权请求权的保护效力弱于物权请求权,极易发生权利人无法实现其债权的情况。因此,为了保证自己的权利得以圆满实现,加油站会对顾客自行加取的汽油保留所有权。在本案中,加油站也不会在 T 完全支付价款之前就将涉案柴油的所有权转移给 T,故应当认为加油站与 T 之间进行的是保留所有权的买卖(《民法典》第 641 条)。在保留所有权的买卖关系中,动产标的物的所有权在买受人完全支付价款时转移。据此,在本案中,T 也只有在支付油款之后才能基于法律行为取得对涉案柴油的所有权。

其次,T 也无法通过事实行为取得柴油的所有权。在本案中,T 使用自助加油机给货车加油,致使加入的柴油与油箱中原有的柴油发生了混合。所谓混合,是指分属不同主体的两个或两个以上的动产相互结合,不能识别或者识别所需费用过高,而发生所有权变动的情况。根据我国《民法典》第 322 条的规定,对于动产混合所形成的混合物的所有权,当事人有约定的,从其约定,没有约定或者约定不明确的,依照法律规定,没有法律规定的,按照充分发挥物的效用以及保护无过错当事人的原则确定。在本案中,对于混合物的所有权归属,既没有当事人的约定,也没有法律规定,并且 T 在加油时系正常使用自助加油机加油,T 与加油站对于柴油的混合均无过错,故应当按照充分发挥物的效用的原则确定混合物的归

---

① 参见王泽鉴:《债法原理》(第 2 版),北京大学出版社 2013 年版,第 60 页以下。

属。民法理论认为,在动产混合的场合,按照充分发挥物的效用的原则确定混合物的所有权归属,原则上就应当肯定由价值大的物的所有人取得混合物的所有权。① 因为,一般而言,价值更大的物的所有人更愿意取得混合物的所有权,也更能有效率地对混合物加以利用。在本案中,T 在加油之前,其卡车油箱中所剩的柴油已经不多,新加入的柴油的价值明显更高,而如前所述,在 T 付款之前新加入的柴油的所有权属于加油站,故根据民法中充分发挥物的效用之原则,T 卡车内原有柴油与其新加入柴油形成的混合物的所有权应属于加油站。因此,T 也不能因柴油的混合取得对涉案柴油的所有权。

鉴于 T 在本案中只是占有了新加入油箱的涉案柴油,但并未取得对涉案柴油的所有权,新加入的柴油对 T 而言就是由 T 占有的他人财物,可以成为侵占罪的行为对象。具体而言,涉案柴油属于《刑法》第 270 条第 1 款规定的"代为保管的他人财物"。对于侵占罪意义上的"代为保管",不能进行过于狭隘的理解。所谓代为保管,是指行为人对相关财物具有事实上的支配关系(即占有了该财物)并且有义务返还或者有义务按照委托人要求的特定用途对财物加以使用。② 本案中,如前所述,T 取得了对涉案柴油的占有。同时,根据我国《民法典》第 642 条规定,当事人约定出卖人保留合同标的物的所有权,在标的物所有权转移前,买受人未按照约定支付价款,造成出卖人损害的,出卖人有权取回标的物。据此,在本案中,T 未支付油款,加油站可以要求 T 返还涉案柴油,T 也具有返还涉案柴油的法律义务。因此,对 T 而言,涉案柴油系侵占罪意义上的"代为保管的他人财物"。

b. 侵占行为:占为己有

构成侵占罪要求行为人客观上将他人财物占为己有,即行为人将自己占有的他人财物转为自己所有。对于"占为己有"的认定,刑法理论存在争议。客观说认为,只有当行为人客观上确实对他人财物进行了处分时(例如将代为保管的他人财物出售给第三人),才能成立侵占罪。严格

---

① 参见崔建远:《中国民法典释评·物权编》(上卷),中国人民大学出版社 2020 年版,第 553 页。
② 参见张明楷:《刑法学》(第 6 版),法律出版社 2013 年版,第 1260 页。

的表征说则认为,在行为人的行为本身体现出了行为人将他人财物转为自己所有的意思时,就可以肯定行为人实施了侵占行为。据此,应当基于理性第三人的视角,纯粹依据客观事实判断行为人的行为是否已经确定地体现了其将相应物品占为己有的意思。若能得出肯定结论,就应当认定行为人已经侵占了他人财物。宽泛的表征说则不要求行为本身毫无疑问地体现出了行为人将他人物品转为自己所有的意图。在该说看来,即便行为人的行为存在着多种可能的意义(例如行为人可能是将物品占为己有,但也可能只是暂时保管),但是,若根据其他案件事实可以推断或者甚至事后可以查明行为人是出于将他人财物转为自己所有的意思实施行为,也足以认定行为人成立侵占罪。①

在本案中,T取得柴油之后未付油款就驾车逃跑,其行为已经在客观上排除了加油站对柴油的支配,并表达出了T将柴油占为己有的意图,故上述学说均会得出T对涉案柴油实施了侵占行为的结论。但是,究竟应当将T的哪些具体举动认定为其所实施的侵占行为,各种学说对此的立场则有所不同。若采取客观说,至少需要等到T驾车逃跑时才能认定其对涉案柴油实施了侵占行为,因为此时才能肯定T对涉案柴油进行了处分和使用。相反,根据严格的表征说,虽然T未付油款就驾车离去的举动不一定能体现出T侵占涉案柴油的意图(因为正常的顾客也可能忘记付款就离开,故不能确定T未付油款就具有侵占意思),但是,综合本案客观事实,T将A锁在小卖部内的行为无疑表达出了T将涉案柴油占为己有的意思。因此,依该说的立场,在T将A反锁于小卖部内时,T就对涉案柴油实行了侵占罪行。根据宽泛的表征说,结合T将涉案柴油非法转为自己所有的意图,也应当肯定T在将A反锁于小卖部时,其就已经侵占了涉案柴油。总体而言,客观说的立场导致侵占罪的既遂时点过于推迟,不利于保护被害人的财产权利。因此,本案例分析采取宽泛的表征说,主张在T将A锁在小卖部内时,T的侵占行为已经实行完毕。

c. 拒不返还

我国《刑法》第270条规定,行为人将自己占有的他人财物非法占为

---

① 参见王钢:《德国判例刑法(分则)》,北京大学出版社2016年版,第186页以下。

己有,并且"拒不退还"或者"拒不交出"的,构成侵占罪。对于其中"非法占为己有"与"拒不退还"或"拒不交出"的关系,我国刑法理论存在较大争议:

第一种观点认为,"拒不退还"和"拒不交出"系与"非法占为己有"相并列的独立要素。只有在行为人将他人财物非法占为己有之后,又经要求返还而拒不返还或拒不交出的,才成立侵占罪。反之,如果在行为人实施非法占为己有的行为之后,经要求而返还涉案财物的,就不构成侵占罪。① 依据该说,在本案中,T 尚未被要求返还柴油,没有经要求返还而拒不返还,故不能认定 T 构成侵占罪。

第二种观点认为,《刑法》第 270 条中的"拒不退还"和"拒不交出"并非独立的构成要件要素,其只是对"非法占为己有"的强调,或者说只是行为人将他人财物"非法占为己有"的表现方式。② 换言之,该条意义上的"拒不退还""拒不交出"与"非法占为己有"表达的是同一个含义,即行为人将自己占有的他人财物转为自己所有。因此,只要行为人将他人财物非法占为己有就可以成立侵占罪,至于行为人是否被要求退还或交出涉案财物,则非所问。如前所述,在本案中,T 已经将新加入的柴油非法占为己有,故依该说之见,应当认为 T 的行为符合侵占罪的构成要件。

在上述两种观点中,第一种观点的立场难言妥当。将《刑法》第 270 条中的"拒不退还""拒不交出"理解为与"非法占为己有"相互独立的要素,就导致只有拒绝返还财物的行为人才可能构成侵占罪,这无疑会极大地限缩侵占罪的适用范围,甚至有致使侵占罪沦为一纸空文的危险。然而,侵占罪作为我国财产犯罪体系的有机组成部分,其负担着严密法网的重要功能,对之进行过于严苛的限制显然无法有效保护国民的财产权益,殊为不当。因此,本案例分析采取上述第二种观点,认为即便 T 没有实施拒不退还涉案柴油的举动,其也仍然可以构成侵占罪。

---

① 参见高铭暄、马克昌主编:《刑法学》(第 10 版),北京大学出版社、高等教育出版社 2022 年版,第 516 页。
② 参见周光权:《刑法各论》(第 4 版),中国人民大学出版社 2021 年版,第 156 页以下。

d. 数额较大

我国司法解释没有明确规定侵占罪"数额较大"的标准。本案案件事实给定侵占罪的入罪数额为5000元，而在本案中，T将价值5000元的柴油非法占为己有，故应当认为T侵占了数额较大的财物。

(2) 主观构成要件

在本案中，T明知涉案柴油为自己占有的他人财物，自己并未支付油款却仍然将涉案柴油转为自己所有，故应当肯定T主观上具有侵占的犯罪故意和非法占有目的。

2. 违法性

本案中，不存在可能适用的违法阻却事由，T的行为具有违法性。

3. 责任

本案中，T也具备全部责任要素，具有有责性。

4. 小结

T未支付油款而锁门逃跑，其对新加入自己油箱内的涉案柴油构成侵占罪。

(八) T锁门逃跑的行为是否根据《刑法》第269条和第263条对柴油构成抢劫罪

根据《刑法》第269条和第263条的规定，T锁门逃跑的行为可能因转化型抢劫而对柴油构成抢劫罪。成立转化型抢劫要求行为人已经实施了盗窃、诈骗、抢夺等前提行为。在本案中，如前所述，T给自己货车加油的举动并非盗窃、诈骗涉案柴油的行为，该行为也明显不能被评价为抢夺涉案柴油，故T并未对涉案柴油实施转化型抢劫的前提行为，从而不符合转化型抢劫的成立条件。

> **思维导引**
>
> 在考察完T对香烟和柴油这两个有体财物的犯罪行为之后，就应当继而分析T对无体财产性利益的犯罪。在当前的场景单元中，加油站工作人员可能具有的无体财产性利益主要有两类：其一为要求T返还香烟和柴油的请求权，其二为要求T支付油款的请求权。
>
> 在本案中，难以认定T就香烟和柴油的返还请求权构成犯罪。因为，T正是通过其在加油站实施的罪行才非法获取了香烟和柴油，而在T获取了香烟和

柴油之后,才产生了A对香烟和柴油的返还请求权。换言之,对香烟和柴油的返还请求权是随着T的罪行得逞而产生的,而T在加油站的罪行得逞之后,也未再对香烟和柴油的返还请求权实施侵害(例如,其没有再欺骗加油站工作人员放弃返还请求权)。因此,在本案中,T不能就香烟和柴油的返还请求权构成财产犯罪。即便退一步而言,认为T在将香烟从小卖部取出时就已经存在A要求T返还香烟的请求权,T通过将A反锁于屋内,致使A无法行使对香烟的返还请求权,从而肯定T对香烟的返还请求权构成抢劫罪。但是,前文已经确定,T对香烟本身也构成抢劫罪,即便再肯定T对香烟的返还请求权亦构成抢劫罪,T对香烟返还请求权的抢劫行为也应当被T对香烟的抢劫罪所吸收,故考察T对香烟返还请求权的罪行没有实际意义。

相反,T在本案中可能对支付油款的请求权构成犯罪。因为,支付油款的请求权产生于T给自己卡车加油之后,此时T尚未实施取财罪行。T随后再将A反锁于小卖部并驾车逃跑,其行为同时导致A无法再请求T支付油款,从而存在就支付油款的请求权构成犯罪的可能性,故须对此加以检视。

(九)T锁门逃跑的行为是否根据《刑法》第263条对支付油款的请求权构成抢劫罪

本案中,T在加油站自助给卡车加油后未支付油款,故根据《刑法》第263条的规定,T锁门逃跑的行为可能对支付油款的请求权构成抢劫罪。

1. 构成要件符合性

(1)客观构成要件

a. 行为对象

抢劫罪的行为对象为他人财物。抢劫罪意义上的"财物"既包括有体财物,又包括无体的财产性利益,因此,抢劫财产性利益的,也可以构成抢劫罪。① 在本案中,支付油款的请求权具有一定的经济价值,属于财产性利益,且该请求权归属于加油站,相对于T而言属于他人财物,故可以成为抢劫罪的对象。

b. 强制手段

成立抢劫罪要求行为人以暴力、胁迫或者其他方法劫取他人财物。

---

① 参见周光权:《刑法各论》(第4版),中国人民大学出版社2021年版,第118页。

如前所述,我国刑法理论和司法实务对于将被害人锁在房屋内的行为能否成立抢劫罪中的暴力手段存有争议,但是,即便认为将被害人锁在房屋内的行为只能被认定为抢劫罪意义上的"其他方法",也同样要承认该行为属于抢劫罪意义上的强制手段。因此,在本案中,T 将 A 锁在小卖部内,其就对 A 采取了足以压制 A 反抗的强制手段,符合抢劫罪的构成要件。

c. 取得财物

抢劫罪的成立要求行为人或第三人取得了财物。在针对有体财物实施抢劫罪行的场合,只有在造成了财物占有关系的变动时,才能肯定行为人构成抢劫罪。但是,在针对无体财产性利益实施抢劫的场合,抢劫罪的成立不以涉案无体财产性利益发生占有转移为前提。因为,抢劫罪意义上的取得财物不仅包括获得债权等积极财产的增加,也包括免除债务等消极财产的减少。换言之,行为人实施强制手段导致被害人无法再主张债权的,也构成对债权的抢劫。在本案中,T 通过锁门逃跑的行为使加油站难以向 T 主张支付油款的请求权,减少了自己的消极财产,故应当认为 T 取得了财物。

d. 因果关系

构成抢劫罪要求行为人的强制手段与取得财物之间具有因果关系,即行为人必须是通过实施强制手段取得财物。在本案中,正是 T 将 A 锁在小卖部内并驾车逃跑的行为才致使 A 难以向其主张支付油款的请求权,也正因如此,T 才减少了自己的消极财产,故应当认为 T 的强制行为与其取得财物之间具有因果关系。

(2)主观构成要件

抢劫罪的成立要求行为人主观上具有抢劫的犯罪故意和非法占有目的。在本案中,T 明知自己的行为会侵犯他人的财产权利与人身自由,却仍然通过将 A 锁在小卖部内的方式压制其反抗,从而逃避承担支付油款的义务,应当认为 T 具有抢劫的犯罪故意和非法占有目的。

2. 违法性

本案中,不存在可能适用的违法阻却事由,T 的行为具有违法性。

3. 责任

本案中,T 具备全部责任要素,具有有责性。

4. 小结

T将A反锁于小卖部后驾车逃跑的行为对支付油款的请求权构成抢劫罪。

（十）罪数

综上所述，在本案中，T对涉案香烟构成盗窃罪和转化型抢劫，因T对香烟的盗窃行为同时构成转化型抢劫的前提行为，故T对香烟的盗窃罪行被转化型抢劫吸收。因此，就对香烟的犯罪而言，对T仅以抢劫罪论处。此外，T还对涉案柴油构成侵占罪，对支付油款的请求权构成抢劫罪。但是，在本案中，T将A反锁于小卖部的行为同时构成对香烟的抢劫罪、对油款付款请求权的抢劫罪以及对涉案柴油的侵占罪（采用宽泛的表征说）等三起罪行的实行行为，故应当认定T所触犯的三罪形成想象竞合，对T整体上仅以抢劫罪论处。根据我国司法实务，同种财产犯罪应累计计算犯罪数额，故T抢劫罪的犯罪数额为香烟的价值（1万元）与支付油款请求权的价值（即T所加柴油的价值5000元）之和。因此，就其在加油站所实施的罪行，对T应以抢劫1.5万元定罪量刑。

二、在餐馆的犯罪

> ▶ 思维导引
>
> 本案中，T在餐馆的行为也涉及多个财产对象。其中的有体财物有T消费的餐饮、菜刀和人参，所涉及的无体财产性利益则有餐馆对菜刀和人参的返还请求权和支付餐费的请求权。故在案例分析过程中仍然要逐一考察，T对这些财产对象所实施的行为是否构成犯罪。根据刑法理论，若行为人虽然没有消费能力或没有支付餐费的意愿却在餐馆点餐消费，则应肯定行为人就其所消费的餐饮本身构成诈骗罪。然而，在本案中，T在点餐和用餐时却尚未产生逃单或不付款的意思，故可以简单否定T就其所消费的餐饮构成犯罪的可能性。但T对其他剩余的财产对象是否构成以及构成何种财产犯罪，就必须进行细致的检视。根据T实施行为的时间顺序以及有体财物优先的原则，可以先对T窃取菜刀和人参的行为加以考察，之后再分析T就财产性利益可能构成的犯罪。虽然根据案件事实，T取得菜刀和取得人参的行为系在紧密时空范围内接续发生，但在判断T的行为是否构成犯罪时，为保证分析的清晰性，还是建议将取得菜刀和取得人参的行为区分开来，分别加以检视。

在本案中,T 在餐馆点餐、用餐时尚无逃单或不付款的意思,故其对自己所享用的餐饮不具有任何犯罪故意,不能认定其就餐饮本身构成犯罪。但是,T 从餐馆厨房取走菜刀和人参,随后又逃避支付餐费等行为则有可能构成财产犯罪,下文逐一予以检视。

(一)T 取走菜刀的行为可能根据《刑法》第 264 条构成盗窃罪

根据《刑法》第 264 条的规定,T 从餐馆厨房取走菜刀的行为可能构成盗窃罪。

1. 构成要件符合性

(1)客观构成要件

a. 行为对象

盗窃罪的行为对象为他人占有的财物。在本案中,T 所取走的菜刀原本处在餐馆人员的控制和支配之下,由餐馆人员占有,且 T 明显对涉案菜刀不享有所有权,故对于 T 而言,涉案菜刀属于他人财物,可以成为盗窃罪的行为对象。

b. 窃取行为

盗窃罪的成立要求行为人破除他人对财物的占有并建立起自己或者第三人对财物新的占有。在本案中,涉案菜刀原本处于餐馆人员的占有之下,但 T 将之别在后腰并用大衣遮盖,致使菜刀进入了自己的贴身领域。对于体积较小的财物而言,行为人使之进入自己的贴身领域时,就应当肯定行为人已经取得了对该财物的占有。即便此时行为人身处被害人支配的空间之中,也同样如此。① 在本案中,T 在取得菜刀时虽然还在餐馆范围之内,但其已经使涉案菜刀进入自己的贴身领域,故仍然应当肯定 T 已经将餐馆人员对涉案菜刀的占有转化成了自己对菜刀的占有。同时,T 的行为显然未能获得餐馆人员的同意,故在本案中应当认定 T 系破除了餐馆人员对菜刀的占有而建立了自己对于菜刀新的占有,从而对菜刀实施了窃取行为。

c. 数额较大

成立盗窃罪要求行为人窃取了数额较大的财物。根据《盗窃案件解

---

① 参见王钢:《德国判例刑法(分则)》,北京大学出版社 2016 年版,第 161 页。

释》第 1 条的规定,盗窃罪中数额较大的标准为 1000—3000 元,而本案中涉案菜刀的价值仅为 200 元,故不能认为 T 窃取了数额较大的财物。

> ▶ **思维导引**
>
> 行为人盗窃他人财物,数额较大的,构成盗窃罪。但除此之外,《刑法》第 264 条还规定了多次盗窃、入户盗窃、携带凶器盗窃、扒窃等四种特殊的盗窃行为。实施这四种盗窃行为的,即便所窃取的财物未达到数额较大的标准,也同样构成盗窃罪。因此,在案例分析的过程中,若行为人所窃取财物的价值未达到数额较大的标准,切不可据此简单否定盗窃罪的成立,而是应当继而分析,行为人是否因实施特殊盗窃行为而构成盗窃罪。在本案中即是如此。由于 T 所窃菜刀的价值未达到数额较大的标准,须进而考察 T 的行为是否构成多次盗窃、入户盗窃、携带凶器盗窃或扒窃。当然,顺便须指出的是,行为人实施特殊盗窃行为的,虽然认定盗窃罪的成立不要求行为人窃取财物的价值达到数额较大的标准,但还是要求行为人所窃取的对象具有一定的经济价值,能够被评价为"财物"。① 若行为人所窃取之对象的经济价值极其轻微(例如窃取一张白纸),就难以认定行为人系盗窃他人"财物",其行为已经不符合盗窃罪行为对象的要求。此时,即便行为人的行为符合特殊盗窃行为的规定,也不能认定其构成盗窃罪。

d. 其他情形

根据《刑法》第 264 条的规定,除了盗窃公私财物数额较大的情形之外,行为人实施多次盗窃、入户盗窃、携带凶器盗窃、扒窃等行为的,也构成盗窃罪。因此,在本案中须进而考察,虽然 T 所窃菜刀的价值未达到数额较大的标准,但 T 是否可能因实施前述四种特殊盗窃行为而构成盗窃罪。

依据《盗窃案件解释》第 3 条的规定,"多次盗窃"是指两年内实施三次以上的盗窃行为。"入户盗窃"是指非法进入供他人家庭生活,与外界相对隔离的住所进行盗窃。"携带凶器盗窃"是指携带枪支、爆炸物、管制刀具等国家禁止个人携带的器械,或者为了实施违法犯罪携带其他足以危害他人人身安全的器械进行盗窃。"扒窃"是指在公共场所或者公共交

---

① 参见张明楷:《刑法学》(第 6 版),法律出版社 2021 年版,第 1258 页。

通工具上盗窃他人随身携带的财物。据此,本案中不能认定 T 因实施特殊盗窃行为而就菜刀构成盗窃罪:

首先,本案案件事实并未显示,T 除了从加油站小卖部窃取香烟之外还实施过其他盗窃罪行。因此,应当认为 T 在盗窃涉案菜刀之前仅实施过一次盗窃,其盗窃菜刀的举动属于第二次盗窃,故不符合多次盗窃的要求。其次,T 系从餐馆的厨房窃取涉案菜刀,而餐馆厨房并非供他人家庭生活的场所,故 T 窃取菜刀的行为不属于入户盗窃。再次,T 在窃取涉案菜刀时未携带任何工具,不可能构成携带凶器盗窃。最后,餐馆厨房的菜刀也难以被认定为他人随身携带的财物,故 T 的行为亦不属于扒窃。

因此,T 窃取涉案菜刀的行为也不符合《刑法》第 264 条关于特殊盗窃行为的规定,不符合盗窃罪的客观构成要件。

> **思维导引**
>
> 在否定 T 对菜刀构成盗窃罪之后,就要进而考察 T 窃取人参的行为是否符合盗窃罪的构成要件。T 窃取菜刀与窃取人参的情景似乎相同,但是,在案例分析过程中,不能仅因行为的相似性就放弃对相关行为的考察。实际上,在本案中,在检视 T 是否因窃取人参而构成盗窃罪时,需要讨论的问题与上述对窃取菜刀行为的考察并不完全相同,仍须谨慎加以分析。

(二) T 取走人参的行为是否根据《刑法》第 264 条构成盗窃罪

根据《刑法》第 264 条的规定,T 取走人参的行为可能构成盗窃罪。

1. 构成要件符合性

(1) 客观构成要件

a. 行为对象

盗窃罪的行为对象为他人财物。T 所取走的人参原本处在餐馆人员的控制和支配之下,由餐馆人员占有,且 T 明显对涉案人参不享有所有权,故对于 T 而言,涉案人参属于他人财物,可以成为盗窃罪的行为对象。

b. 窃取行为

盗窃罪的成立要求行为人破除他人对财物的占有并建立起自己或者第三人对财物新的占有。在本案中,与前述窃取菜刀的情形相同,T 未经餐馆人员许可将涉案人参藏于大衣之下,致使其进入自己的贴身领域,应当认定 T 破除了餐馆人员对于人参的占有并建立起了自己对于人参新的占有,从而对人参实施了窃取行为。

c. 数额较大

成立盗窃罪要求行为人窃取了数额较大的财物。根据《盗窃案件解释》第 1 条的规定,盗窃罪中数额较大的标准为 1000—3000 元,而本案中人参的价值仅为 500 元,故不能认为 T 窃取了数额较大的财物。

d. 其他情形

根据《刑法》第 264 条的规定,除了盗窃公私财物数额较大的情形之外,行为人实施多次盗窃、入户盗窃、携带凶器盗窃、扒窃等行为的,也构成盗窃罪。因此,在本案中须进而考察,虽然 T 所窃人参的价值未达到数额较大的标准,但 T 是否可能因实施四种特殊盗窃行为而构成盗窃罪。

(a) 入户盗窃、扒窃

在本案中,T 窃取人参的行为发生在餐馆后厨,如前所述,餐馆厨房并非供他人家庭生活的场所,同时,涉案人参也并非他人随身携带的财物,故难以认为 T 窃取人参的行为属于入户盗窃或扒窃。

(b) 多次盗窃

成立多次盗窃要求行为人在两年内实施三次以上的盗窃行为。在计算盗窃行为的次数时,不要求行为人每次盗窃举动都符合了盗窃罪的构成要件。例如,行为人三次实施盗窃行为,每次都未能窃得数额较大的财物,三次行为窃得的财物价值总和也未能达到数额较大的标准的,仍然应当肯定其因多次盗窃而构成盗窃罪。在本案中,T 首先于加油站小卖部窃取香烟,之后在餐馆厨房窃取菜刀,随即又从餐馆厨房窃取人参,虽然菜刀和人参的价值都无法达到数额较大的标准,但似乎也应当认定 T 窃取人参的行为已经属于第三次盗窃,从而应当根据多次盗窃的规定认定其构成盗窃罪。然而,这种认定并不正确。需要注意的是,在计算盗窃次数时,应当将行为人在同一时间、同一地点针对同一被害人所实施的盗窃行为认定为一次盗窃。① 例如,行为人夜间侵入被害人住宅行窃,先从客厅窃走电视机,再从书房窃走电脑,然后又从卧室窃走珠宝的,只能认定行为人实施了一次盗窃行为。本案的情形也是如此。T 就菜刀和人参实

---

① 参见张明楷:《刑法学》(第 6 版),法律出版社 2021 年版,第 1243 页。

施的盗窃行为发生于同一时间和地点,并且两次行为侵害的都是餐馆的财产权利,故只能将这两次盗窃举动认定为一次盗窃。因此,T窃取人参的行为仍然属于第二次实施盗窃,不符合多次盗窃的成立条件。

(c)携带凶器盗窃

根据案件事实,T在对人参实施盗窃行为之前已经窃取了餐馆的菜刀并将之别于自己腰间。因此,T客观上是携带菜刀实施了窃取人参的行为,由此便需要谨慎考察,T是否因携带凶器盗窃而对人参构成盗窃罪。

i. 凶器的定义

对于应当如何认定携带凶器盗窃中的"凶器",刑法理论和司法实务中存在着多种不同的观点:

客观说认为,此处的"凶器"应当被限制为性质上的凶器,即应当对这里的凶器概念进行纯客观的判断。只有相应工具根据其本身的客观特征足以对人体造成显著伤害的,才能将之认定为凶器。相反,若相应物品根据其自身的特性并不具有危险性,只有根据行为人的特殊用法才能造成他人显著的身体伤害(用法上的凶器),则不属于携带凶器盗窃意义上的凶器。[1] 依该说,在本案中,涉案菜刀根据其自身的客观特征就足以对人造成显著的伤害,故可以将之认定为凶器。

修正的客观说要求结合个案的具体情形考察相应的工具是否具有人身的危险性。根据这种见解,认定"凶器"不仅要求相应的工具根据自身的属性足以对他人造成显著的身体损害,而且还必须在个案中从理性第三人的视角来看仅仅具有造成他人损害的功能。相反,如果行为人携带的工具从第三人的视角来看显得正常、符合相应工具的日常功能,则不能将其认定为危险工具。依该说,在本案中,T并非厨师,顾客到餐馆用餐通常也不会携带菜刀,从第三人的视角看涉案菜刀也仅具有造成他人损害的功能,故应当将之认定为凶器。[2]

---

[1] 对该说的介绍,参见王钢:《德国判例刑法(分则)》,北京大学出版社2016年版,第176页。
[2] 对该说的介绍,参见王钢:《德国判例刑法(分则)》,北京大学出版社2016年版,第177页。

主观说认为,只有结合行为人的主观意图才能定义凶器。根据这种观点,所谓"凶器"应当是指行为人意图在必要时对他人使用的工具,而且相应工具根据其客观属性以及行为人在具体案件中所意图使用的方式足以对他人造成显著损害。① 依该说,在本案中,T 在盗窃人参时主观上不具有使用菜刀的意图,故不能将涉案菜刀认定为凶器。

综合说认为,对携带凶器盗窃中"凶器"的认定,应当采取综合性的考察。这里的"凶器"既包括性质上的凶器,也包括部分用法上的凶器。性质上的凶器固然都属于携带凶器盗窃中的凶器,对于其他具有杀伤性的物品是否属于凶器,则应当综合考察该物品杀伤机能的高低、被用于杀伤他人的盖然性程度、给一般人造成危险感的强弱程度、被携带的可能性大小等因素综合加以考察。② 依据该说,在本案中未必能得出确定的结论。若认为菜刀本身就具有对他人造成杀伤的属性,属于性质上的凶器,便应当将之视为携带凶器盗窃中的凶器。若否定菜刀属于性质上的凶器,则因涉案菜刀在本案中被 T 用于杀伤他人的可能性较低,或许也可以得出其不属于凶器的结论。

我国司法实务大体上采取一种较为折中的立场。《盗窃案件解释》第 3 条规定,"携带凶器盗窃"是指携带枪支、爆炸物、管制刀具等国家禁止个人携带的器械,或者为了实施违法犯罪携带其他足以危害他人人身安全的器械进行盗窃。该规定将携带凶器盗窃中的"凶器"区分成两类。其一为枪支、爆炸物、管制刀具等国家禁止个人携带的器械。对这类物品,客观上就应当认定其属于凶器。其二为其他足以危害他人人身安全的器械。这类物品是否属于凶器,则需要结合行为人主观上的犯罪意图和使用意图判断相应物品是否具有足以危害他人人身安全的危险性。在能得出肯定结论时,方可认定其为凶器。③ 这种立场也获得了我国众多学者的

---

① 对该说的介绍,参见王钢:《德国判例刑法(分则)》,北京大学出版社 2016 年版,第 177 页。
② 参见张明楷:《刑法学》(第 6 版),法律出版社 2021 年版,第 1245 页。
③ 参见胡云腾等:《〈关于办理盗窃刑事案件适用法律若干问题的解释〉的理解与适用》,载《人民司法》2014 年第 15 期,第 21 页。

支持。① 根据该说,因涉案菜刀不属于枪支、爆炸物、管制刀具等国家禁止个人携带的器械,且 T 在窃取人参时也没有对涉案菜刀加以使用的意图,故不能肯定 T 构成携带凶器盗窃。

本案例分析认为,不应当结合行为人主观上的使用意图认定携带凶器盗窃中的"凶器"。其原因在于,首先,我国刑法和司法实务均处罚抢劫罪的犯罪预备,若行为人在实施盗窃行为时就具有使用所携带的物品危害他人人身安全的意图,便至少应当肯定行为人构成抢劫预备。若行为人具有使用相应物品造成他人重伤乃至死亡的意图,则甚至应当认定行为人构成抢劫致人重伤或死亡的预备犯。行为人构成抢劫预备的,其刑罚已经不轻于携带凶器盗窃。因此,若认为只有在行为人具有使用所携带物品杀伤他人的意图时才肯定其构成携带凶器盗窃,就会导致《刑法》第 264 条关于携带凶器盗窃的规定丧失实际意义。其次,根据《刑法》第 264 条的规定,携带凶器盗窃并非盗窃罪的情节加重犯,行为人携带凶器盗窃的,也仅构成盗窃罪的基本犯。我国刑法对盗窃罪基本犯的处罚相对较轻,故根据罪刑相适应原则,不应过度限制盗窃罪基本犯的成立范围。事实上,我国立法者之所以于 2011 年通过《刑法修正案(八)》在刑法中增加携带凶器盗窃的规定,就是为了在行为人所窃取的财物没有达到数额较大的标准时也创设对行为人适用盗窃罪的可能性。因此,过于严格地限制携带凶器盗窃的成立范围,不仅不利于保障国民的财产权利,也违背立法意图,在刑事政策上难以令人满意。因此,本案例分析采用客观说的立场,认为只要行为人在实施盗窃行为时所携带的物品具有可能造成他人人身损害的属性,就可以认定其构成携带凶器盗窃。在本案中,T 在窃取人参时携带有菜刀,而菜刀属于依其性质可以危害他人人身安全的器具,故应将涉案菜刀认定为携带凶器盗窃中的凶器。

ii. 携带的定义

对于携带凶器盗窃中的"携带",应当从空间和时间两个维度加以界定。就空间维度而言,相应的凶器应当处于可以为行为人所使用的状态。

---

① 参见谢望原:《六个方面把握"携带凶器盗窃"》,载《人民检察》2014 年第 6 期,第 73 页。

换言之,相应的凶器必须位于行为人的周边,从而使行为人随时,也即无须显著等待即可毫无障碍地对之加以使用。我国学界普遍认为,携带凶器盗窃不要求行为人向他人展示凶器,但是,对于相应凶器处于哪些领域时才符合对携带行为空间维度的要求,学界还是存在见解的分歧。有论者认为,携带凶器虽然不要求行为人将凶器置于贴身领域,但要求行为人举手投足间就能对相应凶器加以利用,①有论者认为,即便行为人距离凶器十余米,也同样可以认定行为人携带有凶器。② 当然,在本案中,既然T在实施盗窃行为时是将菜刀别在腰间,各说都会肯定T能随时使用菜刀,从而肯定其行为符合携带概念对于空间维度的要求。

在时间维度上,所谓携带凶器是指行为人在实施盗窃行为时携带有凶器,但不要求行为人在整个犯罪实施过程中自始至终携带着凶器,也不要求行为人是携带着凶器来到盗窃行为的实施现场。行为人在盗窃现场取得了凶器,进而再携带该凶器实施盗窃的,也同样构成携带凶器盗窃。③在本案中,虽然菜刀系T在盗窃犯罪现场窃得的财物,但T在窃得菜刀后又携带菜刀窃取人参,故其对人参的窃取行为属于携带凶器盗窃。

(2) 主观构成要件

盗窃罪的成立要求行为人主观上具有盗窃的犯罪故意和非法占有目的。在本案中,T明知人参为他人占有并所有的财物,仍然决意破除他人对人参的占有建立起自己新的占有,应当认为T对人参具有盗窃的犯罪故意和非法占有目的。

2. 违法性

本案中,不存在可能适用的违法阻却事由,T的行为具有违法性。

3. 责任

本案中,T具备全部责任要素,具有有责性。

4. 小结

T在餐馆厨房窃取人参的行为符合携带凶器盗窃的规定,因此构成盗窃罪。

---

① 参见陈志军:《"携带凶器盗窃"的司法认定》,载《法学》2013年第8期,第144页。
② 参见张明楷:《刑法学》(第6版),法律出版社2021年版,第1245页。
③ 参见王钢:《德国判例刑法(分则)》,北京大学出版社2016年版,第178页以下。

> **思维导引**
>
> 在考察完 T 对有体财物的犯罪后,就应当进而检视 T 在餐馆这一场景单元中对无体财产性利益的犯罪。此处应当考虑的无体财产性利益主要有两个,其一,T 从餐馆厨房窃取了菜刀和人参,故餐馆服务员 B 本可以要求 T 返还菜刀和人参,T 的行为导致 B 没有行使返还请求权,故可能就餐馆要求返还菜刀和人参的请求权构成犯罪。其二,T 在餐馆消费了餐饮但没有支付餐费,故 B 本应要求 T 支付餐费。T 未付餐费而逃离,可能对支付餐费的请求权构成犯罪。与有体财物的情形相同,在考察对无体财产性利益的犯罪时,若不能简单判断行为人的行为符合某种取得型财产犯罪的构成要件,可以根据"盗窃罪—诈骗罪—侵占罪"的顺序加以考察。在本案中,T 侵犯涉案两种财产性利益的行为都是同一个举动(即离开餐馆),而且,在考察其行为是否构成盗窃罪或侵占罪时,两种财产性利益所涉及的问题基本相同,故可以将之合并考察。相反,在检视 T 是否就涉案财产性利益构成诈骗罪时,两种财产性利益所涉及的问题有所不同,故在诈骗罪的范围内,应当将 T 对两种财产性利益的侵害分别加以考察。

(三) T 离开餐馆的行为是否根据《刑法》第 264 条对菜刀和人参的返还请求权以及支付餐费的请求权构成盗窃罪

本案中,T 在餐馆窃取菜刀和人参,且未支付餐费就离开餐馆,导致餐馆人员无法向 T 请求返还菜刀和人参,也无法要求 T 支付餐费,故根据《刑法》第 264 条的规定,T 离开餐馆的行为可能对返还菜刀与人参的请求权以及对支付餐费的请求权构成盗窃罪。

1. 行为对象

盗窃罪的行为对象为他人财物。在本案中,T 导致餐馆无法向其主张对菜刀和人参的返还请求权,也无法向其主张支付餐费的请求权。而对菜刀和人参的返还请求权以及支付餐费的请求权显然均为无体的财产性利益,故此处需要探讨,无体的财产性利益是否也能构成盗窃罪的行为对象。对此,我国刑法理论存在着一定的争议:

否定说主张,我国《刑法》第 264 条的规定将盗窃罪的行为对象限定为有体财物,若将无体的财产性利益作为盗窃罪的对象,则有违反罪刑法定原则之虞。① 该说认为,盗窃犯罪的行为特征也决定了财产性利益不能成为该罪的行为对象。盗窃罪的客观构成要件表现为违背被害人意志的占有转移,这就要求盗窃罪的行为对象可以被占有,并且可以不经被害人同意发生转移。而财产性利益不能成为占有的对象,且财产性利益的转移往往需要经过被害人的同意,故不能将财产性利益作为盗窃罪的行为对象。② 依该说,在本案中,返还菜刀与人参的请求权以及支付餐费的请求权属于财产性利益,不能成为盗窃罪的行为对象,T 不能对之构成盗窃罪。

肯定说主张,财产性利益可以成为盗窃罪的行为对象,窃取财产性利益的,也构成盗窃罪。③ 依该说,在本案中,返还菜刀与人参的请求权以及支付餐费请求权都可以成为盗窃罪的行为对象,若 T 的行为符合盗窃罪的其他构成要件,便可以就这些无体的财产性利益构成盗窃罪。

在上述两种学说中,否定说的观点并不妥当。首先,将财产性利益解释为财物,进而将其评价为盗窃罪的行为对象,并不违反罪刑法定原则。从语义解释上来看,可以认为"财物"一词中的"财"并非形容词,而是"财产(包括无体的财产性利益)"之意,而"物"才是指有体物。这种解释结论仍然在国民预见范围之内。因为,将"财"理解为财产并未超出"财"这一用语可能具有的含义。不仅如此,除了盗窃罪之外,我国很多其他侵犯财产罪的构成要件都采用了"财物"一词来描述行为对象,而刑法理论也经常没有争议地将财产性利益解释为这些犯罪意义上的财物。譬如,诈骗罪中的"财物"当然可以包含有体财物和无体财产性利益在内。既然如此,就没有理由认为盗窃罪中的"财物"不能包括财产性利益。

其次,侵犯财产性利益的行为也完全可能符合盗窃罪的构成要件。刑法中的占有是指权利人对占有对象的实际控制或者说事实性支配,故无论占有对象为有体财物抑或无体财产性利益,只要权利人可以实际控制该对象,就可以对之构成刑法意义上的占有。例如,储户在将现金存入

---

① 参见童伟华:《论盗窃罪的对象》,载《东南大学学报(哲学社会科学版)》2009 年第 4 期,第 70 页以下。
② 参见刘明祥:《论窃取财产性利益》,载《政治与法律》2019 年第 8 期,第 63—67 页。
③ 参见黎宏:《论盗窃财产性利益》,载《清华法学》2013 年第 6 期,第 127—131 页。

银行之后,银行将相应的存款债权记在储户银行账户之下,此时储户就通过密码等保护措施实际控制着自己的账户,也由此实际支配着自己账户中的存款债权,故应当肯定其占有的存款债权这一财产性利益。若行为人以非法手段侵入储户账户将储户存款债权转移至自己账户,就应当肯定行为人系违背储户的意志破除了储户对于存款债权的占有,建立起了自己对于存款债权新的占有,从而就存款债权构成盗窃罪。[1] 因此,不能在刑法上一概否认对财产性利益构成盗窃犯罪的可能性,也不能以此为由否定无体的财产性利益可以构成盗窃罪的行为对象。

最后,与德国和日本刑法不同,我国刑法没有特别规定保护财产性利益的罪名,因此,若将我国盗窃罪的对象限定为有体物,便会导致很多案件无法得到妥当处理,从而导致无法容忍的处罚漏洞。

综上所述,在我国没有理由将盗窃罪的行为对象限定为有体财物,故本案例分析采取肯定说,认为财产性利益可以构成盗窃罪的行为对象。因此,在本案中,不能以返还菜刀与人参的请求权以及支付餐费的请求权并非有体财物为由,否定 T 构成盗窃罪的可能性。由于这两种请求权明显具有经济价值且均归属于餐馆,故其对 T 而言仍然属于盗窃罪意义上的他人财物。

2. 窃取行为

盗窃罪的成立要求行为人实施窃取行为。所谓窃取行为,是指行为人违背权利人的意志排除权利人对财物的占有,并且建立起自己或者其他第三人对财物新的占有。据此,成立盗窃罪要求行为人造成了他人财物的占有转移。虽然如前所述,不能笼统否定权利人占有无体财产性利益以及行为人对这种占有加以破除和转移的可能性,但是,具体到本案中,T 是否转移了餐馆对返还菜刀与人参的请求权以及支付餐费的请求权的占有,却存在极大的疑问。因为,T 逃离餐馆的行为只是导致餐馆无法再向 T 请求返还菜刀与人参,也难以再要求 T 支付餐费,但 T 却没有通过逃离餐馆的举动使自己占有了返还菜刀与人参的请求权以及支付餐费的请求权。换言之,T 逃离餐馆的行为只是导致餐馆无法行使涉案请求

---

[1] 参见张明楷:《侵犯人身罪与侵犯财产罪》,北京大学出版社 2021 年版,第 176 页。

权,而没有使 T 自己或者其他第三人占有了涉案请求权。相反,若认为 T 通过逃离餐馆使自己占有了返还菜刀与人参的请求权以及支付餐费的请求权,那么就意味着 T 可以请求自己返还菜刀与人参并支付餐费,这无疑是荒谬的结论。因此,在本案中应当认为 T 离开餐馆的行为没有使涉案财产利益的占有发生转移,故不符合盗窃罪的构成要件。

我国有论者认为,饭后或者住宿之后逃走不付账的,也构成盗窃罪。因为,在这种场合,行为人逃脱之后已经不知去向,被害人(店主)很难找到行为人索要餐费或者住宿费,换言之,行为人在事实上已经现实、具体地获得了免予支付就餐费用或者住宿费用的财产性利益。① 本案例分析认为,该说存在诸多不足。首先,行为人在不付账逃脱的场合,固然使自己免于支付餐费或住宿费,但不能据此认定行为人的行为符合盗窃罪的构成要件。如前所述,盗窃罪的成立以行为人造成了他人财物的占有转移为前提,行为人通过逃单而使自己免于支付餐费或住宿费的,并没有将被害人(店主)所占有的某种财物转移为自己占有。就餐费或住宿费本身(钱款)而言,行为人从未将相应钱款支付给店主,自然不可能破除店主对相应钱款的占有。就支付餐费或住宿费的请求权而言,如前所述,行为人的逃单行为只是导致被害人(店主)难以行使相关请求权,其自身并没有取得对这些请求权的占有。因此,不能简单以行为人获得了免于支付餐费或住宿费的利益为由肯定其行为构成盗窃罪。其次,若认为行为人逃脱债务的行为就符合盗窃罪的构成要件,则行为人逃避支付劳动报酬的,恐怕也都应当构成盗窃罪。而根据我国刑法与司法解释的规定,对盗窃罪的处罚重于拒不支付劳动报酬罪,故若依此见解,《刑法》第 276 条之一拒不支付劳动报酬罪就将丧失意义,这种结论也显然难以令人满意。因此,本案例分析不采此说。

(四)T 离开餐馆的行为是否根据《刑法》第 266 条对菜刀和人参的返还请求权构成诈骗罪

根据《刑法》第 266 条的规定,T 离开餐馆的行为,可能对菜刀和人参的返还请求权构成诈骗罪。

---

① 参见黎宏:《论盗窃财产性利益》,载《清华法学》2013 年第 6 期,第 131 页以下。

1. 构成要件符合性
(1) 客观构成要件

诈骗罪的客观构成要件表现为,行为人就事实对他人进行欺骗,导致他人陷入认识错误并基于这种认识错误进行财产处分,被害人因这种财产处分遭受财产损失,而行为人或其他第三人则据此取得财物。

a. 欺骗行为

构成诈骗罪要求行为人通过虚构事实或者歪曲、隐瞒真相实施了欺骗行为。如前所述,诈骗罪中的欺骗行为可以被区分为作为与不作为两种类型。而作为的欺骗行为又可以分为明示的欺骗和默示的欺骗两种情形。所谓默示的欺骗,是指行为人虽然没有以言语明确表达虚假的信息,但根据行为时的具体情境和社会的一般观念,行为人的举止之中却隐含着某种意思表达,而这种意思表达的内容并不符合事实。在本案中,T在离开餐馆时固然没有对餐馆服务员B明确以言语进行欺骗,但是,根据社会交往经验,T离开餐馆的行为默示地表达了其没有带走餐馆财物这一信息,而事实上T却是将菜刀和人参藏在大衣下带出了餐馆,故应当肯定T系以默示的方式对B实施了欺骗行为。

b. 认识错误

诈骗罪的成立要求行为人通过欺骗引起或者维持了被害人的认识错误。在本案中,由于T的欺骗行为,B误以为T没有取走餐馆财物(否则B不会允许T离开),从而陷入了认识错误。

c. 财产处分

如前所述,财产处分是诈骗罪必不可少的客观构成要件要素。所谓财产处分,是指被害人(或受骗人)基于处分意识自愿实施了处分行为。其中,处分行为是指被害人(或受骗人)直接造成财产减损的法律性或事实性的作为、容忍和不作为。处分意识则要求被害人(或受骗人)认识到财产移转的外在事实,并且认识到这种财产移转与自己或者自己支配之下的他人财产相关的性质。需要指出的是,在涉及财产性利益的场合,处分意识也仍然是认定诈骗罪的必要条件,只有当被害人(或受骗人)有意识地处分了涉案财产性利益时,才能认定其进行了财产处分。①

在本案中,B 没有要求 T 返还菜刀和人参,客观上以容忍的方式导致了餐馆的财产减损,可以认为 B 实施了处分行为。但是,由于 T 将菜刀和人参藏在自己的大衣下,餐馆服务员 B 根本就没有认识到 T 在离开餐馆时带走了菜刀和人参,更不可能认识到自己享有要求 T 返还菜刀和人参的请求权。因此,B 在允许 T 离开时并非有意识地放弃行使对菜刀和人参的请求权,不能肯定其就涉案请求权具有处分意识。与此相应,便不能认定 T 就菜刀和人参的返还请求权构成诈骗罪。

(五) T 跟随自己邻桌客人一起离开餐馆的行为是否根据《刑法》第 266 条对支付餐费的请求权构成诈骗罪

根据《刑法》第 266 条的规定,T 跟随自己邻桌客人一起离开餐馆的行为,可能对支付餐费的请求权构成诈骗罪。

1. 构成要件符合性

(1) 客观构成要件

a. 欺骗行为

诈骗罪的成立要求行为人就事实进行了欺骗。诈骗罪中的欺骗行为既包括明示的欺骗,也包括默示的欺骗。在本案中,T 在离开餐馆时并未以明确的言语对餐馆服务员 B 进行欺骗。但是,在邻桌客人结账后,T 跟随邻桌客人一起离开餐馆,其行为默示地表达了自己与邻桌客人是同伴且已经结过账的意思。然而,T 实际上并没有结账,故应当认为 T 就是否结账的事实对 B 进行了欺骗。

b. 认识错误

成立诈骗罪要求被害人(或受骗人)陷入了认识错误。在本案中,B 正是误以为 T 已经结过账才任由 T 离开,故应当肯定 B 因受 T 的欺骗而陷入了认识错误。

c. 财产处分

财产处分也是诈骗罪必不可少的客观构成要件要素。所谓财产处分,是指被害人(或受骗人)基于处分意识自愿实施了处分行为。在本案

---

① 参见张明楷:《诈骗犯罪论》,法律出版社 2021 年版,第 227—237 页。

中,B是否就支付餐费的请求权进行了财产处分,需要谨慎加以分析。

(a)处分行为

处分行为是指被害人(或受骗人)直接造成财产减损的法律性或事实性的作为、容忍和不作为。在行为人骗取有体财物的场合,往往只有在被害人受骗转移了对财物的占有时,才能肯定其实施了处分行为。然而,在行为人诈骗财产性利益时,只要被害人受骗放弃行使权利,就可以肯定被害人进行了财产处分。至于行为人或者其他第三人是否获得了对财产性利益的支配,则不是认定被害人财产处分的必要前提。换言之,在涉及财产性利益的场合,只要被害人的作为、容忍或不作为直接导致自己丧失了对相应财产性利益在事实上或法律上的支配地位,就已经应当肯定其进行了财产处分并由此遭受了财产减损。① 在本案中,B虽然没有在法律上免除T支付餐费的债务,但是,其任由T离开餐馆的行为使得原本处于自己紧密控制下的债权脱离了自己的支配范围。因为,当T处在餐馆范围内时,B尚可以采取诸如报警、限制T离开(自助行为)等多种合法方式保全权利,而T一旦离开餐馆的范围,餐馆就极难再实现对T的债权(即难以要求T支付餐费)。因此,应当认为B容许T离开餐馆的行为直接导致了餐馆的财产减损,属于诈骗罪意义上的处分行为。

(b)处分意识

在涉及财产性利益的场合,处分意识也是认定诈骗罪的必要条件,只有当被害人(或受骗人)有意识地处分了涉案财产性利益时,才能认定其进行了财产处分。虽然在学界存在不同的见解,但在我国刑法体系中,没有理由认为针对无体财产性利益的诈骗罪行不需要被害人(或受骗人)具有处分意识。② 问题是,在本案中,能否认定餐馆服务员B系有意识地对支付餐费的请求权进行了处分。对此应予以肯定回答。因为,B作为餐馆服务员,其知晓自己享有要求每位离开餐馆的客人支付餐费的权利。然而,由于受到T的欺骗,B误以为T已经支付餐费,从而笼统地放弃了

---

① 参见王钢:《盗窃与诈骗的区分——围绕最高人民法院第27号指导案例的展开》,载《政治与法律》2015年第4期,第42页。

② 参见王钢:《盗窃与诈骗的区分——围绕最高人民法院第27号指导案例的展开》,载《政治与法律》2015年第4期,第43页以下。

对T支付餐费的请求。据此,可以认为B是有意识地进行了财产处分。B没有认识到的只是其所放弃的请求权的具体价值,也即T应当支付的餐费的具体数额。但是,认定处分意识本就不需要被害人(或受骗人)对自己所处分的财产的价值存在着明确的认知。事实上,对被害人就财物价值进行欺骗,导致被害人因误认财物价值而处分财产遭受损失,恰是构成诈骗罪的典型情形。因此,在本案中,B虽然没有认识到T应当支付的餐费的具体价值,但B认识到自己有权要求T支付餐费,其也认识到一旦T离开餐馆的范围,事实上就难以再实现债权,因此,应当认为B是有意识地处分了支付餐费的请求权。

(c)三角诈骗

本案中还须注意的是,虽然是B受骗并处分财产,但B仅为餐馆服务员,实际遭受财产损失的被害人是餐馆而非B本人。在这种被骗人和被害人不具有同一性的场合,需要考虑T是否因三角诈骗而构成诈骗罪。三角诈骗的本质在于,受骗人进行的财产处分可以被归属于被害人,视为是被害人亲自进行了财产处分,从而仍然可以肯定行为人的行为符合了诈骗罪的构成要件。至于在何种前提条件下才能进行这种处分行为的归属,其实就是三角诈骗的成立要件的问题。对此,刑法学界主要存在处分权说与阵营说的分歧。处分权说(即授权说或权限说)认为,只有当被骗人在法律上具有处分被害人财产的正当权利,也即当被骗人由于被害人的委托或者根据法律规定能够处置被害人的财产时,才能认定其行为构成财产处分。① 阵营说则认为,只要被骗人事前就可以被归属于被害人的阵营、与被害人具有邻近关系,并且在法律上或者事实上具有处置被害人财产的可能性,其行为就能够被认定为财产处分。这里的邻近关系当然可以是基于民事法律关系产生,但并不必然局限于民事法律关系。基于其他事实性的关系也可以认定被骗者处于被害人的阵营。② 此外,我国也有论者主张综合考察的立场,认为应当结合受骗者所属阵营、受骗者转移财产的行为是否得到社会一般观念的认可等要素判断受骗者是否享有处分相关财物的权限。③

---

① Vgl. Amelung, Irrtum und Zweifel des Getäuschten beim Betrug, GA 1977, S. 14.
② Vgl. Lenckner, Anmerkung zu OLG Stuttgart, Urteil vom 14. 7. 1965, JZ 1966, S. 321.
③ 参见张明楷:《刑法学》(第6版),法律出版社2021年版,第1314页以下。

以上诸说各据其理,但在本案中,由于 B 为餐馆服务员,故不论采用何种学说,均应当得出 B 的处分行为可以被归属于餐馆的结论。根据处分权说,身为餐馆服务员的 B 显然系受餐馆委托,享有处置餐费的权限,而根据阵营说,无疑也应当视 B 与餐馆处于同一阵营。根据综合考察的立场,餐馆服务员 B 对于餐费的处理当然也可以得到社会一般观念的认可,故结论并无不同。因此,在本案中应当肯定 B 就支付餐费的请求权进行财产处分,导致餐馆遭受了财产损失,故 T 的行为构成三角诈骗。

d. 财产损失与取得财产

诈骗罪的成立要求被害人遭受了财产损失,而行为人或第三人则取得了财产。所谓财产损失,是指被害人的财产在处分行为实施之后整体上发生了减损。本案中,在 B 进行财产处分之前,餐馆享有请求 T 支付餐费的债权,而在 B 进行财产处分、允许 T 离开餐馆之后,餐馆事实上已经难以实现对 T 的债权,同时,餐馆也没有因此获得任何对价补偿。对比餐馆的财产在处分行为实施前后的状况,应当认为餐馆的财产因处分行为而整体上发生了减损,从而遭受了财产损失。而 T 的欺骗行为致使餐馆难以再向自己主张支付餐费的请求权,由此减少了自己的消极财产,故应当认为 T 取得了财产。因此,T 的行为符合诈骗罪的客观构成要件。

(2)主观构成要件

在本案中,T 明知自己的欺骗行为可能使 B 因陷入认识错误而处分支付餐费的请求权,却仍然决意实施欺骗行为,积极追求餐馆的财产损失结果,应当认定 T 具有诈骗的故意。此外,在 T 的欺骗之下,餐馆所损失的财产是支付餐费的请求权,而 T 所获得的利益恰是无须履行支付餐费的义务,餐馆的损失与 T 所获得的利益之间存在对应关系,构成同一个财产处分行为的两面,故具有素材的同一性。同时,T 逃避支付餐费所造成的财产状态也明显违反民事法律的要求,故应当肯定 T 对所获得的财产利益也具有非法占有目的。

2. 违法性

本案中,不存在可能适用的违法阻却事由,T 的行为具有违法性。

3. 责任

本案中,T具备全部责任要素,具有有责性。

4. 小结

T欺骗餐馆服务员B使其未要求自己支付餐费,其行为对支付餐费的请求权构成诈骗罪。

(六)T离开餐馆的行为是否根据《刑法》第270条对菜刀和人参的返还请求权以及支付餐费的请求权构成侵占罪

根据《刑法》第270条的规定,T离开餐馆的行为可能对菜刀和人参的返还请求权以及支付餐费的请求权构成侵占罪。然而,如前所述,侵占罪的基本结构是行为人将自己占有的他人财物非法转为自己所有。而前文关于T是否就涉案请求权构成盗窃罪的分析已经表明,在本案中,T并未使自己占有对菜刀和人参的返还请求权以及支付餐费的请求权。既然T未能占有涉案请求权,自然也无法对之构成侵占罪。

(七)罪数

在本案中,T就人参构成盗窃罪,犯罪数额为500元,就餐厅支付餐费的请求权构成诈骗罪,犯罪数额为6000元,应当对之数罪并罚。

三、在赌场及其附近的犯罪

> ▶ 思维导引
>
> 在本案中,T虽然参与赌博,但没有案件事实表明T是以赌博为业,故不能认定T构成赌博罪。因此,就其在赌场及附近的罪行而言,主要应当考察T对5000元赌资可能构成何种犯罪。需要注意的是,T为取得赌资,不仅对庄家C实施了暴力,还对赌场"保安"D实施了暴力。虽然T的两次暴行都是为了获取赌资,但由于两次行为侵犯了不同主体的人身权益,在案例分析过程中还是应当将之区分开来逐一考察。鉴于T对C和对D都明显实施了暴力行为,应当直接考察其构成抢劫罪的可能性。

(一)T打倒C的行为是否根据《刑法》第263条对5000元赌资构成抢劫罪

根据《刑法》第263条的规定,T打倒C的行为,可能对5000元赌资构成抢劫罪。

1. 构成要件符合性
(1)客观构成要件
a. 行为对象:他人财物

抢劫罪的行为对象是他人财物。本案的特殊之处在于,T抢劫的是自己输掉的赌资,故需要探讨,T所输赌资是否对T而言属于他人的财物,也即要厘清所输赌资的所有权归属。对于赌资的所有权,我国刑法理论和司法实务存在着不同的见解:

第一种观点认为,只要用作赌资的资金进入赌博状态,其所有权就已经转移到国家所有,不再归属参赌人员。即便是尚未没收的赌资,其所有权也属于国家。[①] 依该说,在本案中,在T将5000元赌资用于赌博之后,5000元赌资的所有权就归属于国家,对于T而言属于他人财物,可以成为抢劫罪的行为对象。

第二种观点认为,在赌资被没收之前,应当以民事法律为标准判断赌资的所有权归属,而不能一概地认为赌资由国家所有。[②] 依该说,在本案中,T在输掉赌局后,出于转移所有权的意思终局性地将5000元赌资交付给C,使C获得了相应现金的流通价值,根据货币"占有即所有"的原则,应当肯定C取得了对5000元赌资的所有权。因此,对于T而言,其所输赌资属于他人财物,T将之抢回的,可能构成抢劫罪。

以上分析表明,在本案中,无论采取前述何种观点,都应当认为,对于T而言,赌资属于他人财物,可以成为抢劫罪的行为对象。但是,上述第一种观点并不妥当。虽然赌资最终应由国家没收,但这不意味着国家自始就对赌资享有所有权。只有当国家合法有效地将之没收或者至少做出了有效的没收决定时,才能认为国家取得了对赌资的所有权。因此,在国家介入之前,仍然应当借助相关民事法律制度厘清对赌资的权利义务关系,如此才能妥善处理就赌资产生的民事纠纷和刑事案件。有鉴于此,本案例分析采取第二种观点,主张赌资的所有权归属于C。

---

① 参见徐留成:《论赌资犯罪的数额认定》,载《人民检察》1996年第7期,第10页以下。
② 参见王钢:《不法原因给付与侵占罪》,载《中外法学》2016年第4期,第942页。

b. 强制手段

成立抢劫罪要求行为人使用暴力、胁迫等强制手段压制被害人反抗强取财物。抢劫罪意义上"暴力"是指对人施加身体的有形力,即对被害人的身体造成物理性的影响,从而压制被害人的反抗。在本案中,T将C打倒在地的行为无疑属于对C施加身体的有形力的举动,其击打行为导致C因疼痛而倒地不起,也明显压制了C的反抗,故应当认定T实施了抢劫罪中的暴力行为。

c. 取得财物

抢劫罪的成立要求行为人或第三人获得了财物。在本案中,T通过采取暴力手段夺回5000元赌资,重新取得了对涉案赌资的占有,应当肯定T取得了财物。

d. 因果关系

只有当行为人的强制手段与取得财物之间具有因果关系时,才构成抢劫罪。在本案中,T通过将C打倒的方式压制了C的反抗,并且利用C无法反抗的状态取走了桌上的赌资,应当认为T将C打倒的行为与其取得财物之间具有因果关系。

(2) 主观构成要件

a. 犯罪故意

在本案中,T明显是有意识地通过打倒C的方式压制C的反抗,从而重新取得对涉案赌资的占有,应当认为T具有抢劫的故意。

b. 非法占有目的

抢劫罪的成立要求行为人具有非法占有目的。就其内容而言,占有目的包括利用意思与排除意思。在本案中,T显然企图排除C对涉案赌资的占有并使自己可以支配和利用涉案赌资,故其主观意图在内容上符合占有目的的要求。但问题是,T夺回所输赌资,是否具有对涉案赌资的"非法"占有目的。对此,我国刑法理论和司法实务存在着较大的争议:

否定说认为,以自己所输的赌资为抢劫对象的,不构成抢劫罪。我国相关司法解释就采取了这种观点。譬如,2005年6月8日最高法《关于审理抢劫、抢夺刑事案件适用法律若干问题的意见》(下文简称《两抢案件意见》)第7条指出,"行为人仅以其所输赌资或所赢赌债为抢劫对象,一般不以抢劫罪定罪处罚"。依该说,在本案中,T抢劫的是自己输给C的5000元赌资,不构成抢劫罪。

肯定说主张,非法占有目的中的"非法"是指行为人所欲造成的财产状态客观上不符合法律规范所确立的财产秩序。由于我国《治安管理处罚法》第70条将赌博规定为违法行为,因赌博而交付赌资的,就构成不法原因给付。而在不法原因给付的场合,原则上应当排除给付者的不当得利返还请求权和返还原物请求权,因此,参赌人员因输掉赌局而向他人交付赌资的,不能要求对方返还自己交付的赌资。与此相应,若参赌人员企图使用暴力、胁迫等强制手段抢回自己所输的赌资,其所欲造成的财产状态就不符合民事法律确立的财产秩序,从而应当肯定其主观上对相关赌资具有非法占有目的。① 依该说,在本案中,T无权要求C返还5000元赌资,T使用暴力方法将赌资抢回,构成抢劫罪。

本案例分析认为,上述肯定说的立场更为合理。否定说存在诸多不足。首先,该说存在违反法秩序统一性原则之嫌。因为,既然民事法律已经通过不法原因给付制度否认参赌人员对所输赌资的返还请求权,参赌人员再以暴力手段取回赌资的,其就是以强制手段创设了违反法秩序的财产状态。而若否定参赌人员构成抢劫罪的可能性,实际上就是主张,在刑法看来,强取所输赌资的行为并不违法,这就意味着刑法间接肯定了参赌人员对所输赌资仍然享有财产权益。由此可见,否定说会导致刑法与民法之间的价值冲突。其次,作为否定说的代表性见解,前述《两抢案件意见》的规定自身也存在矛盾。该《两抢案件意见》第7条规定,"以毒品、假币、淫秽物品等违禁品为对象,实施抢劫的,以抢劫罪定罪"。但该条却未进而规定,行为人抢回自己出售或赠与他人的违禁品的,不以抢劫罪论处。然而,违禁品与所输赌资的法律性质相同,没有理由对之区别对待。若依前述我国学界和司法实务中的常见见解,认为违禁品与赌资的所有权均归属于国家,就更是缺乏区别对待违禁品与所输赌资的实质理由。最后,否定说还可能遭遇实务上的难题。我国刑法理论与司法实务

---

① 参见王钢:《不法原因给付对于认定财产犯罪的影响——立足于财产概念与"非法"占有的考察》,载《法学家》2017年第3期,第142页以下。

普遍承认,抢劫违禁品的行为构成抢劫罪。然而,若肯定对违禁品的抢劫而否定对所输赌资的抢劫,那么,行为人以违禁品(例如毒品)为赌资参与赌博,在将违禁品输给他人后,又以暴力手段劫回的,是否应当肯定行为人构成抢劫罪?对此,否定说恐怕也难以回答。

鉴于上述否定说的缺陷,本案例分析认为,肯定说才是充分考虑了不法原因给付制度对于抢劫罪认定的影响,有利于实现法秩序统一性原则的见解。因此,本案例分析采取肯定说,主张T对其所输赌资具有"非法"占有目的。

2. 违法性

本案中,T劫回所输赌资的行为不可能符合正当防卫或紧急避险的规定。即便能够认定其客观上扰乱了他人违法的赌博活动,但T的举动难以被认定为必要的防卫措施或避险行为,同时,T主观上也缺乏防卫意思和避险意思。此外,本案中也不存在其他可能适用的违法阻却事由,故T的行为具有违法性。

3. 责任

本案中,T具备全部责任要素,具有有责性。案例事实并未表明,T系误以为自己有权取回所输赌资而实施行为,故此处也无须讨论违法性认识错误的问题。退一步而言,即便承认T陷入了违法性认识错误,由于T直接对C实施了暴力且从C处劫走财物,其违法性认识错误也绝非无法避免,不影响犯罪成立。其原因在于,对于这种直接侵害他人人身法益和财产权益的行为,行为人本就必须极为谨慎地确定行为的合法性,故而几乎不可能认定行为人陷入了不可避免的违法性认识错误。

4. 小结

T打倒C劫回自己所输赌资的行为构成抢劫罪,犯罪数额5000元。

(二)T砍伤D的行为是否根据《刑法》第269条和第263条对5000元赌资构成抢劫罪(致人重伤)

根据《刑法》第269条和第263条的规定,T砍伤D的行为,可能对5000元赌资构成抢劫罪(致人重伤)。

1. 构成要件符合性
(1) 客观构成要件
a. 前提行为

成立转化型抢劫要求行为人已经实施了盗窃、诈骗、抢夺等前提行为。在本案中，T通过击打C而劫取涉案5000元赌资，其已经就涉案赌资构成抢劫罪。故此处需要讨论，是否能据此认定T也对涉案赌资实施了转化型抢劫所要求的前提行为。有必要指出的是，《刑法》第269条意义上的"犯盗窃、诈骗、抢夺罪"是指行为人实施盗窃、诈骗、抢夺行为。换言之，只要行为人实施了盗窃、诈骗、抢夺行为，就应当肯定其符合了转化型抢劫对于前提行为的要求。至于行为人是否构成盗窃罪、诈骗罪或抢夺罪的犯罪既遂，是否对行为人的前提行为应当以盗窃罪、诈骗罪或抢夺罪论处，则均非所问。因此，即便行为人触犯了其他罪名，但只要其行为中包含有盗窃、诈骗或抢夺行为，就仍然应当认定其实施了转化型抢劫的前提行为。据此，由于针对有体财物的普通抢劫行为在规范的意义上包含有盗窃行为，故也可以将之评价为转化型抢劫中的前提行为。[①] 本案的情形即是如此。在本案中，T之前固然是对C使用暴力劫取了赌资，但是，T的抢劫行为当然也是违反C的意志破除了C对赌资的占有并建立起自己对于赌资的新的占有，故T的抢劫行为同时符合盗窃行为的定义，可以构成转化型抢劫的前提行为。

b. 强制手段

成立转化型抢劫要求行为人对他人使用暴力或者以暴力相威胁。与普通抢劫中的"暴力"一样，转化型抢劫中的"暴力"也必须是对人实施的暴力，即对他人施加身体的有形力，对他人的身体造成物理的影响从而压制其反抗。当然，抢劫罪（包括转化型抢劫）中的强制手段并不必须针对遭受财产损失的被害人实施。在其他第三人参与反抗行为人罪行的场合，行为人对第三人施加强制压制其反抗的，虽然行为人没有侵害第三人的财产法益，也同样构成抢劫罪。在本案中，T的行为并未侵犯D的财产，但D追赶T、尝试取回涉案赌资，也构成对T取财行为的妨碍。而T

---

① 参见张明楷：《刑法学》（第6版），法律出版社2021年版，第1278页。

使用菜刀砍伤 D 的行为则明显对 D 施加了身体有形力并压制了 D 的反抗,故应当认为 T 实施了转化型抢劫中的暴力行为。

c. 时空限制

成立转化型抢劫要求行为人"当场"使用暴力或者以暴力相威胁。但是,这里的"当场"并不意味着行为人必须是在实施前提行为的现场、原地对他人施以暴力或胁迫。相反,刑法理论认为,行为人因实施盗窃等行为被当场发现而被他人追捕时,被追捕的整个过程均应认定为"当场"。① 本案中,T 虽然在离开现场 1 公里后才对 D 实施了暴力行为,但 T 抢劫赌资时就被 D 发现并一直处在 D 的追赶之下,故仍然应当认为 T 系"当场"使用暴力。

d. 加重结果:致人重伤

根据结果加重犯的基本原理,成立抢劫致人重伤要求行为人的行为造成了他人的重伤结果,并且其抢劫行为与该重伤结果之间具有直接的因果关系(直接的风险关联)。换言之,行为人的抢劫行为本身必须蕴含有造成重伤结果的高度风险,而且正是由其行为的这种内在风险现实地造成了重伤结果。在本案中,T 以菜刀对 D 猛砍数刀,致 D 重伤倒地。T 的行为不仅具有导致他人重伤的高度风险,也现实地造成了 D 的重伤结果,因此,应当肯定 T 的行为符合抢劫致人重伤的客观构成要件。

(2) 主观构成要件

成立转化型抢劫要求行为人主观上具有窝藏赃物、抗拒抓捕或者毁灭罪证的目的。其中,窝藏赃物是指行为人企图维持自己对于赃物的非法占有,保护已经取得的赃物不被追缴。在本案中,T 之所以砍伤 D,正是为了使自己能够顺利逃跑,从而维持自己对于 5000 元赌资的非法占有,因此,应当认为 T 具有窝藏赃物的目的。

构成抢劫致人重伤则要求行为人对于抢劫行为具有犯罪故意并对重伤结果至少具有过失。在本案中,T 完全认识到了与转化型抢劫相关的事实,并蓄意通过暴力手段劫取涉案赌资,应当肯定其具有实施抢劫犯罪的故意。同时,T 以菜刀对 D 猛砍数刀,对于 D 的重伤结果具有过失甚至

---

① 参见张明楷:《刑法学》(第 6 版),法律出版社 2021 年版,第 1281 页。

是故意,故其也符合抢劫致人重伤的主观要件。

2. 违法性

(1) 正当防卫

在本案中,T之所以砍伤D,是为了制止D的追赶,维持自己对于涉案赌资的占有。由于D自身也是赌场的"保安",其行为不具有显而易见的合法性,故应当考察T是否可能对D构成正当防卫。

a. 防卫势态

正当防卫的成立以客观上具有正在进行的不法侵害为前提。其中,"不法"意味着侵害行为具有违法性,即其必须客观上违反法秩序并且不能通过违法阻却事由合法化。若侵害行为本身具有合法性,其就不属于不法侵害,自然便不能再对之进行正当防卫。在本案中,要认定T对D构成正当防卫,就须首先确定,D追赶T、尝试从T手中夺回涉案赌资的行为属于不法侵害。相反,若D的举动本身具有合法性,T就没有对D实施正当防卫的可能。

在本案中,如前所述,T因输掉赌局而将涉案赌资交付给C的行为构成不法原因给付。基于民法中的不法原因给付制度,T无权要求C返还涉案赌资。然而,T对C使用暴力强行劫回赌资,其行为违反法秩序,具有违法性。与此相应,D所欲造成的财产状态(使C保有涉案赌资)才符合法秩序的要求,同时,D没有对T实施额外的侵害,其追赶行为并无过当之处,故D尝试从T手中追回涉案赌资的举动是在制止T的违法行为,从而具有合法性。既然如此,就不能认定D的追击举动属于不法侵害,自然也就不能认定T对D可以构成正当防卫。

鉴于D的行为本身具有合法性,T将D砍伤的举动也不可能构成紧急避险或其他违法阻却事由,故应肯定T的行为具有违法性。

3. 责任

本案中,T具备全部责任要素,具有有责性。如前所述,即便T误以为自己有权取回涉案赌资,其违法性认识错误也完全可以避免,不影响犯罪的成立。

4. 小结

T砍伤D制止其取回涉案赌资的行为构成转化型抢劫且造成了D的

重伤结果,故构成抢劫罪(致人重伤)。

(三)T 砍伤 D 的行为是否根据《刑法》第 234 条对 D 构成故意伤害罪(致人重伤)

在本案中,没有案件事实表明 T 造成了 C 轻伤以上的损害结果,也没有事实表明 T 具有伤害 C 的犯罪故意,故不能认定 T 对 C 构成故意伤害罪。但是,T 以菜刀对 D 猛砍数刀,致 D 重伤倒地,T 的行为明显属于损害他人身体完整性、破坏他人身体机能的伤害行为,也直接造成了 D 的重伤结果。此外,T 对自己的伤害行为具有故意,对 D 的重伤结果至少具有过失,故应当肯定 T 对 D 构成故意伤害罪(致人重伤)。

(四)罪数

T 砍伤 D 构成故意伤害罪,但该行为同时构成转化型抢劫的实行行为,故被转化型抢劫所吸收。在 T 砍伤 D 构成转化型抢劫之前,T 打倒 C 劫取涉案赌资的行为也构成抢劫罪。考虑到 T 的两次抢劫行为均指向同一笔财物(涉案赌资)且在相对紧密的时空联系内接续发生,不宜对之数罪并罚。① 在行为人实施抢劫罪行既遂后又因转化型抢劫再次构成抢劫时,若前后两次抢劫罪行的刑罚相当(例如,两次均无加重情节)或者之前抢劫行为的罪责重于转化型抢劫(例如,前次抢劫行为具有加重情节而转化型抢劫没有加重情节),则可将转化型抢劫视为共罚的事后行为(因为转化型抢劫就是为了保障之前抢劫行为的犯罪所得),对行为人仅以前一次抢劫罪行定罪量刑。相反,若转化型抢劫的罪责重于前一次抢劫,则应当将前一次抢劫视为转化型抢劫的前提行为,使之被转化型抢劫吸收,从而对行为人仅以转化型抢劫论处。在本案中即是如此。T 打倒 C 取财的行为仅构成普通抢劫,而 T 砍伤 D 的转化型抢劫则构成抢劫致人重伤,故

---

① 从刑法学理而言,由于认定行为人构成多次抢劫会导致法定刑升格,故对每"次"抢劫的认定应当采取较为严格的标准。2005 年 6 月 8 日最高法《两抢案件意见》第 3 条规定,对于"多次"抢劫的认定,"应以行为人实施的每一次抢劫行为均已构成犯罪为前提,综合考虑犯罪故意的产生、犯罪行为实施的时间、地点等因素,客观分析、认定。对于行为人基于一个犯意实施犯罪的,如在同一地点同时对在场的多人实施抢劫的;或基于同一犯意在同一地点实施连续抢劫犯罪的,如在同一地点连续地对途经此地的多人进行抢劫的;或在一次犯罪中对一栋居民楼房中的几户居民连续实施入户抢劫的,一般应认定为一次犯罪"。据此,本案中不宜将 T 打倒 C 的抢劫行为和砍伤 D 的抢劫行为视为两次抢劫犯罪。

对 T 应以抢劫罪(致人重伤)论处,犯罪数额即为涉案赌资 5000 元。

四、结论

综合本案例分析所述,在本案中,T 在加油站构成抢劫罪,犯罪数额为 1.5 万元,在赌场及附近构成抢劫罪(致人重伤),犯罪数额为 5000 元。根据我国司法实务,同种数罪不并罚,但犯罪数额累加,犯罪次数可作为量刑情节考虑,故全案认定 T 构成抢劫罪(抢劫两次、数额共计 2 万元、致 1 人重伤),与 T 在餐馆构成的盗窃罪(犯罪数额为 500 元)和诈骗罪(犯罪数额 6000 元)数罪并罚。